국제통상체제와
무역기술장벽

안덕근 · 김민정

박영사

강화되는 보호무역주의와 무역기술장벽을 넘어서
수출활로를 모색할 수 있는 미래 인재를 육성해야

　WTO 체제의 정착과 FTA의 확대로 관세장벽은 지속적으로 낮아지고 있으나, 비관세장벽은 점차 강화되는 추세에 있습니다. 2015년 OECD 통계에 따르면 표준, 인증 등 무역기술장벽(TBT) 분야의 관세 환산치는 7.3%에 달하는 등 TBT가 수출에 있어 가장 중요한 장애로 작용하고 있습니다. 최근에는 개도국의 신설·강화 규제가 70%에 달하는 등 무역기술장벽의 활용이 확산되고 있습니다.

　무역기술장벽의 확산은 우리 경제에 부정적 영향을 가져올 것으로 예상됩니다. 자동차, 전기, 전자, 기계 등 주력 수출 품목에 대한 반덤핑 등 수입규제 조치와 함께 기술규제장벽은 우리 상품의 수출과 시장 개척에 커다란 장애가 되고 있습니다. 따라서 지속적인 수출 증가세를 유지하고 산업경쟁력을 확보하기 위해서는 각국의 보호무역주의로 인한 불합리한 기술규제를 극복하는 것이 국가적 과제라 하겠습니다.

　그간 정부는 국가기술표준원을 중심으로 무역기술장벽이 우리 기업의 수출과 해외시장 개척에 장애가 되지 않도록 다각적인 지원 활동을 전개해 왔습니다. WTO TBT 위원회에서 외국 당사자와 불합리한 기술규제를 협의하고, 관련 업계에 기술규제 정보의 제공, 설명회 개최, 컨설팅 실시 등을 통해 기업의 애로를 적극 해소해 왔습니다. 이와 함께 대학과 실무자에 대한 TBT 전문적 교육과 인식의 저변을 확대하는 노력도 전개하고 있습니다.

　그렇지만 무역기술장벽 대응의 기초가 되는 체계적이고 분석적인 저술이 없는 점에 늘 아쉬움을 가져왔습니다. 이런 면에서 금번에 「국제통상체제와 무역기술장벽」을 발간하게 된 점을 매우 환영하고 또한 고무적으로 생각합니다. 기술규제에 대한 개념을 바탕으로 이론과 실제를 폭넓게 파악함으로써 TBT 대응 역량을 한 차원 높일 수 있기 때문입니다. 특히 이 책자는 학계, 연구계, 업계 등 각계 전문가들이 무역기술장벽과 관련된 WTO TBT 규정 등 주요 규범, 국제통상 분쟁 사례와 우리나라의 대응 체제와 과제 등을 종합적으로 분석한 데 그 의의가 크다고 하겠습니다.

아무쪼록 이 책자의 발간을 계기로 TBT에 대한 학계의 관심을 높이고 관련 연구가 활성화되기를 기원합니다. 아울러 이 책자가 TBT 문제로 어려움을 겪고 있는 수출업계와 실제 현장에서 시험·인증 업무에 종사하는 기관에도 도움이 되고, 관련 정부 부처의 TBT 대응 정책을 수립하는 데 길라잡이가 되기를 희망합니다.

날로 경쟁이 격화되는 국제무역환경에서 정부, 업계, 연구계가 힘을 모아 무역기술장벽이라는 보호무역주의의 파고를 넘어서서, 우리 경제의 성장과 산업 경쟁력을 키워 나가기를 소망합니다.

감사합니다.

2017. 12.

국가기술표준원 원장 **허 남 용**

제1부 국제통상체제 발전과 무역기술장벽 관련 국제규범

제2부   무역기술장벽과 국제통상분쟁

제3부 우리나라 기술규제체계 발전과 과제

국제통상체제 발전과 무역기술 장벽 관련 국제규범

국제통상체제와 무역기술장벽

– 안덕근

CHAPTER ı 1

국제통상체제와 무역기술장벽

[안덕근]

국제통상체제의 발전과 기술규제 규범의 의의 및 과제

GATT체제가 출범한 이래 비관세장벽 문제가 본격적으로 제기되던 시기 가장 먼저 주목받기 시작한 분야가 기술표준과 규제 분야이다. 1970년대 중반의 동경라운드협상시 마련된 무역기술장벽(Technical Barriers to Trade, 이하 "TBT")협정[1]은 세계무역체제에서 최초로 도입된 기술규정 관련 통상규범으로 자리잡았다.[2] 우루과이라운드로 WTO체제가 출범할 당시 기존의 동경라운드 무역협정은 대폭 개정되었으나 TBT협정은 기존의 협정 구조를 거의 유지한 채 일부 내용만 개정되었다. 이처럼 국제통상규범 발전의 측면에서는 TBT 관련 규범이 비교적 빠른 성과를 보였다.

반면 WTO회원국들의 기술규제 및 표준정책과 제도의 측면에서는 2000년대 중반 이후부터 괄목할 만한 변화가 발생하고 있다. 기존에는 선진국들의 전유물로 간주되던 다양한 기술규제나 표준들이 개발도상국들에서 광범위하게 채택되

---

1) Agreement on Technical Barriers to Trade. 동경라운드에서 채택된 TBT협정은 WTO 체제하의 TBT협정과는 달리 29개국 정도의 GATT 체약국들만 참여한 바, WTO TBT 협정과의 이질성을 부각하기 위해 "표준협정(Standards Code)"이라고 흔히 약칭되기도 한다. 본 고에서는 원래 명칭에 입각하여 TBT협정이라는 표현으로 통일하여 사용하였다.
2) 한국은 동경라운드 TBT협정에 1980년 9월 3일자로 서명하고 10월 2일 발효하였다. 한국의 GATT 가입 및 동경라운드 복수간 협정 가입 현황에 대한 보다 상세한 설명은 Dukgeun Ahn (2003), "Korea in the GATT/WTO Dispute Settlement System: Legal Battle for Economic Development", Journal of International Economic Law 6(3), 597-633 참조.

면서 TBT 관련 문제가 본격적인 비관세장벽으로 대두되기 시작한 것이다. 또한 최신 FTA들에서 TBT 관련 규범들이 보다 심도있게 다루어지기 시작하면서 규범의 점진적인 개선이라는 순기능과 함께 WTO TBT협정과의 합치성 문제라는 역기능에 대한 우려도 고조되고 있다.

우리나라의 경우 기술표준 및 규제정책을 총괄하기 위해 1999년 기술표준원이 출범하였고, 2013년 12월 국가기술표준원으로 개명하면서 TBT업무를 전담하는 "기술규제대응국"이 신설되었다. 이로써 TBT정책이 국가기술표준원의 핵심 업무분야로 전면에 부각되었다. 실제로 우리의 수출 및 수입과 관련하여 TBT 관련 분쟁과 마찰이 핵심 사안으로 부상하면서 기술표준 및 규제정책은 국내 산업정책차원의 필요성뿐만 아니라 통상정책차원의 중요성도 한층 강조되고 있다.

이하에서는 이러한 TBT정책과 관련한 국제통상체제의 현황과 규범의 발전추이, 향후 제도 발전상 과제 등에 대해 살펴본다.

1.1 국제통상체제의 발전과 기술규제

국제통상체제에서 TBT조치의 중요성은 관세 수준이 낮아지면서 자연스럽게 부상하는데, 선진국 시장에서는 GATT협상으로 관세가 대폭 감축된 1980년대부터 주목받기 시작한 반면 개발도상국 시장에서는 FTA로 관세가 실질적으로 철폐되기 시작한 2000년대 중반부터 핵심 통상의제로 대두되었다.

실제로 〈그림 1-1〉에서 나타난 바와 같이, 2000년대 중반부터 WTO에 통보된 TBT조치의 수가 지속적으로 증가하고 있다.[3] 1995년 WTO 출범 이후 약 10년간 TBT 통보는 사실상 큰 변화를 보이지 않았으나 2000년대 중반부터 통보가 급격히 증가하는 점은 특기할 부분이다. 또한 2000년대 후반부터는 기존 조치의 수정 통보가 급격히 증가한 점도 주목할 부분인데, 기술표준정책이 본격화되면서 신규 조치의 도입과 함께 기존 조치의 개편작업이 가속화되기 때문으로 보인다.

---

3) WTO TBT 통보문에 대한 상세한 분석은 국가기술표준원/한국표준협회 (2017), WTO 출범 이후 TBT의 통보 동향과 시사점 (TBT Policy Report 001) 참조.

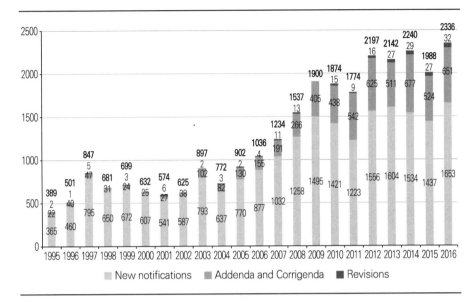

■ 그림 1-1. 1995-2016년간 총 TBT 통보 추이

　출처: WTO, G/TBT/39/Rev.1, 5 (2017.5.24)

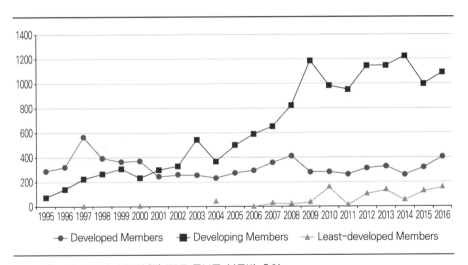

■ 그림 1-2. 1995-2016년간 TBT 통보국 분류별 추이

　출처: WTO, G/TBT/39/Rev.1, 8 (2017.5.24)

　한편, 〈그림 1-2〉에서 볼 수 있듯이, WTO체제 출범 후 주목할 변화는 개발도상국들의 TBT 통보가 2000년대 중반 이후 급격히 증가한 점이다. 특히 선진

국의 통보는 전체적으로 평균 수준을 유지하는 반면, 심지어 최빈개도국의 통보도 증가추세를 보이는 점은 현 세계경제체제에서 TBT조치의 중요성이 경제수준을 불문하고 점차 확대되어 가는 것을 입증하는 대표적인 방증이다.

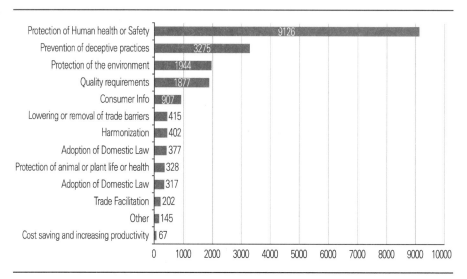

그림 1-3. 1995-2016년간 조치 목적별 TBT 통보 추이
출처: WTO, G/TBT/39/Rev.1, 11 (2017.5.24)

〈그림 1-3〉에 나타나듯이, 1995-2016년간 통보된 TBT조치들을 조치의 목적별로 분류해보면 단연 인간의 건강과 안전 보호가 가장 중요한 조치의 목적으로 부각된다. 두 번째로 빈번한 조치의 목적은 사행성 관행 예방인데, 이는 최근 TBT조치로 개발도상국의 라벨링 조치 도입이 대폭 증가한 때문이다. 다음으로 빈번한 조치의 목적이 환경보호와 품질 요건인 점도 최근 경제개발 수준에 상관없이 환경 관련 규제가 강화되는 점을 감안하면 주목할 부분이다.

WTO TBT위원회에서의 중요한 기능 중 하나는 통상에 중요한 영향을 미치는 TBT조치에 대해 "특정무역현안(specific trade concern, 이하 'STC')"으로 지정하여 다자간 협의 기회를 제공하는 것이다. 이를 통해 해당 조치에 관해 보다 구체적인 정보를 확보하고 조치 시행 관련 구체적 절차나 기준 등에 대해 협의함으로써 향후 불필요한 통상 마찰의 소지를 방지한다. 〈그림 1-4〉에서 볼 수 있듯이, 2000년대 중반부터 STC 논의가 본격화되기 시작하였는데, 특히 기존에 제기된

STC 사안에 대해 거듭 논의가 이어지고 있는 점은 주목할 부분이다. 즉, TBT위원회에서의 STC 문제 제기가 일회성에 그치지 않고 지속되는 점은 해당 사안에 대한 문제 해결이 실제로 위원회 논의를 통해 이루어지는 점을 시사하는바, 이와 관련된 대응역량을 강화할 필요가 있다.

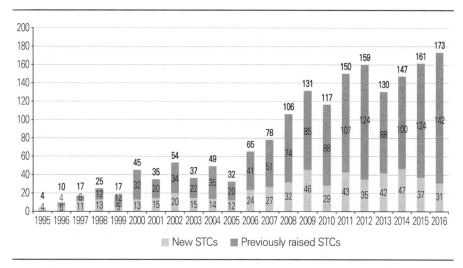

— 그림 1-4. 1995-2016년간 제기된 STC 추이
   출처: WTO, G/TBT/39/Rev.1, 13 (2017.5.24)

현재 STC 문제를 가장 빈번하게 제기하는 국가는 EU, 미국, 캐나다, 일본 등 주로 선진국들인데, 멕시코, 중국, 한국, 브라질 등도 최근 적극적으로 STC를 제기하고 있다. 반면 STC 문제 제기의 대상이 되는 국가로는 EU, 중국, 미국, 한국, 인도의 순서로, 유럽연합은 여타 WTO 회원국들의 TBT조치에 대해 STC 문제를 가장 빈번하게 제기하는 한편 스스로도 가장 빈번하게 STC 이의의 대상이 되는 점은 주목할 부분이다. 최근에는 중국에 대한 이의 제기가 두드러지는데 2016년의 경우 중국에 대한 STC 제기가 EU를 상회하였다.

실제로 TBT협정 관련 총 53건의 WTO분쟁 중 EU를 대상으로 제기된 협의 신청이 2017년 8월 현재까지 21건으로 가장 많으며, 미국 대상 협의 건이 11건으로 그 다음으로 많다.[4] 특히 WTO 분쟁해결절차에서 소송이 진행되어 판결이

4) WTO, 〈https://www.wto.org/english/tratop_e/dispu_e/dispu_agreements_index_e.htm〉

제시된 총 10건의 분쟁에서는 7건이 EU를 대상으로 하고, 나머지 3건이 미국을 대상으로 하는 점은 주목할 부분이다. 한편 WTO TBT협정의 해석과 적용에 관하여 중요한 판결이 제시된 2010년 이후의 4건의 분쟁 중 3건이 모두 미국 정부의 조치를 대상으로 한 점은 특기할 만하다.

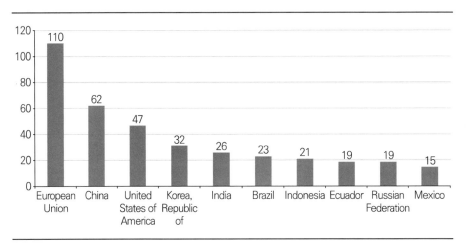

— 그림 1-5. 1995-2016년간 주요 STC 제기 대상국
출처: WTO, G/TBT/39/Rev.1, 13 (2017.5.24)

1.2 기술규제 규범의 형성과 의의

무역에 있어 관세장벽은 여전히 통상협상의 가장 중요한 의제이며 관세행정의 핵심으로 세계관세기구의 존립 기반이다. 그러나 조치의 형태에 있어서 관세는 가장 원초적인 수단이며, 이미 현 시점의 국제통상체제에서는 교역에 대한 실질적인 장벽은 비관세조치들이 주를 이루고 있다. 수입상품과 관련되는 안전기준이나 환경기준, 규격 요건 등의 수준이나 적용방식은 그 자체로 교역의 중대한 장애요인이 될 수 있다. 따라서 1970년대 동경라운드를 통해 TBT협정이 최초로 도입된 점은 무역체제 발전에 중대한 계기로 작용하였다. 이후 우루과이라운드를

(2017.8.20. 방문).

통해 개선된 현 TBT협정은 다양한 측면에서 국제통상체제에 중대한 의의를 가지고 있다.

1.2.1 국제표준기구와의 연계성 및 지위

비관세조치에 관해 기술장벽이 부각되면서 TBT협정을 수립할 때 기존의 GATT체제에서와는 매우 다른 근본적인 쟁점이 제기되었다. 사실 GATT는 출범 당시부터 존립기반이 될 국제기구로서 국제무역기구(International Trade Organization, 이하 'ITO')가 폐기됨에 따라 명확한 법적 성격에 대한 논란이 많았다.[5] 즉 국제 법상으로 GATT를 어떻게 인정할지, 국제법 원칙을 GATT에 적용할지 여부에 대해 학계에서도 논란이 지속되었다. 이처럼 GATT 자체의 법적인 위상이 공고히 확립되지 못한 상황에서 기술표준의 경우 불가피하게 다양한 영역에 걸쳐 국제 표준 수립과 집행 작업을 관장하는 국제기구들과의 연계성에 대해 원칙을 수립 해야 하는 매우 어려운 과제에 직면하게 되었다.

이와 관련하여 TBT협정은 기본적으로 "관련된 국제표준(relevant international standards)"이 존재하거나 수립이 임박한 경우 이를 채택하도록 하는 의무를 규정 함으로써 해당 분야의 국제표준활동이나 기구 등에 대한 전문성과 우선순위를 인정하였다. 일견 합리적인 상기 규정은 실제 적용단계에서는 매우 복잡한 문제 를 초래하는데, 우선 국제표준의 "관련성" 판단의 기준을 설정하기가 매우 어렵 다. ISO, IEC, ITU 등과 같이 비교적 분야별로 특성화된 국제적 인지도와 공신력 이 높은 기구들도 있는 반면, 품목과 산업별로는 매우 다양한 복수국가들을 회원 으로 하는 국제기구들이 공존하는바 어떠한 성격과 요건을 갖춘 기구들과 표준 들을 "관련" 국제표준으로 인정할 것인지에 관한 문제가 야기된다.[6]

뿐만 아니라, 비교적 공신력이 인정되는 국제기구의 경우에도 어떠한 표준을 관련 국제표준으로 인정할 것인지의 문제가 제기될 수 있다. 실제로 EC−Sardine

---

5) ITO의 폐기에 대한 상세한 설명은 Diebold, W. (1952). The end of the ITO. Princeton Department of Economics Working Paper No. 16. Princeton: New Jersey 참고.

6) 예를 들어 wikipedia의 "List of technical standard organizations"에는 매우 다양한 기구들이 열거되어 있다. 〈https://en.wikipedia.org/wiki/List_of_technical_standard_organisations〉 (2017.8.20. 방문).

사건7)에서는 Codex Alimentarius Commission의 Stan 94에 대해 논란이 제기되었는데, EC는 동 표준이 Codex에서 채택될 당시 반대하였고 이에 따라 Stan 94가 합의로 채택되지 않은 점, 그리고 WTO TBT위원회로 동 표준이 회부된 적이 없었던 점 등을 지적하였다. 당시 패널은 이러한 Codex차원의 표준 수립절차나 TBT위원회와의 관련성 등에 대해서 검토하는 대신, 해당 표준 자체의 분쟁 사안과의 관련성 -즉, Codex Stan 94가 정어리 관련 표준인 점- 에 초점을 맞추어 국제표준의 관련성을 인정하였다.

최근에는 국제표준활동이 정부간 기구로 조직된 국제기구뿐만 아니라 산업협회, 기업 및 민간단체들의 참여로 운영되는 다양한 형태의 조직들에서 이루어지는바, 향후 국제표준기구와의 연계성 문제는 WTO TBT활동의 외연을 규정하는 데 중요한 쟁점으로 부각될 전망이다.

1.2.2 소비자 보호 규범

GATT체제하에서 적용되는 국제통상규범은 기본적으로 수출자의 경제이익을 보호하는 데 초점을 맞추고 있다. 국제통상체제의 토대라고 할 수 있는 비차별의무의 경우에도 수출품에 대해 특정 교역상대국이나 수입국 국내 생산품에 비해 차별받지 않도록 규정함으로써 수출품에 대한 비차별적 경쟁조건 확보가 핵심요건이다. 기타 대부분의 GATT 의무들도 수출자에 대해 수입국 정부가 부당한 무역장벽을 부과하는 것을 규제하는 것이다. 이처럼 기본적으로 수출에 종사하는 생산업체들의 경제이해 보호를 위해 수립된 통상규범에서 유일하게 명시적으로 소비자 이해를 보호하는 부분은 일반예외조항인 제20(b)조에서 "인간의 생명과 건강"보호를 위한 조치에 대해 예외를 인정하는 것이다.

TBT협정은 그러한 GATT체제하에서 최초로 명시적으로 "기만적 행위 방지(prevention of deceptive practices)"와 "인간의 건강과 안전(protection for human health or safety)"을 합법적인 통상정책 조치의 근거로 제시하였다는 점에서 주목할 만하다. 특히 동경라운드 TBT협정에서는 상기 사유들이 국제표준을 채택하지 않을 수 있는 소극적인 근거로 제시되었으나, 현 WTO TBT협정에서는 기술규정의 도입을 위한

7) WTO, European Communities-Trade Description of Sardines (WT/DS231/R).

합법적 정책 취지로 제시된 점은 중대한 규범의 변화이다. 즉, 소비자 이해와 직결되는 "기만적 행위방지"와 "인간의 건강과 안전 보호"가 합법적인 통상조치의 중요한 근거로 제시되고 이와 관련된 법규가 정교화되면서 국제통상규범 체계내에 소비자 이해보호가 본격적인 가치의 요소로 확립된 것이다. 이러한 규범 측면의 발전은 위생 및 식물위생조치협정(Agreement on the Application of Sanitary and Phytosanitary Measures, 이하 'SPS협정')으로 이어져 현재 WTO체제에서는 소비자의 생명과 건강에 관한 위생 및 검역조치들에 대한 보다 직접적인 규범은 SPS협정에서 다루어지고 있다.

1.3 기술규제 규범 발전의 과제

1.3.1 FTA를 통한 규범 개선과 문제점

WTO체제의 개선을 위한 도하협상은 2015년 나이로비 각료회의에서의 마찰을 계기로 사실상 폐기 위기에 처하고 있으나,[8] 세계 곳곳에서 번져가는 FTA들을 통해 새로운 형태의 통상규범 도입이 시도되고 있다.[9] 그러나 규범 측면에서의 딜레마는 실질적으로 TBT협정의 규범 수준을 넘어서는 FTA 특혜 규범이 도입되는 경우 WTO체제에서의 규범상 차별대우 문제가 초래되는 부분이다. 아직까지는 FTA차원에서 도입되는 TBT 규범이 TBT협정 측면에서 중대한 변화를 초래하는 요소는 많지 않은 것으로 파악된다.[10]

---

8) GATT/WTO 사상 최초로 최빈개도국인 아프리카의 케냐에서 각료회의를 개최함으로써 개발아젠다라는 상징성을 부각하여 도하협상 진전의 전기를 마련하려던 WTO 회원국들의 야심찬 계획은 협상 직전 미국 USTR의 사실상 협상 폐기 선언으로 각료회의 선언문에 향후 협상 추진 자체에 대한 이견을 명문화하는 상황에 직면하게 되었다. WTO, WT/MIN(15)/DEC (2015.12.21.).

9) 다양한 쟁점들에 대한 FTA협정들의 상황은 A. Estevadeordal & K. Suominen (2009), Regional Rules in the Global Trading System (Cambridge Univ. Press)에 포괄적으로 정리되어 있음.

10) A. Molina & V. Khoroshavina, "TBT Provisions in Regional Trade Agreements: To What Extent Do They Go Beyond the WTO TBT Agreement?", WTO Staff Working Paper ERSD-2015-09.
⟨https://www.wto.org/english/res_e/reser_e/ersd201509_e.pdf⟩ (2017.8.20. 방문).

예를 들어, 한미 FTA의 경우 투명성과 관련하여 제9.6조에서 표준, 기술규정 및 적합성 평가절차의 개발에 비차별적으로 FTA 회원국 이해관계인이 참여하도록 허용할 것을 규정하고 있다. 이러한 규정이 엄격히 시행되는 경우 기술규정이나 표준 수립 절차의 투명성 제고에 크게 기여할 것으로 보인다. 그러나 개발절차의 참여가 어느 수준의 기회 제공을 의미하는지 명확치 않아 실제로 이를 토대로 특정 기술규정의 도입을 제한하기는 용이하지 않다. TPP의 경우 현재까지의 FTA 중 가장 포괄적인 TBT 규정을 제시하고 있는데, 정보통신기술제품, 의료기기, 화장품 등에 대한 8개의 품목 부속서를 포함해 무려 38쪽에 달하는 분량이다. 그러나 이러한 TBT 규정들은 TPP 분쟁해결절차의 대상에서 제외됨에 따라 사실상 이행수단이 결여되어 법적인 구속력은 현격히 낮은 실정이다.

그러나 TTP에서 시도된 주목할 만한 변화는 여전히 향후 FTA들의 중요한 기준을 제시할 것으로 보이며, NAFTA 재협상에서 TBT분야가 중요한 재협상 의제로 대두되면서 어떠한 신통상규범이 도입될지 귀추가 주목되고 있다.[11]

1.3.2 표준 관련 규범 확립

WTO TBT협정의 특징은 준수 의무 수준에 따라 구분되는 기술규정과 표준에 대한 법적 규범을 분리하여 제시하는 점이다.[12] 이는 정의상으로는 두 개념을 법적 의무 준수 수준에 의해 구분하지만 실제 규범 차원에서는 사실상 동일하게 다루는 동경라운드 TBT협정과는 크게 대비되는 부분이다.

한편 WTO체제에서는 준수 의무가 강행적이지 않은 표준이 일견 기술규정에 비하여 규범 수준도 낮고 관련 규범도 실제로 구속력이 없는 권고 성격만 가지는 것으로 이해되는 측면이 있다. 이는 표준기구에 관한 모범규약이 부속서로 분리되어 있고 표준기구들의 모범규약 채택 여부는 자율적인 선택에 맡겨져 있는 구조에 기인한다. 그러나 사실 표준에 관한 WTO 회원국들의 의무 수준은 실체적인 측면에서는 기술규정에 관한 의무와 크게 다를 바 없다. 예를 들어, TBT협정 제4.1조에서는 명시적으로 표준기구의 모범규약 채택 여부에 상관없이 회

---

11) TPP를 비롯한 FTA에서의 TBT규범에 대한 보다 상세한 논의는 제3장 참조.

12) 보다 상세한 논의는 제2장 및 김민정, 유지영 (2016), "'기술규정'의 현황과 WTO 법제도에 대한 시사점 연구", 통상법률 130호, 70-108 참조.

원국들은 표준기구가 모범규약의 의무를 준수하도록 해야 한다.

현재까지 WTO의 분쟁은 기본적으로 준수의무가 강행적인 기술규정에 관해서만 제기되고 있을 뿐 순수하게 표준의 경우에는 제기된 바가 없다. 많은 논란을 야기한 미국－참치 II(DS381)사건[13]의 경우에서도 미국 정부가 표준이라고 주장한 Dolphin Friendly 라벨이 실제로는 기술규정이라고 판명나면서 기술규정의 범주에 대한 새로운 기준이 제시된 바 있다.[14]

그러나 향후 국제통상체제에서는 사실상 표준과 관련된 무역상 문제가 더욱 빈번하게 초래될 공산이 매우 크다. 준수의무가 비록 자발적이긴 하나 표준의 경우에도 소비자의 선택에 직접적으로 작용하여 시장에서의 영향이 지대할 수 있는바, 표준에 대한 TBT 규범 적용의 보다 구체적인 기준이 제시되어야 한다. 특히, 미국－참치 II 사건 이후에는 조치를 시행하는 국가에서는 표준으로 의도하고 실제로 시장에서도 준수 의무 자체로는 자발적 의무인바 표준으로 간주되는 경우에도, 그 시행 방식이나 표준의 취득 요건 등에 따라서는 기술규정으로 판결될 수 있어 표준과 기술규정간의 구분에 관한 기준이 모호한 상황이다. 그러므로 향후 WTO체제에서는 표준에 관한 적용 기준과 범주의 경계에 관해 보다 명확한 판단 기준이 설정되어야 한다.

뿐만 아니라 표준의 시행에 있어 결국 회원국 정부의 관련 모범규약 준수 의무가 강조되는 상황에서는 정부가 불가피하게 표준정책에 더욱 깊숙이 관여하게 되고 이러한 면은 추후 해당 표준을 기술규정으로 판정하게 하는 근거가 되는 구조적 문제를 초래할 소지가 크다. 따라서 향후 WTO체제에서는 TBT협정상의 기술규정에 대비되는 표준에 관한 규범을 명확히해야 하는 과제가 더욱 중요하게 부각될 것으로 보인다.

---

13) WTO, United States－Measures Concerning the Importation, Marketing and Sale of Tuna and Tuna Products (WT/DS381/R).

14) 판결에 대한 심도있는 분석은 M. Crowley & R. Howse (2014), "Tuna－Dolphin II: a legal and economic analysis of the Appellate Body Report", World Trade Review 13(2), 321－355 참고. 제7장에서도 본 사건에 대한 설명이 제시되어 있음.

1.3.3 TBT 분쟁해결제도의 과제

WTO협정에서 분쟁해결절차상 사안과 관련된 전문성을 보완하기 위해 패널에게 명시적으로 전문가그룹 활용을 허용하는 경우는 SPS협정과 TBT협정밖에 없다. SPS협정은 과학적(scientific) 전문가그룹을 허용하는 반면 TBT협정은 기술적(technical) 전문가그룹을 허용하고 있어 명칭상 차이는 있으나, 관련 절차는 사실상 동일하다.

그러나 실제로 분쟁해결절차상 기술적인 사안에 대한 전문가 의견이 필요한 경우 이러한 규정에 의해 전문가그룹을 구성하기보다는 예외없이 DSU 제13조상의 개별 전문가 의견 청취절차를 택하고 있다. 예를 들어, WTO 패널은 EC-Asbestos 사건(DS135)[15]에서 다양성 차원에서 개별 전문가 의견을 구하기로 결정하였다. 마찬가지로 EC-Biotech Products 사건(DS291,292,293)[16]에서도 전문가 그룹보다는 개별 기술전문가들의 의견을 청취하기로 결정한 바 있다. 당시 제소국은 미국, 캐나다, 아르헨티나 3개국이었는데, 최종적으로 선발된 기술자문가들은 미국, 브라질, 영국, 호주 출신으로 구성되었다.

분쟁해결과정에서 과학적 자문가그룹의 과학적 객관성에 대한 평가가 중추적인 역할을 하게 되는 SPS협정과는 다르게 TBT협정의 경우 분쟁사안은 비차별대우, 기술규정의 범위 및 성격 등 비교적 전형적인 법적 쟁점으로 국한된다. 따라서 상대적으로 전문가들간의 이견의 소지가 적은 TBT협정 관련 분쟁에서도 전문가그룹에 의한 보고서보다는 개별 의견들을 수집하는 절차를 선호하는 것은 근본적으로 전문가 견해의 다양성을 조율하기 어려운 점 때문으로 보인다.

그러나 전문가그룹 보고서와 개별 전문가 활용간에는 본질적으로 큰 차이가 있는데, 전문가그룹 보고서의 경우 여하한 형태의 전문가 그룹내 합의 도출이 전제되는 경우가 일반적이나 개별 기술전문가 의견 청취의 경우에는 그러한 전문가들간의 합의보다는 다양한 의견이 독립적으로 채택될 소지가 높다. 이러한 점을 감안하면 전문가 선발 절차가 전문가들의 사안에 대한 전문성만에 초점을 둔

---

15) WTO, European Communities-Measures Affecting Asbestos and Products Containing Asbestos (WT/DS135/R).

16) WTO, European Communities-Measures Affecting the Approval and Marketing of Biotech Products (WT/DS291,292,293/R).

절차라기보다는 출신 국가들과의 관련성 등이 문제가 되는 법적 절차인 부분은 구조적 문제를 초래할 소지가 크다.

현재까지의 운용상 경험에 근거해 볼 때 법적 공정성을 위한 제척 절차 등에도 불구하고 전문가 선정이 분쟁해결 차원의 전문성 확보에는 충분한 것으로 보이며 아직 별다른 심각한 문제가 촉발된 사례는 없다. 그럼에도 불구하고 전문가 선정 자체의 절차적 문제는 향후 이견이 제기되는 경우 사실상 다수 의견에 의존해야 하는 상황임을 감안하면 전문가그룹의 합의에 기초해야 할지 아니면 전문가 의견의 다양성을 고려하여 기본적으로 개별 의견들에 기초하여 판결해야 할지 숙고해 볼 사안이다.

한편, TBT 관련 분쟁에 대해 최근 FTA들에서는 소송절차보다는 조정 또는 중개절차와 같은 대체적 분쟁절차의 활용을 확대하는 추세인 점은 주목할 부분이다. 이러한 측면에서 한-EU FTA와 한-중 FTA에서 도입된 비관세조치 대상 중개절차 규정은 향후 국제통상체제에서 중요한 선례를 제시하고 있다. 특히 한-EU FTA "부속서 14-가"에서 도입된 비관세조치에 대한 중개 메커니즘의 상세한 중개절차 규정은 향후 TBT 관련 분쟁에 대해 적용성을 확대해 가야 할 부분이다.

1.3.4 규제 조화의 과제

한-미 FTA와 한-EU FTA에서도 포함되지 않던 내용 중 주목할 만한 최신 FTA의 요소는 규제조화에 관한 규범이다.

우선 EU-Canada FTA의 21장은 "규제 협력(Regulatory Cooperation)"에 대해 규정하는데, GATT뿐만 아니라 TBT, SPS와 GATS를 명시하면서 이들 협정과 관련된 규제조치들 관련 협력을 권고하고 있다. 또한 미국이 주도한 TPP 제25장에서도 "규제 조화(Regulatory Coherence)"와 관련하여 다양한 협력 규범을 제시하고 있는데 이러한 규범이 적용될 규제조치의 범주를 협정 발효 1년 이내에 정하도록 규정한 점은 특기할 부분이다.

TBT 규범은 기본적으로 국내 규제들에 대한 것인바, 절차적 투명성을 통한 제도의 개선뿐만 아니라 동등성 인정, 상호인정협정 확대 등 규제체계의 일관성 확대는 향후 TBT 규범 발전에 더욱 중요한 과제로 대두될 전망이다. 이와 같은 추세는 미국과 EU가 주도한 최신 FTA에서 공히 규제 조화 및 협력 쟁점이 별도의 장(Chapter)으로 다루어지는 점에서도 볼 수 있다. 특히 이러한 측면에서 미국 정부가 NAFTA 재협상을 추진하는 데에도 규제조화 문제가 포함되는 점은 주목할 부분이다.17)

기술표준의 문제는 현재 국제무역에 있어 관세의 중요성이 과거에 비해 대폭 약화되었을 뿐만 아니라 최근 개발도상국들이 국내 제도 정비 차원에서 다양한 국내 규제조치를 도입함에 따라 향후 세계무역체제의 핵심 과제로 대두될 전망이다. 그러나 이러한 TBT 규제조치의 상당 부분은 단순히 국제통상규범의 준수와 분쟁해결로 다룰 수 있는 사안이 아니라 규제체계 자체의 조화를 증진시키는 방향으로 TBT체제 발전을 유도함으로써 통상마찰의 소지를 줄이는 것이 바람직하다. 다시 말하여, WTO차원에서는 TBT 관련 통상 마찰이 사후적으로 분쟁해결기구의 역할에 의존하기보다는 사전적으로 TBT위원회에서의 조율 기능을 더욱 발전시킬 필요가 있다.18) 특히 다양한 국제표준기구들과의 관련성을 확대하고 일관성있는 규범 수립과 적용 체제를 구비하는 작업은 위원회 활동이 한층 보완됨으로써 가능한 과제이기 때문이다.

규제 조화의 문제는 향후 세계무역체제에서 지속적으로 중요성을 더해 갈 과제인데, TBT분야에서의 규제 조화는 가장 핵심적인 사안으로 부각될 것으로 보인다. 규제조치의 도입에 있어 객관적인 영향분석에 기초하고 관련 이해관계인들의 참여를 보장하는 투명한 절차를 마련하는 등 기본적인 제도 선진화를 조속히 시행해야 한다. 또한 조치의 합법적인 목표 달성을 위한 다양한 대안을 평가하고 수용할 수 있는 정책 역량 확보에도 주력해야 한다. 향후 국제통상체제에서는 TBT조치에 의한 무역제한문제를 해소하는 수동적인 규범 제시에서 더 나아가 보다 능동적으로 TBT체제의 일관성 및 통합성 확대에 주력함으로써 불필요한 비관세장벽의 소지를 사전에 방지하는 과제를 어떻게 효과적으로 추진할 것인지가 핵심 쟁점이다.

---

17) USTR, Summary of Objectives for the NAFTA Renegotiation
〈https://ustr.gov/sites/default/files/files/Press/Releases/NAFTAObjectives.pdf〉.

18) WTO TBT위원회에 관해서는 4장 참조.

참고문헌 | REFERENCE

- Ahn, Dukgeun (2003), "Korea in the GATT/WTO Dispute Settlement System: Legal Battle for Economic Development", *Journal of International Economic Law* 6(3), 597−633.
- Crowley, M. & R. Howse (2014), "Tuna−Dolphin II: a legal and economic analysis of the Appellate Body Report", World Trade Review 13(2), 321−355.
- Diebold, W. (1952). *The end of the ITO*. Princeton Department of Economics Working Paper No. 16. Princeton: New Jersey.
- Estevadeordal, A. & K. Suominen (2009), *Regional Rules in the Global Trading System* (Cambridge Univ. Press).
- Molina, A. & V. Khoroshavina (2015), "TBT Provisions in Regional Trade Agreements: To What Extent Do They Go Beyond the WTO TBT Agreement?", WTO Staff Working Paper ERSD−2015−09.
- Wolfrum, Rudiger (2007), *WTO−Technical Barriers and SPS Measures*, Koninklijke Brilll NV.
- WTO (2014), *WTO Agreement Series: Technical Barriers to Trade* (2nd ed.).
- 국가기술표준원/한국표준협회 (2017), WTO 출범 이후 TBT의 통보 동향과 시사점 (TBT Policy Report 001).
- 김민정 (2013), "TBT협정의 해석과 적용에 따른 법적 쟁점 및 발전과제", 통상법률 111호, 63−88.
- 김민정, 박정준 (2015), "한국 FTA의 TBT규범 비교연구에 따른 법적 쟁점 연구", 국제지역연구, 제24권 4호.
- 김민정, 유지영 (2016), "'기술규정'의 현황과 WTO 법제도에 대한 시사점 연구", 통상법률 130호, 70−108.
- 박지영, 안덕근 (2017), 기술혁신과 경제질서의 뉴 패러다임 (Asan Report, 아산정책연구원).

무역기술장벽 관련
국제통상규범의 발전

– 김민정

무역기술장벽 관련 국제통상규범의 발전

[김민정]

2.1 서론

 GATT/WTO 무역체제에서 무역기술장벽 협정을 도입하기 위한 논의는 1967년 케네디라운드 협상 타결과 함께 시작된 비관세 무역장벽에 관한 준비 협상에서부터 시작되었다. 당시 표준장벽 문제가 중요한 비관세 무역장벽으로 제기되고 이를 규율하기 위한 다자규범이 필요하다는 공동의 인식하에 협정 초안이 준비되었고 동경라운드 협상을 거치면서 GATT체제에서 최초의 TBT협정이 체결되었다. GATT TBT협정은 오늘날 적용되고 있는 WTO TBT협정의 모체가 되며 이 협정의 기본규범과 법체계는 대부분 계승되어 사용되고 있다.

 이 장에서는 GATT TBT협정이 동경라운드 협상을 거쳐 최초로 채택되고 우루과이 협상을 거쳐 지금의 WTO TBT협정으로 발전하기까지 통상협상에서의 주요 쟁점사항을 중심으로 설명한다.

2.2 케네디라운드 이후 표준장벽에 관한 협상

 GATT 체약국들은 여러 차례의 다자협상을 거치면서 관세장벽 인하에 집중하여 왔고 국제통상 환경에서 관세장벽이 상당 부분 제거되고 나자 각종 비관세장벽 문제가 주요한 협상 현안으로 대두되기 시작하였다. 1960년대 진행되었던 케네디라운드 협상은 각국의 관세양허를 대대적으로 이끌어내는 데 성공하여 괄목할 만한 성과를 이루었으며 차기 협상부터는 비관세장벽 문제에 집중하여 새로운 규범과 제도에 관하여 논의하자고 합의하였다.

　　무역기술장벽은 당시 표준장벽(standards barriers)으로 이해되기도 했는데 비관세장벽의 중요한 사안 중 하나였다. 도쿄라운드 협상이 시작되기 이전 비관세장벽에 관한 협상을 준비하는 과정에서 표준장벽에 관한 문제의 본질을 이해하고 이를 규율할 수 있는 제도적인 방안을 모색하는 많은 노력이 이루어졌다. 특히 표준장벽에 관한 준비협상은 여타 분야들(가령, 보조금 협상)에 비하여 비교적 순조롭게 진행되어 도쿄라운드 협상이 개시되기 전에 이미 초안이 만들어졌는데 GATT TBT협정을 근간으로 하는 초창기 협정체계가 오늘날까지 운영되고 무역기술장벽 제도의 기본 틀을 확립하였다는 점에서 그 의의가 크다.

　　본 절에서는 케네디라운드 협상 이후부터 도쿄라운드 협상이 시작되기 전까지 표준협약 초안에 관한 협상과 주요 논의사항들을 설명한다.

2.2.1 비관세장벽 협상에 관한 준비

　　1947년 GATT협정 이후 수차례 진행된 다자협상의 결과로 국제무역 환경에서 관세장벽은 상당 부분 제거되었고 GATT체약국들은 점차 다자통상 제도 확립을 통하여 자유무역을 확산시키고 경제 개발과 효율성 증대를 강화시킬 수 있다는 확신을 가지게 되었다. 이러한 배경에서 GATT체약국들은 케네디라운드 협상에서 대대적인 일괄 관세인하(linear approach)에 합의하는 등 무역자유화를 향한 과감한 도약을 추구하였다. 1967년 11월 케네디라운드 협상 종료 이후 처음으로 열린 제24차 회의에서 체약국들은 이처럼 "다자적이고 포괄적으로 전진하는 더 이상의 새로운 협상은 가까운 미래에 없을 것"이라고 평가하며 케네디라운드 협상의 성공적인 결과를 최대한 이행하는 것이 중요한 당면 과제임을 확인하였다.[1]

　　한편, 체약국들은 케네디라운드 협상에서 의제로 다루지는 않았으나 당시 비관세 무역장벽 문제가 부각되고 있었고 그 심각성에 대한 우려를 다자회의에서 여러 차례 확인하였다. 체약국들은 특히 오랜 협상 끝에 달성한 관세장벽 제거의

---

1) GATT, *Review of the Work of the Contracting Parties Through the Last Two Decades and Conclusions on Their Future Work Programme*, L/2943, 28 November 1967, pp. 1−2.

무역이익을 최대한 실현하기 위해서라도 비관세장벽 문제를 해결해야 한다고 보았다.[2] 이에 따라 체약국들은 케네디라운드 협상 종료 직후부터 비관세장벽 문제를 논의하고 협상을 준비할 필요가 시급하다고 인식하였다.

그러나 비관세장벽 협상은 준비부터 순조롭지 않았다. 비관세장벽은 광범위하고 다양한 조치들에 의하여 발생하기 때문이다. 뿐만 아니라 관세장벽은 관세율 및 수량제한과 같이 장벽의 존재 여부와 수준이 명확하게 드러나는 것에 비해, 비관세장벽들은 분명하게 드러나지 않을 뿐만 아니라 현시점에는 장벽이 아니지만 미래에는 잠재적인 무역장벽이 될 수 있고 동일한 조치라 하더라도 적용되는 상품마다 수출국가마다 생산자마다 무역장벽으로 인지되는 여부가 모두 다르기 때문이다.[3] 한마디로 비관세 조치의 무역효과를 명확하게 규명하기란 쉽지 않은 일이었다.

더욱이 각양각색의 비관세 조치들에 대해 무역규범을 일률적인 기준으로 적용할 수도 없었다. 비관세 조치라는 개념 하에 하나의 무역문제로 묶었으나 사실상 정부의 보조금 및 지원, 정부의 규제와 표준제도, 수량제한과 수입허가제도, 시장가격규제 등 각 조치들은 각기 다른 목적과 방법으로 시행되고 있었기 때문이다. 비관세장벽 문제에 대하여 GATT체제의 기본과 원칙을 일관적으로 유지하면서도 개별 사안에 대해 어떤 접근방법이 필요한지, 어떤 규범과 제도를 도입해야 하는지에 관한 근본적인 논의가 필요하였는데 이러한 인식 하에 체약국들은 각각 비관세조치들의 본질과 무역 문제를 일으키는 요인을 이해하기 위한 작업부터 착수하였다.

이에 따라 제24차 회의에서 GATT 사무총장은 국제협상을 위한 일차적인 준비 작업으로 각 체약국들이 비관세장벽이라고 간주하는 모든 조치와 사례들을 통보하도록 하였고 이를 바탕으로 비관세장벽 문제들을 하나의 자료목록(inventories)을 만들어 회람하였다. 이후 몇 년간에 걸쳐 수집된 통보자료 목록은, 협상준비 과정에서 서로 다른 다양한 비관세장벽 조치들을 유형별로 분류하고 각각의 성격을 분석하기 위한 기초 자료로써 활용되었다.[4]

---

2) GATT(1967), *Programme for Expansion of International Trade: Obstacles to Trade in Industrial Products—Note by the Director—General in Twenty—Fourth Session*, L/2893, p. 1.

3) Gilbert Winham(1986), *International Trade and the Tokyo Round Negotiation*, p. 88.

4) GATT 문서번호 "COM.IND/4/번호"로 제출된 체약국들의 통보자료에 따르면 96개 국

체약국들은 무역장벽으로 간주되는 실제 사안들을 바탕으로 비관세조치의 개념을 확립하고 유형화함으로써 각 무역장벽을 이해하고 문제해결을 위한 접근방안을 논의해 나갈 수 있었고 차츰 협상 준비가 진전되었다. 그리고 결과적으로 비관세장벽 문제를 다루기 위하여 5개의 협상준비 작업반을 구성하였는데 각 항목은 다음과 같다.5)

Part 1. Government participation in trade
       (정부가 참여하는 무역)
Part 2. Customs and administrative entry procedures
       (관세 및 진입에 관한 행정 절차)
Part 3. Stadnards involving import and domestic goods
       (수입 및 국내 상품 관련 표준)
Part 4. Specific limitation on imports and exports-quantitative restrictions and
       the like(수출입에 대한 구체적인 제한-수량제한 및 유사조치)
Part 5. Restraints on imports and exports by the price mechanism
       (가격제도에 의한 수출입 제한조치)
Part 6. Other restraints on imports
       (수입에 대한 기타 조치)

체약국들이 통보한 비관세장벽 문제 중에서 무역기술장벽 관련 조치들은 상당한 비중을 차지했는데 이에 따라 별도의 항목인 "파트3. 수입 및 국내 상품 관련 표준"으로 분류되어 협상 준비를 전담하는 소위 표준장벽 작업그룹이 구성되었다. 다른 분과의 작업그룹은 사안이 구체화되면서 변경의 과정을 겪었으나 표준장벽 작업그룹은 도쿄라운드 협상까지 그대로 유지되면서 표준협약 협상을 진행하였다.6)

가가 800여 건의 비관세조치를 보고하였으며 이를 종합 및 재구성하여 논의자료로 사용한 문서로 GATT(1969), Commitee on Trade in Industrial Products, L/3298를 참조한다.
5) GATT, COM.IND/8, p. 8 그리고 부속서.
6) Winham (1986), pp. 97-100.

2.2.2 표준장벽 협상에 관한 준비

　　당시 체약국들이 제출한 파트3에 해당하는 표준장벽 관련 조치들의 주요한 특징은 다음과 같다. 우선 가장 주목할 사실은, 그 종류와 분야가 매우 다양하고 포괄적이었다는 점이다. 체약국들은 표준장벽 문제에 관하여 체계적으로 이해하고 접근하기 위하여 실제 문제로 인식되었던 통보자료 목록상의 표준장벽 관련 조치들을 다시 다음의 9가지 구체적인 유형으로 분류하였다.[7]

- 산업 표준
- 보건 및 안전 표준
- 무게 및 측량 표준
- 의약 표준
- 상품성분요건
- 라벨 및 용기 규정
- 공정 표준
- 표시 요건
- 포장 요건

　　이러한 유형들은 협상 준비를 위하여 표준장벽에 대한 이해를 도모하기 위한 기초자료일 뿐 향후 전개될 표준협약의 범위와 체계에 법적 영향을 주기 위한 분류는 아님에 주의해야 할 것이다. 그럼에도 불구하고 협상 역사의 초기에 표준협약 입안을 위하여 체약국들이 표준관련 문제라고 여겼던 범위가 매우 광범위하고 다양했음을 알 수 있다. 보는 바와 같이 표준장벽 문제에 산업표준, 무게와 측량표준, 라벨, 표시, 포장 요건이 포함되었으며 보건분야, 의약분야, 그리고 안전 관련 표준도 포함되어 있었다. 또한 생산공정에 관한 표준도 중요한 문제로 지목되고 있음을 알 수 있다.

---

7) GATT(1974), *Report of Working Group 3 on Non−Tariff Barriers−Examination of Items in Part 3 of the Illustrative List(Standards Acting as barriers to Trade)*, COM.IND/W/41.

2.3 도쿄라운드 협상과 GATT 표준협약

1970년대 두 차례의 오일쇼크로 인하여 세계경제가 위축되고 브레튼우즈 체제를 바탕으로 하는 국제금융질서가 붕괴되는 가운데 주요 국가들의 보호무역정책이 고조되는 시기였다. 이러한 배경에도 불구하고 국제무역 체제는 동경라운드 협상을 통하여 GATT 역사상 전례 없는 범위와 수준으로 성공적인 다자협상 결과를 도출하였다. 동경라운드는 관세장벽, 비관세장벽, 개도국 관심사항으로 이루어지는 3가지 부문으로 구성되었는데, 비관세장벽과 관련하여 6개 분야의 협상이 이루어졌다. 이 분야들은 관세평가, 수입허가, 상품의 기술표준, 보조금 및 상계관세, 정부조달, 반덤핑 그리고 세이프가드 분야이며, 세이프가드 협약을 제외하고 모두 채택되었다.

동경라운드 협상은 국제무역을 규율하는 절차와 규범의 개방성과 확실성을 제고하고 자의성을 줄이고자 하는 기본적인 목표 하에 추진되었다. 이에 따라 관세평가 협약, 수입허가 협약 그리고 표준 협약의 경우, 협상 국가들은 국가의 각종 규정과 제도가 명목적으로나 실질적으로 자국 산업을 보호하기 위한 방편으로 남용되는 것을 막아야 한다는 인식을 함께 하였고 협상도 비교적 순조롭게 진행되었다.[8] 결과적으로 비관세장벽 분야에서 새로운 협약을 타결시키고 국제무역 체제를 확장하여 무역질서를 보다 체계적으로 발전시켰다는 점에서 동경라운드 협상이 성공적이었다는 평가를 받는다.

표준장벽은 다자무역체제에 있어 새로운 문제였다. GATT협정은 무역기술장벽 또는 표준에 의한 무역장벽 문제를 직접적으로 다루고 있지 않다. 다만 제3조의 내국민대우 조항에서 국내 법, 규정, 그리고 요건이 자국 생산을 보호하기 위한 목적으로 수입상품 또는 국내상품에 적용되어서는 아니 된다는 규정이 있을 따름이다. 여기서 국내규정은 일반적인 의미로 사용되므로 무역기술장벽을 체계적으로 다루기에는 어려움이 있었다. 이러한 배경에서 출발하여 케네디라운드에서 새로운 협상의제로 제시한 바에 따라 동경라운드에서 무역기술장벽에 관한 협상을 시작하게 되었다.

---

8) 이와는 대조적으로 보조금 협약, 반덤핑 협약, 그리고 세이프가드 협약의 경우는 주요 사안에 대하여 협상 국가들 간의 이견 차가 있어 협상이 오래 지연되거나 세이프가드 협약처럼 끝내 채택되지 못한 경우도 있었다.

1973년 9월 도쿄각료회의에서 채택된 도쿄선언과 함께 도쿄라운드 협상이 개시되었다. 협상 아젠다에 따라 무역협상위원회(Trade Negotiation Committee: TNC) 산하 6개의 소위원회가 구성되었는데, 그룹3(b)는 "비관세조치 또는 비관세조치의 무역왜곡 효과 감소 또는 제거"에 관한 협상을 다루었으며 "비관세조치그룹(Nontariff measures Group)"으로 불렸다.[9] 당시 협상주제로 나뉘어 각각 구성된 소위원회는 다음과 같다.

Group 3(a) 관세에 관한 협상
Group 3(b) 비관세 감소 또는 제거 및 비관세장벽에 의한 무역왜곡 효과
Group 3(c) 보완적인 협상기술로서 분야별 접근에 관한 검토
Group 3(d) 다자세이프가드제도에 관한 검토
Group 3(e) 농업 분야에 관한 협상
Group 3(f) 열대성 상품에 관한 협상

그리고 그룹3(b)의 비관세조치 그룹은 다시 5개의 소그룹으로 나누어졌는데 그 중의 하나가 "무역기술장벽 소그룹(Technical barriers to Trade Subgroup)"이다.[10]

비관세조치 그룹	(i) 수량제한
	(ii) 무역기술장벽
	(iii) 관세 사항
	(iv) 보조금 및 상계관세
	(v) 정부조달 (1976년에 추가됨)
농업 그룹	(i) 곡류
	(ii) 육류
	(iii) 유제품

이처럼 표준장벽 문제는 협상 준비 단계에서부터 다자무역체제에서 다뤄야 할 중요한 사안 중 하나로 인식되었고 도쿄라운드 협상에서도 비관세조치 규범

---

9) 도쿄라운드 무역협상위원회 조직에 관한 자세한 사항은 Winham(1986), pp. 97-100 을 참조한다.
10) Winham(1986), p. 100.

무역기술장벽 관련 국제통상 규범의 발전 [김민정]

확립을 위한 주요 대상으로 논의되었다.

케네디라운드 협상 이후부터 진행된 차기협상 준비과정에서 무역기술장벽에 관한 문제 분석과 해결방안에 관한 논의는 비교적 순조롭게 진행되었으며 도쿄 선언이 채택되어 다자협상이 개시되기 3개월 전 이미 표준협약의 초안이 완성될 수 있었다. 이는 표준장벽을 규율하는 조항 대부분에 대하여 체약국들 간의 합의에 없었음을 의미한다.

이처럼 협상이 순조롭게 이루어질 수 있었던 이유 중의 하나는 무역기술장벽 문제가 기술적이고 전문적인 분야였으므로 주로 전문실무자 그룹이 주도하는 협상으로 진행되었고 정치적인 영향을 받지 않았기 때문인 것으로 설명된다.[11] 또한 당시 유럽 통합 과정에서 영국, 프랑스, 독일이 전자 부품에 대한 기술규제 조화와 인증에 관한 3자 협정을 체결하면서 지역표준 체제를 만들어나가고 있었으며 미국은 다자무역체제에서의 협상을 통하여 이러한 지역표준 체제를 개방시키고 미국 생산자들이 참여할 수 있도록 하려는 의도가 있었다. 한편, 유럽 국가들의 입장에서도 당시 미국이 유럽표준에서 발전한 국제표준을 도입하기보다는 독자적인 표준을 구축해 나가려는 기조가 강하였으며, 다자통상 체제에서의 협상을 통하여 미국의 국제표준 사용을 유도하고 강요할 유인이 있었다.[12] 요컨대 미국과 유럽의 통상협상자들은 상대국(지역)의 표준체제가 폐쇄적으로 발전하여 무역장벽을 초래하는 것을 막고자 하는 공통의 문제가 있었고, 이를 해결하기 위한 표준협약의 필요성을 인식하고 있었던 것이다.

2.3.1 무역기술장벽 협상의 단계별 쟁점과 전개 과정

동경라운드에서 표준협약에 관한 협상의 주요 전개과정을 Winham(1986)의 관점에 따라 초기, 중기, 그리고 후기로 기간으로 나누어 살펴볼 수 있다. 협상이 시작되기 전 TBT협정 초안이 만들어진 준비단계를 포함하면 전체 협상을 4단계로 나누어 설명할 수 있다.

---

11) Winham(1986), p. 103.

12) 상동.

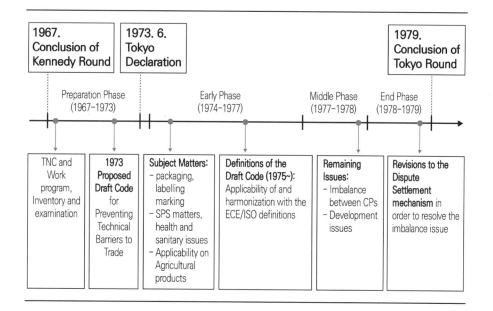

준비단계에서 1967년 케네디라운드가 종료된 직후 차기 다자협상에서 비관세장벽 규범을 논의하기 위한 협상 준비가 시작되었다. 이 단계에서 작업반이 구성되고 무역기술장벽을 이해하기 위한 기초 분석이 수행되었다. 작업반은 국가들이 제출한 표준장벽들의 실제 사례들(inventory)을 검토하여 이를 바탕으로 TBT 문제에 대한 이해를 제고하고 규범과 절차를 구체화시켰으며, 협약의 기본 틀을 마련하였다. 1973년 동경라운드 선언 몇 달 전, 무역기술장벽 협정, 일명 표준협약의 초안이 완성되어 동경라운드 협상의 의제로 제출되는데, 초안의 핵심적인 규범과 절차는 오늘날 WTO TBT협정에 대부분 계승되어 적용되고 있어 괄목할만하다.

동경라운드 협상에서 Winham(1986)은 1974년부터 1977년까지를, 난제였던 보조금 및 상계관세, 세이프가드, 그리고 농산물 특히 열대성 작물에 관한 협상이 거의 진전되지 못하여 전체 협상을 위기로 몰아넣은 기간으로 설명하고 있다.13) 무역기술장벽 분과는 협약 초안에 대해서는 이미 합의가 이루어진 상황이었으므로 이 기간 동안 협약의 내용을 명료화하는 작업에 집중하였다. 그 중에서도 협

---

13) Winham(1986), pp. 128−167.

약의 근본 요소에 해당하는 적용대상의 범위를 분명하게 정하기 위하여 검토하고 협약상의 용어 및 개념에 대한 명료화 작업에 집중하였다.

1977년이 되자 각 분과별로 진행되어 온 협상을 하나의 큰 틀에서 검토할 필요성이 제기되었다. 농업 분과와 같이 여전히 협상 진전에 어려움을 겪고 있는 분과도 있었으므로 1978년 7월 구 서독 본에서 개최될 제4차 G7 정상회담을 실질적인 기한으로 정하고 협상에 박차를 가하였다. 이 기간 동안 무역기술장벽 협약의 거의 모든 구체적인 사안들에 대하여 합의가 이루어졌다. 기술적이고 전문적인 사항들이 해결되었지만 마지막 단계까지 남은 의제는 다자체제의 특성에서 기인하는 문제 즉, 협상 초기부터 제기되었던 체약국 간 이행부담의 불균형 문제와 개도국 이슈가 계속 해결되지 못하고 논의되었다.

Winham(1986)에 따르면 협상은 보통 어떤 전환점을 두고 진행되기 마련인데 동경라운드 협상의 경우에는 1978년 G7정상회담을 기점으로 초기단계에서 더디게 진행되던 협상이 중간단계에서 속도를 내며 많은 부분을 타결시켰고, 1978년 이후가 되자 협상에서 민감하고 핵심적인 사안들만 남게 되어, 매우 중요하고 논쟁적인 국면에 들어가게 되었다고 설명한다. 이와 같이 점진적으로 핵심적인 협상으로 전개되는 양상(incremental bargaining)이 협상 분과 전반에서 나타났는데, 대표적인 예로써 무역기술장벽 협상을 주목하였다.[14] 무역기술장벽 협상의 마지막 단계까지 논의되었던 미국과 유럽 간의 이행의무 균형 맞추기가 바로 그러한 핵심적인 협상이었던 것이다.

본 절에서는 Winham(1986)이 제시한 동경라운드 협상의 단계별로 무역기술장벽 협상의 전개 양상에 관하여 자세하게 설명하고자 한다.

2.3.2 협상 초기(1974년-1977년)

이 외에도 협약의 기본 구조와 의무, 주요 내용에 관한 입법이 거의 완성된 중요한 시기였다. 동경라운드 협상 초기에는 무역기술장벽 협약의 적용범위를 명료하게 하기 위한 협상과 협약상 사용되는 용어 및 개념에 관한 협상이 주요하게 이루어졌다. 이에 관한 쟁점과 주요 전개 내용을 아래에서 자세하게 다룬다.

---

14) 상동, p. 212.

(1) 적용범위에 관한 협상 쟁점과 전개

표준장벽에 관한 협상이 진행됨에 따라 표준협약의 적용범위를 정하는 문제가 간단하지 않았다. 일반적으로 표준장벽 문제는 산업제품 무역에서 주로 발생하였으므로 상품무역과 관련 있는 표준이 주요 대상이었다. 그러나 협상국들은 적지 않은 경우 농산물 무역에 영향을 주는 표준조치도 무역기술장벽으로 작용하였고 오히려 더 심각하고 민감한 무역문제를 발생시킨다는 것을 알게 되었다.

이에 따라 표준협약의 적용범위를 상품에만 국한시킬지 농산물까지 포함시킬지가 쟁점사안이었다. 농산물에 관한 표준은 주로 위생검역조치였는데 당시 협상에서 위생검역조치는 농업그룹 협상 분과에서 다루고 있었으므로 표준장벽 분과와 협상 범위에 관한 조율이 필요하였다.[15)]

농산물에 관한 표준장벽 문제를 표준협약으로 규율할지 아니면 별도의 협약을 협상할지를 논의하였다.

우선, 체약국들은 표준협약의 대상으로 가능한 많은 형태의 표준을 포함시키고자 하였고 공산품 관련 표준과 마찬가지로 농산품 관련 표준도 분명히 포함될 수 있다고 판단하였다. 그러나 한 가지 난제가 농산품 관련 표준에는 농산물 재배와 농산품 제조 등 생산공정방법(Production and Process Method: PPM)에 관한 표준이 대부분이어서 근본적으로 GATT체제에서 상품과 구분되는 상품의 PPM을 포함시킬지가 분명하지 않았다. 이와 관련하여 추가적으로 상품의 특성에 관한 요건이라는 "표준"개념에 살아있는 동식물도 포함될 수 있는지도 모호하였다. 가령 살아있는 동식물에서 발견되는 해충, 기생충이나 농약 잔류물을 규제하는 위생검역 기준이 포함될 수 있는지 분명하지 않았다. 또한 도축시설, 유제품 처리시설, 과채류 처리시설의 위생상태, 공정과정의 위생상태 그리고 외국에서 유입되는 병해충 방지를 위한 기준과 절차 등이 표준협약상의 "표준"으로 고려될 수 있을지에 관한 논의가 필요하다.

GATT 협약상 "표준"은 "상품의 특성"과 관련된 개념이며 PPM 관련 표준을 상품의 특성으로 보기는 어렵다는 의견과 상품을 광의로 해석하면 최종 상품뿐

---

15) MTN/3E/W/26, p. 1.

만 아니라 생산단계도 적용대상이 될 수 있다는 의견이 서로 대립하였다.[16] 당시 GATT체제에서는 상품과 PPM을 명확히 구분하여 후자는 적용대상으로 삼지 않는 법리가 일반적이었으므로 표준협약이라고 하여 "상품"의 개념을 PPM까지 확대하여 적용하기에는 제도의 일관성 측면에서 문제가 되었다.

한편, 위생검역 기준을 포함하는 농산물 관련 표준을 표준협약의 대상으로 삼을 경우, 협약 규범상 국가의 규제주권이 보다 명확하게 인정되어야 하였고 국내 법절차를 운영함에 있어 "긴급 상황"이라는 요소를 인정할 필요가 있었다.[17]

이와 같이 최초의 협상 이슈들은 GATT 표준협약 협상에서 해결되지 못하고 우루과이 라운드 협상에서 계속 논의되었고 그 결과 WTO TBT협정과 SPS협정으로 분리되어 발전하였다. 또한 WTO TBT협정에서 PPM을 명시적으로 허용하는 조항이 도입됨으로써 이 문제가 해결되었다.

표준장벽 문제에 있어 정부가 공공정책을 수행하면서 민간사업자로부터 조달하는 과정에서 국내 표준을 적용함으로써 실질적으로 강제 표준·인증을 시행하는 사례가 빈번하였다. 이러한 정부조달 상의 표준장벽 문제는 정부조달과 관련된 사안으로 간주하여 동경라운드협상의 정부조달 협상 분과에서 논의하기로 결정하였다. 이에 따라 정부조달 관련 기술표준 문제는 표준협약의 적용범위에서 제외하였다.

그리고 기술장벽 문제는 상품에 관한 기술표준에 국한되었으므로, 서비스 관련 기술표준은 포함되지 않았다. 더욱이 도쿄라운드 협상 당시에는 서비스 무역에 관한 논의가 이루어지지 않았으므로 서비스 관련 표준장벽 문제는 고려대상이 아니었다.

(2) 표준협약상의 용어와 개념에 관한 협상

표준협약 초안을 마련한 이후 협상자들이 뒤늦게 알게 된 사실은 UN 유럽경제이사회(ECE)와[18] 국제표준화기구(ISO)가 표준 및 표준활동과 관련 있는 용어

---

16) 상동, p. 7.

17) 상동, p. 10.

18) UN 유럽경제위원회(Economic Commission for Europe: ECE)는 1947년 유엔 경제사회이사회(United Nations Economic and Social Council: ECOSOC)에 의하여 설립된

와 정의에 관하여 표준화 작업을 진행하고 있고 첫 번째 가이드북이 완성되었다는 것이었다.[19] 더군다나 협약과 관련하여 근본문제는 동경라운드 협상 전부터 수년간 협상을 거쳐 만들어온 GATT 무역기술장벽 협약 초안상의 용어와 개념이 ECE/ISO가이드에서 제시하는 바와 다르게 사용되고 있다는 점이었다.[20]

동경라운드 시작과 함께 협상자들은 바로 기초 조사와 비교분석에 돌입하였는데, GATT 용어와 ECE 용어를 비교한 결과 그 차이가 가장 큰 두 개념이 바로 "표준(standard)"과 "적합성평가제도(quality assurance system)"였다. 각 개념에 해당하는 영어 단어와 프랑스어 단어 사이에도 차이가 있었으므로, GATT 협약이 이행될 때 혼란을 줄이고 원활하게 운용될 수 있도록 이를 명확하게 규정할 필요가 있었다. 구체적으로 두 체제에서 서로 다르게 사용되었던 표준 관련 용어와 개념을 살펴보면 ⟨표 2-1⟩과 같다.

5개의 지역위원회 중의 하나로, 유럽경제통합에 관하여 다자적인 포럼의 장을 제공하며 국제제도 협상, 모범관행 확산, 기술협력과 지원 등에 관한 업무를 담당한다. https://www.unece.org/info/ece-homepage.html

19) UN 유럽경제위원회(ECE)의 표준화에 관한 공무원 전문가 그룹(정식 명칭은 Government Officials Responsible for Standardization이었으며 현재는 규제협력과표준화정책(WP.6) 기관으로 발전하였다)은 1970년대부터 용어와 정의에 관한 표준화 작업을 ISO와 공동으로 진행하였으며 1976년 첫 번째 버전의 "가이드 2: 표준화와 관련활동에 관한 일반용어와 정의(ISO Guide 2: General terms and their definitions concerning standardization and related activities)"를 발간하였다. 이후 이러한 작업은 계속 진행되며 개정판이 출판되었는데 현재 "ISO/IEC 가이드 2: 2004. 표준화와 관련 활동에 관한 일반용어(Guide 2: 2004 "Standardization and related activities-General vocabulary)"와 ISO/IEC 국제표준 17000: 2004. 적합성평가에 관한 용어와 일반원칙(ISO/IEC international standard 17000: 2004 "Conformity assessment-Vocabulary and general principles)"이 있다.

20) 유럽에서 주도적으로 추진하고 있는 용어와 정의의 표준화 작업을 존중하면서도 국제무역체제에서 사용하는 용어와 정의가 GATT 목적을 달성할 수 있어야 한다는 기본 입장을 유지하기 위한 조율이 진행되었는데, 이 과정에서 북유럽 국가들의 역할이 컸다.

표 2-1. 표준협약의 주요 용어와 ECE가이드의 관련 용어 비교표

GATT 무역기술장벽 협약 초안		ECE/ISO가이드	
영어 용어	프랑스어 용어	영어 용어	프랑스어 용어
"standard"	"spécification technique"	"technical specification"	"spécification technique"
"mandatory standard"	"réglementation technique"	"technical regulation"	"réglement technique"
"voluntary standard"	"norme"	No definition but term might be: "voluntary technical specification"	No definition but term might be: "spécification technique facultative"
"international standard"	"norme international"	"international technical specification"	"réglement technique internationale"
"quality assurance system"	"système d'assurance de qualité"	"certification system"	"système de certification"

출처: 동경라운드 협상 문서(MTN/NTM/W/14)

가령, GATT 협약 초안에서는 표준을 "standard"로 표기하였는데, 이는 ECE 가이드에 정의된 "standard"와 "technical specification" 개념 중에서 후자에 보다 가까웠다. 또한 협약에서는 적합성평가절차에 해당하는 개념을 "quality assurance system"으로 표기하였으나 ECE 가이드는 "certification system"이라는 용어를 사용하였다.

핵심적인 문제는 다음과 같다. 무역기술장벽 협약 최초의 초안에서는 무역기술장벽의 주요 대상을 "표준"으로 정의하고 이 개념을 다시 "강제적 표준(mandatory standard)"과 "자발적 표준(voluntary standard)"으로 구분하였다는 특징을 앞 장에서 설명한 바 있다. 그런데, ECE가이드에서 전자와 가장 유사한 개념으로 "기술규정(technical regulation)"이라는 용어를 사용하고 있었고 후자에 대응하는 개념은 별도로 존재하지 않았던 것이다.

이 문제를 해결하기 위하여 여러 가지 방안이 제시되었다. 그 중 하나의 방안은 GATT협약에서 ECE/ISO 용어와 정의를 차용하여 기본으로 사용하고 GATT

목적에 맞게 수정할 부분을 별도로 표시(note)하여 나타내는 방법이었고 다른 방안은 협약 초안이 사용한 용어를 기본으로 두고, ECE/ISO와 조화를 이루도록 정의를 수정하는 방법이었다.[21] 어느 방법이 협약운용에 더 유용한지, 그리고 국제표준기구들의 입장은 어떠한지 등에 관한 논의가 계속되었고 초기 단계 협상의 대부분을 할애하였다.

결국, 협약이 GATT의 목적을 추구하기에 유용할 수 있도록 두 번째 방안이 채택되었다. 첫 번째 방안은 사용자들에게 혼동을 덜 야기한다는 이점이 있지만, 무역체제에서의 특정 목적을 달성하기 위하여 용어와 정의에 관한 별도의 설명(note)이 불가피하다는 문제가 있었다. 두 번째 안을 적용하여 협약 초안에서 사용되었던 모든 관련 용어와 정의에 대한 수정작업이 진행되었고, 1977년 무역기술장벽방지를 위한 행동협약(안)이 마련되었다.[22] 1977년협약(안)은 이후 동경라운드 협상이 마무리될 때까지 제도적 기본 틀을 제공하였고 최종적으로 채택된 GATT 무역장벽협정 최종안에 고스란히 반영되었다.

2.3.3 협상 중기(1977년-1978년)

동경라운드 협상 중기에는 무역기술장벽 협약의 의무 부담이 국가들마다 서로 다르며 불균형을 이룬다는 이행에 관한 사안이 핵심이었고 개도국 이슈가 추가적으로 논의되었다.

(1) 표준협약상 국가 간 의무이행 부담 불균형에 관한 문제

무역기술장벽 분야에서 가장 타결하기 까다로웠던 사안이자 정치적으로 민감했던 사안이 바로, 국가 간의 이행의무 불균형 문제였다. 유럽은 단일시장으로 나아가기 위한 경제통합 과정에서 이미 회원국 간의 무역기술장벽 문제를 어느 정도 해소하고 있었는데 기본적으로 국가들의 기술규제 권한을 축소하고 유럽연합 차원에서 단일화된 기술규제 체제를 확립해 나가고 있었다. 이와 대조적으로

---

21) GATT(1976), *Definitions*, MTN/NTM/W/70.
22) GATT(1977), *Draft Code of Conduct for Preventing Technical Barriers to Trade*, MTN/NTM/W/94.

미국은 연방제도 하에서 기술규정과 인증제도 등 기술규제에 대한 권한을 지방 (州) 정부의 재량권으로 부여하고 협단체 등 민간기관이 표준화를 주도적으로 추진할 수 있는 체계를 두었다.

따라서 협약 이행의 책임이 중앙정부에 있다는 점을 감안할 때, 미국의 경우 중앙정부가 지방정부 또는 민간단체의 협약 이행을 얼마나 보장할 수 있을지가 불확실하였다. 이와는 대조적으로 유럽연합은 연합차원에서 협약을 이행할 것이므로, 구조적으로 미국보다 이행부담이 더 클 수 있다는 문제가 제기되었다.

이행의무 불균형 문제는 협상 초기부터 제기되었고 1978년 제4차 G7정상회담을 앞두고 여러 사안에 대한 합의가 이루어지는 상황 속에서도 해결되지 못하였다. 특히 유럽연합은 미국과 같은 연방제도 국가에 대해서 지방정부와 비정부기관들의 협약 이행을 보장하기 위하여 중앙정부가 최선의 노력을 다할 것이라는 명시적인 약속이라도 최소한 받고자 하였다. 그 결과 물론 중앙정부가 구체적으로 어떠한 노력을 기울여야 하는지에 관하여 합의하지는 않았으나 협약(안)은 "권한 내의 모든 합리적인 수단을 사용할 것(to use all reasonable means within their power)"을 규정하는 강도 높은 문구를 1978년까지 포함하고 있었다.23) 이 문구는 약화되어 협약 이행을 보장하기 위하여 최대한 노력할 의무(best endeavors)를 규정하는 문구로 최종 채택되었다.

동경라운드 중기에는 이에 관한 협상이 주요하게 진행되었다. 이 쟁점이 얼마나 중요하고 지대한 영향을 미쳤는지는 동경라운드에서 채택한 표준협약의 구조와 내용을 살펴보면 알 수 있다. WTO TBT협정과는 달리, 표준협약은 적용기관에 따라 조항을 구분하고 있기 때문이다. 제2조는 중앙정부기관의 기술규정과 표준에 관한 의무를, 제3조는 지방정부기관의 기술규정과 표준에 관한 의무를, 제4조는 비정부기관의 기술규정과 표준에 관한 의무를 규정하고 있다. 그리고 의무 내용에 있어, 중앙정부, 지방정부, 비정부 구분없이 기본적으로 동일한 의무가 적용되고 있다. 다만, 국제표준화 참여 의무, 지역표준화 참여 의무는 중앙정부기관과 민간기관에만 적용되고 GATT사무국 통보의무는 중앙정부기관에만 적용된다.

이처럼 협약에서 중앙정부, 지방정부, 비정부 기관을 대상으로 명시하고 동일하게 규율하고자 하였음에도 불구하고 비정부 기관과 지방정부 기관들이 실제로

---

23) GATT(1978), *Technical Barriers to Trade: Revision*, MTN/NTM/W/192/Rev2.

얼마나 이행을 할지에는 근본적으로 불확실성이 내재해 있었다. 이 사안은 협상 후기까지 논의되었고 분쟁해결제도와 연계되어 논의·해결되면서 일단락되었다.[24]

(2) 개도국 이슈

협약 이행에 있어 개도국이 갖는 어려움을 고려하여, 의무사항을 조정하고자 하는 협상이 전개되었다. 개도국들은 제조업 생산에 있어 국제표준을 충족하기에 기술적인 역량이 부족하다고 주장하면서 선진국이 주도하는 국제표준을 기초로 사용하여야 하는 의무에 대하여 강하게 반발하였다.[25] 또한 협약에서 안전, 건강, 환경보호와 상품품질 보장을 위하여 국제표준과 다른 기술규제를 도입할 수 있다는 규정도 실제로는 개도국에게 중대한 무역기술장벽이 될 수 있다고 주장하였다.[26]

이에 따라 협상과정에서 협약 당사국들, 특히 개도국들에게 기술적 지원을 위한 제도적 방안, 그리고 개도국에게 특별하고 차별적인 대우를 하기 위한 다양한 방안들이 강구되었다.

그 결과 협약은 기술지원과 관련하여 개도국에게 기술규정 도입을 자문하고 국가 표준화기관 설립 및 국제표준화기구에 참여할 수 있도록 자문 및 기술지원을 하도록 규정하였다.[27] 또한 중앙정부 내의 기술규제 당국 설립에 관하여 또는 기술규정에 관한 인증과 적합성 관련 표시제도 확립에 관하여, 그리고 기술규정을 시행하기 위한 방법들에 관하여 자문하기 위하여 당사국들이 이용가능한 합리적인 조치수단들을 사용할 것을 규정하였다.[28]

이와 함께 협약은 당사국들이 자국의 기술규제를 준비하고 적용할 때 개도국의 특별한 개발, 금융자원 및 무역의 필요성을 고려하고 개도국 수출에 대한 불필요한 장벽을 초래하지 않도록 규정하였다.[29] 또한 국제표준이 있다 하더라도 개

---

24) 다음 절(2.3.4) 참조.
25) Winham(1986), pp. 234-235.
26) 상동.
27) 동경라운드 표준협약 제11.1조.
28) 동경라운드 표준협약 제11.2조, 제11.3조 및 제11.4조.
29) 동경라운드 표준협약 제12.1조, 제12.3조.

도국들은 자국의 토착 기술과 사회·경제적 상황을 고려하여 자국 개발필요와 양립하는 기술규제를 도입할 수 있고, 자국의 개발, 금융자원 및 무역에 적절하지 않은 경우, 국제표준을 기초로 사용하지 않아도 된다는 사항을 규정하였다.[30]

2.3.4 협상 후기(1978년-1979년)

동경라운드 후기에는 무역기술장벽 협약의 이행 방식에 관한 문제를 해결하기 위하여 분쟁해결제도에 관한 협상이 본격적으로 이루어졌다. 협정의 이행방식, 그리고 이행부담 불균형 문제는 협상이 개시되면서부터 논의되었던 제도의 근본적인 사안이었으며 협상 국가들은 분쟁해결제도를 통하여 국가들의 이행 균형을 맞추고자 하였다. 이러한 접근방식과 함께 무역기술장벽 협정은 마침내 타결되었고, 이로써 최초의 무역기술장벽에 관한 협정이 채택되었다.

(1) 의무불균형 문제 해결을 위한 분쟁해결제도에 관한 협상

GATT협정을 입안하는 데 있어 어떤 원칙과 내용으로 규율할 것인가와 함께 중요한 문제는 누구에게 그러한 의무를 적용하여 이행하도록 할 것인가일 것이다. 무역기술장벽협정의 기본 원칙과 내용을 결정하는 협상과 함께 중요하게 다루어졌던 협정의 본질적인 사안은 무역기술장벽 규범을 모든 체약국에게 의무협정으로 적용할 것인지 아니면 원하는 체약국들이 자발적으로 채택하도록 할 것인지에 관한 문제였다.

표준제도는 국가들마다 주도적인 역할을 하는 기관이 중앙정부, 지방정부 또는 민간 협단체 등 각기 다르다는 특징이 있으므로 국가들의 각 주관 기관들이 협정을 이행하도록 하는 것이 실질적으로 중요하였다. 이에 따라 협정은 의무를 이행할 대상 주체를 중앙정부 기관, 지방정부 기관, 그리고 민간 기관으로 정하여 각각에 대한 조항을 두고 의무와 절차를 규정하였다.

기본적으로 국제통상체제의 이행주체는 중앙정부이며 협정을 이행할 의무가 중앙정부에 있다. 따라서 중앙정부 기관이 자신의 기술규정, 표준 그리고 적합성

---

30) 동경라운드 표준협약 제12.4조.

절차를 준비, 채택, 적용함에 있어 협정상의 의무를 이행해야 하며 이행할 것이라는 합리적인 기대가 전제된다. 그러나 문제는 국내 기술규제가 지방 분권화되어 있거나 민간 주도적인 경우, 그러한 국가에서 협정이 유효하게 이행될 수 있을지가 관건이었다. 단적인 예로, 유럽연합은 당시 통합을 이루어나가는 과정에서 대부분의 기술규제를 유럽연합 차원에서 통합하여 규제할 수 있는 체제를 갖추고 있었으나 미국의 연방제도, 일본의 지방분권화 등의 체제 하에서는 민간기관이 표준화를 주도하거나 지방정부 중심으로 기술규제가 이루어지고 있었다.

이에 관하여 특히 유럽연합은 다른 국가들이 동 협정을 실효적으로 이행할 수 있을지, 중앙정부가 자국 내에서의 협정 이행을 최대한 보장하기 위하여 노력할 것인지에 대하여 의문을 제기하였다.[31] 만일 이행을 보장받지 못한다면 이행 부담의 균형이 성립될 수 없었고 공평한 협상이 될 수 없었기 때문이다. 특히 유럽연합은 분쟁해결에 관한 조항에서 협의 요청시 "호의적인 고려(accord sympathetic consideration to)"를 한다는 의무조항으로는 충분한 협정이행을 기대할 수 없다고 지적하였으며, 이 사안을 중심으로 협상을 전개하였다.[32] 또한 이행 의무 불균형 문제는 근본적으로 중앙정부가 이들 지방정부 기관과 민간 기관에게 협정의 이행을 장려하고 촉진하도록 그리고 필요하고 가능하다면 이행을 강압적으로 추진함으로써 협정의 실효를 기대할 수 있다고 보았다.

이러한 배경에서 크게 두 가지 제도적 장치가 협정 문안에 삽입되었다. 하나는 지방정부 기관과 비정부 기관도 협정 이행을 위하여 최선의 노력을 기울일 것(best endeavors)을 명시적으로 규정하는 것이었다. 이를 통하여 중앙정부 기관이 아니라 할지라도, 중앙정부에 부과되는 일차적 이행의무와 "동일한 간접적" 의무를 부과하여 이행의 균형을 확보하고자 하였다. 그리고 다른 하나는 일차적 의무 이행과 간접적 의무이행을 포함하는 어떠한 이행상의 문제에 대해서도 분쟁제기가 가능하도록 하여 협정의 이행목표를 추구하였다.[33]

GATT TBT협정에 도입된 분쟁해결제도는 협정 운영에 관한 모든 사항(any matter affecting the operation of this Agreement)에 대하여 협정의 당사국이 이의를 제

---

31) GATT(1978), Proposal of the European Communities for the Draft Code for Preventing Technical Barriers to Trade. MTN/NTM/W/135.

32) Winham(1986), p. 234.

33) 상동.

기하면 발동되도록 법적근거를 두었다. 다시 말해서 당사국은 협정에서 보장하는 이익이 직접적으로나 또는 간접적으로 무효화 또는 침해받으면 그리고 이로 인하여 무역이익이 중대하게 영향을 받으면(its trade interests are significantly affected) 이에 관하여 서면으로 협의요청을 제기할 수 있고 이로써 분쟁해결 절차가 개시된다.[34]

그리고 협정에는 지방정부기관과 비정부기관의 이행과 관련하여 당사국이 "충분한 결과를 달성하지 않으면(has not achieved satisfactory results)" 그리고 무역이익에 중대한 영향을 받으면 소송을 제기할 수 있다는 근거를 마련하고 있다.[35] 여기에서 "충분한 결과"는 중앙정부 기관의 이행으로부터 기대되는 수준과 동일함으로 명시하고 있다.[36]

이와 같이 국내제도 차이에 따른 협정 운영의 한계는 분쟁해결 제도의 원용근거를 중앙정부의 이행과 함께 지방정부 기관과 비정부 기관의 이행까지 확대함으로써 해결하고자 하였다. 게다가 이들 非중앙정부 기관들의 이행 수준은 중앙정부 기관들의 이행 수준과 동일하다고 명시적으로 규정한 사실 또한 주목할 만하다. 최초의 TBT협정 협상에서는 무역기술장벽 문제를 포괄적으로 가능한 완전하게 다루고자 하였던 의도를 확인할 수 있다 하겠다.

2.3.5 GATT 표준협약 제도의 주요 특징

동경라운드 협상에서 채택된 최초의 무역기술장벽 협약은 협상의 괄목할 만한 성과 중 하나로 손꼽힌다. 여러 가지 의의가 있겠지만 국제통상의 영역으로 여겨지지 않았던 적합성평가 제도와 산업, 기관이 모두 영향을 받게 되었다. 또한 협약 이행을 위해 질의처(enquiry)를 운영하고 국내 기술규제에 관한 정보가 투명하게 관리되고 공유되어야 했다. 그리고 기술규정과 표준에 대하여 내국민대우 원칙이 적용되었는데 이로써 기술규제의 입안에서 집행에 이르는 전 단계에 지대한 영향을 주었다. 명목적인 차별뿐만 아니라 사실상의 차별도 금지하였으므

---

34) 동경라운드 표준협약 제14.2조.
35) 동경라운드 표준협약 제14.24조 1항.
36) 동경라운드 표준협약 제14.24조 2항.

로 기존의 입법 및 집행 관행에서 국제무역에 대한 영향을 더 많이 고려해야 할 의무가 생긴 것이다. 셋째, 협약을 통하여 국내 기술규제가 국제표준을 기초로 사용할 원칙이 처음으로 도입되었는데, 국내 기술규제 입안에 있어 국제표준과 조화를 이루어야 할 의무가 생겼고, 국제표준화에 참여를 위한 노력이 강화될 수밖에 없었다. 이는 GATT체제상 전례없는 새로운 규범이었다. 이하에서는 국제통상체제 최초의 GATT TBT협정, 일명 표준협약의 구성과 주요 내용에 관하여 설명한다.

- **GATT표준협약의 구성과 주요 내용**

표준협약은 동경라운드 협상 종료와 함께 채택된 다른 협약들과 마찬가지로 복수국간 협정이었다. 다시 말해서 표준협약은 GATT 체약국 모두에게 자동적으로 적용되는 것이 아니라 체약국들 중에서 동 협약의 채택을 승인한 국가에게만 적용되며 자발적 참여를 바탕으로 하였다. 이러한 GATT 규범체계는 향후 WTO 설립과 함께 WTO협정이 모든 회원국들에게 예외 없이 적용되는 일괄적용방식 (a single-package approach) 체제로 발전함에 따라 모든 회원국에게 적용되는 일반 규범으로 발전하게 된다.

또한 당시 표준협약에는 GATT 분쟁해결제도가 적용되었으므로 WTO의 분쟁해결제도와 근본적인 차이가 있었다. GATT 분쟁해결제도는 협의와 패널심의로만 이루어졌으며 총의(consensus)에 의하여 패널보고서가 채택되었다. 이는 우루과이 협상을 거쳐 WTO 분쟁해결제도로 발전하게 되는데, WTO 제도에서는 분쟁해결을 위하여 분쟁당사국의 협의와 패널심의 이후에 상소기구의 법률 심의가 추가되었다는 점에서 법적 검토가 강화되었고 의사결정 방식이 역총의제(reverse-consensus)로 전환됨에 따라 보다 신속하고 확실한 보고서 채택이 이루어지게 되었다.

표준협약은 크게 6장으로 구성되며 15개 조항으로 이루어진다. 표준협약은 적용대상을 크게 기술규정, 표준, 적합성평가 및 인증제도로 정하여 각각에 대한 조항을 두고 의무와 절차를 규정하였으며 중앙정부 기관, 지방정부 기관 및 非정부 기관에 적용되었다. 동 협약은 기술규제 전반에 관한 정보제공 의무와 개도국에 대한 특별대우 그리고 기술지원에 관한 의무를 규정하고 동 협약의 이행을 검토하고 증진하기 위하여 위원회 운영과 이행에 관한 분쟁 해결 절차를 마련하고 있었다. 이와 같은 GATT 표준협약의 기본 틀은 이후 WTO TBT협정에도 대부분 계승되어 오늘날까지 TBT제도의 기본체계를 제공하고 있다.

GATT 표준협약에서 도입하였던 무역기술장벽에 관한 주요 원칙과 의무도 현재 WTO TBT협정에서 규정하고 있는 바와 기본적으로 동일하다. 표준협약에 도입된 무역기술장벽에 관한 가장 중요한 의무는 내국민 대우 의무, 최혜국 대우 의무, 최소무역제한 의무, 국제표준을 기초로 사용할 의무, 통보 및 정보제공 등에 관한 투명성 의무, 국제표준화 참여 의무, 그리고 개도국에 대한 특별대우 의무이다.

표준협약과 WTO TBT협정과의 근본적인 차이는 표준에 관한 의무와 제도에 있다. 표준협약은 기술규정과 표준에 관한 의무를 단일 조항을 바탕으로 동일하게 규정하였다. 각 조항들은 담당기관에 따라 구분되어 있으며 기술규정과 표준 구분없이 동일한 조항이 적용되고 있는 것을 알 수 있다. 구체적으로 보면 제2조는 중앙정부기관의 의무와 절차를 규정하는데 기술규정과 표준에 대해 동일하게 비차별의무(제2.1조), 불필요한 무역제한 효과의 금지(제2.1조), 국제표준을 기초로 사용할 의무(제2.2조), 국제표준 제정에 참여할 의무(제2.3조), 디자인보다 성능을 위주로 사용할 의무(제2.4조), 요청이 있을 경우 정보를 제공할 의무(제2.5조), 즉각 공표할 의무(제2.7조) 등을 규정하고 있다. 기술규정과 표준에 다르게 적용되는 사항은, 단지 당사국이 GATT사무국을 통하여 다른 당사국들에게 통보할 의무와 다른 당사국에게 질의를 허용하고 질의 및 응답을 위한 합리적인 시간을 제공할 의무가 기술규정에 대해 적용되는 반면 표준에 대해 적용되지 않는다는 점이다.

이처럼 표준협약은 기술규정과 표준을 이행이 강제적인 기술요건(technical specification)과 이행이 자발적인 기술요건으로 각각 정의하며 구분하지만 무역기술장벽 사안이자 표준협약의 대상조치로는 본질적으로 구분하지 않는 것을 알 수 있다. 이와는 대조적으로 WTO TBT협정에서는 기술규정과 표준에 관한 접근방법이 근본적으로 다른데, 가장 큰 특징은 모든 기술규정에 대하여 협정상의 의무를 적용하고 표준에 대해서는 기본적으로 부속서의 모범관행규약을 채택한 기관에 한해서 협정의무를 적용한다는 것이다. 물론 중앙정부 표준기관은 동 규약을 의무적으로 채택하여야 한다.

2.4 우루과이라운드 협상과 WTO 무역기술장벽 협정

1986년 9월 22일 개시된 우루과이 협상은 국제통상의 다자기구인 세계무역기구(WTO) 설립과 함께 기존의 무역체제를 상품무역 분야에서 서비스무역과 무역관련 지식재산권 분야까지 확대하기 위한 목표로 진행되었다.[37] 따라서 우루과이 협상은 국제통상체제의 발전 역사에 있어 유례없이 방대한 범위와 협상쟁점을 다루며 진행되었다. 협상은 총 15개 그룹으로 구성되었는데, 관세협상을 비롯하여 비관세조치, 보조금 및 상계관세조치, 서비스무역, 무역관련 지식재산권, 무역관련 투자조치 그리고 농산품, 열대작물, 의류직물과 같은 민감품목에 대한 협상그룹 등으로 이루어졌다.

비관세조치 협상은 원산지규정, 선적전검사, 수량제한, 관세평가 및 표준장벽 조치에 관한 사안을 중심으로 진행되었다. 그리고 표준장벽 조치에 관한 협상은 무역기술장벽 협정의 개선, 명료화 그리고 확대를 위한 논의사항을 중심으로 전개되었다.[38]

첫째, 협정의 개선을 위한 협상에는 非정부 표준기관의 이행을 강화하기 위한 논의, 자발적 표준에 대한 규율을 강화하기 위한 논의, 양자협정의 투명성 강화에 관한 논의, 국가들의 지역표준 활동의 투명성 강화를 위한 논의 등이 주요하게 이루어졌다.

둘째, 협정의 명료화를 위한 협상에는 적용범위에 관한 사항이 주로 논의되었다. 그 중에서도 특히 생산공정방법(PPM)이 협정의 대상인지가 모호하다는 지적으로 이를 명료하게 하기 위한 협상이 이루어졌다. 또한 당시 농업협상그룹에서 SPS조치에 관하여 구체적으로 규율하기 위한 SPS 협정 제정에 관한 협상이 진행되고 있었는데, 표준장벽 그룹과의 법제적 조율과 함께 TBT협정과 SPS협정의 관계를 분명하게 설정하기 위한 논의가 계속하여 이루어졌다.

셋째, 협정의 확대를 위한 협상은 주로 적합성평가에 있어 협정이 실효를 거둘 수 있도록 하기 위한 방안이 논의되었다. 그 중에도 특히 적합성평가를 위한

---

37) GATT, Ministerial Declaration on the Uruguay Round. (GATT Doc. No. MIN.DEC, 20 September 1986).

38) GATT(1988), Agreement on Technical barriers to Trade: Aspects of the Agreement Proposed for Negotiation−Note by the Secretariat. MTN.GNG/NG8/W/25.

시험, 검사, 검증 등의 방법과 절차 수행 과정에서 협정의무 이행을 강화하기 위한 논의, 인증제도를 보다 투명하게 운영하기 위한 논의 그리고 기술규정, 표준, 인증제도 등 새로운 기술규제 입안 과정을 투명하게 하기 위한 논의가 주요하게 이루어졌다. 이 과정에서 적합성평가와 인증제도를 별도의 대상으로 구분하던 GATT 표준협약의 체계를 수정하여 적합성평가절차로 통합하였다.

무역기술장벽 협정 관련 우루과이라운드 협상은 동경라운드 협상때와 마찬가지로, 보조금 협정이나 농업협정 등 국내 정치적으로 민감하였던 다른 분과 협상과 비교했을 때 큰 저항이나 논쟁 없이 진행되었다. 그럼에도 불구하고 1990년까지 전체적인 협상은 진척이 없었고 결렬되는 위기에 처하였다가 1991년 던켈 초안과 함께 협상이 재개되었고 무역기술장벽은 규범그룹(4-Rule Making Group)이라는 광범위한 맥락에서 계속 협상되었다.[39] 던켈초안 이후 논의되었던 주요 사안은 국제무역에 대한 불필요한 장벽에 관한 규범, 지방정부기관의 이행, 분쟁해결절차, 모범관행규약 그리고 SPS조치에 관한 적용범위 문제였다.

본 장에서는 TBT협정 관련 우루과이라운드 협상의 주요사안인 불필요한 무역

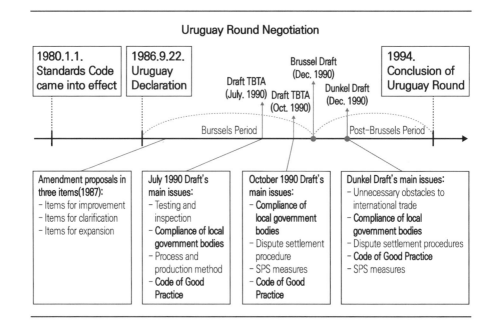

39) Stewart(1993), pp. 1104-5.

장벽에 관한 규범, 모범관행규약의 도입, 그리고 생산공정방법에 관한 적용범위 명료화에 관하여 구체적으로 설명한다.

(1) '국제무역에 대한 불필요한 장벽'에 관한 규범 협상

표준협약은 기술규정이 국제무역에 대하여 불필요한 무역장벽을 구성하지 않도록 규정하는데, 다년간의 협약운용을 바탕으로 볼 때 이 의무가 잘 이행되지 못한다는 문제점이 제기되었다. 협상 국가들은 특정 조치가 필요한 장벽인지를 판단하는 기준이 충분히 구체적이지 않다는 점을 가장 큰 원인으로 고려하였다. 그리고 점차 많은 기술규정과 표준들이 기존의 정책 목적(즉, 인간, 동식물의 생명 또는 건강을 보호하기 위한 목적이라든가 환경보호를 위한 목적)뿐만 아니라 상품의 품질관리, 산업호환성, 소비자정보와 같은 새로운 정책 목적을 위하여 만들어지고 있다는 점도 주목하였다. 또한 국제기구와 국제협약을 이행하기 위한 기술규제도 점차 증가하고 있는 것을 확인하였다.

협상국가들은 이처럼 변화하는 기술규제 환경에서 표준협약의 조항을 보다 구체화할 필요가 있다고 보았다. 표준협약의 해당 조항인 제2.1조는 다음과 같이 규정하였다: "당사국은 국제무역에 대한 장벽을 구성하기 위한 목적으로 기술규정과 표준을 준비, 채택, 적용하지 않도록 보장한다. 또한 다른 당사국의 영토에서 수입된 상품에 대하여 자국을 원산지로 하는 동종상품에 대한 대우 그리고 제3의 당사국을 원산지로 하는 동종상품에 대한 대우보다 불리하지 아니한 대우를 기술규정 또는 표준과 관련하여 제공하여야 한다. 당사국들은 기술규정 또는 표준 그 자체가 또는 그 적용이 국제무역에 대한 불필요한 장벽을 구성하는 효과를 갖지 않도록 보장하여야 한다."

위의 조항에서 세 번째 문장에 해당하는 규범을 보다 구체화하기 위한 협상이 진행되었다. 그 결과 비차별 원칙을 규정하는 조항과 분리되어 별도의 조항이 만들어졌는데, 정당한 목적들의 예를 제시하는 문구가 추가되었고 해당 기술규정이 다루려는 위험에 대하여 평가하도록 하였다.[40]

그 결과 TBT협정에 도입된 기술규정의 불필요한 무역장벽 구성 금지에 관한

---

40) TBT/W/144.

조항인 제2.2조는 다음과 같이 규정한다: "회원국은 국제무역에 불필요한 장애를 초래할 목적으로 또는 그러한 효과를 갖도록 기술규정을 준비, 채택 또는 적용하지 아니할 것을 보장한다. 이러한 목적을 위하여, 기술규정은 비준수에 의해 야기될 위험을 고려하여, 정당한 목적수행에 필요한 이상으로 무역을 규제하지 아니하여야 한다. 이러한 정당한 목적은 특히 국가안보상 요건, 기만적 관행의 방지, 인간의 건강 또는 안전, 동물 또는 식물의 생명 또는 건강, 또는 환경의 보호이다. 이러한 위험평가시 고려할 관련 요소는 특히 이용가능한 과학적 및 기술적 정보, 관련처리기술 또는 상품의 의도된 최종 용도이다."

이 조항에서 볼 수 있는 바와 같이, 기술규정을 지키지 않았을 때 야기될 위험을 고려해야 하는 한편, 기술규정이 추구하는 안전 및 보호의 수준이 기술규정의 목적보다 과도하게 높지 않아야 한다는 범위를 설정하고 있다. 위험과 안전및 보호 수준의 비례성(proportionality)을 바탕으로 기술규정의 필요성 또는 기술규정에 의한 무역장벽의 불필요성을 판단하는 해석 원칙은 향후 WTO체제에서 발생한 분쟁사례에서 구체적으로 나타나고 있다.41)

(2) 모범관행규약 도입에 관한 협상 전개

표준협약에 관한 우루과이라운드 협상에서 가장 중요하게 다뤄졌던 사안은 바로 지방정부 기관의 이행 문제와 이를 강화시키기 위한 방안에 관한 것이었다. 표준협약 제3조는 지방정부 기관의 기술규정과 표준의 준비, 채택 및 적용에 관하여 규정하였는데 동 협약의 채택 이후 우루과이라운드 협상까지의 기간 동안 실제로 동 조항에 관한 이행이 매우 저조하였다. 비단 앞서 설명한 바와 같이 협약 당사국들이 서로 다른 제도를 도입하고 있었기 때문에 나타난 국가 간의 의무 불균형 문제가 원인이었을 뿐만 아니라 제3조의 규정이 지방정부 기관들에 대하여 직접 적용되지 못하였으므로 중앙정부 기관들의 이행과 현격한 차이로 나타난 것이다. 이 문제는 제4조 비정부 기관의 기술규정과 표준에 관한 규정 이행에 있어서도 마찬가지였다.

이와 관련하여 두 가지 방안이 고려되었다. 하나는 지방정부 기관에 대한 의

---

41) 본 서적의 제7장 US-COOL 분쟁판례에 관한 설명을 참조한다.

무와 절차를 보다 구체적으로 입안함으로써 의무를 강화하는 것이고 다른 하나는 민간 기관에 대한 의무는 모두 별도로 모아서 모범관행규약(이하 '규약')을 채택하는 것이었다.

구체적인 예를 들어 살펴보면, 표준협약 제3조는 "당사국이 자국 영토 내에서 지방정부기관들의 (중략) 제2조 조항들에 관한 이행을 확보하기 위하여 모든 이용 가능한 조치를 취한다"고 규정하였는데 이를 "이행을 확보한다(Parties shall ensure that local government bodies and non-government bodies within their territories comply with the provisions of Article 2, noting that...)"라는 문구로 바꾸고 구체적인 예외사항을 열거함으로써 이행의무를 강화하자는 제안이 있었다.[42]

한편, 표준협약 제4조의 기술규정과 표준, 제6조의 기술규정과 표준에 관한 적합성, 그리고 제8조의 인증제도에 관한 비정부 기관에 대한 조항을 모아서 하나의 새로운 모범관행규약으로 만들어 협정의 부속서로 두고 자발적인 이행을 유도하자는 논의가 있었다. 이러한 논의의 배경에는 비정부 기관들의 의무를 명시적으로 제시함과 동시에 표준협약의 적용이 일차적으로 중앙정부에 있다는 점과 그 한계를 인정하는 것이 보다 실용적이고 바람직하다는 합의가 있었다. 중앙정부 기관들 이외의 기관들은 자신들이 표준협약의 대상이 되고 있는지를 인지하지 못하고, 인지하였다 하더라도 자신들의 의무와 협약의 운영방식을 정확하게 알기에 어려움이 있다는 점이 지적되었기 때문이다.[43]

비정부 기관의 활동을 규율하기 위하여 시작되었던 모범관행규약 도입에 관한 논의는 우루과이라운드 협상이 진행됨에 따라 점차 표준에 관한 규약으로 초점이 바뀌었다. 이에 따라 규약은 정부와 비정부 기관을 구분하지 않고 모든 표준화 기관에 의하여 제정되고 시행되는 표준을 대상조치로 두게 되었다. 그 결과 WTO BTB협정 제2조와 제3조는 기술규정에 관한 사항을, 제4조는 표준에 관한 사항을 다루며, 제4조는 부속서의 모범관행규약의 채택을 규정하고 있다.

구체적으로, 제4조는 중앙정부의 표준기관이 규약을 수용하고 준수할 것을 의무화하며 지방정부 및 비정부 기관과 지역표준 기관이 규약을 수용하여 준수하도록 합리적인 조치를 취하도록 규정하고 있다. 그리고 표준에 관한 실질적인

42) EEC의 제안에 관하여 다음을 참조한다. MTN.GNG/NG8/W/83/Add.3, p. 8.
43) TBT/W/124.

의무와 절차는 규약에서 규정하는데 내국민 대우와 최혜국 대우 의무를 규정하고 불필요한 무역장벽을 금지하며 국제표준을 기초로 사용하고 국제표준화 활동에 참여할 것을 규정하고 있다.

이로써 TBT협정에서 기술규정과 표준의 구분이 매우 중요해졌다. 어떤 조치가 이행이 강제적인 기술규정이라면 협정 제2조와 제3조가 적용될 것이며 반면 어떤 조치가 이행이 자발적인 표준이라면 부속서의 모범관행규약이 적용되기 때문이다.

기술규정과 표준에 대한 핵심적인 기본 원칙과 규범은 실제로 크게 다르지 않다. 두 대상조치에 모두 비차별 의무, 불필요한 무역장벽 금지, 국제표준을 기초로 사용할 의무, 디자인보다는 성능을 위주로 할 의무, 요청시 정보를 제공하고 공개할 의무 등 기본 의무가 적용되기 때문이다. 그러나 협정과 규약 사이에는 근본적으로 의무수준의 차이가 있고(level of obligation) 구체적인 문구를 비교하였을 때 다소 규범상의 차이가 있음을 알 수 있다.

결론적으로 협정운용상 기술규정과 표준의 구분이 중요한 법적 사안이 되었음에도 불구하고 WTO 무역기술장벽 협정은 이에 관한 명확하고 구체적인 구분 기준을 제시하지 못하고 있다. 그 결과 기술규정과 표준의 개념이 모호하게 존재하는데, TBT분쟁에서도 이에 관한 논란이 제기되어 중요한 쟁점사항으로 남게 되었다.[44]

(3) 생산공정방법(PPM)에 대한 적용범위

GATT협정은 상품 무역에 적용되며 이와 일관되게 표준협약은 상품에 관한 기술요건을 대상으로 하였다. GATT 체약국들은 표준협약을 협상하기 시작한 초기부터 상품의 생산공정방법에 관한 기준 때문에 무역장벽이 발생하는 경우가 빈번하다는 것을 주목하였고 표준협약에 이를 반영하기 위한 협상을 진행한 결과 생산공정방법(production and process method: PPM)이라는 용어와 개념을 명시적인 대상으로 포함시키지 않기로 하였다. 그러나 PPM 관련 조치를 완전히 배제할 수 없었으므로 PPM 관련 무역장벽을 분쟁해결의 대상으로 삼을 수 있는 근거규

---

44) 본 서적의 제7장 US-Tuna(II) 분쟁 판례에 관한 설명을 참조한다.

정을 두었는데, 표준협약 제14.25조는 협정상의 의무가 상품의 특성이 아닌 생산공정방법에 관한 요건으로 우회하여(circumvent) 제정되는 경우 협약의 분쟁해결절차를 원용할 수 있다고 규정하였다. 이처럼 PPM 관련 기술요건은 상품 관련기술요건과 구분되는 대상이었으며 협약의 명시적인 규율대상은 아니었지만 무역기술장벽의 요인이 될 수 있다는 실질적인 고려에 따라 분쟁해결절차 발동의근거가 되었다.

이러한 이중적인 구조, 즉 명시적인 규율대상이 아니지만 분쟁해결절차를 원용할 수 있는 사안이 되는 제도적인 구조는 체약국들이 협약을 이행하는 데 혼란을 야기하였고 생산공정방법이 협약의 적용대상인지에 관한 논란을 일으켰다. 우루과이라운드 협상 과정에서 동 사안에 관한 논의가 본격적으로 이루어졌고 뉴질랜드와 미국은 점차 많은 기술규정과 표준에서 생산공정방법을 다루고 있으며특히 산업 공정과 농산품과 관련된 경우가 많으므로 무역기술장벽 협정에서 이를 반영해야 한다고 제안하였다.[45]

우루과이라운드 협상 결과 생산공정방법은 상품과 함께 무역기술장벽 협정의 명시적인 대상이 되었다. WTO 무역기술장벽 협정은 기본적으로 기술규정 및표준을 상품특성 또는 생산공정방법에 관하여 기술한 문서로 정의하고 있다.

그러나 여전히 생산공정방법의 기준을 어느 범위까지 대상으로 봐야 할 것인가는 또 다른 모호함이 남아 있다. 바다돌고래를 보호하기 위하여 참치 어획방법에 대하여 표준을 제시한다면 참치상품의 특성에 전혀 영향을 주지 않는 그 생산방법을 TBT협정의 대상 조치로 간주하여야 할 것인가? 이에 따라 생산공정방법을 다시 상품과 직접적인 관련이 있는 기준(product-related PPM)과 상품과 직접적인 관련이 없는 기준(non-product-related PPM)으로 구분하여 TBT협정의 적용범위를 분명하게 하려는 논의가 있으나 현재까지 명확한 기준은 없다. WTO체제에서 발생한 TBT분쟁에서 이에 관한 명확한 기준을 제시한 바 없다.[46]

---

45) MTN.GNG.NG8/W/1. MTN.GNG/NG8/W/24.
46) 본 서적의 제7장 US-Tuna(II) 분쟁 판례에 관한 설명을 참조한다.

2.5 결론

국제통상체제에서 TBT협정은 동경라운드에서 최초로 채택되어 우루과이라운드를 거치면서 발전하였다. 본 장에서 다루었듯이 협정상의 대상과 기본 개념 그리고 핵심원칙을 규정하고 무역기술장벽을 실질적으로 해소할 수 있는 규범과 제도를 제시하기 위하여 많은 협상과 이행강화를 위한 논의를 이루어왔다.

WTO TBT협정상의 규범은 2000년대 초반부터 FTA협상의 중요한 의제가 되어 양자·지역규범으로 채택되고 있다. 즉, 다자체제에서 합의한 일반 규범이 FTA 대상국들 간의 TBT 해소를 위한 보다 구체적이고 강화된 의무와 절차로 발전하고 있는 것이다.

최근 심화되고 있는 TBT문제를 해소하고 사전적으로 억제할 수 있는 규범과 제도에 관한 협상이 WTO, FTA차원에서 이루어지는 한편 통상분쟁의 효과적인 해결을 위한 메커니즘이 활발하게 논의되고 있어 주목할 부분이다.

WTO TBT협정 주요 규범과 FTA에서의 발전

- 김민정

─── WTO TBT협정 주요 규범과 FTA에서의 발전

[김민정]

3.1 WTO협정의 기본 구성

국제통상체제는 1947년 발효한 관세 및 무역에 관한 일반협정(General Agreement on Tariff and Trade, GATT)을 기반으로 여러 차례의 다자협상을 통하여 발전해왔으며 1995년 세계무역기구(WTO)설립과 함께 서비스 협정(GATS)과 무역관련지적재산권 협정(TRIPS)으로 대상 범위가 확대되어 기본 체계를 수립하였다. 1986년부터 1994년까지 진행되었던 제8차 각료회의(일명 우루과이라운드 또는 우루과이협상)에서는 세계무역기구(WTO) 설립에 관한 협정을 최종적으로 타결시키며 국제통상에 관한 최초의 국제기구를 설립하며 기본 체제를 수립하였다.[1] WTO는 오늘날 164개 회원국이 참여하고, 21개 국가가 옵저버(observer)로 있는 전 세계 국가들이 참여하는 국제기구이다.[2]

GATT/WTO 체제는 무역의 원활한 흐름과 자유무역을 통한 경제효율성 증대 그리고 무역을 통한 개발을 궁극적으로 추구하며 기본적으로 WTO회원국들의 협상과 합의(consensus)를 바탕으로 운영되고 있다. WTO협정의 기본 법체계와 주요 협정은 다음과 같다:

---

1) WTO각료회의는 2년에 1회씩 개최되며, 가장 최근 개시한 도하개발아젠다(Doha Development Agenda, DDA)에서 중요한 의제로서 논의되고 있는 사안은 무역과 관련된 개발, 경쟁정책, 전자상거래, 환경, 노동, 투자, 정부조달 등이 있다.

2) 2016년 말 기준. WTO 옵저버 국가는 5년 내로 가입협상을 개시해야 한다. WTO회원국에 관한 자세한 사항은 WTO웹사이트를 참조한다. https://www.wto.org/english/thewto_e/whatis_e/tif_e/org6_e.htm

- 마라케쉬 선언과 최종의정서
- WTO설립 협정
- 부속서1의 다자협정
- 부속서2의 분쟁해결양해
- 부속서3의 무역정책검토제도
- 부속서4의 복수국간협정
- 우루과이라운드 각료결정과 선언

WTO협정은 크게 모든 WTO 회원국에게 공통으로 적용되는 다자협정(multilateral agreements)과 WTO회원국 중에서 별도로 가입한 국가에게만 적용되는 복수국간 협정(plurilateral agreements)으로 나뉜다. 다자협정은 부속서1에 있으며 복수국간 협정은 부속서 4에 있다.

다자 협정은 다시 상품무역에 관한 다자협정(Multilateral Agreements on Trade in Goods, MTAs), 서비스무역에 관한 일반협정(General Agreement on Trade in Services, GATS), 무역관련 지식재산권 협정(Trade—Related Aspects on Intellectual Property Rights, TRIPs)으로 구성된다. 그리고 복수국간협정은 민간항공기무역에 관한 협정(Agreement on Trade in Civil Aircraft), 정부조달 협정(Agreement on Government Procurement)으로 구성되며 우리나라는 정부조달 협정의 가입국으로 규범을 이행하고 있다.3)

상품무역에 관한 다자협정은 다시 1994년GATT 협정과 10개의 부속협정으로 이루어진다.4) 통상적으로 상품무역에 영향을 주는 기술규제 관련 통상규범은 다자협정 중, GATT협정의 기본 조항과 **무역에 대한 기술장벽에 관한 협정**(Agreement on Technical Barriers to Trade, TBT협정)**과 위생 및 식물위생조치에 관한 협정**(Agreement on the Application of Sanitary and Phytosanitary Measures, SPS협정)에 의하여 규율된다.5) 또한 무역에 영향을 주는 기술규제가 정부조달과 관련이 있다면

제1부
국제통상체제 발전과 무역기술장벽 관련 국제규범

3) 1995년 WTO발효 당시 총 4개의 복수국간 협정으로 이루어졌으나 국제낙농협정과 국제소고기협정은 발효한 지 3년 만인 1997년 자동 종료되었다.
4) 1995년 WTO발효 당시 1994년GATT와 총 11개의 부속 다자협정으로 이루어져 있었으나 섬유 및 의류에 관한 협정은 발효한 지 10년 만인 2005년 자동 종료함으로써 현재 10개의 부속 다자협정이 적용되고 있다.
5) 본 장에서는 TBT협정 정의상 기술규정, 표준, 적합성평가절차를 총칭하여 "기술규제"라는 용어를 사용하였다.

복수국간 협정 중, 정부조달 협정(부속서 4(b))이 적용된다.[6]

　　일반적으로 GATT/WTO체제에는 GATT/WTO협정의 이행을 검토하고 촉진하기 위한 제도로 무역정책 검토제도(Trade Policy Review Mechanism)와 분쟁해결제도(Dispute Settlement Mechanism)를 두고 있다.[7] 무역정책 검토제도는 회원국들이 자국의 전반적인 무역정책을 정기적으로 보고하도록 하고 실질적, 잠재적 무역장벽에 관하여 상호 협의하는 포럼을 제공한다. 분쟁해결제도는 협정이행과 위반 사항에 관하여 회원국이 문제를 제기하고 분쟁해결기구(Dispute Settlement Body, DSB)의 일정한 법절차를 밟으면 통상분쟁이 해소되고 무역장벽이 제거될 수 있도록 도모한다. 무역정책 검토제도는 부속서3에, 분쟁해결제도는 부속서2에, 그 절차법을 두고 있다.

　　WTO회원국은 수입국의 기술규제가 무역장벽이 되는 경우 일차적으로 양자협의를 통하여 분쟁을 해결하기 위해 노력하고, 상호 만족할 만한 합의를 이루지 못하면 패널과 상소기구 절차로 구성되는 법절차를 통하여 문제를 해소하는 방안을 고려할 수 있다.[8]

　　우루과이라운드 각료결정과 선언에 관한 문서들은 협상의 방향과 아젠다를 제시하는데 WTO협정의 해석과 이행을 도모하는 참고자료가 되며 WTO협정의 법적 일부를 구성한다.

　　1995년 WTO 설립이후 2017년까지 11차례의 각료회의가 개최되었으며 국제통상제도의 확대와 발전에 관하여 계속 논의하고 있다. 2001년 카타르 도하에서 있었던 제4차 각료회의에서 **도하개발아젠다**(Doha Development Agenda, DDA)에 관한 새로운 다자간 무역 협상(New Round)을 개시하였는데 ▷ 농산물, 서비스, 비농산물 분야의 시장개방, ▷ 반덤핑, 보조금, 지역협정, 분쟁해결에 관한 WTO협정의 개정, ▷ 환경, 지식재산권, 투자, 경쟁정책, 무역원활화, 정부조달, 투명성 등 포괄적인 사안에 대하여 협상이 이루어지고 있다.

---

6) 서비스무역에 영향을 주는 기술규제 및 표준이라면 서비스협정(부속서 1B)이 적용된다.
7) 각 회원국의 무역규모에 따라 2년, 4년, 6년 주기로 조사가 실시된다. 미국, EU, 캐나다, 일본과 같은 거대교역국 1위에서 4위까지는 매 2년마다, 우리나라를 포함하는 5위에서 20위까지는 매 4년마다, 그리고 나머지 국가들은 매 6년마다 검토를 받는다.
8) WTO TBT 분쟁 사례에 관한 자세한 내용은 이 책의 6장과 7장을 참고한다.

〈 WTO협정 〉

1994년 4월 15일 마라케쉬 선언
최종의정서
세계무역기구 설립협정
부속서1A 상품무역에 관한 다자협정
      GATT 1994 (GATT 1947 포함)
      농업 협정
      위생 및 식물위생조치 협정
      무역기술장벽 협정
      무역관련투자조치 협정
      반덤핑 협정
      관세평가 협정
      원산지 협정
      수입허가제도 협정
      보조금 및 상계관세조치 협정
      세이프가드협정
  B 서비스무역에 관한 일반협정(GATS)
  C 무역관련 지식재산권 협정(TRIPS)
부속서 2 분쟁해결양해
부속서 3 무역정책검토제도
부속서 4 복수국간 무역협정
      부속서 4(a) 민간항공기무역에 관한 협정
      부속서 4(b) 정부조달 협정
우루과이라운드 각료결정과 선언

3.2 무역기술장벽과 GATT협정

동경라운드 협상에서 비관세 장벽에 관한 논의가 본격적으로 이루어졌고 그 결과 국제통상체제 최초의 TBT협정, 일명 표준협약이 채택되었다. 표준협약이

---

9) WTO의 법체계와 협정 원문은 https://www.wto.org/english/docs_e/legal_e/legal_e.htm 을 참조한다.

발효되기 이전까지는 GATT 협정이 전적으로 무역기술장벽 문제를 다루었고, 표준협약 발효 이후에도 일반규범으로 GATT협정이 함께 적용되고 있다. 본 절에서는 GATT협정에서 규정하고 있는 기술규제 및 무역기술장벽에 관한 기본원칙 및 규범과, GATT협정으로 무역기술장벽 사안을 다루기 어려웠던 주요 제도적 문제점에 관하여 설명한다.

GATT협정에서 기술규제 및 무역기술장벽 관련 주요 조항으로, 비차별의무 조항(제I조, 제III조), 수량제한금지 조항(제XI조), 일반적 예외 조항(제XX조), 그리고 국제협력에 관한 조항이 있다.

3.2.1 GATT 최혜국대우 의무

비차별 의무는 국제통상 규범의 근본적인 핵심 원칙이다. 비차별 의무는 상품 원산지를 근거로 한 무역상품 차별을 금지하는 규범으로, 최혜국대우(most-favored-nation treatment, MFN)와 내국민대우(national treatment, NT)가 있다.

최혜국대우 의무란, 수입국이 수입된 동종상품(like product)에 대하여 상품 원산지를 근거로 차별적으로 대우해서는 아니 된다는 의무이며 GATT협정의 제1조에서 규정하는 국제통상제도의 핵심 원칙이다. GATT협정 제1조 1항은 적용대상을 수출입 관련 모든 규칙과 절차로 규정하고 있으며 4항 해당 사항들을 수입 상품에 적용되는 국내 판매, 판매를 위한 제공, 구매, 운송, 유통 또는 사용에 영향을 주는 모든 법률, 규정, 요건 등으로 구체적으로 언급하고 있다. 이에 따라 기술규정, 표준, 시험, 검사, 인증, 표시 등 국제무역에 영향을 주는 상품 관련 기술규제는 이러한 적용범위에 포함되어 제1조의 적용을 받는다.

결론적으로 수입국은 동종 수입상품에 대하여 기술규제 시행과 기술규제에서 부여하는 제반의 편의, 호의, 특권 또는 면제를, 그 상품의 원산지에 따라 차별하지 않고 모든 상품에 대하여 즉시 그리고 무조건적으로 제공할 것을 의무로 적용한다. 이와 같은 차별금지는 제도 및 법률로 명문화된 차별뿐만 아니라 법제 시행에 있어 실질적인 차별까지 금지하는 것이다.

3.2.2 GATT 내국민대우 의무

내국민대우 의무란, 국내에서 생산한 상품과 동일한 종류의 상품이라면 그 외국산 제품을 수출한 상대국가에게 자국산 상품에 부여하는 동일한 대우를 제공하도록 하는 의무다. GATT협정 제3조에서 규정하며 최혜국 대우와 함께 국제통상제도의 핵심적인 원칙이다. 특히 기술규제 및 무역기술장벽과 관련 있는 조항은 제3조 제1항과 제4항의 원문(국문번역)은 다음과 같다.[10]

제3조 내국과세 및 규정에 관한 내국민대우

1. 체약당사자들은 내국세 및 그 밖의 내국과징금과 상품의 국내 판매, 판매를 위한 제공, 구매, 운송, 유통 또는 사용에 영향을 주는 법률·규정·요건과 특정 수량 또는 비율로 상품을 혼합하거나 가공 또는 사용하도록 요구하는 내국의 수량적 규정이 국내 생산을 보호하기 위하여 수입 상품 또는 국내 상품에 적용되어서는 아니 된다는 것을 인정한다.

(중략)

4. 다른 체약당사자의 영토내로 수입되는 체약당사자 영토의 상품은 그 국내 판매, 판매를 위한 제공, 구매, 운송, 유통 또는 사용에 영향을 주는 모든 법률, 규정, 요건에 관하여 국내 원산의 동종 상품에 부여되는 대우보다 불리하지 않은 대우를 부여받아야 한다. 이 항의 규정은 상품의 국적에 기초하지 아니하고 전적으로 운송 수단의 경제적 운영에 기초한 차등적 국내 운임의 적용을 방해하지 아니한다.

(이하 생략)

우선 첫 번째 조항에서는 보호무역 정책을 금지하고 있다. 구체적으로 기술규제와 같은 "상품의 국내 판매, 판매를 위한 제공, 구매, 운송, 유통 또는 사용에 영향을 주는 법률·규정·요건"을 국내생산 보호를 목적으로 수입상품 또는 국내상품에 적용해서는 아니 된다고 규정하고 있는 것을 알 수 있다. 두 번째 조항은 자국산 상품에 부여하는 대우보다 불리하지 않은 대우를 외국산 상품에 부여

---

10) 상동.

하도록 규정하고 있다. 즉, 수입상품에 대해 자국산과 동일한 내국민대우를 적용하도록 규정하고 있다.

위에서 살펴본 바와 같이, 국제통상체제의 비차별의무는 국제무역에 영향을 주는 기술규제를 도입하고 시행함에 있어, 수입 제품 사이에 또는 수입-국내 제품 사이에 원산지를 근거로 차별을 두어서는 아니 되고, 기술규제의 법률상, 실질적인 차별 요소를 모두 금지하고 있다. 이러한 비차별 원칙은 GATT 표준협약과 WTO TBT협정에도 규정되어 적용되고 있다.

그러나 상기 GATT 비차별의무 조항들이 기술규제 및 기술무역장벽을 효과적으로 규율하기에 제도적 제약이 있는데, 적용 범위 문제가 하나의 주요 사항이었다. 다시 말해서, GATT협정 제1조와 제3조의 규정은 모두 '상품'의 생산, 유통, 판매 등에 영향을 주는 국내 정책과 제도에 적용되며 '상품'에 관한 '중앙정부'의 국내규제가 그 핵심대상이다. 그러나 기술규제 및 무역기술장벽의 실질적인 범위와 특징을 고려하면, 최종상품 못지않게 상품의 생산·공정방법에 관한 표준이나 기술규정이 많고 국가마다 담당기관이 중앙정부 또는 지방정부 또는 비정부기관 등 다양하다. 그러므로 GATT 조항의 적용범위를 보완하여 무역기술장벽을 포괄적으로 다루기 위한 협상이 이루어졌고 그 결과 현행 TBT협정을 채택하게 되었다.

3.2.3 GATT 일반적 예외

국가는 공공의 이익을 위하여 정당한 목적의 조치를 시행할 수 있는 규제주권을 갖는다. 그러므로 원칙적으로 GATT/WTO체제에서 금지하는 차별조치라 하더라도, 정당한 정책 목적을 달성하는 데 필요한 조치고 그러한 조치가 자의적이거나 위장된 보호무역 정책이 아니라면, 예외로 허용되고 있다. 이러한 예외는 GATT협정 제XX조에서 규정하며 동 조항은 국가들이 국제통상 체제를 바탕으로 자유무역을 확대하고 경제적 이익과 개발을 추구하는 한편, 국가의 고유 권리로서 갖는 규제주권을 보장받을 수 있도록, 다시 말해서 자유무역과 규제권한 사이의 균형을 추구한다.

이러한 배경에서 GATT협정의 제20조 '일반적 예외'조항은 GATT/WTO체제에서 기본 원칙인 비차별 원칙에 대하여 예외로 인정될 수 있는 '필요한' 조치들을 정하고 일정한 조건하에 이들 조치가 갖는 차별성을 예외적으로 허용해준다. 이 조항의 원문(국문)에서 기술규제와 관련이 있는 대표적인 조항을 발췌하면 다음과 같다.

제20조 일반적 예외

다음의 조치가 동일한 여건이 지배적인 국가 간에 자의적이거나 정당화할 수 없는 차별의 수단을 구성하거나 국제무역에 대한 위장된 제한을 구성하는 방식으로 적용되지 아니한다는 요건을 조건으로, 이 협정의 어떠한 규정도 체약당사자가 이러한 조치를 채택하거나 시행하는 것을 방해하는 것으로 해석되지 아니한다.

(a) 공중도덕을 보호하기 위하여 필요한 조치

(b) 인간, 동물 또는 식물의 생명 또는 건강을 보호하기 위하여 필요한 조치

(중략)

(d) 통관의 시행, 제2조 제4항 및 제17조 하에서 운영되는 독점의 시행, 특허권·상표권·저작권의 보호, 그리고 기만적 관행의 방지와 관련된 법률 또는 규정을 포함하여 이 협정의 규정에 불합치되지 아니하는 법률 또는 규정의 준수를 확보하기 위하여 필요한 조치

(중략)

(g) 고갈될 수 있는 천연자원의 보존과 관련된 조치로서 국내 생산 또는 소비에 대한 제한과 결부되어 유효하게 되는 경우

(이하 생략)

이 조항에 따라, 어떤 조치가 (a)항에서 (j)항까지의 범위에 속하는지를 판단하고 나서 '자의적이거나 정당화할 수 없는 차별의 수단'이 아닌 경우에만 예외로 인정해 주는데, 이를 2단계 검토방식이라고 한다. 즉 1단계에는 어떤 조치가 정당한 목적을 갖는 필요한 조치인지를 검토하고 해당 대상으로 확인되면 2단계에서 예외로 인정할지 여부를 결정하는 것이다.

국가들의 기술규제는 주로 (b)항의 '인간, 동물 또는 식물의 생명 또는 건강을 보호하기 위하여 필요한 조치'에 해당한다. 일반적으로 정부는 인간 및 동식물 보호를 위하여 식품, 제품 등의 안전기준을 만들고 위험한 물질을 금지, 규제

하는 등의 조치를 시행하는데, 동 조항은 이러한 기술규제에 적용될 수 있다.

또한 (g)항은 '고갈될 수 있는 천연자원의 보존'을 위하여 필요한 조치를 규정하는데 실질적으로 환경보호 및 에너지효율 관련 기술규제에 적용될 수 있다. 또한 소비자 기만행위를 방지하거나 수입품 통관절차에서 적용하는 기술규제에 대해서는 (d)항도 관련이 있을 것이다. 이처럼, 일반적으로 기술규제는 제20조의 대상이며 예외로 인정될 수 있다.

동 조항의 핵심 법률요건은 소위 '필요성' 검토에 있다. 필요성 검토는 기본적으로 정당한 정책목적을 추구하며 무역을 덜 제한하는 다른 규제방법이 있는지를 고려하는 것으로 이루어진다. 이에 대한 판단은, 실제 분쟁이 일어났을 때 WTO분쟁해결기구가 심의하여 판정하는데, 동 기구는 분쟁 상황 및 기술규제를 기본적으로 고려하여 사안별로 판정하고 있다.

다음으로 핵심적인 사항은, 기술규제의 무역제한 효과가 의도적 또는 자의적인지에 관한 검토인데, 실제 분쟁에서 WTO는 여러 증거들을 바탕으로 기술규제의 정당성을 가려내고, 기술규제가 도입된 배경, 국제적 협상은 통한 노력, 기술규제의 내용 및 규제방법 등 종합적인 검토를 거쳐 의도적 또는 자의적인 무역제한을 판단한다.

3.2.4 GATT 수량제한 금지의 예외

수량제한 금지는 국제통상 체제에서 또 다른 중요한 핵심 원칙이다. GATT/WTO체제는 무역장벽을 제거하기 위하여 관세 이외 물량에 근거한 수입제한 조치를 금지하는데 이는 이론적으로 수량제한 조치에 의한 무역왜곡 효과가 관세장벽보다 크고 보호주의적 성격이 짙기 때문이다. 실제로 과거 GATT체제에서부터 많은 국가들이 너나 할 것 없이, 특히 무역개방에 민감한 농산물, 의류직물 분야에서 이러한 쿼타 등 수량제한을 해 왔고 WTO부터는 이를 원칙적으로 전면 금지하고 있다.

그러나 수입제한 금지에도 몇 가지 예외사항이 있는데, 기술규제 조치가 그 중 하나이다. GATT협정 제11조의 수량제한 금지와 예외 조항의 원문(국문)은 다음과 같다.

제11조 수량제한의 일반적 철폐

1. 다른 체약당사자 영토의 상품의 수입에 대하여 또는 다른 체약당사자 영토로 향하는 상품의 수출 또는 수출을 위한 판매에 대하여, 쿼타, 수입 또는 수출 허가 또는 그 밖의 조치 중 어느 것을 통하여 시행되는지를 불문하고, 관세, 조세 또는 그 밖의 과징금 이외의 어떠한 금지 또는 제한도 체약당사자에 의하여 설정되거나 유지되어서는 아니 된다.

2. 이 조 제1항의 규정은 다음에 대하여는 적용되지 아니한다.
   (중략)
   (b) 국제무역에 있어서 산품의 분류, 등급부여 또는 판매를 위한 표준 또는 규정의 적용에 필요한 수입 및 수출의 금지 또는 제한
   (이하 생략)

이 조항의 2항(b)에서 '산품의 분류, 등급부여 또는 판매를 위한 표준 또는 규정의 적용에 필요한' 수출입 금지와 제한은 예외로 허용하고 있다. 이는 국내 기술규제를 수입품에도 적용하기 위하여 통관절차의 일부로 시행히는 경우에 해당한다. 가령 국내 인증제도에 따라 적합성평가를 받지 않은 수입품, 그러한 적합성평가에서 불합격 판정을 받은 수입품의 국내 반입을 제한하는 조치 등이 있을 수 있다.

예외로 인정되는 수입제한의 범위와 한도는 기술규제 적용에 '필요한' 정도이며, 따라서 아무리 허용되는 국경조치라 하더라도 수입국의 불합리한 수입제한이나 부당한 통관 억류 및 행정지연 등은 정당화될 수 없을 것이다. 한·중 FTA를 포함하여 일부 FTA들은 이러한 우려 사항을 규율하고자 별도의 조항을 두고 있다.

3.2.5 GATT 기술규제 관련 협력 조항

끝으로 GATT/WTO체제는 무역을 통한 개발을 추구하고 선진국의 저개발국 지원과 협력을 촉진하고 있다. GATT협정 제4부(제36조에서 제38조까지)는 무역과

개발 관련 목적과 원칙, 약속, 그리고 공동행동(joint action)에 관하여 규정하고 있는데, 저개발국가들이 무역확대를 통하여 경제개발을 실현할 수 있도록 협력해야 할 사항들을 제38조 공동행동 조항에서 제시하고 있다. 기술규제와 관련하여 WTO회원국 간의 기본 협력 사항에 관한 GATT협정 원문(국문)을 발췌하면 다음과 같다.

제 4 부 무역과 개발
제36조 원칙과 목적

1. 체약당사자들은

   (a) 이 협정의 기본적인 목적이 모든 체약당사자의 생활수준의 향상 및 경제의 점진적 개발을 포함한다는 것을 상기하고 저개발체약당사자에게는 동 목적의 달성이 특히 긴급하다는 것을 고려하며,

   (중략)

   (d) 저개발체약당사자의 경제개발을 증진하고 이러한 국가의 생활수준의 급속한 향상을 가져오기 위하여 개별 및 공동 행동이 필수적이라는 것을 인정하고, 다음과 같이 합의한다.

   (중략)

제38조 공동행동

1. 체약당사자들은 이 협정의 체제 내에서, 그리고 적절한 다른 경우에 제36조에 명시된 목적을 증진하기 위하여 공동으로 협력한다.

2. 특히 체약당사자단은

   (중략)

   (e) 국내 정책과 규정의 국제적인 조화와 조정을 통하여, 생산, 운송 및 시장거래에 영향을 미치는 기술적 및 상업적 표준을 통하여, 그리고 무역정보의 증가된 흐름과 시장조사의 개발을 위한 시설의 설치에 의한 수출촉진을 통하여 경제개발을 위하여 무역확대를 위한 실행가능한 방법을 모색하는 데 있어서 협력하며

   (f) 제36조에 명시된 목적을 증진하고 이 부의 규정을 시행하기 위하여 필요할 수 있는 제도적 장치를 마련한다.

제36조의 원칙과 목적에 따라, 제38조에서 공동으로 협력해야 하는 분야 중의 하나로 (e)항의 국내 정책과 규정의 국제적 조화와 조정(harmonization and adjustment), 기술적·상업적 표준을 언급하고 있다. 국제표준, 기술 및 상업 표준의 개발과 확산, 국가 간의 규제 조화를 통하여 개도국의 무역 관련 어려움을 해소시키고 개발이 촉진될 수 있도록 협력 및 지원하자는 기본 취지를 알 수 있다.

이를 계승하고 발전시켜 WTO TBT협정은 무역기술장벽 완화와 사전적 해소를 위하여 국제표준 개발과 국제표준과의 조화를 핵심적인 의무사항으로 도입하고 있다. 또한 개도국 지원과 협력도 중요한 의무로 적용하고 있다.

3.3 WTO TBT협정의 기본 이해

3.3.1 TBT협정의 기본 체계

WTO TBT협정은 전문과 15개의 조항, 3개의 부속서로 이루어지며, WTO협정의 불가분의 일부를 이룬다. TBT 협정의 기본 구성과 조항들은 다음과 같다.

무역기술장벽에 관한 협정

전문
　제1조 일반 규정
기술규정 및 표준
　제2조 중앙정부기관에 의한 기술규정의 준비, 채택 및 적용
　제3조 지방정부기관 및 비정부기관에 의한 기술규정의 준비, 채택 및 적용
　제4조 표준의 준비, 채택 및 적용
기술규정 및 표준에의 적합
　제5조 중앙정부기관에 의한 적합성평가절차
　제6조 중앙정부기관에 의한 적합성평가절차의 인정
　제7조 지방정부기관에 의한 적합성평가절차
　제8조 비정부기관에 의한 적합성평가절차
　제9조 국제 및 지역 체제
정보 및 지원
　제10조 기술규정, 표준 및 적합성평가절차에 관한 정보
　제11조 다른 회원국에 대한 기술지원

　　전문은 협정의 기본 목적과 원칙을 설명한다. 제1조의 일반규정은 WTO체제에서 다른 협정들과의 관계를 규정하면서 TBT협정의 적용범위를 정한다. 그리고 부속서1은 협정에서 사용되는 용어를 정의하면서 TBT협정의 적용대상을 규정하고 있다. TBT협정은 대상 조치를 기술규정, 표준, 적합성평가절차로 나누고, 대상 기관으로 중앙정부기관, 지방정부기관, 그리고 비정부기관으로 나누어 규율하고 있다.

　　TBT협정은 기본적으로 차별적인 기술규제와 보호무역을 목적으로 하는 자의적인 기술규제를 금지하는 한편, 국가 기술규제 간의 불필요한 차이를 줄이고 국제표준 개발에 적극 참여하고 관련 국제표준을 사용하도록 규정하고 있다. 또한 상대국가의 기술규제 정보 부족으로 인한 문제를 해결하기 위하여 투명성 이행을 의무화하며 개도국 지원을 규정하고 있다. 그리고 TBT협정 이행을 강화하기 위하여 TBT위원회를 운영하며 TBT분쟁에 대하여 분쟁해결 규정을 마련하고 있다. 본 절에서는 TBT협정의 기본 체계에 따라 각각의 내용을 자세하게 설명한다.

3.3.2 TBT협정의 적용범위

(1) TBT협정의 대상 조치

　　TBT협정은 공산품과 농산물을 포함하는 모든 상품에 관한 기술규제를 대상으로 한다. 그리고 정부기관이 생산 또는 소비를 목적으로 적용하는 기술요건은 WTO의 정부조달에 관한 협정에서 다루며 TBT협정의 사안이 아니다. 또한 무역기술장벽 사안이면서 위생 및 식물위생조치 사안인 경우 즉, TBT협정과 SPS협정이 모두 적용될 수 있는 사안인 경우, SPS협정이 우선하여 적용된다.

TBT협정의 대상 조치는 기술규정, 표준, 적합성평가절차이다. TBT협정에서 사용되는 기본 개념과 용어는 협정 부속서 1의 정의를 기본적으로 따른다. TBT협정의 용어 개념은 상품만을 다루며 서비스는 WTO의 서비스무역협정에서 다루어진다. 이 사항을 감안하여 TBT협정의 모든 용어와 개념은 ISO/IEC 지침서 2(1991)의 정의와 동일한 의미를 갖는다.[11] 협정에서 정의하는 각 대상 조치의 정의와 기본 내용은 다음과 같다.

- 기술규정

  적용 가능한 행정규정을 포함하여 상품의 특성 또는 관련 공정 및 생산방법이 규정되어 있으며 그 준수가 강제적인 문서를 의미함. 또한 상품, 공정 및 생산방법에 적용되는 용어, 기호, 포장, 표시, 또는 상표부착요건을 포함하거나 전적으로 이들만을 취급할 수 있다.

- 표준

  규칙, 지침 또는 상품의 특성 또는 관련 공정 및 생산방법을 공통적이고 반복적인 사용을 위하여 규정하는 문서로서, 인정된 기관에 의하여 승인되고 그 준수가 강제적이 아닌 문서로 정의됨. 또한 상품, 공정 또는 생산방법에 적용되는 용어, 기호, 포장, 표시 또는 상표부착요건을 포함하거나 전적으로 이들만을 취급할 수 있다.

ISO의 표준에 관한 정의는 서비스를 포함하며, 강제적, 자발적 표준을 포함한다. 하지만 TBT협정에서는 상품 및 생산공정방법에 관한 기술규정과 표준만을 의미하며, 협정의 목적상 표준은 자발적인 문서이고 기술규정은 강제적인 문서로 정의된다. 기술규정과 표준은 둘 다 동일하게 상품 및 상품의 생산공정방법에 관한 문서를 대상으로 하며 용어, 기호, 포장, 표시, 또는 상표부착요건을 포함할 수 있다. 둘을 구분하는 결정적인 차이는 이행이 강제적인지 자발적인지에 있다.

---

11) 국제표준화기구/국제전기기술표준위원회 지침서2, 1991 "표준화 및 관련활동에 관한 일반 용어와 그 정의" 제6판.

■ 적합성평가절차

기술규정 또는 표준의 관련 요건이 충족되었는지를 결정하기 위하여 직접적 또는 간접적으로 사용되는 모든 절차로 정의되며 특히 표본추출, 시험검사, 평가, 검증 및 적합성보증, 등록, 인정과 승인, 그리고 이들의 결합을 모두 포함한다.

■ 국제표준 및 국제기관 또는 체제

국제표준 공동체에 의하여 준비된 표준은 컨센서스에 기초하지만 이와는 다르게 TBT협정은 컨센서스에 기초하지 아니한 문서도 대상으로 한다고 정의한다. 이와 함께 국제기관 또는 체제에 관하여 회원 지위가 적어도 모든 회원국의 관련 기관에게 개방되어 있는 기관 또는 체제로 정의한다.

TBT협정의 국제표준의 의미는 회원지위가 적어도 모든 회원국에게 개방된 국제표준 기관에 의하여 반드시 컨센서스(합의)에 기초하지는 않더라도 승인(recognition)을 받은 표준인지가 그 핵심이라 하겠다.

(2) TBT협정의 대상 기관

TBT협정은 중앙정부 기관뿐만 아니라 지방정부 기관과 비정부 기관의 기술규제 제정과 운영을 규율하며 중앙정부 기관에 관한 조항과는 별도의 조항을 두고 있다. 협정에서 정의하는 각 대상 기관의 정의와 기본 내용은 다음과 같다.

■ 중앙정부기관

중앙정부, 그 부처 또는 당해 활동에 대하여 중앙정부의 통제를 받는 모든 기관을 의미한다.[12]

■ 지방정부기관

중앙정부 이외의 정부(예: 주, 도, 시 등), 그 부처 또는 당해 활동에 대하여

---

12) 유럽공동체의 경우는 하나의 독립된 WTO회원국으로 인정하여 EU가 도입하여 EU회원국의 중앙정부기관을 규율하는 규정이 '중앙정부기관'의 기술규정으로 간주된다. 그러나 유럽공동체 내에서 제정 또는 설립되는 EU의 지역적 통합기관(지역기관)이나 지역 공통의 적합성평가제도는 TBT협정에서는 지역기관 또는 적합성평가제도로 간주되어 TBT협정의 관련 규정이 적용된다.

이러한 정부의 통제를 받는 모든 기관

■ 비정부기관

기술규정을 시행할 법적권한을 가진 비정부기관을 포함하여 중앙정부기관 또는 지방정부기관 이외의 기관

TBT협정은 대상기관에 따라 다른 조항을 적용하고 있으나 사실상 지방정부 기관 및 비정부 기관의 의무 사항은 중앙정부 기관의 의무 사항과 거의 동일하다. 다만 중앙정부 기관에게는 통보 의무와 투명성 의무가 부과되지만 나머지 기관에는 이러한 의무가 적용되지 않는다.

그리고 국제법인 WTO TBT협정은 국가 내지는 중앙정부를 회원국으로 하며, 이행의무를 부과한다. 이런 관점에서 볼 때, TBT협정 규정으로 지방정부 및 비정부 기관의 기술규제 제정과 집행 활동을 직접적으로 규율하는 데에는 한계가 있다. 그러므로 TBT협정은 지방정부기관과 비정부기관에 대해서는 중앙정부 기관에 부과하는 동일한 내용의 의무사항이라 하더라도 직접적으로 강제하지 못하고 '가능한 한 합리적인 조치를 취하도록' 규정하고 있다. 다시 말해서 최선의 노력(best efforts)에 근거한 약한 이행 의무만을 부과하는 것이다.

TBT협정으로 지방정부기관이나 비정부기관의 이행을 바로 강제할 수 없다 하더라도, TBT협정의 이행구속력이 결코 축소되는 것은 아니다. 그 이유는 TBT협정 이행의 전적인 책임이 WTO회원국 중앙정부에게 주어지기 때문이다. 중앙정부는 지방정부기관이 협정의 의무를 이행할 수 있도록 지원하고 적극적인 조치와 제도를 수립하여 시행해야 한다. 또한 자국 영토내의 지방정부 또는 비정부 기관이 TBT협정 의무에 반하는 방법으로 행동할 것을 요구하거나 장려하는 것이 금지된다. 만일 수입국의 지방정부 및 비정부 기관이 협정 의무를 만족할 만한 수준으로 이행하지 않았고 수출국 자국의 무역 이익을 중대하게 침해하는 경우, 수출국 정부는 수입국 지방정부 및 비정부 기관의 불이행을 근거로 수입국 중앙정부를 상대로 WTO절차에 따라 법적 소송을 제기할 수 있다는 근거 규정이 TBT협정에 마련되어 있다.

3.3.3 TBT협정 적용범위 관련 쟁점

앞서 살펴본 바와 같이 종합하면 TBT협정의 적용범위는 중앙정부, 지방정부, 비정부 기관이 상품 및 상품의 생산·공정 방법에 관하여 그 특성을 기술한 기술 규정, 표준 및 관련 적합성평가절차라 할 수 있다. 그런데 실제로 TBT협정을 시행하고 적용하는 과정에서 적용범위와 관련하여 몇 가지 핵심적인 사항이 협정에 명확하게 규정되어 있지 않아 쟁점이 되고 있어 이에 대해 자세히 설명한다.

(1) 생산·공정방법의 범위

국제 통상체제에서는 과거 GATT시절부터 상품의 의미를 어느 범위까지 허용할 것인지에 관하여 오랫동안 논란이 있어 왔다. 즉 상품의 범위를 생산·공정방법까지 포함하는 것으로 봐야 하는지가 그 논의의 핵심이었다. TBT협정은 기본 용어의 정의에서 상품 및 생산·공정방법(process and production method, PPM)을 명시적으로 포함하고 있어 GATT체제보다 확장된 적용범위를 갖는 것으로 이해된다.

그러나 다시 생산·공정방법의 범위를 어느 수준까지 허용해야 하는지에 관한 문제가 제기되었으며 상품과 직접적인 관련이 있는 생산·공정방법(product-related PPM)만을 대상으로 봐야 하는 것인지 상품과 직접적인 관련이 없는 생산·공정방법(non-product-related PPM)도 대상으로 봐야 하는 것인지가 분명하지 않다. 돌고래를 보호하기 위하여 참치 어획방법을 규제하고 이에 따른 표시 인증제도를 시행하는 경우 참치 제품에 직접적인 영향을 주지 않는 돌고래 보호용 참치 어획방법이 TBT협정의 대상이 되는가가 문제가 되는 것이다. 최근 WTO분쟁해결기구는 돌고래-참치 분쟁에 대하여 TBT협정이 적용된다고 판단하였다. 만일 제품의 생산과정에 적용되는 노동기준, 환경기준도 TBT협정의 적용대상인지는 분명하지 않다.

(2) 시간적 범위

WTO협정은 1995년 1월 1일부터 발효됨에 따라 TBT협정 규범이 1995년 이후 입안, 제정, 시행되는 기술규제에 적용되는 것은 분명하나 1995년 이전에 제정되어 이미 법적 효력이 발생하고 있는 기술규제도 적용되는지에 관하여 의문이 있을 수 있다. TBT협정의 시간적 범위에 관한 문제는 통상 분쟁에서도 쟁점으로 제기되었고 지금까지의 분쟁해결 결과에 따르면 1995년 이전에 제정되어 시행되고 있는 모든 기술규제를 포함하는 것으로 이해된다.[13)

구체적으로 살펴보면, TBT협정은 기술규정을 채택할 당시의 상황 또는 목적이 더 이상 존재하지 않거나 변화된 상황 또는 목적에 따라 무역을 덜 제한하는 방법이 있는 경우는 기존의 기술규정을 유지해서는 아니한다고 규정한다.[14) 그리고 동 협정은 다른 회원국이 무역에 중대한 영향을 미칠 수 있는 기술규정을 준비, 채택 또는 적용하고 있는(applying) 회원국의 요청이 있는 경우는 그 기술규정의 정당성을 설명해야 한다고 규정하고 있다.[15) 또한 회원국이 이미 채택한 기술규정 또는 채택할 것으로 예상하는 기술규정과 관련이 있는 적절한 국제표준을 준비하는 데 최대한의 역할을 다해야 한다고 규정하고 있다.

요컨대 TBT협정의 시간적 범위는, TBT협정 발효 이전에 이미 제정되어 효력을 발생하였고 TBT협정 발효 당시에 시행되고 있는 기술규제를 포함할 뿐만 아니라 향후 준비, 채택, 적용될 모든 기술규제를 포함하는 것으로 이해된다.

(3) 기술규정과 표준의 구분

TBT협정은 기술규정과 표준을 대상으로 삼으며, 둘의 구분 기준은 이행이 강제적인 문서인가에 있다. 즉, 상품 및 상품의 생산·공정방법에 관하여 기술한 문서이며 이행이 강제적이면 기술규정이고, 이행이 자발적이면 표준에 해당한다. 기술규정이냐 표준이냐에 따라 적용되는 조항과 의무수준이 서로 다르므로 두 대상을 분명하게 구분하는 것은 TBT협정 운용에 있어 중요한 사안이다.

---

13) EC-정어리 분쟁에서 패널과 상소기구는 제2.3조와 제2.4조의 현재형으로 쓰인 문구는 시행되고 있는 조치에 대하여 지속적인 의무가 성립하는 것이며 모든 기술규정에 적용되고 어떠한 제한도 없다고 판정하였다. 상소기구 보고서 EC-Sardine, WT/DS231/AB/R, para. 205-208.

14) TBT협정 제2.3조.

15) TBT협정 제2.5조

그러나 문제는 이행이 강제적이라는 의미가 반드시 법·규정을 근거로 해야한다는 것인지, 시장 판매의 선결 기준 또는 요건임을 의미하는 것인지, 또는 유통·판매과정에서 실제로 요구되는 사실상의 강제성도 포함하는 것인지에 관하여 TBT협정은 명확하게 규정하지 않고 있어 쟁점사항이다.

TBT협정에서 요구하는 기술규정의 이행강제성이 구체적으로 어떠한 요소를 갖춰야 하는지에 관한 쟁점은 미국－참치분쟁II(멕시코)에서 상소기구가 검토한 바 있으나 여전히 명확한 구분 기준이 확립되지 않았다.16)

(4) 국제표준의 개념

TBT협정은 국제표준과 적합성평가제도가 생산능률을 향상시키고 국제무역을 원활하게 함으로써 무역기술장벽 완화와 제거에 중요한 기여를 할 수 있다고 인정한다.17) 이에 따라 기술규정, 표준 및 적합성평가절차가 가능하면 관련 국제표준에 기초하도록 함으로써 국가들마다 다른 기술규제를 국제표준과 조화시키고자 한다.

그러나 TBT협정에서 어떤 표준이 '관련 국제표준'인지가 명확하게 제시되어 있지 않다. 협정에는 '국제표준'에 관한 정의가 없는데 이는 기술규제가 사용해야 하는 '관련 국제표준'이 무엇인가를 결정하는 사안이서 쟁점이 되고 있다. 즉, TBT협정에 따라 국가들이 자국의 기술규제를 '관련 국제표준'과 조화시킬 의무가 있는데, 정부는 어떤 국제표준을 기본으로 삼아야 하는지에 관하여 명확하지 않기 때문이다.

TBT협정은 국제표준화기구와 제도에 관하여 설명하고 있으며 이러한 국제표준화기구에 의하여 확립된 표준을 국제표준으로 설명한다. 일반적으로 TBT협정이 의미하는 국제표준 기관은, 국제표준화기구(International Organization for Standardization,

---

16) 분쟁 쟁점에 관한 논의는 본 서적의 7장을 참조한다. US－참치 분쟁에서 상소기구는 미국이 시행한 돌고래안전 표시제도가 모든 참치제품의 판매요건으로 시행되지는 않았으나 기존에 사용되던 유사 표시, 라벨링을 모두 금지하고 배타적이고 유일한(exclusive and only) 수단으로 적용되었으므로 강제적인 기술규정이라고 판정하였다. 상소기구 보고서 US－Tuna, WT/DS381/AB/R.

17) TBT협정 전문.

ISO), 국제전자표준위원회(International Electrotechnical Commisiion, IEC), 국제전기통신연합(International Telecommunication Union, ITU)이 포함된다. 그리고 TBT협정에서는 반드시 컨센서스에 기초하지 않는 문서라도 국제표준기관으로부터 승인을 받았는지를 중요하게 고려하고 국제표준기관의 활동에 WTO회원국이 참여할 수 있는지 즉, 개방성을 중요한 요소로 고려한다.

TBT협정에서 의미하는 국제표준의 의미를 보다 분명하게 하기 위하여 TBT위원회는 국제표준화 기관을 이해하는 데 도움이 될 수 있는 국제표준 개발의 원칙에 관한 지침을 개발하여 채택하였다.[18] 이 결정에 따르면 국제표준을 개발할 때 6가지 원칙 즉, ① 투명성, ② 개방성, ③ 공평성과 컨센서스, ④ 효과성과 연관성, ⑤ 일관성, ⑥ 개발에 대한 고려를 따르도록 권고하고 있다. 이러한 원칙들은 국제표준을 확인하는 중요한 근거로 사용되고 있는데, 가령 TBT 분쟁에서 국제표준에 관한 쟁점을 검토할 때 패널과 상소기구가 언급하고 적용하고 있다.[19] 그리고 최근 추진되고 있는 여러 FTA협정에서도 국제표준 판단 근거로서 위의 원칙이 활용될 수 있음을 확인하고 있다.[20]

(5) TBT조치와 SPS조치의 구분

TBT협정 제1조는, SPS 조치에 대해서는 SPS협정이 적용된다고 규정하고 있는데, 기술규제가 TBT 사안이면서 SPS 사안이기도 한 경우 즉, TBT협정과 SPS협정이 모두 적용될 수 있는 경우, SPS협정을 우선 적용한다는 의미다.

이에 따라 어떤 규제가 TBT 조치이고 SPS 조치인지를 구분하거나, 하나의 기술규제라 하더라도 그 규제의 어느 부분이 TBT 사안이고 어느 부분이 SPS 사안인지를 분명히 함으로써 TBT협정 및 SPS협정의 적용범위를 분명히 규명할 필요가 있다.

실제 상황에서 두 조치를 구분하는 문제가 쉽지 않을 수 있어 중요한 쟁점으

---

18) 2000년 제2차 3차년 검토보고서의 결정사항인 "협정의 제2조, 제5조 및 부속서 3과 관련하여 국제표준, 지침 및 권고 사항 개발을 위한 원칙"을 참고한다. G/TBT/9 부속서 4, 13 Nov. 2002.

19) EC-정어리 분쟁. 미국-참치 분쟁.

20) 한·싱 FTA, 한·미 FTA, 한·EU FTA.

로 부각되고 있다. 일반적으로 TBT협정의 대상조치는 정당한 공공 목적을 갖는 조치이며 인간, 동·식물의 건강과 생명 보호뿐만 아니라 국가안보, 기만행위 방지, 환경보호 등을 포함한다. SPS협정의 조치는 인간 건강과 관련하여 식품안전 보호, 동식물의 건강과 생명 보호, 병해충 유입 및 확산 방지 등과 같이 협정에서 규정하는 특정 위험을 다루기 위한 조치를 의미한다.

3.4 WTO TBT협정의 핵심 원칙

3.4.1 TBT협정의 비차별 의무

국제통상 제도에서 동종 상품 간의 차별 금지와 수입시장접근(market access) 보장은 기본 원칙이며, 앞서 살펴본 바와 같이 GATT협정은 동종 외국 상품 간의 차별대우를 금지하는 최혜국대우(most-favored-nation) 원칙과 국내 상품과 동종 외국 상품 간의 차별대우를 금지하는 내국민대우(national treatment) 원칙을 바탕으로 한다.

WTO TBT 협정은 이러한 기본 원칙을 일관되게 규정하는데, 기술규제의 준비, 채택, 적용 등 모든 단계에서 차별대우를 금지하고 있다. 이는 모든 기술규정, 표준, 적합성평가절차에 적용되며 중앙정부, 지방정부, 그리고 비정부 기관이 이행해야 하는 핵심적인 의무사항이라 하겠다.

TBT협정은 신규 또는 개정 기술규정이나 표준을 준비, 채택, 적용할 때나 상품의 원산지를 근거로 차별적인 대우를 부여해서는 아니 된다고 규정하는데 기술규정에 관한 비차별 의무조항(제2.1조)의 원문(국문)은 다음과 같다.

> 2.1 회원국은 기술규정과 관련하여 어떤 회원국의 영토로부터 수입되는 상품이 자기나라 원산의 동종 상품 및 그 밖의 국가를 원산지로 하는 동종 상품보다 불리한 취급을 받지 아니하도록 보장한다.

그리고 표준에 관한 비차별 의무조항(부속서 3 모범관행규약 4항)의 원문(국문)은 다음과 같다.

> 4. 표준과 관련하여, 표준기관은 그 밖의 세계무역기구 회원국의 영토를 원산지로 하는 상품에 대하여 국내 원산의 동종 상품 또는 그 밖의 국가를 원산지로 하는 동종 상품에 대해서보다 불리하지 아니한 대우를 부여한다.

또한, 적합성평가절차를 적용함에 있어 자국 공급자에게 부여하는 대우보다 다른 회원국 공급자에게 더 불리한 조건을 부과해서는 아니 되며 다른 회원국 공급자에게 차별적인 조건을 부과해서는 아니 된다는 조항(제5.1.1조)의 원문(국문)은 다음과 같다.

> 5.1.1 적합판정절차는 다른 회원국 영토를 원산지로 하는 동종 상품의 공급자가 비교 가능한 상황에서, 자기나라 원산의 동종 상품 또는 그 밖의 국가를 원산지로 하는 동종 상품의 생산자에게 부여되는 것보다 불리하지 아니한 조건으로 접근할 수 있도록 준비, 채택 및 적용된다. 이러한 접근에는 이 절차에 의하여 예견되는 경우 시설현장에서 적합판정행위를 하고 이 제도의 표시를 획득할 수 있는 가능성을 포함하여, 절차규칙에 따라 적합판정을 받을 수 있는 공급자의 권리가 포함된다.

최근 내국민대우 관련 TBT분쟁이 여러 건 발생하여 중요한 쟁점사항으로 부각되고 있다. 실제 분쟁에서는 기술규정을 제정하고 시행하는 데 있어 법률상으로나 사실상으로 국내 상품과 동종 상품이 각각 다른 대우(treatment)를 받았다면, 어떤 기준으로 그 차별성을 판단해야 하는지가 쟁점의 핵심이다.

통상적으로 TBT협정의 내국민대우 의무는 상품의 시장경쟁 관계를 기준으로 판정되는 것이 아니라 기술규정이 추구하는 정당한 목적과 기능을 종합적으로 고려하여 판정이 이루어진다. WTO 상소기구는 기술규제라는 것이 상품의 특성이나 생산·공정방법 등을 기준으로 상품을 구분(regulatory distinction)하는 것이 불가피하고 그러한 규제 구분은 결국 상품의 시장경쟁 관계에 영향을 줄 수밖에 없다고 설명하였다. 다시 말해서 국가마다 다른 특성이나 생산·공정방법에 기초하여 상품을 규제하는데, 기술규정에 의한 모든 무역제한 효과를 선험적으로 금지하는 것은 아니라는 것이다.

이와 함께 WTO 상소기구는 해당 기술규정의 목적과 방식이 차별적인지를 고려해야 한다고 설명하여 기술규정의 목적이 정당한지, 기술규정의 운영 방식이 정당한지를 판단하기 위하여 기술규정의 상품구분 방식, 구조, 설계, 운용 및 적용 등 종합적인 공평성을 검토하였다.[21)]

3.4.2 TBT협정의 최소무역제한 의무

최소무역제한 원칙은 GATT/WTO 체제에서 비차별 원칙과 함께 핵심적인 의무이며, GATT 제20조의 일반적 예외조항을 통하여 적용되고 있다. GATT협정은 기본적으로 필요한 국내규제를 인정하고 그러한 규제가 공공정책의 목적을 달성하기에 필요한 수준으로 무역제한하도록 요구하고 있는데 이를 최소무역제한(least-trade-restrictive means) 원칙이라 한다.

TBT협정 제2.2조는 불필요한 무역제한을 초래할 목적으로 또는 그러한 효과를 갖도록 기술규정, 표준, 적합성평가절차를 준비, 채택 또는 적용하지 아니할 것을 규정하는데 원문(국문)은 다음과 같다.

> 2.2 회원국은 국제무역에 불필요한 장애를 초래할 목적으로 또는 그러한 효과를 갖도록 기술규정을 준비, 채택 또는 적용하지 아니할 것을 보장한다. 이러한 목적을 위하여, 기술규정은 비준수에 의해 야기될 위험을 고려하여, 정당한 목적수행에 필요한 이상으로 무역을 규제하지 아니하여야 한다. 이러한 정당한 목적은 특히 국가안보상 요건, 기만적 관행의 방지, 인간의 건강 또는 안전, 동물 또는 식물의 생명 또는 건강, 또는 환경의 보호이다. 이러한 위험평가시 고려할 관련 요소는 특히 이용가능한 과학적 및 기술적 정보, 관련처리기술 또는 상품의 의도된 최종 용도이다.

마찬가지로 TBT협정에서 표준에 대한 최소무역제한 조항(부속서 3 모범관행규약 5항)을 다음과 같이 규정하고 있다.

---

21) 자세한 설명은 본 서적 6장, 7장 분쟁사례를 참조한다.

> 5. 표준기관은 표준이 국제무역에 불필요한 장애를 초래하거나, 그러한 효과를 가질 목적으로 준비, 채택 또는 적용되지 아니하도록 보장한다.

끝으로 적합성평가 관련 조항(제5.1.2조)의 원문(국문)은 다음과 같다.

> 5.1.2 적합판정절차는 국제무역에 불필요한 장애를 초래하거나 그러한 효과를 갖도록 준비, 채택 또는 적용되지 아니한다. 이는, 특히 부적합이 야기할 위험을 고려하여, 수입회원국에게 상품이 적용가능한 기술규정 또는 표준에 일치하고 있다는 적절한 확신을 주는데 필요한 이상으로 적합판정절차가 엄격하거나 엄격하게 적용되지 아니하여야 한다는 것을 의미한다.

TBT협정의 최소무역제한 조항은 그 문구와 핵심적인 요건에 있어 GATT협정의 일반적 예외 규정과 매우 유사하다. 그러나 법률적인 관점에서 근본적인 차이가 있어 적용에 주의가 필요하다. GATT협정 일반적 예외 조항은 '예외'사항에 관한 조항이므로 GATT협정을 '위반'하는 기술규제 조치라 하더라도, 정당한 목적을 추구하는 필요한 조치이고 국제무역에 불필요한 장애를 초래할 목적으로 자의적이거나 정당화할 수 없는 수단을 구성하지 않는다면, 예외적으로 허용될 수 있다. 이와 달리, TBT협정의 최소무역제한 관련 상기 조항들은 '의무'조항이며 비차별 의무위반에 대한 구제 근거로 원용되지 않는다. 다시 말해서, TBT협정에서는 차별적이거나 최소무역제한을 위반한 기술규제 조치는 모두 협정 불이행에 해당한다.

3.4.3 TBT협정의 국제표준을 사용할 의무

국제통상 체제는 기술규제로 인하여 불가피하게 발생하는 무역제한 효과를 최소화하기 위하여 국제 표준과 국제 적합성평가 제도를 발전시켜나가는 것을 하나의 해소 방안으로 제시하고 있다. 즉, 국가들이 되도록이면 국제표준 또는 국제적으로 통용되는 적합성평가방법을 도입하여 사용하도록 권장하고 이러한 과정을 통하여 궁극적인 기술규제 조화와 기술무역장벽 해소를 추구하고 있다.

이러한 배경에서 TBT협정 전문은 국제표준과 적합성평가제도가 생산효율성을 향상시키고 무역원활화에 기여할 것임을 인정하고 국제표준화가 선진국에서 개도국으로의 기술이전에 기여함을 인정한다고 명시하고 있다. 또한 TBT협정 본문에서 국내 기술규제가 국제표준을 기초로 사용하여야 할 의무를 규정하는데 관련 조항(제2.4조, 제2.5조)은 다음과 같다.

2.4 기술규정이 요구되고 관련 국제표준이 존재하거나 그 완성이 임박한 경우, 회원국은 예를 들어 근본적인 기후적 또는 지리적 요소나 근본적인 기술문제 때문에 그러한 국제표준 또는 국제표준의 관련부분이 추구된 정당한 목적을 달성하는 데 비효과적이거나 부적절한 수단일 경우를 제외하고는 이러한 국제표준 또는 관련 부분을 자기나라의 기술규정의 기초로서 사용한다.

2.5 다른 회원국의 무역에 중대한 영향을 미칠 수 있는 기술규정을 준비, 채택 또는 적용하는 회원국은 다른 회원국의 요청이 있을 경우 제2항부터 제4항까지의 규정에 따라 해당 기술규정의 정당성을 설명한다. 기술규정이 명백히 제2항에 언급된 정당한 목적 중의 하나를 위해 준비, 채택 또는 적용되고 관련 국제표준을 따른 경우에는 언제나 이러한 기술규정은 국제무역에 불필요한 장애를 초래하지 않는다고 추정되나 반박이 가능하다.

마찬가지로 표준에 대한 국제표준 사용의무 조항(모범관행규약 6항)은 다음과 같다.

6. 국제표준이 존재하거나 그 완성이 임박한 경우, 표준기관은 예를 들어 불충분한 보호수준 또는 근본적인 기후적 또는 지리적 요인 또는 근본적인 기술적 문제 때문에 이러한 국제표준 또는 관련부분이 비효율적이거나 부적절한 경우를 제외하고는 이러한 국제표준 또는 관련 부분을 자신이 개발하려고 하는 표준의 기초로 사용한다.

끝으로 TBT협정은 적합성평가절차를 준비, 채택, 적용할 때 관련 국제표준을 기초로 사용하기 위하여 최선을 다할 것을 의무로 규정하고 있는데 관련 조항

(제5.4조, 제5.6조)은 다음과 같다.

5.4 상품이 기술규정 또는 표준과 일치한다는 명확한 보증이 요구되는 경우, 그리고 국제표준기관이 발표한 관련 지침이나 권고사항이 존재하거나 그 완성이 임박한 경우, 회원국은 이러한 지침이나 권고사항 또는 그 관련 부분이 특히 국가안보요건, 기만행위방지, 인간의 건강 또는 안전, 동물이나 식물의 생명 또는 건강, 또는 환경의 보호, 근본적인 기후 또는 다른 지리적 요인, 근본적인 기술적 또는 하부구조상의 문제 등과 같은 이유로 인하여 관련 회원국에 부적합하다는 것이 요청에 따라 정당히 설명된 경우를 제외하고는 중앙정부기관이 적합판정절차의 근거로서 그러한 지침이나 권고사항 또는 그 관련 부분을 사용하는 것을 보장한다.

5.5 적합판정절차를 가능한 한 광범위하게 조화시키기 위하여 회원국은 적절한 국제표준기관이 적합판정절차에 대한 지침과 권고사항을 준비하는 데 있어서 자기나라의 자원 범위 내에서 충분한 역할을 다한다.

상기 조항들을 자세히 살펴보면, TBT협정은 기본적으로 국제표준이 이미 존재하는 경우에 이를 기술규제의 기초로 사용하도록 의무화할 뿐만 아니라 한 발 더 나아가 국제표준이 아직 공식적으로 존재하지 않으나 제정되고 있는 과정에 있다 하더라도 이를 기술규제의 기초로 도입하기 위하여 노력해야 한다고 규정하고 있다.

한편, 국제표준을 사용하지 못하는 상황을 허용하고 있다. 즉, 각 규정에서 언급하고 있는 바와 같이, 관련이 있는 국제표준이 국내 기술규제가 추구하는 정당한 목적을 달성하기에 부족한 경우에는 사용하지 않아도 된다는 조건을 두고 있는데, '추구된 정당한 목적을 달성하는 데 비효과적이거나 부적절한 수단일 경우'를 허용하고 있음을 알 수 있다.

기술규정과 표준에 관한 조항에서 "예를 들어 근본적인 기후적 또는 지리적 요소나 근본적인 기술문제 때문에"라는 문구라든지, 적합성평가절차에 관한 조항에서 "특히 국가안보요건, 기만행위 방지, 인간의 건강 또는 안전, 동물이나 식물의 생명 또는 건강, 또는 환경의 보호, 근본적인 기후 또는 다른 지리적 요인, 근본적인 기술적 또는 하부구조상의 문제 등과 같은 이유로 인하여"라는 문구를 통해서 알 수 있는 바와 같이, 기술규제가 국제표준을 기초로 사용하지 못할 만한 예시적인 상황을 열거하고 있다. 이는 예시목록으로 언급되지 않은 다른 상황도 포함될 수 있음을 유념해야 한다.

국제표준 사용 의무와 관련하여 TBT협정은 국제 표준을 기초로 한 기술규정이나 적합성 평가제도는 무역에 불필요한 장벽을 구성하지 않는 것으로 언제나 우선 추정한다고 규정하고 있다. 다시 말해서 국제표준을 기초로 사용한 기술규제가 무역을 제한하는 경우 그러한 무역제한이 불필요한 무역제한이 아님을 우선 고려해야 한다. 그럼에도 불구하고 국제표준을 기초로 하는 기술규제가 위반조치로 판정될 가능성도 열어두고 있다.

또한 '국제'표준의 의미가 모호하여 쟁점사항으로 부각되고 있다. ISO, IEC, ITU 등 '국제'표준이 명백한 경우도 있지만 TBT협정에서 이외의 어떤 표준들을 '국제'표준으로 인정되는지가 분명하지 않아 문제가 되고 있다. 이 쟁점은 실제 TBT분쟁에서도 분쟁사안으로 논의되었는데, 명확한 기준이 없고 사안에 따라 판단되고 있다.[22]

끝으로, 기술규제의 국제표준과의 조화의무를 이행하는 데 지목되는 실질적인 어려움은 '관련 국제표준'이 충분하지 않다는 문제이며 WTO TBT위원회 3년차 검토회의에서 여러 차례 논의된 바 있으며 국제표준화를 활성화하기 위한 참여가 촉구되는 실정이다.

TBT협정은 기술규정, 표준 및 적합성평가제도를 가능한 한 광범위하게 조화시키기 위하여 회원국들이 국제표준기관의 국제표준 준비에 참여하여 최대한의 역할을 다할 것을 권고하고 있다. 국제표준화 참여 의무에 관한 조항(기술규정 관련 제2.6조, 적합성평가절차 관련 제5.5조, 표준 관련 모범관행규약 7항)의 원문(국문)을 참조하면 다음과 같다.

> 2.6 기술규정을 가능한 한 광범위하게 조화시키기 위하여, 회원국은 자신이 기술규정을 이미 채택하였거나 또는 채택할 것이 예상되는 상품에 대해 적절한 국제표준기관이 국제표준을 준비하는 데 있어서 자기나라의 자원의 범위 내에서 최대한의 역할을 다한다.

---

22) 자세한 내용은 본 서적 6장과 7장의 분쟁 사례를 참조한다.

3.4.4 TBT협정의 기술규제 동등성 인정 의무

TBT협정은 가능하면 언제나 국제 표준을 사용하여 기술규제를 도입하고 시행하도록 함으로써 무역기술장벽을 제거하고자 하는 한편, 국가 상호 간의 또는 한 국가가 일방적으로 다른 국가 기술규제의 동등성을 인정함으로써 무역기술장벽을 해소하고자 한다.

이에 따라 TBT협정의 여러 조항에서, 자국의 기술규정과 다를지라도 자국의 목적을 충분히 달성한다고 납득하는 경우에는 다른 회원국의 기술규제를 자국의 것과 동등한 것으로 수용하는 것을 적극 고려하도록 규정하고 있다. 기술규정에 대한 동등성 인정을 권고하는 조항(제2.7조)은 다음과 같다.

> 2.7 회원국은 비록 그 밖의 회원국의 기술규정이 자기나라의 기술규정과 다를지라도 자기나라의 기술규정의 목적을 충분히 달성한다고 납득하는 경우 이러한 기술규정을 자기나라의 기술규정과 동등한 것으로 수용하는 것을 적극 고려한다.

적합성평가절차에 있어서 동등성 인정은 매우 중요한 의무 사항으로 다른 국가의 중앙정부 기관 적합성평가에 대하여 자국 정부가 가능한 경우에는 언제나 동등성을 인정하고 수용하며, 사전 협의할 수 있다고 규정하고 있는데 관련 조항(제6조)은 다음과 같다.

> **제 6 조**
> **중앙정부기관에 의한 적합판정의 인정**
>
> 자기나라의 중앙정부기관과 관련하여,
>
> 6.1 제3항 및 제4항의 규정을 저해하지 아니하면서, 다른 회원국의 적합판정절차가 자기나라의 절차와 다르다 하더라도 회원국이 그러한 절차가 자기나라의 절차와 동등한 적용가능한 기술규정과 표준과의 적합을 보증한다고 납득하는 경우, 회원국은 가능한 경우에는 언제나 다른 회원국의 적합판정절차의 결과를 수용하는 것을 보장한다. 특히 다음사항에 대하여 상호 만족할 만한 양해에 도달하기 위하여 사전협의가 필요할 수 있다는 것이 인정된다.

6.1.1 수출회원국의 관련 적합판정기관이 내린 적합판정결과의 계속적인 신뢰성에 대한 확신이 존재할 수 있도록 해주는 이러한 기관의 적절하고 지속적인 기술능력. 이와 관련, 국제표준기관에 의하여 발표된 관련지침 또는 권고사항의 준수가 예를 들어 인증을 통하여 입증될 경우 적절한 기술능력이 있는 것으로 고려된다.

6.1.2 적합판정결과의 수락을 수출회원국내의 지정된 기관이 내린 적합판정결과로 국한하는 문제

6.2 회원국은 자기나라의 적합판정절차가 가능한 한 제1항의 규정의 이행을 허용하는 것을 보장한다.

6.3 회원국은 다른 회원국의 요청이 있는 경우 각자의 적합판정절차의 결과를 상호 인정하기 위한 협정체결을 위하여 협상을 개시할 용의를 갖도록 장려된다. 회원국은 이러한 협정이 제1항의 기준을 충족시키며 관련 상품의 무역촉진 잠재력에 대하여 상호 만족을 줄 것을 요구할 수 있다.

6.4 회원국은 다른 회원국의 영토 내에 위치한 적합판정기관이 자기나라 또는 그 밖의 회원국 영토 내에 위치한 기관보다 불리하지 아니한 조건으로 자국의 적합판정절차에 참여하는 것을 허용하도록 장려된다.

동등성 인정에 관한 의무는 상대국가의 기술규정이나 적합성평가 결과를 동등한 것으로 인정하고 수용해 줄 것을 의무화하고 있다. 그러나 동등성 인정 여부를 국가들의 재량에 맡기고 있다. TBT협정에서 '가능한 경우에는 언제나' 수용하도록 규정하는 문구에서 이러한 약한 의무를 알 수 있다.

적합성평가 결과에 대한 동등성 인정은 보다 적극적으로 적용될 수 있도록 근거 규정을 두고 있다. 가령, 국제표준기관이 제정한 지침 또는 권고에 따라 인증받은 기술능력이라면 그 결과를 인정하도록 한다든지, 수입국이 상대국가 소재 특정 시험인증기관을 지정하여 그 기관이 수행한 적합성평가 결과를 인정해주는 등, 관련 사전협의가 필요하다면 이행하도록 규정하고 있다(제6.1조). 또한 국가 간의 공식적인 상호인정협정을 체결하는 것도 고려할 수 있다는 구체적 근거를 도입하고 있다(제6.3조). 그리고 기본적으로 상대국 소재 적합성평가기관에 대해 비차별 대우를 보장할 것을 권고하고 있다(제6.4조).

이처럼 TBT협정 규정들은 국가가 다른 국가의 기술규정 및 적합성평가 결과

를 일방적으로 수용하는 것에서부터 상호 인정하고 공식협정 체결에 이르기까지의 다양한 메커니즘을 제시하며 이행을 촉구하고 있다.

3.4.5 투명성 의무

국제통상 체제에서 비관세장벽 문제를 다루는 하나의 주요 방법이 국내 정책과 제도에 대한 국제적 투명성을 강화하는 것이다. 일반적으로 투명성 의무에 따르면 WTO 회원국들은 자국이 시행하는 통상 관련 정책과 규제를 WTO 사무국에 통보하여야 한다. 이렇게 통보된 사항은 다른 국가들에게 정확한 정보를 제공할 뿐만 아니라 다른 국가들이 문제를 제기할 수 있는 일종의 모니터링 대상이 되기도 한다. 앞서 살펴본 무역정책검토제도(TPRM)를 비롯하여 무역기술장벽 관련 조치, 위생 및 식물위생 조치 등의 통보제도가 그러한 예다.

무역기술장벽의 원인 및 주요 유형은, 수입국 기술규제에 관한 정확하고 신속한 정보 입수의 어려움이며 기술규제의 신규, 개정이 발효되기 전까지 수출기업들의 준비 기간이 부족하다는 데에 있다. 따라서 TBT협정은 국가들마다 다른 신규·개정 기술규제에 관한 정보를 공개하고 의견을 교환하며 무역 문제를 검토, 협의할 수 있도록 투명성 제도를 도입하고 있다.

구체적인 의무사항으로, TBT협정은 회원국이 기술규제를 공표하고 WTO에 통보하며, 질의처(enquiry point)를 설치하여 운영함으로써 기술규제에 관한 정보제공과 질의·응답이 원활하게 이루어질 수 있도록 규정하고 있다. 기술규정에 대한 투명성 관련 조항(제2.9조, 제2.10조)은 다음과 같다.

2.9 관련 국제표준이 존재하지 아니하거나 제안된 기술규정의 기술적인 내용이 관련 국제표준의 기술적인 내용과 일치하지 아니하고, 동 기술규정이 다른 회원국의 무역에 중대한 영향을 미칠 수가 있을 때에는 언제나 회원국은,

2.9.1 자기나라가 특정한 기술규정을 도입하려고 한다는 사실을 다른 회원국의 이해당사자가 인지할 수 있도록 하는 방법으로 적절한 초기 단계에 간행물에 공표하며,

2.9.2 사무국을 통하여 다른 회원국에게 제안된 기술규정의 목적과 합리적 이유에 관한 간단한 설명과 함께 기술규정이 적용될 상품을 통보한다. 그러한 통보

는 수정이 가능하고 의견이 고려될 수 있는 적절한 초기단계에 시행되며,

2.9.3 요청이 있을 경우, 제안된 기술규정의 상세한 내용 또는 사본을 다른 회원국에게 제공하고, 가능한 경우에는 언제나 관련 국제표준과 실질적으로 일탈하는 부분을 밝혀야 하며,

2.9.4 차별없이 다른 회원국이 서면으로 의견을 제시할 수 있는 합리적인 시간을 허용하고, 요청이 있는 경우 이러한 의견에 대해 논의하며, 또한 이러한 서면의견과 이러한 논의결과를 고려한다.

2.10 제9항 도입부의 규정을 조건으로, 어떤 회원국에 대하여 안전, 건강, 환경보호 또는 국가안보의 긴급한 문제가 발생하거나 발생할 우려가 있는 경우, 이 회원국은 제9항에 열거된 단계중 필요하다고 판단하는 단계를 생략할 수 있다. 단, 이 회원국은 기술규정 채택시,

2.10.1 긴급한 문제의 성격을 포함하여 기술규정의 목적 및 합리적 이유에 관한 간단한 설명과 함께 동 특정 기술규정과 대상품목을 사무국을 통하여 즉시 다른 회원국에게 통보하며,

2.10.2 요청이 있는 경우, 다른 회원국에게 동 기술규정의 사본을 제공하며,

2.10.3 차별없이 다른 회원국이 서면으로 자기나라의 의견을 제시하도록 허용하고, 요청이 있는 경우 이러한 의견을 논의하며, 또한 이러한 서면의견과 이러한 논의 결과를 고려한다.

이와 동일한 내용으로 적합성평가절차에 대한 투명성 의무는 제5.6조, 제5.7조에서 규정하고 있다. 또한 표준에 대한 투명성 관련 조항은, 표준에 관하여 매 6월마다 국제표준화기구(ISO) 정보망에 통보하는 제도(부속서 3 모범관행규약 10항, 11항)와 WTO에 통보하여 다른 회원국들이 의사개진을 할 수 있도록 하는 제도(12항에서 16항)로 이루어진다.

기술규제에 대한 투명성 관련 주요 의무 사항으로 첫째, 기술규제를 도입하거나 개정하면 이러한 계획을 국내에서 신속하게 공표하는 한편, WTO에 통보하여 다른 WTO 회원국들이 알 수 있도록 해야 한다. 둘째, 기술규제 도입에 관한 입법 고시로부터 시행일자까지 합리적인 기간을 허용하여 다른 회원국들이 준비할 수 있도록 해야 한다. 통상적으로 6개월의 시한을 두고 있다. 셋째, 다른 회원국이 자국이 통보한 기술규제(안)에 관하여 코멘트를 하고 질문하고 답변을 받을 수 있는 충분한 시간을 허용해야 한다. 넷째, 안전, 건강, 환경보호 또는 국가안

보의 긴급한 문제와 관련이 있는 기술규제의 경우는 통보절차의 일부 단계를 생략할 수 있다.

최초에 TBT협정이 발효되었을 당시, 상기 조항을 실제로 이행하는 데 많은 어려움과 문제점이 제기되었다. 예를 들어 일률적인 통보내용과 방식, 기술규제의 통보시점과 발효시점 사이의 '합리적인 기간', 질의·응답 진행을 위한 충분한 시간 등 구체적인 사항이 명확하지 않았기 때문이다. TBT협정 발효 이후 여러 차례 TBT위원회 3차년검토회의를 거치며 통보절차 및 제도가 정립되고 있으며 이행이 강화되고 있다.

3.5 FTA TBT 관련 기본 규범

WTO TBT협정의 주요 규범들은 FTA 협상을 통하여 계속 발전하고 있다. 국가들이 양자 및 지역무역 관계에서 TBT를 해소하기 위하여 적극적으로 협상을 추진한 결과이다. 우리나라는 WTO 다자통상 체제 참여와 함께 2000년대부터 FTA 정책을 적극적으로 추진하여 2017년 12월 현재, 총 52개국과 15건의 FTA를 발효하였다.[23] 우리나라의 기체결 FTA는 일반적으로 상품 분야의 비관세장벽 해소를 위한 무역구제, 기술표준, 위생검역조치 관련 WTO 규범보다 높은 수준의 의무를 도입하고 있으며 최근 국제적인 이슈가 되고 있는 환경, 노동인권, 지속가능한 개발 문제까지 광범위한 사안을 다루고 있다. 그리고 WTO협정에서 규정하는 의무수준보다 강화된 규범을 포함하고 있어 국제통상체제의 새로운 발전양상으로 주목을 받으며 많은 연구가 이루어지고 있다.

우리나라가 체결한 FTA협정들은 대부분 TBT조항을 두고 있다. FTA 상대국가의 기술규제 상황과 우리나라와 상대국 간의 무역관계 등에 따라 각기 TBT조항의 내용과 의무수준이 다르다. 가령, 한·아세안 FTA 또는 한·인도 FTA에서는 무역기술장벽을 완화하기 위하여 기술규제 분야에서 상호협력하자는 합의에 그친 반면, 한·미, 한·EU 등 선진국과의 FTA에서는 WTO협정에서 요구하는 수준 이상으로 강화되고 구체화된 의무와 절차를 도입하였다.

---

23) 가장 최근 2016년 말 중미 6개국과의 협상이 타결되었고 2017년 가서명이 이루어졌다.

이 절에서는 FTA협정상 TBT제도 발전의 주요 특징에 관한 기초적인 이해를 돕기 위하여 우리나라 기체결 FTA를 중심으로 주요 의무사항을 설명한다.

▬ 표 3-2. 우리나라 FTA 현황 (2016.12.)

진행단계	상대국	협상 추진 및 발효 시기
발효 (15건)	칠레	1999년 12월 협상 개시, 2003년 2월 서명, 2004년 4월 발효
	싱가포르	2004년 1월 협상 개시, 2005년 8월 서명, 2006년 3월 발효
	EFTA (4개국)[1]	2005년 1월 협상 개시, 2005년 12월 서명, 2006년 9월 발효
	ASEAN (10개국)[2]	2005년 2월 협상 개시, 2006년 8월 상품무역협정 서명, 2007년 6월 발효 2007년 11월 서비스협정 서명, 2009년 5월 발효 2009년 6월 투자협정 서명, 2009년 9월 발효
	인도	2006년 3월 협상 개시, 2009년 8월 서명, 2010년 1월 발효
	EU (28개국)[3]	2007년 5월 협상 출범, 2010년 10월 6일 서명 2011년 7월 잠정발효, 2015년 12월 13일 전체발효
	페루	2009년 3월 협상 개시, 2011년 3월 서명, 2011년 8월 1일 발효
	미국	2006년 6월 협상 개시, 2007년 6월 서명 2010년 12월 추가 협상 타결, 2012년 3월 15일 발효
	터키 (기본협정· 상품무역협정)	2010년 4월 협상 개시 2012년 8월 1일 기본협정 및 상품무역협정 서명 2013년 5월 1일 발효 * 서비스·투자협정 미발효: 서명('15.2.), 비준동의안 국회통과('15.11)
	호주	2009년 5월 협상개시, 2014년 4월 8일 서명, 2014년 12월 12일 발효
	캐나다	2005년 7월 협상개시, 2014년 9월 23일 서명, 2015년 1월 1일 발효
	중국	2012년 5월 협상개시, 2015년 6월 1일 서명, 2015년 12월 20일 발효
	뉴질랜드	2009년 6월 협상 개시 후 잠정중단, 2013년 12월 3일 협상 개시 2015년 3월 23일 서명, 2015년 12월 20일 발효
	베트남	2012년 8월 6일 협상개시, 2015년 5월 5일 서명, 2015년 12월 20일 발효
	콜롬비아	2009년 12월 협상개시, 2013년 2월 21일 서명, 2016년 7월 15일 발효

진행단계	상대국	협상 추진 및 발효 시기
타결(1)	중미(6개국)[5] 타결	2015년 6월 협상 개시 선언 2015년 9월~10월 총 7차례 협상 개최 2016년 11월 실질 타결 2017년 3월 가서명
협상 진행 (4건)	한중일	2012년 11월 20일 협상개시 선언 2013년 3월~2014년 11월 총 5차례 협상 2014년 11월~2016년 4월 총 5차례 실무협상 2015년~2016년 6월 총 5차례 수석대표협상 개최
	RCEP[4]	2012년 11월 동아시아 정상회의 계기 협상개시 선언 2013년~2016년 12월 총 16차례 협상 개최
	에콰도르 SECA	2015년 8월 협상 개시 선언 2016년 총 5차례 협상 개최
	이스라엘	2016년 5월 협상개시 합의 2016년 총 2차례 협상 개최
협상 재개, 여건 조성 (4건)	인도네시아	2012년 3월 협상개시 선언 2012년 7월~2014년 2월 총 7차례 협상 개최
	일본	2003년 12월 협상개시 2004년 11월 6차 협상 후 중단 2008년~2012년 협상 재개 환경조성을 위한 협의 총 9차례 개최
	멕시코	2007년 12월 기존의 SECA를 FTA로 격상하여 협상 재개 2008년 6월 제2차 협상 개최 후 중단
	GCC(6개국)[6]	2008년 7월 협상 개시 2009년 7월 제3차 협상 개최 후 중단

1. EFTA 4개국: 스위스, 노르웨이, 아이슬란드, 리히텐슈타인
2. ASEAN 10개국: 말레이시아, 싱가포르, 베트남, 미얀마, 인도네시아, 필리핀, 브루나이, 라오스, 캄보디아, 태국
3. EU 28개국: 오스트리아, 벨기에, 영국, 체코, 키프로스, 덴마크, 에스토니아, 핀란드, 프랑스, 독일, 그리스, 헝가리, 아일랜드, 이탈리아, 라트비아, 리투아니아, 룩셈부르크, 몰타, 네덜란드, 폴란드, 포르투갈, 슬로바키아, 슬로베니아, 스페인, 스웨덴, 불가리아, 루마니아, 크로아티아
4. RCEP 15개국: 한국, 중국, 일본, 호주, 뉴질랜드, ASEAN
5. 중미 6개국: 파나마, 코스타리카, 과테말라, 온두라스, 엘살바도르, 나카라과
6. GCC 6개국: 사우디, 쿠웨이트, 아랍에미레이트, 카타르, 오만, 바레인
출처: 산업통상자원부 〈fta.go.kr〉

3.5.1 FTA TBT 규범의 기본 사항

(1) WTO협정과의 관계

FTA에 관한 GATT/WTO협정에 따르면 FTA는 기본적으로 FTA에 참여하는 당사국들 간에 더욱 강화된 무역자유화를 추구하기 위하여 체결되며 참여국 간의 무역장벽을 제거하는 한편 참여하지 않는 제3국에 대하여 새로운 무역장벽을 도입하는 것이 금지된다. 또한 WTO협정에서 규정된 일반 원칙과 의무를 FTA협정이 추가하거나 배제해서는 아니 된다. 결론적으로 FTA협상은 WTO협정의 기본 틀 내에서 FTA 참여국가들 간의 관세 및 비관세 장벽을 제거하기 위한 양허를 추가하고 규범을 구체화하며 긴밀한 협력을 도모하기 위한 방향으로 추진된다.

우리나라가 체결한 FTA TBT 조항은 상기 FTA 기본사항 관련 WTO 무역기술장벽 협정과의 관계를 재차 확인하고 있다. 다시 말해서, 대부분의 FTA TBT조항이 FTA당사국이 WTO TBT 협정의 목적을 추구하고 WTO TBT 협정의 권리와 의무를 이행한다는 명문규정을 도입하고 있다. 그리고 필요한 경우에는 WTO TBT협정 내용에 변경을 가하여 FTA협정의 일부로 포함한다는 일반적인 방향을 제시하고 있다. 이에 따라 FTA협정에 도입된 TBT조항은 WTO TBT협정의 기본 원칙과 의무를 구체화하고 무역기술장벽을 좀 더 효과적으로 제거하고 상호협력을 강화하기 위한 구체적인 절차를 도입하고 있다.

(2) FTA TBT 규범의 적용범위

FTA TBT제도의 적용범위는 일반적으로 WTO TBT협정의 적용범위와 동일하며 FTA 당사국의 모든 기술규정, 표준 및 적합성평가절차를 대상으로 한다. 그러나 FTA마다 적용 대상기관이 다른데, 예를 들어 한·미 FTA는 중앙정부 기관에만 적용되고, 한·중 FTA나 한·베트남 FTA는 중앙 및 지방정부기관에만 적용되고 있다.

(3) WTO의 국제표준화 관련 의무 재확인

FTA협정들마다 무역기술장벽을 해소하기 위한 기본 원칙으로 국제표준을 사용하도록 규정하고 있다. 이에 따라 대부분의 FTA가 국제표준을 기초로 사용할 의무와 함께 국제표준화 참여를 장려하고, 관련 국제표준을 기초로 사용하는 경우에는 불필요한 무역장벽으로 간주하지 않는다는 WTO협정의 핵심적인 의무사항을 재차 확인하고 있다.

3.5.2 기술규정의 동등성 인정 의무

한국의 기체결 FTA별로 합의사항이 다르지만, 자국의 기술규정을 상대국 기술규정에 조화시키도록 규정하는 의무와 상대국 기술규정을 자국의 것과 동일한 것으로 수용하도록 규정하는 의무의 형태로 도입되어 있다. WTO협정에서 무역기술 장벽을 제거하기 위한 하나의 접근방법으로써, 상대 국가의 기술규정을 자국의 기술규정과 동등한 것으로 수용하도록 권고하는 기술규정의 동등성 관련 의무가 여러 FTA에 도입되어 있는 것이다. 또한 한 국가의 요청이 있는 경우 다른 국가는 이를 긍정적으로 고려해야 하는데, 상대국가의 기술규정을 자국의 기술규정과 동등한 것으로 수용하지 않는 경우 그 이유를 설명해야 하는 등 WTO에 없는 추가적인 절차 요건이 도입된 사례도 있다. 구체적인 내용과 절차는 FTA협정별로 다르다.[24]

3.5.3 적합성평가 관련 기본 의무

통상적으로 FTA에서 적합성평가 절차와 관련된 사항이 주요 부분을 차지한다. 한국이 체결한 대부분의 FTA에서도 적합성평가 절차 관련 불필요한 무역장벽을 금지하고, 가능하면 당사국이 수행한 적합성평가 결과를 수용하도록 권고하고 있다. 또한 수출국의 상품과 생산자가 수입국의 적합성평가 절차를 이용할 때 접근과 이용에 있어 차별받지 않도록 규정하고 있다.[25]

---

24) 예를 들어, 한·뉴질랜드 FTA 협정을 참조한다.
25) 예를 들어, 한·미 FTA협정을 참조한다.

대부분의 FTA는 상기 FTA 주요 의무사항을 이행할 수 있도록 구체적인 이행메커니즘을 열거하여 제시하고 있는데, 주로 다음과 같다:

- 수입당사국의 자국의 특정 기술규정에 대하여 상대국 영토에 소재하는 기관이 수행한 적합성평가절차의 결과를 수용하기로 당사국 간에 합의
- 수입당사국이 상대국 영토에 소재하는 적합성평가기관에 인가, 승인, 인정 등의 자격을 부여하는 절차를 채택
- 수입당사국이 상대국 영토에 소재하는 적합성평가기관을 지정
- 수입당사국이 상대국 영토에서 수행된 적합성평가 결과를 인정
- 양국 영토에 소재하는 적합성평가기관들 간에 적합성평가결과를 인정하는 자발적 약정을 체결
- 수입당사국이 공급자의 적합성 선언을 신뢰[26]

이와 같은 이행메커니즘의 목록은 기체결 FTA마다 다소간의 차이가 있다. 또한, 이행메커니즘을 준수해야 하는 의무는 권고 조항으로 도입되어 있어 구속력이 강하지 않다. 그럼에도 불구하고 FTA당사국들이 이러한 메커니즘 관련 후속 협상을 추진하거나 협력을 강화할 수 있으므로 법적 근거를 마련한다는 관점에서 중요한 제도적 의의가 있다.

둘째, FTA제도에서 FTA 당사국 간에 적합성평가 결과를 수용하도록 규정하고 있는데 WTO협정에서의 의무조항을 보다 구체화하거나 절차적인 요건을 추가하는 형태로 발전하고 있다. 관련 조항들을 보면, FTA당사국은 다른 국가에서 수행된 적합성평가 절차가 자국에서 수행되는 절차와 동등한 정도로 만족스러운 보장을 제공하면 가능한 경우에는 언제나 상대국의 적합성평가 결과를 수락하도록 규정하고 있다. FTA협정마다 구체적인 의무 내용이 조금씩 다른데, 가령 다른 당사국에서 수행된 적합성평가 결과를 수용하기 위하여 긍정적인 고려를 하고, 거부하는 경우 상대국 요청에 따라 그 사유를 설명해야 하는 WTO에 없는 추가적인 절차가 도입되기도 하였다.[27] 이는 적합성평가 결과 수용을 더욱 강화하기 위한 제도적 장치라 할 수 있다.

---

26) 예를 들어, 한·미 FTA협정을 참조한다.
27) 예를 들어, 한·페루 FTA협정, 한·뉴질랜드 FTA협정, 한·호주 FTA협정, 한·콜롬비아 FTA협정을 참조한다.

셋째, FTA제도에서는 다른 당사국의 적합성평가 기관을 승인 또는 지정함으로써 자국 영역에 있는 적합성평가 기관과 실제로 동일한 역할을 수행할 수 있도록 하는 적합성평가기관 지정제도가 도입되어 있다. 이를 위하여 당사국이 자국 소재 적합성평가기관을 서면으로 추천하면 이에 대한 승인 또는 지정을 긍정적으로 고려하도록 규정하고 있다.[28] 그리고 이 과정에서 국제인정제도를 최대한 활용하도록 권고하거나[29] 자국 등록기관을 상대국이 지정할 수 있는 승인절차를 구체적으로 도입한 사례 등이 있다.[30]

3.5.4 분야별 의무에 관한 기본 내용

우리나라가 체결한 FTA TBT 제도에서 가장 큰 특징이자 괄목할 사항은 바로 **분야별 접근**(sectoral approach, sector-specific approach)에 따른 합의사항들인데, 특정 상품 또는 산업을 정하여 분야별로 각기 최대한의 무역기술장벽을 제거하였다는 점에서 새로운 협상모델을 제시하고 있다.

한·EU FTA가 그러한 대표 사례인데 분야별 구체적인 이행 규정에 합의하고 있으며 주요 분야로 전기·전자·통신 분야, 자동차 분야, 의약품·의료기기 분야, 화학물질 분야에 대한 협상이 이루어졌다. 이외에도 한·미 FTA 등 여타 FTA에서도 특정 분야(산업)를 언급하며 TBT 해소를 위하여 합의하고 협력 강화를 규정하고 있다.

구체적으로 살펴보면 우선, 전기·전자 및 통신기기 분야는 상호인정 및 기술규제 협력이 가장 활발하게 이루어지고 있는 분야이며, 한·EU FTA에서도 비교적 높은 수준의 합의가 이루어졌다. 예를 들어서 정보통신기기에 대한 적합성평가를 위하여 APEC TEL 상호인정약정 활용을 의무화하거나 권고하고 있다.[31] 또한 상호인정에 관한 합의를 도출하거나 이를 위한 논의를 지속할 수 있도록 후속교섭 관련 규정을 두고 있다.[32] 이와 함께 한·EU FTA에서는 이 분야의 국제

---

28) 예를 들어, 한·베트남 FTA협정을 참조한다.
29) 예를 들어, 한·EU FTA와 한·터키 FTA를 참조한다.
30) 예를 들어, 한·싱가포르 FTA를 참조한다.
31) 예를 들어, 한·싱가포르 FTA, 한·미 FTA, 한·캐나다 FTA, 한·베트남 FTA를 참조한다.
32) 예를 들어, 한·싱가포르 FTA, 한·인도 FTA, 한·EU FTA를 참조한다.

표준화기관으로 국제표준화기구(ISO), 국제전기기술위원회(IEC), 국제전기통신연합(ITU)을 명시하고, 전자파적합성 및 안전에 관련 상호 공급자적합성선언(SDoC)을 수용하는 것에 합의하였다.

둘째, FTA에서 TBT협상이 전기전자 분야 다음으로 활발하게 이루어지고 있는 분야가 바로 자동차 및 자동차 부품 분야다. 한·미 FTA와 한·EU FTA에서는 각각 국제연합 유럽경제위원회의 자동차기준조화포럼(UN ECE WP.29) 및 자동차 환경성능과 안전에 관한 표준을 상호 조화시키고 협력하는 내용에 합의하였다. 또한 한·미 FTA에서는 자동차 작업반을 설치하여 제반의 문제 해결, 협력 증대, 다자간 포럼 참여 및 자동차 관련 우수규제관행 개발을 도모하고, 자동차 작업반의 역할을 통해 한국의 자동차 배출가스 관련 환경규제 일부를 미국 기준에 준하기로 합의하는 후속 양해가 도출되었다. 한·EU FTA에서는 양국간에 자동차 및 부품 관련 내국세와 배출규정에 대하여 최혜국 대우 보장에 합의하였다.

셋째, 한·EU FTA에서는 의약품 및 의료기기 분야 관련 별도의 합의를 이루었다. 기본적으로 의약품 및 의료기기의 안전성, 유효성 및 품질에 대하여 높은 표준을 적용할 수 있는 당사국의 기본 권리를 확인하면서도 그러한 한도 내에서 시장접근을 보장할 것에 대하여 합의하였는데 규제권한과 시장접근 사이의 균형은 실제 사안에 따라 결정될 것이다. 또한 양국은 의약품 및 의료기기 분야 국제표준 기구로 세계보건기구(WHO), 경제협력개발기구(OECD), 의약품에 대한 의약품규제조화회의(ICH), 의료기기에 대한 의료기기국제정합화기구(PIC/S)를 합의함으로써 동 분야의 적용되는 국제표준에 관한 구체적인 기준을 마련하였다.

끝으로 한·EU FTA에는 화학물질 분야와 관련하여, 물질의 유해성 평가에 대한 대안적 방법을 모색하고, 동물 실험을 축소하기로 합의하였다. 또한 적절한 규제 메커니즘을 이행하고, 비밀정보를 보호하며, 국제우수관행 개발과 증진에 상호 합의하겠다는 내용을 담고 있다.

한·캐나다 FTA에도 화학물질 분야에 있어 국제적으로 공인된 방식을 공유하고 사용할 것을 장려하는 한편, 중복시험 및 인증요건을 축소해 나갈 것을 약속하는 내용을 특정분야 이니셔티브 항목으로 담고 있다. 또한 한·캐나다 FTA에는 목재 건축제품 및 관련 자재 분야에 대하여, 특정 분야 이니셔티브의 협력사항으로 두고 상호 수용을 촉진하고 기술협력을 장려하자는 선언적인 합의사항을 두고 있다.

이와 같이 우리나라는 수출전략 산업을 FTA TBT협상 아젠다로 두고 TBT 해소를 위한 협상과 제도마련을 적극적으로 추진해 온 것을 알 수 있다. 또한 후속협상에 관한 제도적, 절차적 근거를 마련해 둠으로써 지속적으로 제도발전이 가능하도록 하였다.

3.5.5 FTA의 TBT분쟁해결 규정

FTA에서 비관세장벽 또는 TBT 분쟁에 대하여 중개, 중재, 주선 등의 비사법적 분쟁해결절차를 적용하거나 FTA 분쟁해결절차를 적용하지 않기로 합의하고 있어 주지할 만하다. 기본적으로 TBT 사안에 대하여 제3자가 법적 이행 또는 불이행을 판정하는 분쟁해결제도보다 상호합의를 효과적으로 도출하도록 도모하는 제도가 보다 바람직하기 때문으로 이해될 수 있다. 분쟁해결 관련 사항은 본 서적의 5장을 참조한다.

표 3-3. 우리나라 기체결 FTA의 주요 TBT 규범

TBT 주요 규정	칠레	싱가포르	EFTA	ASEAN	인도	EU	페루	미국	터키	호주	캐나다	중국	뉴질랜드	베트남	콜롬비아
WTO TBT협정상의 권리 의무 확인	○	○	○		○	○	○	○	○	○	○	○	○	○	○
국제표준의 사용 및 국제표준화 참여	○					○	○	○	○	○		○	○	○	○
양립성 또는 기술규정의 동등성 인정 촉진	○		○			○	○			○		○		○	○
적합성평가 - 광범위한 이행메커니즘 존재 인정		○	○	협력·정보교환·후속교섭검토		○	○			○		○	○	○	○
적합성평가 결과에 대한 수용 및 상호인정 긍정적으로 고려	○	○	○			○	○	○		○		○	○	○	○
적합성평가 기관에 대한 승인 고려	○	○	○			○	○			○		○		○	○
분야별 이니셔티브 - 전기·전자·통신기기 분야	○	○				○									
자동차 분야						○		○			○				
의약품 및 의료기기 분야						○					○				
목재·건축제품·자재 분야						○									
협력 및 합의 - 일반사항	○														
투명성 - 최소 60일의 의견제시 기간 부여							○		○	○	○	○	○		○
국경조치		○				○									
시장감시		○													
소비자 제품 안전												○			
표시 및 라벨링												○			
TBT위원회, 조정메커니즘 (기술협력, 공동협력)	○		○			○				○	○	○		○	○
분쟁해결 - FTA분쟁해결절차 비적용					○	○									

TBT위원회 운영 현황과 특징

– 오선영

TBT위원회 운영 현황과 특징

[오선영]

4.1 WTO 조직도

WTO의 기본 조직도는 WTO설립협정 제Ⅳ조에 나타나 있다. WTO에는 총 70개의 기관이 있으며, 이중 34개 기관은 상설기구이다. WTO는 아래 그림에 서와 같이 피라미드형 단계적 구조를 가지고 있다. 즉 각료회의 – 일반이사회, 분쟁 해결기구, 무역정책검토기구 – 상품무역이사회, 서비스무역이사회, 무역관련지적 재산권이사회와 같은 전문 이사회가 단계별로 있다.[1] 모든 WTO 회원국들은 상 소기구, 패널, 그리고 복수국간 위원회를 제외하고 모든 이사회와 위원회에 참여 할 수 있다.

각료회의(Ministerial Conference)는 WTO의 최고 결정기관으로 모든 회원국의 고위급 대표로 구성되어 있고 매 2년마다 1차례 이상 회합한다. 일반이사회 (General Council)는 회원국의 대표로 구성되어 있는데, 일반이사회는 필요하다고 생각하는 시기마다 개최할 수 있다. 특히 일반이사회는 각료회의가 열리지 아니 하는 동안 각료회의의 모든 기능을 대신 수행한다. 그리고 일반이사회 산하에는 상품무역이사회(Council for Trade in Goods), 서비스무역이사회(Council for Trade in Services), 무역관련지적재산권이사회(Council for Trade – Related Aspects of Intellectual Property Rights)가 설치된다. 이들 이사회 역시 모든 회원국의 대표들로 구성되는 데, 각 관련된 협정상의 임무와 일반이사회가 부과한 기능을 수행하고 있다.

상품무역이사회에는, 시장접근위원회(Committee on Market Assess), 위생 및 식

---

1) 한국국제경제법학회, 『신국제경제법』, 33 – 42면 (박영사, 2013).

물위생 위원회(Committee on Sanitary and Phytosanitary Measures), 기술장벽위원회 (Committee on Technical Barries to Trade), 반덤핑관세위원회(Committee on Anti-Dumping Practices), 원산지규칙위원회(Committee on Rules of Origin), 투자조치위원회(Committee on Trade-Related Investment), 농업위원회(Committee on Agriculture), 보조금위원회 (Committee on Subsidies and Countervailing Measures), 관세평가위원회(Committee on Customs Valuation), 수입허가위원회(Committee on Import Licensing), 세이프가드위원회 (Committee on Safeguards)가 있다.

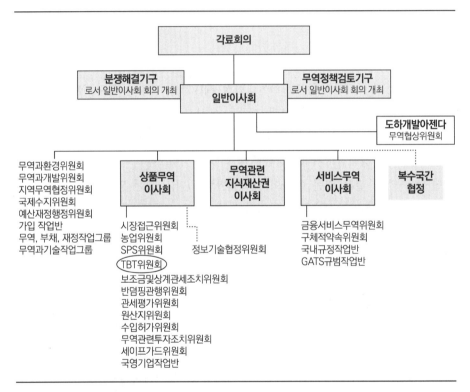

— 그림 4-1. WTO 조직도[2]

2) https://www.wto.org/english/thewto_e/whatis_e/tif_e/org2_e.htm

4.2 WTO TBT위원회 구성

'무역에 대한 기술장벽 위원회(Committee on Technical Barriers to Trade, 이하 TBT 위원회)'는 TBT협정 제13조에 따라 설립된 위원회로서, 각 회원국의 대표로 구성된다(제13.1조). 동 위원회는 WTO 상품무역이사회(WTO Council for Trade in Goods)가 운영하고 있는 11개의 위원회들 중 하나로서, TBT협정의 효과적인 운영 또는 동 협정의 목적 달성에 필요한 제반 사항을 회원국끼리 협의할 수 있는 장을 마련하기 위하여 설립되었다. 이러한 기능을 수행하기 위하여, 동 위원회는 필요에 따라 적어도 일 년에 한번씩 회합하며(제13.1조), 통상 일 년에 세 번의 정례회의를 갖고 있다. 이 회의에는 WTO 회원국뿐만 아니라 관찰자(observer)의 자격으로 국제기구도 참여할 수 있다.3) 그리고 동 위원회는 이 협정의 관련 규정에 따라 자신이 부과하는 책임을 수행할 작업반 또는 기타 적절한 기관을 설치할 수 있다(제13.2조).

4.3 WTO TBT위원회 역할

TBT위원회는 각 회원국들이 자국민의 건강 또는 환경보호와 같은 정당한 목적을 달성하기 위하여 필요한 기술규정, 표준, 적합성 판정 절차 등을 마련할 수 있도록 보장함과 동시에 이러한 기술관련 조치들이 비차별적이고 국제무역에 위장된 제한이 되지 아니하도록 노력한다. WTO 회원국들은 TBT위원회 정례회의 등을 통하여 TBT관련 주요 현안에 대한 각 국의 의견을 개진하고 있으며, TBT위원회는 이러한 다자 회의 등을 통한 검토 과정 중 대다수의 회원국들이 동의한 의견들을 정리하여 일련의 다양한 결정과 권고안을 마련해오고 있다.4) TBT위원회가 TBT협정의 효과적인 이행을 돕기 위하여 수행하고 있는 구체적인 주요 역할 및 기능은 아래와 같다.

---

3) Meetings of the Committee, https://www.wto.org/english/tratop_e/tbt_e/tbt_e.htm
4) WTO TBT위원회의 결정 및 권고안(Decisions and Recommendations adopted by the WTO TBT Committee)이며, 최신 버전은 2017년 3월 8일에 출판되었다. 문서 번호는 G/TBT/1/Rev.13이다.

첫째, TBT위원회는 각 회원국들의 TBT협정 이행 사항을 검토한다. TBT협정은 TBT위원회에 매년 동 협정의 이행사항 및 운용을 검토하도록 하고 있으며 (annual reviews), 매 3년마다 동 협정의 운용과 각 회원국들의 이행사항을 검토 (triennial reviews)하도록 하고 있다(협정 제15.4조). 이에 각 회원국들은 자국의 동 협정 이행사항을 TBT위원회에 보고하며, 동 위원회는 이에 대한 검토 결과를 기반으로 연차 보고서와 제3년 주기 검토보고서를 발행한다.

둘째, TBT위원회는 각 회원국들 간 기술규정 관련 정보 교류의 장을 제공하고 있다. 회원국들은 국제무역에 영향을 미칠 수 있는 기술규정 관련 정보를 TBT위원회에 통보(notifications)하여야 할 의무가 있으며, 이를 통해 무역 상대국들은 해당 규정에 대한 의견을 개진할 수 있다. 또한 회원국들은 TBT협정을 좀 더 효과적이고 효율적으로 이행하기 위한 그들의 경험을 서로 공유하며 TBT협정의 성공적인 이행을 위해 서로 협력한다.

셋째, 두 번째 기능과 연계하여 TBT위원회는 기술규정 관련 특정 조치에 대해서도 검토기능을 수행한다. TBT위원회는 각 회원국들끼리 다자 회의를 통해 자국의 기술규정 및 국제 표준과 관련한 토론의 장을 제공하는데, WTO 회원국들과 관찰자(observer)들은 TBT위원회를 특정무역현안(specific trade concerns, 이하 STCs)을 논의하는 장으로 활용하고 있다. WTO 회원국들은 타 회원국이 통보한 기술규정이 국제무역에 부정적인 영향을 미칠 수 있다고 판단되어지는 경우에는, TBT위원회에 이의를 제기할 수 있으며, 해당 회원국은 다른 회원국들에게 필요한 설명을 충분히 하여야 한다.[5] 이를 특정무역현안(STCs)이라고 한다. 여기에는 WTO에 TBT 통보문으로 통보된 규제뿐만 아니라 WTO에 통보되지 아니한 미통보 TBT규제도 대상이 되며 시행중인 기술규정뿐만 아니라 한창 논의 중에 있는 규정까지 모두 포함된다. 현재까지 TBT위원회에 공식 이의 제기된 특정무역현안은 총 528건으로 이에 대한 자세한 내용은, WTO TBT 관련 정보망인 "TBT Information Management System(TBT IMS)"에 상세히 나와 있다.[6] 이러한 특정

---

5) 이의를 제기하고자 하는 회원국은 TBT위원회 회의의 최소 14일 이전에 WTO 사무국과 해당 당사국에게 충분한 사유와 함께 이를 통보하여야 한다. TBT Committee, *Decisions and Recommendations adopted by the WTO Committee on Technical Barriers to Trade Since 1 January 1995*, G/TBT/1/Rev.10, 9 June 2011, at 44.

6) http://tbtims.wto.org/

현안에 대한 회원국들의 다자 논의는 관계자들 사이의 긴밀한 협력, 인식 및 역량을 제고할 수 있는 긍정적인 영향을 미치기도 한다.[7]

넷째, TBT위원회는 TBT협정을 성공적으로 이행하기 위한 가이드라인, 모범규제관행 등을 개발하는 데 노력을 기울이고 있다. 동 위원회는 활발한 정보 교류 등을 통하여 회원국들 간 상이한 기술규정에 대한 상호이해를 높여 왔으며, 이를 기반으로 기술규정의 투명성 제고 및 모범규제관행 발굴에 필요한 상호협력의 장을 마련하고 있다. 실제로 동 위원회는 약 20여 년간의 모임을 통하여 축적된 경험과 노하우를 토대로 각 회원국들이 성공적으로 TBT협정을 이행할 수 있는 가이드라인을 발굴하였고, 지난 2010년에 국제 표준을 발굴하기 위한 여섯 가지 기본 원칙(Six Principles)을 제시하기도 하였다.[8] 최근에는 각 회원국들이 새로운 기술규정이나 기존 규정을 검토함에 있어, 불필요한 비용을 줄이고, 투명성 및 공개성을 확보할 수 있는 등의 모범규제관행을 발굴하는 데 동 위원회가 앞장서고 있다.

마지막으로, TBT위원회는 TBT협정 내용상의 수정에 대한 건의가 있는 경우, 이를 상품무역이사회에 제출한다. 즉 동 위원회가 TBT협정 이행에서 얻어진 경험에 기초하여 TBT협정의 수정이 적절하다고 여겨지는 경우에는 이에 대한 수정안을 상품무역이사회에 제출하여야 한다(TBT협정 제15.4조).

4.4 WTO TBT위원회 운영 현황

TBT위원회는[9] 통보, 특정무역현안(STCs), 기술보조 활동 그리고 TBT관련 분쟁들을 포함한 다양한 TBT협정의 이행 및 운용과 관련된 제반의 활동들을 매년

---

7) Andrew Lang and Joanne Scott, "The Hidden World of WTO Governance," 20:3 European J. of Int'l L. 575, 592 (2009).

8) WTO 20 years, "Technical Barriers to Trade: Reducing Friction from Standards and Regulations," 제6면, https://www.wto.org/english/thewto_e/20y_e/tbt_brochure2015_e.pdf

9) TBT위원회의 연차 보고서는 아래에서 자세히 찾아볼 수 있다.
https://docs.wto.org/dol2fe/Pages/FE_Search/FE_S_S006.aspx?Query=(%20(@Symbol=%20g/tbt/*%20not%20(w%20or%20spec))%20and%20(%20@Title=%20annual%20re‑view))&Language=ENGLISH&Context=FomerScriptedSearch&languageUIChanged=true#

검토하여야 하며, 이러한 검토 내용을 바탕으로 연차보고서를 공개한다. 또한 동 위원회는 TBT협정 제15.4조에 따라 WTO 협정의 발행일인 1995년부터 매 3년마다 동 협정에 대한 운용과 각 회원국들의 이행 사항에 대해 검토하고 있으며, 현재까지 총 7번의 검토보고서(Triennial Review of the TBT Agreement)가 발간되었다.[10]

본 장에서는 '3년 주기 검토 보고서'의 주요 내용을 중심으로 이를 요약 정리하였다.[11] 회원국들은 특정 주제에 대한 의견을 TBT위원회에 제출할 수 있으며, 3년 주기 검토 회의에서 이에 대한 논의를 함은 전술하였다.

동 검토 회의 및 보고서는 협정문 이행, 투명성, 표준 및 모범규제관행, 적합성 평가, 개도국 기술지원, 위원회 운영 또는 규제 협력 등 주요 현안 주제로 구분되어 진행되고 있다. '협정문 이행(Implementation and Administration of the Agreement)' 이란 TBT협정에서 부여된 의무 사항들을 각 회원국들이 제대로 이행하고 있는지의 여부를 점검하는 것으로 회원국들은 이행 보고서를 제출한다. '투명성(Transparency)'인 경우에는 회원국이 도입한 신규/개정된 기술규정 또는 표준의 정보를 공개하고, 이에 대하여 타 회원국들의 접근을 용이하게 하는 것이 주된 목적이다. '국제 표준, 가이드라인 및 지침(International Standards, Guidelines and Recommendations)'은 관련된 국제표준을 지정하거나 개발하는 것을 주된 목적으로 하며, '모범규제관행(Good Regulatory Practice)'의 경우에는 회원국들이 기술규정 관련 조치를 운영함에 있어, 본 조치가 이루고자 하는 정당한 목적을 달성하는 동시에 이것이 국제무역에 불필요한 제한 조치가 되지 아니하도록 기술규정 및 표준의 모범사례를 개발하기 위함이다. '적합성 평가(Conformity Assessment Procedures)'는 특정 상품이 기술규정 조치 또는 표준을 준수하였는지 여부를 평가하는 일련의 시험 및 인증 절차의 효율적인 운영방안을 논의하는 것이며, '개도국 기술지원(Technical Assistance)'은 개도국의 역량제고를 위한 것으로 선진국들이 개도국에게 필요한 기술을 전수하는 등의 여러 가지 지원 방안을 모색하기 위함이다. '위원회 운영(Operation of the Committee)'은 TBT위원회의 효율적인 운영방안을 논의

---

10) https://www.wto.org/english/tratop_e/tbt_e/tbt_triennial_reviews_e.htm

11) 제1차~5차 3주년 주기 검토보고서는 다음을 참고함: 한국기술표준원 기술규제서비스과, 「WTO/TBT위원회 3년주기 보고서(1차~5차) WBT TBT위원회 결정 및 권고안」, (2011). 제6차 3주년 주기 검토보고서는 다음을 참고함: 한국국가기술표준원 기술규제정책과, 「(제7차) WTO TBT 위원회 제3년 주기 검토보고서 대응전략 수립」, (2015).

하며, 이외에도 개도국 제품에 대한 특별대우 여부를 논하는 '개도국 특별 우대 조치(Special and Differential Treatment)' 항목이 있다.

4.4.1 제1차 3년 주기 검토보고서 주요내용

제1차 3년 주기 검토 회의는 1997년 11월 19일 스위스 제네바 WTO 본부에서 개최되었으며, 이에 대한 보고서는 G/TBT/5이다.[12] 본 회의는 처음 열리는 3년 주기 검토 회의로서, 각 주제에 대한 집중 논의 대부분에는 초기 제안 내용들로 구성되어 있다.

- 협정문 이행: WTO 및 TBT협정이 발효되고 난 뒤 처음으로 개최된 3년 주기 검토 회의이지만 자국의 협정문 이행 보고서를 제출하지 아니하거나 해당 보고서가 미흡한 회원국이 있었다. 이에 TBT위원회는 회원국의 TBT협정 이행 의무를 재차 강조하였고, 해당 회원국에게는 완성된 보고서 제출을 권고하였다.

- 투명성: 투명성 제고를 위하여 TBT위원회는 각 회원국들에게 신규 또는 개정된 기술규정에 대해서는 동 위원회에 제출할 TBT 통보문의 중요성을 거듭 강조하였다. 이를 위하여 해당 통보문의 초기 양식이 결정되었고, 이러한 통보문은 규제 입안 이전 단계에 TBT위원회에 제출하도록 권고되었다. 따라서 다른 회원국들이 동 통보문 내용에 대한 의견을 제출할 수 있고(의견 제시 기간은 60일 이상), 또 이를 통해 서로 정보 및 의견들을 교류할 수 있도록 하여 해당 기술규정 관련 조치들이 불필요한 무역장벽이 되는 것을 막는 효과가 있다.[13]

- 국제 표준 등: 회원국들은 회원국 간의 다양한 기술규정 조치가 국제 무역에 저해하지 않도록 하기 위해서는 국제 표준 설정이 매우 중요함을 재확인하였다. 더욱이 국제표준은 개도국으로의 기술 이전에도 긍정적인 영향이 있기 때문에, TBT위원회는 국제 표준 설정에 모든 회원국이 동참할

---

12) TBT Committee, *First Triennial Review of the Operation and Implementation of the Agreement on Technical Barriers to Trade*, G/TBT/5 19 November 1997.

13) 검토 회의 이후 TBT위원회의 정보교환 절차에 대한 결정 및 권고는 G/TBT/1/Rev.6이다.

것을 권고하며 국제표준화기구(ISO) 또는 국제전기표준회의(IEC)와 같은 국제표준기구들과의 연계를 강조하였다.[14]

■ 모범규제관행: 동 회의에서 TBT위원회는 모범규제관행 발굴의 중요성 및 필요성을 재차 강조하였다. 그러나 회원국들은 모범규제관행 채택의 어려움 및 문제점들을 확인하였고, 이에 동 위원회는 각 회원국 간 정보 교환을 권고하였다.

■ 적합성 평가: TBT위원회는 인증 절차 등이 비관세 장벽으로 활용되지 아니하기 위하여 회원국들에게 적절하고 투명한 적합성 평가 절차를 실행하도록 권고하였다. 특히 회원국들은 공급자나 제조사가 스스로 시험하여 적합성을 증명하는 '공급자 자기선언(Supplier's Declaration of Conformity, SDoC)'과 타 회원국에서 실시한 제품, 공정, 서비스의 적합성 평가결과와 절차를 자국에서 실시한 것과 동등하게 받아들이는 '상호인정협정(Mutual Recognition Agreements, MRAs)'이 TBT협정을 이행하는 데 중요한 수단임을 인정하였다.

■ 개도국 기술지원: 개도국들은 기술에 대한 역량의 문제로 TBT협정을 이행하는 데 어려움이 있음을 토로하고 자국의 요구사항을 TBT위원회에 통보하였다. 그리고 회원국들은 선진국들의 기술지원 프로그램에 대한 정보 교환의 중요함을 다시 한 번 확인하였다.

4.4.2 제2차 3년 주기 검토 보고서 주요내용

제2차 3년 주기 검토 회의는 2000년 11월 13일 스위스 제네바 WTO 본부에서 개최되었으며, 이에 대한 보고서는 G/TBT/9이다.[15] 본 회의에서는 특히 개도국들의 참여를 제고하는 방안과 재정 및 기술지원에 대한 활발한 논의가 있었으며, 기타 의제로, 라벨링(labelling)에 대한 논의가 이루어졌다.

■ 협정문 이행: TBT위원회는 회원국들이 제출한 이행 보고서를 분석한 결과,

---

14) 검토 회의 이후 TBT위원회는 국제 표준관련 단체 정보집을 발간하였고, 이는 G/TBT/W/106이다.

15) TBT Committee, *Second Triennial Review of the Operation and Implementation of the Agreement on Technical Barriers to Trade*, G/TBT/9 13 November 2000.

TBT협정 이행에 따른 문제점 및 해결 방안들이 각 회원국들마다 상이하여, 회원국 간의 협력 및 정보 교환의 중요성을 다시 한 번 강조하였다. 특히 국가 간 협력을 제고할 방안으로 정보기술이 매우 중요함을 확인하였다.

■ 투명성: 이는 기술규정 관련 조치의 통보와 밀접한 관계가 있다. 본 검토에서 지방정부에 의한 TBT 통보의 미흡함을 지적하였고, 이에 지방정부와 중앙정부 간의 협력을 강조하였다. 나아가 TBT협정 제10.10조와 10.11조에 따라 회원국들은 일원화된 통보 담당 중앙 부처 지정(designation of a single central government authority) 의무화를 재확인하였다. 그리고 TBT위원회는 기술규정 통보에 대한 타 회원국들의 의견 제시 기간이 최소 60일 이상임을 언급하며, 온라인을 통한 통보를 권장하였다. 또 동 위원회는 재정 또는 기술문제로 각 회원국들의 질의처(enquiry points)가 제대로 운영되지 아니함을 지적하며 질의처와 관련 규제 기관과의 협력을 도모하도록 하였다.

■ 국제 표준 등: TBT위원회는 국제 표준 등을 개발하는 데 필요한 여섯 가지 기본 원칙(Six Principles)을 제시하였는데, 이는 투명성(transparency), 개방성(openness), 공명성 및 합의성(impartiality and consensus), 실효성 및 적절성(effectiveness and relevance), 일관성(coherence) 및 개도국의 참여(development dimension)이다. 특히 재정적 그리고 기술적 어려움으로 인해 개도국들이 국제 표준 개발의 참여에 어려움이 있으므로, 이들의 이익에 우선을 두는 활동이 필요함을 거듭 강조되었다.

■ 적합성 평가: TBT위원회는 제1차 검토 회의에서 언급한 공급자 자기 선언(SDoC)이나 상호인정협정(MRA) 이외에도 다양한 종류의 적합성 평가 절차가 있음을 인식하고 이를 개발하기 위한 회원국 간의 정보 교환과 협력이 중요함을 강조하였다. 또한 TBT 통보문과 마찬가지로, 회원국들 간 상호인정협정(MRA)을 체결한 경우에는 이를 TBT위원회에 통보할 것을 권고하였다.

■ 개도국 기술지원: 개도국의 기술지원으로는 다양한 방법이 있음을 인식하고, 회원국들에게 기술협력 및 기술지원 관련 워크샵 및 세미나에 적극적인 참여를 권장하였다. 특히 수요주도형(demand−driven) 협력 구조 개발과 개도국의 필요 사항에 대한 파악, 우선순위 설정, 진행 중인 기술원조 등을 파악하는 설문조사를 계획하였다.

■ 라벨링: TBT협정 이행 검토 회의에서 상품표시 부착인 라벨링에 대한 안건이 자주 언급되었다. TBT위원회는 라벨링이 TBT협정의 주요 원칙에 부합하여야 함을 언급하면서 무역 장벽이 되지 아니하여야 함을 재차 강조하였다.

4.4.3 제3차 3년 주기 검토 보고서 주요내용

제3차 3년 주기 검토 회의는 2003년 11월 11일 스위스 제네바 WTO 본부에서 개최되었으며, 이에 대한 보고서는 G/TBT/13이다.[16) 본 회의에서는 그동안 논의되었던 내용들을 효율적으로 실행할 수 있는 방안을 구체적으로 다루었다.

■ 협정문 이행: 회원국들이 제출한 이행 보고서를 기반으로 회원국들 간 보고서 작성 및 제출에 필요한 지식 및 경험들을 서로 공유하였다.

■ 투명성: 본 회의에서 이에 대한 논의가 상당히 활발하게 이루어졌다. 특히 정확한 통보문 작성의 필요성과 함께 회원국들이 TBT 통보를 마친 이후에 개정, 입안, 발효 등에 대한 계획에 대한 정보 공유의 필요성도 함께 주목을 받았다. TBT위원회는 통보 이후의 계획을 다시 공지할 경우에는, 본래의 통보문에 대한 원활한 추적이 가능하도록 같은 문서 번호를 사용할 것을 권장하였다. 통보 과정의 신속성에 대한 논의를 하면서는 전자적 수단을 통한 통보의 중요성이 언급되었고, 이에 WTO 공식 웹사이트 내 프로그램 설치를 논의하였다.

■ 국제 표준 등: TBT위원회는 적절한 국제 표준 등이 개발되기 이전에는, TBT협정 제2.7조(동등성)에 따라 회원국들에게 타 회원국의 기술규정이 자국의 것과 다를지라도, 자국의 기술규정 목적을 충분히 달성할 수 있다고 여겨지는 경우에는 이러한 타국의 기술규정을 자국의 기술규정과 동등한 것으로 수용할 것을 거듭 권장하였다.

■ 모범규제관행: 모범규제관행 발굴에 필요한 회원국 간의 경험 및 지식 공유가 중요하게 대두되었고, 모범규제관행의 원활화를 위한 회원국들의 강

16) TBT Committee, *Third Triennial Review of the Operation and Implementation of the Agreement on Technical Barriers to Trade*, G/TBT/13 11 November 2003.

제적 정책수단 및 자발적으로 행하고 있는 조치들, 그리고 규제 영향평가
에 대한 경험이 서로 공유되었다.

■ 적합성 평가: 적합성 평가를 다루고 있는 TBT협정 제5.2조 개선의 필요
성이 언급되면서 현재 수행중인 적합성 평가 절차 등에 대한 회원국 간의
정보 및 경험이 공유되었다. 또한 효율적인 공급자 자기선언(SDoC)의 운
영 방안으로 생산자 책임에 관한 법률 및 벌칙 제도에 대한 회의가 이루
어졌다. TBT위원회는 구체적인 논의를 위해 향후 관련 워크샵 및 세미나
개최를 예고하였는데, 공급자 자기선언에 관한 워크샵은 2005년 5월에,[17]
그리고 적합성 평가관련 다양한 접근 방법에 관한 워크샵은 2006년 3월
에 개최되었다.[18]

■ 개도국 기술지원: TBT위원회는 그동안 실시한 개도국 설문조사를 바탕으
로, 개도국의 다양한 수요가 존재함을 재확인하였다. 이에 개도국 기술지
원에 대한 수요와 공급을 효과적으로 연계할 수 있는 정보조정기구의 설
립에 대하여 고려하였으며, 기술지원에 있어서도 투명성이 매우 중요함을
거듭 강조하였다.

4.4.4 제4차 3년 주기 검토 보고서 주요내용

제4차 3년 주기 검토 회의는 2006년 11월 14일 스위스 제네바 WTO 본부에서
개최되었으며, 이에 대한 보고서는 G/TBT/19이다.[19] 본 회의에서는 특히 개도국
특별우대조치와 기술지원의 구체적인 실행방안에 대한 검토가 주로 다루어졌다.

■ 협정문 이행: TBT위원회는 TBT협정 제15.2조에 따라 각 회원국들은 이
행 보고서를 제출할 의무가 있음을 재확인하였다.

---

17) TBT Committee, *Minutes of the Meeting of 22–23 March 2005*, G/TBT/M/35, 24
May 2005.

18) TBT Committee, *Summary Report of the Workshop on the Different Approaches to
Conformity Assessment*, G/TBT/M/38/Add.1, 6 June 2006.

19) TBT Committee, *Fourth Triennial Review of the Operation and Implementation of
the Agreement on Technical Barriers to Trade under Article 15.4*, G/TBT/19 14
November 2006.

- 투명성: 투명성은 통보문과 매우 밀접한 관계가 있는 것으로서, TBT위원회는 회원국들에게 기술규정 관련 통보 시, 관련 문서를 제공하는 홈페이지를 같이 명시할 것과 이를 WTO 공식 언어로 번역할 것을 권고하였다. 또한 TBT위원회는 통보 후 60일 이상의 의견제시 기간을 부여하던 종전과는 달리 가능한 한, 90일 이상의 의견제시 기간을 둘 것을 권고하였다.
- 국제 표준 등: 신규 또는 새로 개정된 규제를 도입할 경우, 그러한 배경이 된 구체적인 근거 제시와 함께 관련 국제표준의 제시가 중요함을 확인하며, 이러한 과정에 있어 규제 영향평가의 중요성이 논의되었다. 이에 따라 효과적인 규제 영향평가를 위한 요소 및 수단에 대해 각 회원국들 간의 경험이 공유되었고, TBT위원회는 적합성 판정절차 관련 국제 표준, 지침, 가이드라인의 일부가 변경되었음을 주목하였다.
- 적합성 평가: TBT위원회는 개도국들이 공급자 자기선언(SDoC)을 수행하는 것에 많은 재정/기술적 어려움이 있으며, 그 평가기관에 대한 공인 또한 많은 문제점이 있음을 인식하였다. 상호인정협정(MRA)의 보다 효과적인 실행 방안을 마련하기 위해 TBT위원회는 실행이 중지된 상호인정협정(MRA)에 대한 통보와 실패한 상호인정협정(MRA)에 대한 원인 등을 회원국 간 그 경험을 공유하도록 하였다.
- 개도국 기술지원: TBT위원회는 개도국 기술지원 정보에 대한 투명성이 매우 중요하며, 이를 확보하기 위해 기술지원 수요와 공급에 대한 자발적인 통보문 양식(G/TBT/16)을 적극적으로 활용하기로 하였다. 나아가 동 위원회는 본 통보문 양식 개정 여부와 수요 주도형 협력구조의 발전에 대한 논의를 계속하기로 결정하였다. 특히 본 위원회는 개도국 기술지원과 개도국 특별우대 조치 간의 연계에 대한 정보 교환에 우선순위를 두었다.

4.4.5 제5차 3년 주기 검토 보고서 주요내용

제5차 3년 주기 검토 회의는 2009년 11월 13일 스위스 제네바 WTO 본부에서 개최되었으며, 이에 대한 보고서는 G/TBT/26이다.[20] 본 회의에서는 그동안

---

20) TBT Committee, *Fifth Triennial Review of the Operation and Implementation of*

의 검토 회의에서 다루어졌던 사항 및 의견 사항을 재차 강조하였고, 특히 모범 규제관행의 효과적인 이행 방안 등 TBT협정을 성공적으로 이행하기 위한 구체적인 방안에 대해 심도 있는 논의가 이루어졌다.

- 투명성: 회원국들은 TBT협정문 이행의 가장 근간이 되는 것은 투명성 확보임을 재확인하였고, 이에는 적절한 통보가 뒷받침되어져야 함을 인식하였다. 동 협정문 제2.9조와 5.6조에 있어 기술규정 관련 국제 표준이 존재할 경우, 통보의 의무가 없지만 TBT위원회는 관련 국제 표준의 존재 여부와 상관없이 통보하기로 결정한다는 사실을 지적하였다.

- 국제 표준 등: 본 회의의 가장 큰 특징으로는 자발적 표준(voluntary standard)에 대한 논의를 TBT위원회에서 다룰 수 있는 주제인지에 대한 논쟁이 있었다는 것이다. 미국 등 선진국들은 자발적 표준인 경우는 국가가 아닌 시장 원리에 의해 결정되는 것이므로 동 위원회의 의제사항이 아니라고 주장하는 반면, 주요 개도국들은 선진국 내 자발적 표준이 국제 무역에 미치는 영향이 실로 크다는 점을 이유로 동 위원회에서 다루어져야 한다고 주장하였다. 이에 동 위원회에서는 보다 많은 관련 논의가 필요함을 인식하면서 그 논의 과정에서 동 위원회의 역할과 TBT협정 범위에 대해 미리 판단하지 아니할 것을 강조하였다.

- 모범규제관행: 회원국들은 효과적인 모범규제관행을 위한 다양한 메커니즘과 절차의 투명성을 재확인하였다. 나아가 회원국들은 모범규제관행의 효과적인 수단으로서 규제영향평가(Regulatory Impact Assessment)와 회원국들 간 규제 협력의 효율적 활용에 대하여 논의하였다.

- 기타: 협정문 이행, 개도국 기술지원 및 적합성 평가 등 사안에 대해서는 기존 검토 회의에서의 논의내용과 권장 및 협의 사항을 재차 강조하는 것으로 하였다.

---

the Agreement on Technical Barriers to Trade under Article 15.4, G/TBT/26 13 November 2009.

4.4.6 제6차 3년 주기 검토 보고서 주요내용

제6차 3년 주기 검토 회의는 2012년 11월 29일 스위스 제네바 WTO 본부에서 개최되었으며, 이에 대한 보고서는 G/TBT/32이다.[21] 본 회의에서는 과거의 검토 회의에서 보여줘 왔던, 원칙 준수 또는 중요성에 대한 재확인 등과 같은 형식적인 선언에 그치지 아니하고, TBT협정 이행을 위한 실체적이고 구체적인 방안에 대한 많은 논의가 이루어졌다.

- 투명성: 한국은 타국의 무역에 대해 '중대한 영향'이 있을 경우에만 해당 기술규정을 통보할 의무를 부담한다는 기준이 모호하다고 지적하였고, 이에 TBT위원회는 회원국으로 하여금 TBT 통보문 제출 시 이는 자발적이기는 하나 규제영향평가와 같이 무역에 대한 효과를 보다 구체적으로 가늠할 수 있는 첨부자료나 관련 인터넷 링크를 제공할 것을 권고하였다. 또한 동 위원회는 질의처(equiry points)의 역할을 재강조하면서, 사적 기관에 의한 질의 및 코멘트에 대한 질의처의 효율적 대응 방안에 대해 추후 논의하기로 동의하였다. 마지막으로 회원국들은 TBT 정보관리시스템(Information Management System, IMS)의 성공적인 구축을 위하여, TBT 온라인 통보문 제출 시스템(Notification Submission System, NSS)을 개발하는 것에 대해 동의하였다.
- 국제 표준 등: 지난 5차 검토회의에서 일부 회원국들이 제기한 자발적 표준(voluntary standards)과 관련하여 회원국들은 서로 정보를 교환하였고, 이에 TBT위원회는 모범관행규약(code of good practice)을 따를 것을 권고하였다. 나아가 제2차 검토회의에서 동 위원회가 제시한 국제 표준 개발을 위한 여섯 가지 원칙들의 구체적인 적용 방안에 대해 회원국들과 서로 정보를 교환하도록 하였고, 관련 단체나 조직을 본 논의 과정에 참여시키는 것에 대해 동의하였다.
- 모범규제관행: 본 검토 회의에서 회원국들은 규제영향평가의 방법에 대한 메커니즘에 대한 일곱 가지의 원칙(국내적 조율 과정에 대한 메커니즘, 이해관계

---

21) TBT Committee, *Fifth Triennial Review of the Operation and Implementation of the Agreement on Technical Barriers to Trade under Article 15.4*, G/TBT/32 29 November 2012.

자의 부담을 최소화하기 위한 방안들, 규제의 효율적인 적용과 집행에 대한 메커니즘, 현재의 기술규정과 적합성 평가절차의 재검토에 대한 메커니즘, 그리고 개도국 특별 지원에 대한 메커니즘)을 동의하였다.

■ 적합성 평가: 회원국들은 적합성 평가의 방법, 절차, 기준 등에 대한 정보 뿐만 아니라 관련된 국제 표준, 지침, 가이드라인의 적절한 사용 및 적합성 평가의 상호 간 인정에 대한 정보를 서로 공유하였다.

■ 개도국 기술지원: TBT위원회는 회원국들에게 TBT 기술 지원의 효과와 역량 강화를 평가하도록 하였다. 또한 회원국들은 개도국 특별우대 조치가 TBT협정 제12조에 명시된 의무로, 이에 대한 회원국들 간 정보 공유가 필요하다고 지적하였다. 다만 TBT위원회가 개도국 기술지원에 대한 중요성을 거듭 강조하였음에도 불구하고, 개도국 기술지원 및 특별우대 조치에 대해서는 회원국들의 관심 및 구체적인 의견이 제시되지 아니하였다.

■ TBT위원회 운영: 회원국들은 TBT위원회가 기술규정에 대한 평가 및 TBT협정 이행과 관련된 회원국들 간의 정보 교환을 촉진하는 역할을 수행함을 재확인하며, 동 위원회의 운영과 관련하여 다음 사항을 동의하였다. 즉 TBT위원회는 특별무역현안(STC)을 논의하는 장을 마련하며, 이를 보다 효율적으로 처리할 수 있도록 방안 마련을 모색하여야 한다. 그리고 원활한 정보 교류를 활성화하기 위하여, 동 위원회는 각 주제별로 토론회를 개최하도록 하였다(모범규제관행 및 국제 표준 등은 2013년 3월에, 투명성은 6월, 그리고 적합성 평가절차는 10월).

4.4.7 제7차 3년 주기 검토 보고서 주요내용

제7차 3년 주기 검토 회의는 2015년 12월 3일 스위스 제네바 WTO 본부에서 개최되었으며, 이에 대한 보고서는 G/TBT/37이다.[22] 본 회의에서 TBT위원회는 특히 TBT협정 이행을 위해 중요하고 필요한 주제별로, 별도의 회의에 대한 작업계획을 명시하였다.

---

22) TBT Committee, *Seventh Triennial Review of the Operation and Implementation of the Agreement on Technical Barriers to Trade under Article 15.4*, G/TBT/37 3 December 2015.

- 투명성: 본 주제에 대해서는 질의처, 온라인 통보 수단 및 회원국들 간의 경험 공유가 중점적으로 다루어졌다. TBT위원회는 일관성 있는 통보문 형식(G/TBT/35) 사용을 위한 방안들을 공유하였고 TBT 온라인 통보문 제출 시스템(NSS)을 2013년 10월 31일에 구축하였다. 이후 2014년에는 총 798건의 통보문이 온라인을 통해 제출되었다.

- 국제 표준 등: TBT위원회는 국제 표준 등의 개발은 모범관행규약(code of good practice)에 근거되어야 함을 재확인하였으며, 자국의 기술규정 조치를 마련함에 있어서는 이를 국제 표준 등에 근거할 것을 권고하였다.

- 모범규제관행: TBT위원회는 모범규제관행 발굴에 대한 회원국들 간의 경험과 지식을 서로 공유하도록 권고하였고 규제영향평가에 대한 구체적인 논의를 위한 별도의 회의를 2016년에 주관하였다.

- 적합성 평가: 회원국들은 적절한 적합성 평가절차를 위한 방법, 실험, 인증 및 인가와 같은 기술적 기본체제의 중요성에 대해서 논의하였다. TBT위원회는 지난 6차 회의에서 언급되었던 적합성 평가절차의 접근, 관련 국제 표준 등의 이용, 그리고 적합성 평가절차 결과 인정을 촉진할 수 있는 방안들에 대한 지속적인 정보 교환을 회원국들에게 권고하였다.

- 규제 협력: TBT위원회는 지난 5차 회의에서부터 회원국들 간의 규제 협력이 모범규제발굴에 매우 중요한 수단임을 인식하여 왔다. 이는 회원국들 간 규제 체제에 대한 이해를 제고하고 나아가 국제 무역의 불필요한 제한을 제거하는 데 매우 효과적인 수단으로 인식되고 있다. 이에 이를 위한 회의가 2016년 3월과 11월에 개최되었고, 회원국들이 제안한 방법들을 TBT위원회가 정리할 예정이다.

무역기술장벽과 국제통상분쟁

TBT 분쟁과 WTO 분쟁해결절차: 그 현황과 함의

– 이재민

—— TBT 분쟁과 WTO 분쟁해결절차: 그 현황과 함의

[이재민]

5.1 들어가는 말

무역관련 기술장벽(Technical Barriers to Trade: TBT) 조치들은 현재 WTO 분쟁해결절차의 중요한 항목을 차지하고 있다. 여러 WTO 회원국들이 다양한 목적과 배경으로 TBT 조치들을 취하고 있고, 그러한 조치들이 여타 회원국의 교역상 이해에 중요한 영향을 초래하고 있기 때문이다. 디지털 산업의 도래와 4차 산업혁명의 전개에 따라 다양한 상품이 새롭게 등장하고 또 이러한 상품의 규격과 기준을 규율하는 새로운 조치들이 도입됨에 따라 TBT 관련 문제는 앞으로도 더욱 복잡다단하게 전개될 것으로 예측된다.[1] 현재 이 문제를 다루는 WTO 부속협정으로 무역관련 기술장벽협정(Agreement on Technical Barriers to Trade: TBT 협정)이 존재하고 있어 그간 여러 WTO 분쟁을 통하여 적지 않은 법리 발전을 보여주고 있다. 한편 TBT 문제는 동시에 "관세 및 무역에 관한 일반협정(General Agreement on Tariffs and Trade: GATT 1994)"에도 직접적인 함의를 초래하고 있다. 내국민대우 위

---

1) Rolf H. Weber, 'Why Global Trade Laws Need to Catch Up with Digital Commerce', World Economic Forum (1 October, 2015), available at https://www.weforum.org/agenda/2015/10/why–global–trade–laws–need–to–catch–up–with–digital–commerce/ (last visited on 7 November, 2017); Konstantinos Karachalios and Karen McCabe, 'Standards, Innovation, and Their Role in the Context of the World Trade Organization: E15Initiative' (Geneva: International Centre for Trade and Sustainable Development and World Economic Forum, 2014), available at http://e15initiative.org/wp–content/uploads/2015/09/E15–Innovation–Karachalios McCabe–FINAL.pdf (last visited on 8 November, 2017), p. 6.

반 문제 또는 일반적 예외조항 적용 문제 등이 바로 대표적으로 GATT 1994와 관련하여 제기되는 사항들이다.

이러한 점을 염두에 두고 이 장에서는 먼저 WTO 분쟁해결절차의 전체적인 개요를 살펴보고, 그 다음으로 최근 TBT 분쟁의 진행상황이 WTO 분쟁해결절차의 관점에서 어떠한 함의를 제시하고 있는지 검토한다. 나아가 이를 토대로 TBT 분쟁의 경험이 WTO 분쟁해결절차의 한계와 그 개선작업에 어떠한 시사점을 제시하고 있는지를 살펴보며 마무리하고자 한다.

5.2 WTO 분쟁해결절차 개요

먼저 아래에서는 WTO 분쟁해결절차의 특징과 주요 원칙에 대하여 살펴보도록 한다. WTO 분쟁해결절차는 국내법원의 분쟁해결절차와는 구별되는 특징을 보이고 있는바, 이에 대하여 정확한 이해를 하는 것이 WTO 분쟁해결절차의 기여와 역할에 대하여 판단을 내리는 데 중요한 역할을 수행할 것이다. 무엇보다 WTO 분쟁해결절차는 회원국간 교역상 이해관계의 균형을 회복하는 데 그 기본 목표를 두고 있다. 이에 따라 패소국은 단지 문제의 조치를 장래에 대하여 협정 합치적으로 수정 내지 폐기할 의무를 부담할 뿐이라는 점에 유념할 필요가 있다.

5.2.1 WTO 분쟁해결절차 개관

먼저 전체적으로 WTO 분쟁해결절차를 개관하면 다음과 같다. WTO 분쟁해결절차는 해당 WTO 협정(즉, 부속협정)에 기초하여 진행된다. 즉, 이 분쟁해결절차에서는 WTO 협정만을 적용하는 것으로 예정되어 있어 해당 협정 이외에 여타 국제법 규범이나 또는 국내법령을 적용하는 것이 제도적으로 배제되어 있다.[2] 따

---

2) DSU 제3.2조, 19.2조 각각 참조. 이들 조항은 다음과 같다.

　제3조 (일반규정)

　2. 세계무역기구의 분쟁해결제도는 다자간무역체제에 안전과 예견가능성을 부여하는 데 있어서 중심적인 요소이다. 세계무역기구의 회원국은 이 제도가 대상협정에 따른 회원국의 권리와 의무를 보호하고 국제공법의 해석에 관한 관례적인 규칙에 따

라서 우리나라든 타국이든 WTO 분쟁해결절차에서 여타 국제협정이나 자국 국내법령의 규정을 제시하며 문제의 조치의 합법성 또는 불법성을 논하는 것은 허용되지 아니 한다. 이는 한편으로 "조약법에 관한 비엔나 협약(Vienna Convention on the Law of Treaties)" 제27조와 31조 규정을 적용하게 됨으로써 도출되는 결론이기도 하다.3) 전자는 WTO 회원국은 자신의 국내법을 원용하여 WTO 협정 위반을 정당화할 수 없다는 내용이며,4) 후자는 WTO 협정의 해석은 당사국의 합

라 대상협정의 현존 조항을 명확히 하는 데 기여함을 인정한다. 분쟁해결기구의 권고와 판정은 대상협정에 규정된 권리와 의무를 증가시키거나 축소시킬 수 없다.

제19조 (패널 및 상소기구의 권고)
2. 제3조 제2항에 따라 패널과 상소기구는 자신의 조사결과와 권고에서 대상협정에 규정된 권리와 의무를 증가 또는 감소시킬 수 없다.

3) Vienna Convention on the Law of Treaties는 제27조와 31조에서 다음과 같이 규정하고 있다.

제27조 (국내법과 조약의 준수)
어느 당사국도 조약의 불이행에 대한 정당화의 방법으로 그 국내법규정을 원용해서는 아니 된다. 이 규칙은 제46조를 침해하지 아니한다.

제31조 (해석의 일반규칙)
① 조약은 조약문의 문맥 및 조약의 대상과 목적으로 보아, 그 조약의 문면에 부여되는 통상적 의미에 따라 성실하게 해석되어야 한다.
② 조약의 해석 목적상 문맥은 조약문에 추가하여 조약의 전문 및 부속서와 함께 다음의 것을 포함한다.
　(a) 조약의 체결에 관련하여 모든 당사국간에 이루어진 그 조약에 관한 합의
　(b) 조약의 체결에 관련하여, 1 또는 그 이상의 당사국이 작성하고 또한 다른 당사국이 그 조약에 관련되는 문서로서 수락한 문서
③ 문맥과 함께 다음의 것이 참작되어야 한다.
　(a) 조약의 해석 또는 그 조약규정의 적용에 관한 당사국간의 추후의 합의
　(b) 조약의 해석에 관한 당사국의 합의를 확정하는 그 조약 적용에 있어서의 추후의 관행
　(c) 당사국간의 관계에 적용될 수 있는 국제법의 관계규칙
④ 당사국의 특별한 의미를 특정용어에 부여하기로 의도하였음이 확정되는 경우에는 그러한 의미가 부여된다.

4) Panel Report, *Argentina—Definitive Anti—Dumping Duties on Poultry from Brazil*, WT/DS241/R (22 April 2003), p. 38, para. 7.108; Mtisuo Matsushita *et al.*, *The World Trade Organization: Law, Practice, and Policy*, Third Edition (New York: Oxford University Press, 2015), p. 77; WTO Legal Affairs Division, *WTO Analytical*

의를 반영하고 있는 협정문의 내용에 근거하여 이를 해석하고 적용하여야 한다는 내용이다.[5]

WTO 분쟁해결절차는 국제사법재판소(International Court of Justice: ICJ)와 같이 국가 대 국가간 분쟁으로 진행되며 따라서 정부가 소송 당사자로 참여하게 된다.[6] 즉, 실제 문제가 된 무역제한조치의 피해자는 수출기업 또는 개인이나, 그러한 조치의 WTO에로의 제소는 오로지 그러한 개인과 기업의 국적국 정부만 가능하다.[7] 이와 같이 국가간 분쟁의 속성을 내포하고 있는 통상분쟁해결절차는 본질적으로 외교적 고려와 국가간의 관계가 소송 제기 여부 및 진행 과정에서 항상 중요한 변수로 작용한다. 이러한 외교적 고려요소로 인하여 때로는 실제 피해를 입고 있는 개인이나 기업의 이해관계를 충분히 반영하지 못하는 상황도 종종 발생하게 된다. 개인이나 기업의 피해를 구제하기 위한 것이 아닌 국가간 합의된 이해관계의 균형을 회복하는 것이 기본목표인 통상분쟁해결절차의 특성상 이러한 상황은 때로는 불가피한 측면도 있다.

WTO 분쟁해결절차는 패널심리와 항소기구 심리의 2단계로 진행된다.[8] 먼

Index: Guide to WTO Law and Practice: Third Edition, Volume 1 (New York: Cambridge University Press, 2012), paras. 1516−1520.

5) Marina Foltea, *International Organizations in WTO Dispute Settlement: How much Institutional Sensitivity?* (New York: Cambridge University Press, 2012), pp. 96−97; Yuejiao Zhang, 'Contribution of the WTO to Treaty Interpretation' in Gabrielle Marcaeau (ed.), *A History of Law and Lawyers in the GATT/WTO: The Development of the Rule of Law in the Multilateral Trading System* (Cambridge: Cambridge University Press, 2015), pp. 577−579; Chang−fa Lo, *Treaty Interpretation Under the Vienna Convention on the Law of Treaties: A New Round of Codification* (Singapore: Springer, 2017), pp. 250−251.

6) Appellate Body Report, *United States−Sunset Review of Ant−Dumping Duties on Corrosion−Resistant Carbon Steel Flat Products from Japan*, WT/DS244/AB/R (15 December, 2003), p. 29, paras. 81−82; Peter Van den Bossche and Werner Zdouc, *The Law and Policy of the World Trade Organization* (New York: Cambridge Express, 2013), pp. 163−164

7) Rüdiger Wolfrum *et al.* (eds.), *WTO: Institutions and Dispute Settlement*, Max Planck Commentaries on World Trade Law (Leiden: Martinus Nijhoff Publishers, 2006), p. 253.

8) DSU 제6.1조 및 제17.4조 각각 참조.

저 1심 법원의 역할을 담당하는 패널은 각 분쟁당사국이 합의하여 선임하는 3인의 패널리스트로 구성되며 법률심과 사실심을 모두 담당한다.[9) 반면 2심 법원이자 최종 법원인 항소기구(Appellate Body)는 7인의 항소위원으로 구성되는 상설적인 기관이며 이중 3인이 특정사건을 담당하게 된다.[10) 항소심을 담당하는 항소기구는 오로지 법률심만을 담당하게 된다.

5.2.2 WTO 분쟁해결절차 주요 원칙

한편 WTO 분쟁해결절차에 적용되는 주요 원칙을 살펴보면 다음과 같다. 먼저 오로지 정부의 조치만이 분쟁이 대상이 된다는 점, 적용 법규는 WTO 협정에 한정된다는 점, 입증책임은 주장하는 측이 부담하게 된다는 점, 승소판정은 협정상 이해관계 균형의 회복에 국한된다는 점, 그리고 소급적용은 허용되지 않는다는 점으로 크게 나누어 볼 수 있다.

(1) 정부 조치에 적용

먼저 WTO 분쟁해결절차는 오로지 정부의 조치(measure)에만 적용된다.[11) 교역에 직접적인 영향을 미치더라도 비정부기관(민간단체 등)의 조치는 WTO 분쟁해결절차의 적용대상은 아니다. 다만 현재 WTO 법리상 정부의 조치의 의미는 상당히 광범위하게 해석되고 있으며, 회원국 정부의 일체의 작위, 부작위를 포괄하는 개념으로 이해되고 있다.[12) 최근 WTO 분쟁에서는 이러한 정부 조치가 존재하는지 여부가 때로는 주요한 분쟁항목이 되고 있다. 이에 따라 TBT 분쟁과 관련하여서도 이러한 부분이 점차 중요한 쟁점으로 대두하고 있다.

---

9) DSU 제7.1조 및 8.5조 각각 참조.

10) DSU 제17.1조 참조.

11) DSU 제3.3조 및 제6.2조 참조.

12) Appellate Body Report, *Guatemala—Anti—Dumping Investigation Regarding Portland Cement from Mexico*, WT/DS60/AB/R (2 November, 1998), p. 24, footnote 47; WTO, *A Handbook on the WTO Dispute Settlement System: A WTO Secretariat Publication prepared for Publication by the Legal Affairs Division and the Appellate Body* (Cambridge: Cambridge University Press, 2004), pp. 39—40.

(2) 적용 법규의 한정

그 다음으로 들 수 있는 WTO 분쟁해결절차의 특징으로는 패널과 항소기구는 오로지 WTO 협정(부속협정 포함) 규정에만 근거하여 판정을 내리게 된다는 점이다.[13] 요컨대 TBT 분쟁의 경우 TBT 협정과 이와 연관되는 여타 부속협정(가령 GATT 1994)만이 적용된다는 것이다. 이러한 적용 법규의 한정은 WTO 분쟁해결절차의 장점이자 단점이기도 하다. 국내법령을 적용할 수 없는 것은 물론,[14] 여타 국제법 관련 규범도 이 분쟁에서는 구속력 있는 법적 규범(governing law)으로서 적용하지 못하게 된다.[15] 여타 법규를 적용하지 않고 오로지 WTO 협정의 적용을 통하여 명확한 결론을 도출한다는 측면에서 분명 장점으로 볼 수 있는 반면, 한편으로 특정 사안에 대한 입체적인 고려를 하지 못하고 WTO 협정에만 의존하는 평면적인 평가만 허용된다는 측면에서 중요한 단점으로 볼 수도 있을 것이다.

(3) 입증책임

실제 WTO 분쟁해결절차에서는 입증책임(Burden of Proof)을 어느 당사국이 부담하는지 여부가 중요한 쟁점이며 이것이 최종 승패에도 중요한 영향을 미치는 경우가 빈번하다. 특히 TBT 분쟁과 같이 조치가 어떠한 성격을 띠고 있는지 등 사실관계에 대하여 애매한 부분이 존재하는 경우 입증책임의 분배는 최종 판정에 중요한 변수로 작용할 수도 있다. 기본적으로 WTO 분쟁해결절차는 국내법원에서 발견되는 엄격한 증거법칙을 적용하는 것은 아니며 담당패널이 상당히 자유로운 입장에서 제시된 증거자료를 평가하고 이에 기초하여 최종 결론을 내리게 된다.

다른 국제법원과 마찬가지로 WTO 분쟁해결절차에서도 원칙적으로 입증책임은 특정 사실을 주장하는 당사자에 부과된다.[16] 따라서 WTO 분쟁해결절차에서

---

13) 이러한 사실은 WTO DSU 제3.2조, 4조, 6조, 19.2조 등에서 확인할 수 있다.

14) 비엔나 협약 제27조 참조.

15) DSU 제3.2조 및 19.2 각각 참조.

16) Appellate Body Report, *United States—Measure Affecting Imports of Woven Wool*

제기되는 TBT 분쟁에서도 상대방조치의 협정 위반을 주장하는 국가인 제소국이 대부분의 입증책임을 부담하게 되는 것이 원칙이다. 그러나 한편으로 정부의 정책(조치)을 그 대상으로 하는 WTO 분쟁해결절차의 경우 실제 분쟁의 대상이 되는 주요 자료와 증거가 대부분 피제소국 정부의 영역과 권한 내에 속한다는 점이 실제 입증책임의 분배와 관련하여 때로는 적지 않은 영향을 미치고 있는 점을 유념할 필요가 있다. 이 경우 원칙적인 입증책임은 제소국이 부담하나 제소국이 자신의 일응 입증요건(*prima facie* case)을 충족하는 요건은 상당히 완화되어 있고, 실제 구체적인 입증책임은 '사실상' 피제소국으로 전환되는 경우가 대부분이다.

(4) 승소 판정의 취지

WTO 분쟁해결절차에서 도출되는 제소국 승소판정의 취지는 피제소국 정부의 문제의 조치가 WTO 협정에 부합하지 아니함을 확인하고 이를 일정한 기한 내(합리적 이행기간: Reasonable Period of Time)에 협정 합치적으로 바꾸어야 함을 의미한다.[17] 즉, 그러한 판정의 성격은 패소국으로 하여금 문제의 조치를 협정에 합치하는 방식으로 조정 내지 철폐할 것을 요구하는 것이다. 그리고 이를 위하여 상당한 이행기간을 부여(평균 8개월)하는 것이다. TBT 분쟁과 관련하여서도 결국 패소국은 자국의 조치를 TBT 협정 등에 합치되는 방식으로 소정의 기한 내에 조정 내지 변경할 의무를 부담하게 된다.

    Shirts and Blouses from India, WT/DS55/AB/R (25 April, 1997). p. 14; Appellate Body Report, *European Communities—Measures Concerning Meat and Meat Products (Hormones)*, WT/DS26/AB/R, WT/DS48/AB/R (January 16, 1998), para. 98. p. 335; Joost Pauwelyn, 'Evidence, Proof and Persuasion in WTO Dispute Settlement: Who Bears the Burden?, *Journal of International Economic Law*, Vol.1, No.2 (1998), pp. 230−231; WTO, *supra* note 12, p. 105; Matsushita *et al.*, *supra* note 4, p. 100.

17) Yang Guhua *et al.*, *WTO Dispute Settlement Understanding: A Detailed Interpretation* (Hague: Kluwer Law International, 2005), pp. 274−276.

(5) 소급적용 불가

한편 분쟁해결절차의 궁극적 결과물인 구제수단과 관련하여 WTO 분쟁해결절차는 문제된 조치의 장래에 대한 철회만을 제공할 따름이며,[18] 이미 조치가 취해진 과거로 소급하여 구제가 제공되지는 않는다. 즉, 문제가 된 조치를 장래에 대하여 철회 또는 조정함으로써 국제교역의 균형이 다시 회복되며 이것으로 분쟁해결절차는 자신의 소임을 다하는 것으로 이해하는 것이다. WTO 분쟁해결절차로 이행하기 이전에 이미 문제의 조치가 통상 1−2년간 적용되고 있고 이 기간 동안 외교적 해결을 위한 노력이 경주되다가 그러한 노력이 실패로 귀결된 경우에 한하여 WTO 분쟁해결절차로 제소되는 것이 일반적인 상황이다. 그리고 일단 WTO 패널에 회부되게 되면 항소심을 거쳐 최종적으로 판정이 나오기까지 근 2−3년의 시간이 소요되고, 다시 패소국의 이행을 위한 이행기간으로 근 1년의 기간이 주어지는 점을 감안하면, 최초 조치 시행 시부터 계산하면 무려 4−5년의 시간이 경과한 이후에 문제의 조치가 철폐되게 된다. 패소국이 문제의 조치를 철폐할 법적 책임은 합리적 이행기간이 만료되는 시점까지 부과되지 않기 때문이다. 즉, 패소 판정이 내려진 상황에서 곧바로 문제의 조치를 철폐할 법적 책임이 WTO 협정에 의해서 발생하는 것이 아니라, 합리적 이행기간이 만료되는 시점까지 그러한 책임 발생 기한이 "법률에 의해" 연기되어 있는 것으로 이해할 수 있다.

그러므로 최종 판정에 대한 소급적용을 배제한다는 것은 사실상 4−5년간의

---

18) WTO DSU 제3.7조. 해당 내용은 다음과 같다.

제3조 (일반규정)

7. 제소하기 전에 회원국은 이 절차에 따른 제소가 유익할 것인지에 대하여 스스로 판단한다. 분쟁해결제도의 목표는 분쟁에 대한 긍정적인 해결책을 확보하는 것이다. 분쟁당사자가 상호 수락할 수 있으며 대상협정과 합치하는 해결책이 명백히 선호되어야 한다. 상호 합의된 해결책이 없을 때에는 <u>분쟁해결제도의 첫번째 목표는 통상 그 조치가 대상협정에 대한 위반으로 판정이 내려진 경우 동 조치의 철회를 확보하는 것이다.</u> 그러한 조치의 즉각적인 철회가 비현실적일 경우에만 대상협정에 대한 위반조치의 철회시까지 잠정조치로서 보상의 제공에 의지할 수 있다. 이 양해가 분쟁해결절차에 호소하는 회원국에게 부여하는 최후의 구제수단은 분쟁해결기구의 승인에 따르는 것을 조건으로 다른 회원국에 대하여 차별적으로 대상협정상의 양허 또는 그 밖의 의무의 적용을 정지할 수 있다는 것이다. (밑줄 추가)

협정 위반 상황은 치유되지 않고 그대로 남게 된다는 의미다. 이러한 입장을 견지하게 되는 배경은 앞에서도 지적한 바와 같이 통상분쟁해결절차의 기본목표는 피해 수출기업의 손해를 구체적으로 배상하는 것이 아니라 일방 체약 당사국의 협정 위반 조치로 파괴된 통상협정상 이해관계의 균형을 다시 회복시키는 것이기 때문이다. 균형이 다시 회복된 이상 분쟁해결절차는 원래의 목적을 달성한 것으로 볼 수 있을 것이다. 이는 손해배상을 궁극적 목표로 하는 투자분쟁해결절차와 대비된다.

(6) 패소국 미이행시 무역보복을 통한 구제 제공

한편, WTO 분쟁해결절차를 통하여 피제소국이 패소할 경우 해당 판정을 이행할 법적 의무를 부담한다.[19] 패소국인 피제소국은 WTO 분쟁해결기구(Dispute Settlement Body: DSB) 회의에서 패널 및 항소기구 판정을 합리적 이행기간 내에 국내적으로 이행할 것임을 선언하여야 한다.[20] 만약 패소국이 이러한 판정내용을 합리적 이행기간 내에 이행하지 않게 되면 승소국은 WTO DSB의 승인을 통해 미이행 패소국에 대하여 합법적인 무역보복을 실시할 수 있게 된다.[21] 이와

---

19) WTO DSU 제21.1조, 21.3조 참조.
   제21조 (권고 및 판정의 이행에 대한 감독)
   1. 분쟁해결기구의 권고 또는 판정을 신속하게 이행하는 것이 모든 회원국에게 이익이 되도록 분쟁의 효과적인 해결을 확보하는 데 필수적이다.

20) WTO DSU 제21.3조 참조.
   3. 패널 또는 상소보고서가 채택된 날로부터 30일 이내(Re.11)에 개최되는 분쟁해결기구 회의에서 관련 회원국은 분쟁해결기구의 권고 및 판정의 이행에 대한 자기나라의 입장을 분쟁해결기구에 통보한다. 권고 및 판정의 즉각적인 준수가 실현불가능한 경우, 관련 회원국은 준수를 위한 합리적인 기간을 부여받는다. 합리적인 기간은 다음과 같다.
   (Remark 11) 분쟁해결기구 회의가 이 기간 중 계획되어 있지 아니한 경우, 동 목적을 위하여 분쟁해결기구 회의가 소집된다. (후략)

21) Sherzod Shadikhodjaev, *Retaliation in the WTO Dispute Settlement System* (Alphen ann den RijnL Kluwer Law International, 2009), pp. 64-68; Matsushita *et al, supra* note 4, pp. 96-9; Chad P Bown and Joost Pauwelyn, The Law, *Economics and Politics of Retaliation in WTO Dispute Settlement* (Cambridge: Cambridge University Press, 2010), p. 289.

같이 WTO 판정은 미이행 시 제기되는 합법적인 교역보복조치의 가능성을 통하여 이행된다. 여기에서 말하는 보복조치는 패소국으로부터 승소국으로 수출되는 상품에 대하여 관세 인상이나 수입제한 조치 등을 부과함으로써 제소국이 피해를 입은 금액만큼 교역상의 금전적 혜택을 향유할 수 있도록 하는 장치를 말한다.

5.3 TBT 분쟁 현황 및 주요 쟁점

이 장에서는 TBT 분쟁의 현황과 주요 쟁점을 살펴본다. 특히 앞에서 살펴본 WTO 분쟁해결절차의 주요 특징을 염두에 두고, 이러한 TBT 분쟁의 현황과 쟁점을 반추하여 보고자 한다.

5.3.1 TBT 분쟁 현황

WTO TBT위원회에 제기된 TBT 조치는 2005－2014년간 총 341건으로 전반적으로 증가추세를 보이고 있다. 이 기간 동안 동 위원회에서 문제가 제기된 TBT 조치를 발동한 국가는 EU, 중국, 미국, 한국, 에콰도르, 브라질 및 인도의 순서로 상위권을 구성하고 있다. 이들 국가들의 보다 자세한 상황은 〈표 5－1〉에 제시되어 있다.

━ 표 5-1. 국가별 특정무역현안 피제기 현황(상위 16개 국가 기준)

	2005	2006	2007	2008	2009	2010	2011	2012	2013	2014	합계	
											건수	비중(%)
EU	2	5	1	9	9	5	4	14	9	7	65	19.1
중국	3	7	3	5	5	4	6	2	3	4	42	12.3
미국	1	2	4	5	4	6	3	4	3	3	35	10.3
한국	1	1	1	2	4	2	6	2	2		21	6.2
에콰도르					1		1		4	11	17	5.0
브라질			2	3	1	3	4	1		2	16	4.7
인도		2	4			3	1	3		2	16	4.7
인도네시아	1			2	3	1	2	2	3	1	15	4.4
콜럼비아	1			1	2	1	2	1		2	10	2.9
러시아								1	3	6	10	2.9

	2005	2006	2007	2008	2009	2010	2011	2012	2013	2014	합계 건수	비중(%)
캐나다			1	1	4	1			1		8	2.3
멕시코						1	3		1	1	6	1.8
태국			1		1	1			2	1	6	1.8
사우디 아라비아	1				1			1		2	5	1.5
터키			1		1	2			1		5	1.5
대만			3	1	1						5	1.5
기타	3	6	6	3	8	1	9	7	7	5	59	17.3
합계	12	24	27	32	49	29	44	35	41	48	341	100.0

주: 위 수치는 WTO TBT-IMS 상의 통계로 TBT 협정 운영 및 이행에 관한 연례보고서의 수치와 약간의 차이가 있음.
자료: 김민정, 기술규제관점 통상분쟁사례분석, 〈표 2-1〉 참조.

한편 반면에 타국이 발동할 TBT 조치에 대하여 문제 제기를 한 WTO회원국들은 대체로 〈표 5-2〉와 같다.

▬ 표 5-2. 국가별 특정무역현안 제기 현황(상위 15개 국가 기준)

	2005	2006	2007	2008	2009	2010	2011	2012	2013	2014	합계 건수	비중(%)
미국	5	1	2	5	9	5	12	2	8	1	50	14.7
중국	4	7	3	5	5	4	2	9	4	4	47	13.8
EU	2	3	12	5	4	6	3	2	4	2	43	12.6
일본	1	5	2	3	5		5	2	3	3	29	8.5
아르헨티나		1	2	2	3	2	7	5	4		26	7.6
호주			2	1	10	4	2	2	1	2	24	7.0
캐나다		1	2	2	1	1	2		5	8	22	6.5
멕시코				2	3	3	4	2		2	16	4.7
브라질		2			1		1	2	2	7	15	4.4
한국				1	1	2	2	4	1		11	3.2
칠레			1	3	1		2	1		1	9	2.6
스위스					2	2	1	1	1	1	8	2.3
인도네시아					1			1	4		6	1.8
쿠바								1	2	2	5	1.5
우크라이나								1	4		5	1.5
기타	0	4	1	3	3	0	1	2	4	7	25	7.3
합계	12	24	27	32	49	29	44	35	41	48	341	100.0

주: 위 수치는 WTO TBT-IMS 상의 통계로 TBT 협정 운영 및 이행에 관한 연례보고서의 수치와 약간의 차이가 있음.
자료: 김민정, 기술규제관점 통상분쟁사례분석, 〈표 2-2〉 참조

05
절차
[이재민]
TBT 분쟁과 WTO 분쟁해결

상기 통계는 현재 TBT 조치가 주요 교역국간 주요한 쟁점으로 상호간 활발하게 문제 제기와 문의가 이루어지고 있음을 보여주고 있다. 특히 주요 교역국이 이 문제에 대하여 각각 분쟁의 제기와 피제기 측면에서 공히 상위를 차지하고 있어 향후 문제의 제기 강도와 빈도가 점차 높아질 가능성이 높다는 점을 보여주고 있다. 또한 이러한 상황은 최근의 보호무역주의의 확산 움직임을 역시 반영하고 있다. 2008년 경제위기를 거치고, 도하 라운드(Doha Development Agenda: DDA) 타결 실패에 따른 새로운 다자간 무역제도 창출이 어려워진 분위기에 편승하여 전세계적으로 보호무역주의 움직임이 확산되고 있다.

2008년 경제위기 이후 각국은 자국 국내시장의 보호에 상당한 노력을 경주하고 있는 모습을 보이고 있다.[22] 특히 미국, 브라질, 인도, 유럽연합 등 국제통상질서 형성에 중대한 영향을 미치는 국가들이 이러한 보호무역주의적 경향을 노정함에 따라 이러한 분위기는 국제적으로 더욱 확산되고 있는 상황이다.[23] 이러한 보호무역주의 조치 중에는 브라질의 자동차 관세 부과, 인도의 불합리한 반덤핑조사 및 관세 부과 등 그 위법성이 표면적으로 용이하게 확인이 되는 조치도 있는 반면, 일부는 그 은밀성과 간접성으로 인하여 위법 여부가 표면적으로는 쉽게 확인이 되지 않는 경우도 증가하고 있다.[24] TBT 분쟁이 바로 그러한 대표적인 경우이다. 어쨌든 전자의 경우이든 후자의 경우이든 이러한 보호무역주의의 확산 움직임은 이해관계를 가진 여러 국가간 통상분쟁을 야기하고 있는 실정이다.

---

22) WTO, 'Report Urges WTO Members to Resist Protectionism and "Get Trade Moving Again"', Reports on Recent Trade and Development (25 July, 2016), available at https://www.wto.org/english/news_e/news16_e/trdev_22jul16_e.htm (last visited on 8 November, 2017); Emime Boz, 'Why Has Global Trade Slowed Down?', World Economic Forum, available at https://www.weforum.org/agenda/2014/11/has-global-trade-slowed-down/ (last visited on 8 November, 2017).

23) OECD, WTO OMC, UN UNCTAD, 'Reports on G20 Trade and Investment Measures (Mid-May to Mid-Octiber 2016), available at https://www.oecd.org/daf/inv/investment-policy/16th-Report-on-G20-Trade-and-Investment-Measures.pdf (last visited on 8 November, 2017), pp. 16-17.

24) *Ibid.*, pp. 39-44.

5.3.2 TBT 조치의 주요목적

한편 이 기간 동안 분쟁으로 발전한 TBT 조치들은 대부분 인간의 건강 또는 안전 보호, 환경 보호 그리고/또는 기만행위 방지 및 소비자 보호 목적을 추구하는 조치들인 것으로 확인되고 있다. 요컨대 2005년부터 2014년까지 제기된 TBT 조치들의 주요 정책 목적은 인간 건강 또는 안전 보호가 175건(32%)으로 가장 빈도가 높았고, 환경보호가 81건(15%)으로 그 다음을, 그리고 기만행위 방지와 소비자 보호가 71건(13%), 소비자 정보와 라벨이 67건(12%)으로 각각 그 다음을 잇고 있다. 이를 좀 더 구체적으로 살펴보면 〈표 5-3〉과 같다.

— 표 5-3. 목적별 특정무역현안 현황

	2005	2006	2007	2008	2009	2010	2011	2012	2013	2014	합계 건수	합계 비중(%)
protection of human health or safety	7	14	14	12	17	19	26	18	18	30	175	32
protection of the environment	2	10	8	6	3	10	10	10	12	10	81	15
prevention of deceptive practices and consumer protection	6	1	1	2	12	9	10	8	6	16	71	13
consumer information + labelling	0	0	3	1	5	9	16	9	10	14	67	12
other	2	4	7	8	2	1	5	3	24	11	67	6
not specified	0	3	4	10	14	1	0	0	3	0	35	5
quality requirements	2	1	4	4	3	4	5	1	5	0	29	2
harmonization	0	3	2	0	3	0	2	1	0	0	12	2
protection of animal or palnt life or health	0	1	0	1	0	1	0	3	1	2	9	1
national security requirements	0	1	0	2	0	2	1	0	0	2	8	0
합계	19	38	43	47	59	56	75	53	79	85	554	100

주: STC로 제기된 기술규제의 목적이 복수일 경우 중복 집계됨.
자료: 김민정, 기술규제관점 통상분쟁사례분석, 〈표 2-6〉 참조.

위에서 살펴본 통계는 TBT 조치가 주로 정부의 정당한 목적을 달성하기 위한 모습을 띠고 채택되는 상황이 빈번하다는 점을 보여주고 있다. 요컨대 해당 조치 시행국 입장에서는 공익적 목적을 달성하기 위하여 국가적으로 나름 중요한 정책을 실시하고자 하는 것이다.

5.3.3 TBT 조치 관련 분쟁의 교훈

위에서 살펴본 TBT 조치들이 여러 측면에서 국가주권 문제와 밀접하게 연관되어 있다면 이들이 WTO 분쟁해결절차에 회부된다면 해당 조치 시행국 입장에서는 상당히 당혹스럽게 생각할 가능성이 상대적으로 높다. 만약 해당 조치가 패소판정으로 이어진다면 이에 대한 국내적 우려 내지 반발 가능성도 다른 통상분쟁에 비하여 상대적으로 높다고 할 수 있을 것이다. 나아가 이러한 분쟁으로 인한 분쟁당사국간 갈등은 그 골이 깊어질 수밖에 없을 것이다.

특히 이러한 성격의 분쟁에서는 설사 패소 판정을 받은 국가가 충실히 WTO 판정 내용을 국내적으로 이행한다고 하더라도, 그러한 이행은 해당 사안에만 국한된 일회적, 단기적 이행일 가능성이 크며, 동일하거나 유사한 무역조치가 다시 도입될 개연성이 농후하다. 어느 국가이든 자신의 기본적인 정책 방향이나 입장을 수정하는 것은 상당한 시간과 준비작업이 필요하기 때문이다. 한편 이러한 상황을 목도한 타방 교역국(가령 승소국)들은 패소국의 이러한 조치가 WTO 판정의 내용을 사실상 형해화하는 조치임을 주장하며 강력히 반발하거나 다시 분쟁해결절차에 회부하는 등 동일한 성격의 분쟁이 계속하여 반복되는 경향 역시 최근에는 발견되고 있다. 이러한 새로운 문제를 조기에 파악하고 분쟁의 소지를 충분히 해소하여 분쟁해결절차로 회부되지 않도록 유도하는 것이 중요하며, 또한 궁극적으로 분쟁해결절차로 회부되더라도 해당 피제소국이 추후 문제의 조치를 어떻게 개선, 조정하여 나가는지 지속적인 모니터링이 필요한 상황이다.

이러한 작업을 진행하기에는 현재 WTO 패널 및 항소기구는 이들이 직면하고 있는 실질적/법리적 한계로 적절하지 않으며, 대신 WTO 차원의 새로운 논의 절차를 도입하거나 또는 기존의 논의 메커니즘을 이러한 방향으로 적극 활용하는 방안을 검토하여 볼 수 있을 것이다. 현재 진행되는 주요국간 TBT 분쟁은 단순히 WTO 협정의 해석과 적용으로만 해결될 수 있는 문제의 영역과 범위를 벗어난 것으로 보이는 것도 적지 않다. 그 결과 주요 교역국간 무역분쟁에서도 기존의 무역분쟁에서 보기 힘든 내용이 분쟁대상으로 등장하거나, 일단 분쟁이 제기된 이후에도 상호간 타협이나 절충책 모색이 불가능할 정도로 각국의 입장이 첨예하게 대립하고 있는 현상이 발생하고 있다. 이러한 성격의 분쟁은 관련 협정의 조문만으로 해결하기에는 기본적으로 한계가 있으며 설사 WTO 패널 및 항소기구의 결정으로 최종판정이 내려진 경우에도 패소국이 이를 적극 수용하여 판정 내용을 이행하지 않거나 이행을 지체하는 경우가 발생하고 있다. 다름 아니라 관련 WTO 부속협정의 기본취지 및 목적 나아가 협정 내 관련 조항의 기본취지 및 목적에 관하여 WTO 회원국 간 서로 상이한 입장을 견지하고 있기 때문이다. 이에 따라 패소국이 실제 판정을 이행하는 경우에도 문제가 된 해당 조치의 구체적 시정에만 그치고, 향후 유사하거나 동일한 조치를 다시 도입하는 상황이 반복되고 있기도 하다. 협정의 기본취지 및 목적에 대하여 상이한 입장을 견지하고 있는 상황에서 패소국이 분쟁을 촉발하게 된 문제의 조치를 근원적으로 개정하거나 철폐하는 것이 국내적으로 불가능하거나 또는 용이하지 않기 때문이다.

따라서 이러한 새로운 형태의 분쟁을 해결하기 위해서는 WTO 협정문의 기계적 해석 및 적용을 통한 문제의 해결, 또는 WTO 분쟁해결절차에의 회부라는 전통적인 방식을 통한 분쟁해결의 한계를 극복할 수 있는 새로운 방안을 장기적으로 검토할 필요가 있다.

5.4 TBT 분쟁의 효과적 대응을 위한 새로운 방안의 모색

이러한 점을 감안하여 앞으로 TBT 분쟁의 효과적 해결을 도모하기 위하여 새로운 방안을 모색할 필요가 있다. 분쟁해결절차를 통한 해결도 중요한 수단이기는 하나 그 외의 다양한 방안도 모색하여 보는 것이 필요하다. 통상분쟁이 공식적으로 분쟁해결절차 등에 회부되어 결정이 내려지는 경우에도 분쟁의 불씨가 완전히 제거되지는 못하고 단지 기계적/형식적인 분쟁해결에 불과하며 본질적/실질적인 분쟁해결은 요원한 경우가 적지 아니하다.

TBT 분쟁과 같은 새로운 형태의 무역장벽은 점차 국가들간 논란을 초래하고 있으며 국제 통상분야에서 긴장을 제고시키고 있는 상황이다. 특히 미중간의 분쟁의 격화와 그로부터 파생되는 유사분쟁들이 여러 국가간 확산하고 있는 추세가 감지되고 있으므로 이를 확인하고 극복하기 위해서는 새로운 제도적 장치가 요구되고 있는 시점이다. 따라서 차제에 이러한 새로운 형태의 무역장벽을 확인하고 문제를 해결하기 위한 국제적 공감대를 형성하고, 이를 구체적으로 이행하기 위한 메커니즘을 검토하는 것은 국제사회의 시급한 과제다. 이와 관련하여 여러 가지 방안을 상정하여 볼 수 있을 것이나 대체로 다음과 같은 방안을 생각하여 볼 수 있다.

5.4.1 TPRM 강화 및 활용 방안

먼저 무역정책검토제도(Trade Policy Review Mechanism: TPRM)를 적극 활용하는 것은 TBT 분쟁에 대한 효과적 대응을 위하여 중요한 대안 중 하나가 될 수 있을 것이다. TPRM 제도는 WTO 회원국이 WTO 협정에 합치적인 방향으로 제도를 개선하고 정비하는 데 중요한 촉매제 역할을 수행하여 온 것으로 평가된다.[25] 특히 TPRM 제도는 각 회원국의 자발적이고 선제적인 제도 개선을 조장한다는 측면에서 패소국에 대한 강제적이고 후발적인 제도 개선을 요구하는 분쟁해결절차와 구별되며, 상호보완적 역할을 수행하여 온 것으로 평가받고 있다.[26] 특히 최근 WTO 분쟁해결절차에 계류된 TBT 분쟁의 경우, 단순한 협정 위반 조치와 관련된 사안이 아닌 국가경제정책과 밀접한 연관성을 보유하는 사례가 증가하고 있다는 점은 TPRM 절차를 활용할 필요성을 제시하여 주고 있다. 이러한 분쟁의 궁극적 해결은 분쟁해결절차보다는(또는 그러한 해결과 함께), TPRM 제도를 통한 해당국 제도에 대한 국제적 검토와 이에 대한 컨센서스 형성을 유도하여 나가는 것이 보다 효과적일 수도 있을 것이다. 앞에서 살펴본 바와 같이 TBT 분쟁을 WTO 분쟁해결절차를 통하여 해결을 도모할 경우 그 해결에도 적지 않은 시간이 소요될 뿐 아니라 분쟁해결절차 종결 이후에 또 다른 형태의 조치가 채택되는 경우가 빈번하다.

따라서 WTO 차원에서 TBT 조치에 대하여 효과적으로 대응하기 위해서는 국제통상에 영향을 초래하는 각국의 경제정책 등에 대한 회원국간 객관적 평가

---

25) Arunabha Ghosh, 'Developing Countries in the WTO Trade Policy Review Mechanism', *World Trade Review*, Vol. 9, No. 3 (2010), pp. 436-437.

26) Ricardo Meléndez-Ortiz *et al.*, 'The Future and the WTO: Confronting the Challenges: A Collection of Short Essay', International Centre for Trade and Sustainable Development Programme on Global Economic Policy and Institutions (2012), p. 25; Pieter Jan Kuijiper, 'Chapter 5. WTO Institutional Aspects' in Daniel Bethlehem *et al.*, (eds.) *The Oxford Handbook of International Trade Law* (New York, Oxford University Press, 2009), p. 100.

와 컨센서스 형성이 필요할 것으로 사료되며, 이러한 작업을 진행하는데 TPRM 제도는 중요한 기여를 할 수 있을 것으로 사료된다. 따라서 차제에 TPRM 제도를 일층 강화하고 그 적용 영역을 보다 구체화하여 이러한 새로운 이슈들에 대응하기 위한 도구로 활용하는 것이 적절할 것이다. 만약 TPRM 제도가 이러한 방향으로 운용될 수 있다면 DDA 협상 타결 실패로 초래된 국제사회의 피로감과 위기감을 극복할 수 있는 일종의 "Plan B"로 활용할 수도 있을 것이다. 따라서 차제에 TPRM 제도를 검토함에 있어 이러한 목표를 달성할 수 있는 현실적 대안으로 자리매김할 수 있도록 제도를 정비하고 보완하는 노력을 경주하는 것이 필요할 것이다. TBT 조치 관련 분쟁을 해결하기 위해서는 단지 WTO 협정 또는 여타 통상협정에의 합치성이라는 기계적 접근을 지양하고 문제가 된 조치가 어떠한 의도를 갖고 도입되었고 실제 어떠한 효과를 시장에 발하고 있는지에 대한 실증적 검토를 실시하는 것이 필요할 것이다. 그리고 이와 관련된 내용을 해당 보고서에 상세히 포함하여 국제사회에서의 "naming and shaming" 효과를 달성할 수 있을 것이다. 결국 TPRM 제도를 통하여 이러한 목적을 달성하는 방안을 검토할 필요가 있다.

5.4.2 비관세 무역장벽 중개제도의 도입 및 활용

또한 최근 적극 논의되고 있는 비관세 무역장벽 중개제도 역시 이와 관련하여 적극 발전시킬 필요가 있다. 현재 이 제도는 WTO DDA 협상에서도 논의된 바 있으며, 현재 FTA에서 적극적으로 도입이 이루어지고 있다. 우리나라의 경우 중국 및 EU와의 FTA에서 비관세 무역장벽 중개제도를 도입한 바 있다.[27] 이 제도는 비구속적 분쟁해결절차를 도입하여 신속히 비관세 무역장벽을 해결하자는 것이 그 취지이다.[28] 요컨대 공식적인 WTO 분쟁해결절차 또는 FTA 분쟁해결절

---

27) 한국−중국 FTA 제20장 분쟁해결, 한국−EU FTA 부속서 14−가 비관세조치에 대한 중개 메커니즘 참조.

28) 한국−중국 FTA 제20.5조 제4항. 제6항 참조.

　　제20.5조 (주선, 조정 또는 중개)

　　4. 양 당사국은 양 당사국이 달리 합의하지 아니하는 한, 특히 한쪽 당사국이 특정 비관세조치가 양 당사국 간 무역에 부정적 영향을 미치고 그러한 조치가 이 협정의

차로 회부하는 대신 제3자인 중개인을 임명하여 이 전문가의 권고와 평가에 따라 해당 분쟁을 신속하게 해결하자는 것이다. 이 분쟁해결절차의 핵심은 TBT 조치 등 다양한 비관세무역장벽조치(NTB)에 대하여 외부 전문가 1인을 조정위원으로 임명하여 이 조정위원이 양국의 의견을 청취하여 신속히 조정안을 도출하는 것이다.[29] 이 조정안은 법적 구속력이 결여되어 있으나, 양국의 의견을 청취하여 객관적인 결론을 도출하여 분쟁의 소지를 사전에 해소할 수 있는 장치라는 측면에서 그 의의를 찾을 수 있다.[30] TBT 분쟁 맥락에서 특히 이러한 새로운 제도는 그 효과를 발휘할 가능성이 높다. 따라서 이를 앞으로 다자간 및 양자간 차원의

상품에 대한 시장접근에 해당하는 사안에 관련되며 이 장의 적용대상이 된다고 믿는 때에는 중개 절차를 개시할 것이 장려된다. [⋯]
6. 제4항에 규정된 중개 절차는 이 협정 또는 양 당사국이 당사자로 참가하는 다른 협정상 분쟁해결절차를 위한 근거로서 작용하도록 의도되지 아니한다.

한국−EU FTA 부속서 14−가 비관세조치에 대한 중개 메커니즘 제1조 참조.
제1조 (목적)
이 부속서는 양 당사자 간 무역에 부정적으로 영향을 미치는 비관세조치에 대하여 중개인의 지원으로 광범위하고 신속한 절차를 통해 상호 합의된 해결책의 발견을 촉진하는 것을 목적으로 한다.

29) 한국−중국 FTA 제20.5조 제5항 참조.

제20.5조 (주선, 조정 또는 중개)
5. 양 당사국은 합의에 따라 양 당사국이 지정 또는 지명하는 중개인의 조력을 받아 신속한 방식으로 그리고 합리적인 기간 내에 상호 합의된 해결에 도달할 목적으로 제4항에 규정된 중개 절차에 참여하도록 노력하여야 할 것이다. 양 당사국이 해결책에 합의한 경우 각 당사국은 상호 합의된 해결책을 이행하는 데 필요한 모든 조치를 하여야 할 것이다.

한국−EU FTA 부속서 14−가 비관세조치에 대한 중개 메커니즘 제4조 참조.
제4조 (중개인의 선정)
2. 중개인은, 문제되는 조치와 관련이 있는 대상 분야에서 전문가이어야 한다. 2) 중개인은, 양 당사자가 그 조치와 그 가능한 무역 효과를 명확히 하고 상호 합의된 해결에 이르도록 공평하고 투명한 방식으로 지원한다.

30) James Mathis, 'Addressing Transatlantic Regulatory Barriers: Can the USA and the EU Create an Effective Equivalency Instrument?' in Elaine Fahey and Deirdre Curtin (eds.), *A Transatlantic Community of Law: Legal Perspectives on the Relationship between the EU and US Legal Orders* (Cambridge: Cambridge University Press, 2014), pp. 192, 197, 209.

제2부 무역기술장벽과 국제통상분쟁

통상협정에서 적극 검토할 필요가 있다.

위에서 살펴본 비와 같이 새로운 형태의 TBT 분쟁은 단순한 무역이슈와 연관되어 있기보다는 점차 국가 주권의 정당한 운용범위 또는 WTO 협정 등 무역협정이 적용되는 범위에 대한 국가간 기본적인 시각(perspectives) 차이에 상당 부분 기초하고 있다. 이러한 상황에서는 특정 통상 분쟁이 제기될 경우 각국은 치열하게 자국의 입장을 제기할 수밖에 없는 상황이며 설사 분쟁이 WTO 분쟁해결 절차 또는 국내 행정/사법절차를 통해 해결되더라도 패소국 입장에서는 이를 궁극적으로 수용하기 곤란한 상황이 발생하고 있다. 이러한 새로운 조치에 대하여 패소국 입장에서는 자국의 정당한 경제주권이 침해되고 있는 것으로 받아들일 가능성이 있기 때문이다. 이러한 상황에서는 일단 패소하는 경우에도 형식적인 이행조치만 취할 가능성이 크고 문제가 된 조치는 다른 대안이나 더욱 위장된 형태로 재현될 가능성이 농후하다.

제3자를 활용한 비구속적 중개제도를 통하여 이러한 상황을 가급적 피하고 저강도(low-key)로 해당 분쟁을 해결하는 방안을 모색할 수 있을 것으로 본다. 해당 국가가 채택한 TBT 조치 및 관련 현안의 다양한 측면에 대한 여타 회원국의 의견개진을 통하여 해당 조치에 대한 객관적인 평가를 도출하고, 이에 대하여 평가 대상 국가가 적절한 설명을 제공하며 필요하다면 개선조치를 취하도록 권고할 수 있을 것이다. 이러한 "협의-개선유도" 방안이 WTO 협정 위반 여부에만 초점을 맞추어 "제소-최종판정"이라는 법적인 절차로만 문제 해결을 도모하는 현재의 방안에 비하여 보다 효과적일 수도 있을 것으로 판단된다.

현재 WTO 패널 및 항소기구의 판정은 문제가 된 조치의 WTO 합치성 여부만을 기계적으로 판단하고, 위반 조치에 대하여 그 시정을 조치 시행국에게 요구하며, 그러한 이행조치가 이루어지지 않을 경우 승소국에 대하여 보복권한을 부여하는 구조로 되어 있다. 따라서 이러한 패널 및 항소기구는 실제 조치의 맥락과 배경을 충분히 검토하기보다는 문제의 조치가 제소 근거로 원용된 부속협정의 조항에 대한 위반을 구성하는지 여부에 대한 기계적 평가에 국한된다.[31] 또한 이러한 새로운 형태의 분쟁은 때로는 다자간 통상규범인 WTO 협정의 범위를 넘어 여타 국제법 규범에 대한 검토와 활용도 아울러 요구하고 있다. 그 이유는

---

31) WTO DSU 제6.2조, 7조, 17.6조 참조.

WTO 협정에 포함된 국제 무역규범만 살펴보아서는 이러한 새로운 이슈들에 대한 설득력 있는 판정을 도출하기가 쉽지 않기 때문이다.

이러한 제안은 기존의 WTO 협정을 약화시키거나 또는 WTO 패널 및 항소기구가 담당하고 있는 분쟁해결기능을 축소시키자는 것이 아니며 이와는 별도로 보다 법적인 평가와는 별도의 차원에서 현실적이고 실효적인 접근 방법을 모색하여 보자는 것이다. 즉, 분쟁해결제도와 중개제도는 상호보완적 성격을 보유하고 있으므로 이를 적절히 활용하는 방안을 모색하게 되면 현재 대두되고 있는 다양한 문제들에 효과적으로 대응할 수 있을 것이라는 점이다.

6

담배 규제와 TBT 협정

– 이재형

CHAPTER 6

담배 규제와 TBT 협정

[이재형]

6.1 서언

담배 연기에는 인체에 해로운 타르와 니코틴이 포함되어 있으며, 그 외에 담배에는 약 4,000가지의 유해물질과 약 40가지의 발암물질이 포함되어 있다. 특히 인간이 만든 물질 가운데 가장 위험한 것으로 알려진 독극물 다이옥신이 포함되어 있다. 이로 인해 흡연 남성은 비흡연 남성과 비교한 사망 위험도에 있어 구강암이 4.6배, 후두암이 32.5배, 폐암이 44.5배 높으며, 그 외에 뇌종양, 식도암 등으로 인한 사망 위험도 또한 높다.[1]

세계보건기구는 담배가 폐암, 후두암, 구강암 등 각종 암과 사망의 주요 원인이며, 심혈관질환, 만성호흡기질환뿐 아니라 임신과 출산의 위험을 증가시키는 요인 중의 하나라고 보고한 바 있다. 세계보건기구에 의하면 흡연은 현재 전 세계의 주요 사망원인 8개 중 6개 질병의 위험요인으로 알려져 있으며, 2030년에는 흡연에 의한 사망자가 8백만 명이 넘을 것으로 예측된다. 우리나라의 경우 흡연으로 인하여 발생하는 직접의료비, 직접비의료비, 조기 사망 등 간접비를 포함한 사회적 손실 비용이 연간 7조원을 초과하는 것으로 추정된다.[2]

담배의 유해성으로 인하여 각국은 담배소비를 감소시키고, 특히 여성과 미성년자의 흡연을 억제하기 위하여 다양한 규제조치를 발동하고 있다. 이러한 규제

---

[1] 위키백과, https://ko.wikipedia.org/wiki/%EB%8B%B4%EB%B0%B0 (2017년 12월 1일 검색)

[2] 식품의약품안전평가원, http://www.nifds.go.kr/toxinfo/web/toxinfo/user/index/smoke.jsp (2017년 12월 1일 검색)

조치는 TBT 협정 제2.2조에 명시된 인간의 건강을 보호하기 위한 정당한 정책 목적을 달성하기 위한 것이다. 그런데 동 규제조치는 TBT 협정에 포함되어 있는 당사국의 의무에 합치하는 방법으로 이루어져야 한다. 담배와 관련된 WTO 회원국의 규제조치에 대하여 제기된 분쟁 가운데 제소국이 TBT 협정의 규정 위반을 주장한 사건으로는 미국의 Clove Cigarettes 사건과 호주의 Tobacco Plain Packaging 사건이 있다. 호주의 조치에 대하여 제기된 분쟁은 현재 패널 절차가 진행 중이다. 아래에서는 미국의 Clove Cigarettes 사건의 패널 및 상소기구 보고서를 검토하여 TBT 협정 규정의 해석을 파악하고자 한다.

6.2 미국 정향담배 사건

6.2.1 사건의 배경

이 사건은 담배(tobacco) 또는 멘톨(menthol) 이외에 "특징짓는 향"(characterizing flavors)을 가진 담배를 금지하는 미국의 담배규제조치와 관련된 미국과 인도네시아 간의 분쟁이다. 문제된 조치는 「가족금연 및 담배규제법」(Family Smoking Prevention and Tobacco Control Act: 이하 FSPTCA) 제101조(b)에 의해 「미연방식품·약품·화장품법」(Federal Food, Drug and Cosmetic Act: 이하 FFDCA)에 추가된 FFDCA 제907조(a)(1)(A)였다. FSPTCA는 2009년 6월 22일에 제정되었으며 그로부터 3개월 후인 2009년 9월 22에 발효하였다.

문제된 금지조치는 FFDCA 제907조(a)(1)(A)에 근거하여 특정 향미를 포함하는 담배제품을 금지하고 있는데, 정향담배(clove cigarettes)는 그 규제대상이 되며 멘톨담배(menthol cigarettes)에는 이러한 규제가 적용되지 않았다. 미국과 인도네시아 양 당사자측이 제출한 자료에 근거하여 이 사건 패널은 미국 내 대다수의 흡연자들이 일반담배 또는 멘톨담배를 소비하고 있다고 판단하였다. 대략 4분의 1 정도의 흡연자들이 멘톨담배를 소비하고 있었던 반면, 정향담배의 소비량은 2000−2009년 동안 미국 담배시장에서 약 0.1%만을 차지하고 있었다. 근 3년 동안 모든 정향담배는 인도네시아로부터 수입되고 있었다.

의회보고서에 따르면, 이 금지조치의 목적은 "공중보건을 보호하고 18세 미만의 흡연율을 감소시키기 위해 미국보건후생장관에게 적절한 권한을 부여하기 위한" 것이다. 그리고 식품의약청의 비구속적 지침(FDA Guideline)에 따르면, "향이 가미된 상품은 담배의 불쾌한 향을 감춰줌으로써 담배 소비를 처음 시작하는 이들에게 흡연을 보다 쉽게 해주"며 따라서 "담배시장에서 향이 가미된 이러한 상품들을 금지하는 것은 매우 중요한데, 왜냐하면 그러한 금지조치는 청소년들이 흡연을 하는 데 이용하는 하나의 경로를 제거하는 것이기 때문"이다.

FFDCA 제907조(a)(1)(A)상 금지조치의 대상에 속하지 않는 멘톨담배의 경우, FSPTCA의 관련 규정에 따라 담배제품 과학자문위원회가 동 위원회 설치 이후 1년 이내에 "FDA에 담배 내 멘톨성분의 공중보건에의 영향력에 관한 보고서를 제출"하도록 되어 있었다. 2011. 3. TPSAC 보고서는 FDA에 대하여 "담배시장에서 멘톨담배를 금지하는 것이 미국 내 공중보건에 이득이 될 것"이라고 권고하였다. 그리고 미국의 주장에 따르면, FDA는 "TPSAC에 따라 주어진 권고사항을 이후 보다 고려"할 것이다.[3)]

이에 인도네시아는 FFDCA 제907조(a)(1)(A)가 TBT협정 제2.1조 그리고 예비적으로 GATT 제III:4조상의 내국민대우의무에 합치하지 않는다고 주장하였으며, 그 이유로서 이 금지조치는 미국 국내상품인 멘톨담배에 부여되는 대우보다 정향담배에 불리한 대우를 부여한다는 점을 들었다. 나아가 "필요한 이상으로 무역제한적"이라는 이유로 TBT협정 제2.2조의 위반을 주장하였으며, 그 외에도 제2.5조, 제2.8조, 제2.9조, 제2.10조, 제2.12조 및 제12.3조의 위반을 주장하였다. 이에 대해 패널은 소송경제를 이유로 GATT 제III:4조의 합치성 여부에 대해서는 심리하지 않고 TBT협정상의 청구를 중심으로 검토하였다.

6.2.2 제2.1조 관련 쟁점의 해석 및 판정

(1) TBT협정 제2.1조: TBT협정에 대한 개관

상소기구는 제2.1조가 최혜국대우의무와 내국민대우의무를 포함하고 있는데, 이 사건에서는 그 중 내국민대우의무의 의미를 명확히 할 것을 자신이 요청받았

---

3) Panel Report, *US－Clove Cigarettes*, paras. 2.1－32.

다고 보았다. 상소기구는 내국민대우의 위반이 성립되기 위해서는 (ⅰ) 문제된 조치가 '기술규정'이어야 하고, (ⅱ) 문제가 되고 있는 수입 및 국내상품이 '동종 상품'이어야 하며, (ⅲ) 수입상품에 부여된 대우가 동종의 국내상품에 부여된 대우보다 '불리한' 것이어야 한다고 하였다.[4] '동종상품' 및 '불리하지 아니한 대우'의 해석을 검토하기 전에, 상소기구는 (ⅰ) TBT협정의 전문, (ⅱ) TBT협정 제2.1조를 해석에 '기술규정'의 정의와 GATT 제Ⅲ조 4항이 가지는 관련성, 그리고 (ⅲ) TBT협정에는 GATT 제XX조와 유사한 예외규정이 없다는 점에 주목하고,[5] 이들 각각에 대해 검토하였다.

　　상소기구는 TBT협정 전문 ─ 특히 2번째, 5번째, 6번째 단락 ─ 은 "제2.1조 문맥(context)의 일부이며, 또한 TBT협정의 대상과 목적을 반영"하는 것이라 하였다.[6] 전문 2번째 단락이 "1994년도 GATT의 목적을 증진하기를 희망하며"라 규정한 것은 TBT협정을 GATT와 연결시키고 있는 것이라 보았다. 전문 2번째 단락은 TBT협정이 GATT상 규율로부터 '발전' 내지는 '한 걸음 더 나아간' 것임을, 그리고 "양 협정이 적용범위가 중첩되고 유사한 목적을 가지고 있음"을 보여주는 것이라 해석될 수 있다고 보았다. 또한 "TBT협정이 기 존재하던 GATT상 규율을 확장하고, 양 협정이 일관성있는 방식으로 해석되어야 함을 강조하는 것임"을 보여주는 것이라 하였다.[7] 또한 전문의 5번째 단락에서 기술규정, 표준, 적합성평가절차가 국제무역에 불필요한 장애가 되지 않도록 보장하기를 '희망'하고 있는 것은 TBT협정의 무역자유화 목표를 반영하는 것이라 하였다. 상소기구는, 전문 5번째 단락의 목표는 "국제무역에의 장애를 감소시킬 것을 목적으로 하고 또한 수입상품을 대상으로 차별을 금지함으로써 회원국들의 규제권한을 제한"(제2.1조)하는, 또는 "기술규정이 정당한 목적을 달성하기 위해 필요한 이상으로 기술규정을 요구할 수 없음을 요구"(제2.2조)하는 TBT협정의 규정들에 반영되었다고 보았다.[8] 그러나 상소기구는 전문 6번째 단락이 일부 정당한 목적을 추구하기 위해 규제할 수 있는 회원국의 권리를 명시적으로 인정하고 있기 때문에, 무

---

4) Appellate Body Report, *US—Clove Cigarettes*, paras. 86－87.

5) Appellate Body Report, *US—Clove Cigarettes*, para. 88.

6) Appellate Body Report, *US—Clove Cigarettes*, para. 89.

7) Appellate Body Report, *US—Clove Cigarettes*, paras. 90－91.

8) Appellate Body Report, *US—Clove Cigarettes*, paras. 92－93.

역에의 불필요한 장벽을 금지하고자 하는 목표는 제한적이라고 하였다. 상소기구는 6번째 단락은 5번째 단락에 기술된 무역자유화 목표와의 균형을 맞추고 있는 것이며, 따라서 6번째 단락은 "회원국들이 자국의 정당한 목적을 달성하기 위해 ― 공평한 방법으로 그리고 TBT협정에 합치되는 방식으로라면 ― 기술규정을 사용할 권리를 가지고 있음"을 보여주는 것이라 하였다.[9]

(2) 기술규정의 정의

(가) 패널

패널은 인도네시아가 TBT협정에 근거하여 제기한 청구를 검토하기 위한 선결적 요건으로서 FFDCA 제907조(a)(1)(A)가 기술규정인지를 과거 상소기구가 확립한 세 가지 요건, 즉 (i) 식별가능한 상품 또는 상품군에 적용되는지, (ii) 하나 또는 그 이상의 상품의 특성을 규정하는지, (iii) 그러한 상품의 특성을 준수하는 것이 강제적인지에 근거하여 검토하였다.

패널은 FFDCA 제907조(a)(1)(A)가 "적용대상이 되는 상품을 담배와 그것의 모든 구성요소로서 명시적으로 식별"하고 있으므로 "식별가능한 상품 또는 상품군"에 적용되었으며 기술규정의 첫 번째 요건을 충족한다고 판단하였다. 그리고 (i) 담배의 향은 그 상품의 특징이자 품질 또는 속성일 뿐 아니라 상품 그 자체에 대해 본질적인 특징 중 하나이며, (ii) 어떠한 담배에도 담배와 멘톨을 제외하고는 그 성분 또는 첨가물로서, 상품을 특징짓는 여하한 인공 또는 천연 향을 포함시켜서는 아니된다고 규정하고 있으므로 상품의 구성요소에 관련된 것이고, (iii) 부작위의 형식으로 규정하는 방식으로 규정하고 있는 것은 동 규정이 상품의 특성을 규정하고 있다는 결론을 바꿀 수 없으며, (iv) "특징짓는 향"이 무엇인지를 정의하고 있지는 않으나, 금지되는 향의 종류를 예시하고 있어 하나 또는 그 이상의 "상품의 특성"을 규정하고 있으므로 기술규정의 두 번째 요건을 만족한다고 판시하였다. 한편 "어떠한 담배 또는 그 구성요소도 담배와 멘톨을 제외하고는 그 성분 또는 첨가물로서, 상품을 특징짓는 여하한 인공 또는 천연 향을 포함시켜서는 아니된다"(shall not)고 규정하고 있는 문언을 볼 때, 동 규정이 준수에 있어 강

---

9) Appellate Body Report, *US-Clove Cigarettes*, paras. 94-95.

제적 성격을 가지고 있음은 명백하다고 보았다. 또한 FFDCA의 효력이 "'특징짓는 향'을 가지고 있는 특정 담배의 제조와 판매를 금지"하는 것에 있고, FDA지침은 이러한 금지조치가 어떻게 집행될 것인지를 설명하고 있다는 점, 그리고 이를 준수하지 않은 경우의 제재에 관하여 특별규정을 두고 있다는 점에도 주목하였다. 따라서 패널은 제907조(a)(1)(A)은 그 준수가 강제적인 상품의 특성을 규정하고 있으며 기술규정의 세 번째 요건을 만족한다고 판단하였다.[10] 이에 따라 패널은 제907조(a)(1)(A)가 TBT협정 부속서 1.1의 "기술규정"이라고 결론지었다.

(나) 상소기구

상소기구는 TBT협정 제2.1조가 기술규정, 즉 부속서 1.1에 따라 "적용가능한 행정규정을 포함하여 상품의 특성 또는 관련 공정 및 생산방법이 규정되어 있으며 그 준수가 강제적인 문서"에만 적용된다는 점에 주목하였다. 이러한 정의에 따라 상소기구는 "TBT협정에서는 상품의 특성에 근거하여 상품들을 구분하는 것은 원칙적으로 허용"된다고 하였다. 그러나 상소기구는 "기술규정이 정당한 정책목표를 달성하기 위한 목적으로 어떠한 상품의 특성을 정의하고 있다고 해서, 그러한 기술규정이 수입상품을 동종의 국내상품보다 불리하게 대우하는 방식으로 부과될 수 있음을 의미하는 것은 아니"라고 하였다.[11]

(3) GATT 제Ⅲ조 4항과의 관계

상소기구는 제2.1조의 내국민대우를 규정하기 위해 쓰인 표현이 GATT 제Ⅲ조 4항의 표현과 "밀접하게 유사"(closely resembles)하며 기술규정에 있어서 양 규범의 적용범위에 중첩이 있음을 지적하고, 제Ⅲ조 4항이 제2.1조 내국민대우를 해석하는 데 관련있는 문맥이라고 하였다. 따라서 상소기구는 제2.1조를 해석하는 데 있어 패널은 "TBT협정의 전문을 포함하여 동 협정의 맥락에 비추어 해석된, 제2.1조의 문언에 중점을 두어야" 하며 또한 "GATT 제Ⅲ조 4항과 같은, 그 밖의 문맥적 요소들을 고려해야 한다"고 하였다.[12]

---

10) Panel Report, *US−Clove Cigarettes*, paras. 7.27−7.40.

11) Appellate Body Report, *US−Clove Cigarettes*, paras. 97−98.

12) Appellate Body Report, *US−Clove Cigarettes*, paras. 99−100.

(4) 제2.1조 동종상품의 해석

(가) 패널

패널은 제2.1조의 해석에는 TBT협정이 가장 직접적인 문맥으로서 고려되어야 하며 GATT 제Ⅲ조 4항의 법리는 TBT협정 제2.1조와 거의 동일한 문구를 공통적으로 사용하고 있다는 점을 들어 "비록 직접적이지는 않으나 문맥으로서 기능"하며 "고려될 수 있다"고 하였다.[13] 따라서 본 사건에서와 같이 정당한 공중보건 목적을 가지고 있는 기술규정의 경우 제2.1조의 해석을 경쟁기반적 관점에서 접근해서는 안 되며, 동종성과 관련된 여러 증거들 간에 비중을 어떻게 둘 것인지의 문제는 제907조(a)(1)(A)가 "특징짓는 향"이 첨가된 담배를 공중보건상의 이유를 들어 규제하는 데 직접적인 목적을 가지고 있는 기술규정이라는 사실에 의해 결정되어야 한다고 하였다.[14]

따라서 패널은 GATT 제Ⅲ조에서의 '경쟁지향적' 동종상품 판단방법을 TBT협정 제2.1조에 자동적으로 준용하는 것이 항상 적절하다고 판단하는 것은 정확하지 않으며, 본 사건에서는 동종상품과 관련된 증거들을 평가하는 데 있어 문제된 조치가 공중보건을 위해 '특징짓는 향을 가지는 담배'를 규제하고자 하는 직접적인 목적을 가지는 기술규정이라는 점을 동종상품 판단에 고려해야 한다고 하였다. 따라서 패널은 ① 전통적인 동종상품 판단기준(물리적 특성, 최종용도, 소비자 취향 및 습관, 관세분류)을 평가하고, 그리고 ② 문제된 조치가 청소년 흡연을 줄이고자 하는 정당한 목적을 달성하기 위해 특징짓는 향을 가진 담배를 규제하고자 하는 직접적인 목적을 가진 기술규정이라는 점을 고려하면서, 동종상품 여부를 판단하였다.[15]

패널은 문제된 상품들의 최종용도를 고려하는 데 있어 기존 판례에서 상소

---

13) Panel Report, *US—Clove Cigarettes*, para. 7.117.

14) Panel Report, *US—Clove Cigarettes*, paras. 7.118—7.119. 패널보고서 원문의 관련 부분은 다음과 같다:

"[T]he weighing of the evidence relating to the likeness criteria should be influenced by the fact that Section 907(a)(1)(A) is a technical regulation having the immediate purpose of regulating cigarettes with a characterizing flavour for public health reasons."

15) Appellate Body Report, *US—Clove Cigarettes*, paras. 104—107.

기구가 이를 "상품이 동일한 혹은 유사한 기능을 수행할 수 있는 정도"라고 판단하였던 것에 근거하여, 정향담배와 멘톨담배가 흡연이라는 동일한 최종용도를 가지고 있다고 결론지었다.[16] 한편 패널은 소비자 기호에 대하여 관련 소비자 집단(청소년 흡연자와 흡연을 시작할 의향이 있는 자)의 관점에서 정향담배와 멘톨담배 사이의 대체가능성을 검토하는 것이 적절하다고 보았다. 또한 정향담배와 멘톨담배 모두가 동일하게 "향이 첨가된 담배류"로서 청소년층에게 특별히 매력적일 수 있다고 보았다.[17] 그리고 "청소년 흡연자"와 "잠재적 청소년 흡연자"의 소비자 인식을 고려할 경우, 흡연을 처음 시작하는 데 있어서는 멘톨향이 첨가된 담배와 정향이 첨가된 담배는 유사하다고 볼 수 있다고 하였다.[18]

(나) 상소기구

상소기구는 문맥적 요소들과 TBT협정의 대상과 목적 때문에 TBT협정 제2.1조의 동종상품 해석이 '경쟁지향적 접근법'에 따라 이루어질 수 없다고 판단한 패널의 입장은 설득력이 없다고 하였다. 특히, *EC-Asbestos* 사건 상소기구 보고서 단락 99에서 GATT 제Ⅲ조 4항의 동종상품 결정은 동 조에 규정되어 있는 '불리한 대우' 개념으로부터 영향을 받는다고 판단했던 것을 상기하면서, "동종성이란 상품간의 경쟁관계의 성질과 정도에 관한 것이다"라고 하였다. 따라서 상소기구는 TBT협정 문언과 맥락이 '상품간의 경쟁관계에 초점'을 두지 않고 대신 '기술규정의 정당한 목적'에 초점을 둔 제2.1조 동종상품 개념의 해석을 지지해 준다는 패널의 판단에 동의하지 않았다.[19]

이러한 측면에서 상소기구는 (ⅰ) "조치는 종종 복수의 목적을 추구할 수 있는데, 이는 문언이나 혹은 심지어 조치의 구도, 구성, 드러난 구조를 보더라도 항상 쉽게 식별되는 것은 아니"며, 따라서 (ⅱ) '상품의 경쟁적 관계'가 아니라 '규제목적'에 근거하여 동종상품을 판단하는 경우라면, 조치가 가지고 있는 모든 목적들을 파악하고 그 중 어떠한 목적이 관련성이 있으며 동종성 판단에 보다 우선 적용되어야 하는지에 관한 평가가 이루어져야 할 것이라고 하였다. 그러나 이는 불가능한

16) Panel Report, *US-Clove Cigarettes*, paras. 7.191-7.199.

17) Panel Report, *US-Clove Cigarettes*, paras. 7.211-7.214.

18) Panel Report, *US-Clove Cigarettes*, para. 7.232.

19) Appellate Body Report, *US-Clove Cigarettes*, paras. 108-112.

작업이라고 하였다.[20] 오히려 상소기구는 제2.1조의 동종상품 개념이 "조치의 규제적 목적에 근거하여 상품을 구분하는 것을 허용하지 않는다"고 보았다. 왜냐하면 동종상품 개념은 (ⅰ) 불리한 대우가 수입상품에 부여되고 있는지를 판단하기 위해 '비교되어야 하는 상품의 범위'를 정하는 역할을 하는데, (ⅱ) 그 결과 만약 조치의 규제목적에 근거해서 동종상품을 판단한 결과 충분히 강한 경쟁관계에 놓여있는 상품들이 동종상품의 범주에서 배제된다면, 불리한 대우가 수입상품에 부여되었는지를 검토하는 데에는 그러한 상품은 비교대상에서 배제되게 된다고 하였다.

다만, 상소기구는 자신의 판단이 "기술규정의 기저에 깔려있는 회원국의 규제적 관심사(regulatory concerns)가 동종상품 판단에 어떠한 역할도 할 수 없다는 것을 의미하는 것은 아니다"고 설명하였다. 이러한 맥락에서 상소기구는 EC-Asbestos 사건 상소기구 보고서의 113단락에서 "규제적 관심과 고려사항들은 '동종성' 기준 중 일부(즉, 물리적 특성 및 소비자 선호)를 적용하는 데, 즉 제Ⅲ조 4항의 동종성 결정에 역할을 할 수 있다"고 하였던 것을 상기하였다. 마찬가지로 이 사건에서도 상소기구는, 조치의 기저에 깔려있는 규제적 관심사(특정 상품과 연관된 건강상의 위험 등)는 — 규제적 관심사가 문제된 상품들 간 경쟁관계에 영향을 미치는 경우 — GATT 제Ⅲ조 4항과 TBT협정 제2.1조의 동종상품 판단기준에 관련이 있을 수 있다고 하였다.[21]

결론적으로 상소기구는 제2.1조의 동종상품 개념의 해석은 TBT협정과 GATT 제Ⅲ조 4항의 문맥에 비추어 해석된, 제2.1조 자체의 문언에 근거해서 이루어져야 한다고 하였다. 그리고 "TBT협정의 문맥, 그리고 TBT협정의 전문에 기술되어 있는 동 협정의 대상과 목적에 비추어 보았을 때, TBT협정 제2.1조와 GATT 제Ⅲ조 4항에서의 동종상품 결정은 문제된 상품간의 경쟁관계의 성질과 정도에 관한 결정이라고 하였다. 또한 "기술규정의 기저에 깔려있는 규제적 관심사는 — 일부 동종상품 판단기준에 관련이 있고 상품의 경쟁관계를 반영하는 것일 경우 — 동종상품 결정에 일정 역할을 할 수 있다"고 하였다.[22]

상소기구는 담배의 최종용도는 단순히 '흡연'이라는 패널의 판단에 동의하지

---

20) Appellate Body Report, *US-Clove Cigarettes*, para. 113.

21) Appellate Body Report, *US-Clove Cigarettes*, paras. 117-119.

22) Appellate Body Report, *US-Clove Cigarettes*, para. 120.

않고, '니코틴 중독의 해소' 그리고 '담배의 맛과 담배연기의 향에 관련된 즐거운 경험의 제공' 등 담배의 보다 구체적인 최종용도가 있다는 미국의 주장에 동의하였다. 그럼에도 불구하고 상소기구는 패널의 판단에 근거하여, 정향담배와 멘톨담배가 '니코틴 중독의 해소'와 '담배의 맛과 담배연기의 향에 관련된 즐거운 경험의 제공'이라는 최종용도를 공통적으로 가지고 있다고 보았다. 따라서 상소기구는 미국이 제기한, 보다 구체적인 상품의 최종용도 또한 정향담배와 멘톨담배가 동종상품이라는 패널의 전반적인 입장을 지지하였다.[23]

한편 상소기구는 "패널이 '소비자 기호 및 습관'의 분석에 있어 그 범위를 (현재의 성인흡연자를 배제하고) 청소년흡연자와 잠재적 청소년흡연자로 제한해서는 아니 되지만, 소비자 기호 및 습관에 관한 패널 결정이 제2.1조에서의 동종성에 관한 패널의 최종적인 판단을 약화시키는 것은 아니"라고 보았다. 왜냐하면 "패널이 청소년흡연자와 잠재적 청소년흡연자의 경우에 판단한 '경쟁과 대체가능성의 정도'는 제2.1조에서 패널이 내린 동종성에 관한 결론을 뒷받침해 주기에 충분히 높은 수준이었기 때문"이라는 이유에서였다.[24]

(5) 제2.1조 불리한 대우의 해석

(가) 패널

패널은 동종상품 판단에서와 마찬가지로 제2.1조의 "불리한 대우"도 GATT 제III조 4항의 맥락에서 해석되어 왔으며, 이러한 법리에는 GATT 제III조 1항의 일반원칙에 근거한 경쟁기반적 접근법이 반영된 것이라고 하였다. TBT 제2.1조의 해석에 GATT 제III조 4항의 법리를 따를 것인지 아니면 TBT협정의 문맥과 제907조(a)(1)(A)의 정당한 목적에 비추어 해석할 것인지에 관하여, 패널은 TBT 제2.1조와 GATT 제III조 4항의 규정상의 유사성에 주목하는 한편 TBT 제2.1조는 "기술규정"에만 적용된다는 점도 지적하였다. 그리고 청소년 흡연을 줄이려는 정당한 목적은 "불리한 대우" 요건을 해석하는 데에도 고려되어야 한다고 하였다.[25]

23) Appellate Body Report, *US—Clove Cigarettes*, para. 132.
24) Appellate Body Report, *US—Clove Cigarettes*, para. 145.
25) Panel Report, *US—Clove Cigarettes*, paras. 7.251-7.255.

(나) 상소기구

상소기구는 제2.1조의 '불리하지 아니한 대우' 요건이 기술규정의 경우에 적용된다는 점을 언급하였다. 따라서 상소기구는 기술규정이란 "그 성질상, 상품의 특성 또는 그 가공 및 생산방법에 근거해서 상품 간에 구분을 설립하는 조치"이며, 따라서 "제2.1조는 오로지 특정 상품의 특성과 그 생산방법에만 근거한 어떠한 상품간의 구분도 그 자체로서 제2.1조의 의미에서 '불리한 대우'를 부여하는 방식으로 해석되어서는 아니된다"고 하였다.[26] 그리고 TBT협정 제2.2조의 맥락에 따르면, 문제된 기술규정이 '국제무역에의 장애'를 구성하는 경우라도 — '불필요'하다고, 즉 '정당한 목적을 달성하기 위해 필요한 정도 이상'이라고 판명되지 않는 한 — 허용될 수 있다는 점을 지적하였다. 상소기구는 제2.2조의 이러한 해석은, 제2.1조가 국제무역에의 어떠한 장애도 선험적으로 금지하고 있는 것은 아님을 보여주는 것이라 설시하였다.[27] 한편 전문 6단락에 따르면 "기술규정이 동일한 조건에 있는 국가들 간에 자의적이거나 정당화할 수 없는 차별의 수단 또는 국제무역에의 위장된 제한을 구성하지 않는 경우 그리고 TBT협정의 규정에 합치하는 경우, TBT협정 전문에 기술되어 있는 목적들을 추구할 수 있음은 명백"하다고 상소기구는 보았다.[28]

상소기구는 TBT협정의 대상과 목적에 따르면, "만약 수입상품에 대한 어떠한 부정적 영향이 오로지 정당한 규제적 구별에서부터 유래되는 경우라면, 제2.1조가 그러한 부정적 영향을 금지하고 있다고 해석되어서는 안 된다"고 하였다. 따라서 상소기구는 "TBT협정의 문맥 그리고 대상과 목적에 따르면, "제2.1조의 '불리하지 아니한 대우' 요건에서는 수입상품에 대해 법률상 그리고 사실상의 차별 모두를 금지되고 있는 것으로 해석해야 하나, 동시에 오로지 정당한 규제적 구별로부터만 유래되는, 수입상품에 미치는 부정적 영향은 허용하는 것으로 해석되어야 한다"고 하였다.[29]

상소기구는 '문맥'으로서 GATT 제Ⅲ조 4항을 참고하면서 "제2.1조의 '불리하

---

26) Appellate Body Report, *US-Clove Cigarettes*, para. 169.

27) Appellate Body Report, *US-Clove Cigarettes*, para. 171.

28) Appellate Body Report, *US-Clove Cigarettes*, paras. 172-173.

29) Appellate Body Report, *US-Clove Cigarettes*, paras. 174-175.

지 아니한 대우' 요건은, 국내 동종상품군과 비교해 보았을 때 수입상품군에 악영향을 미치는 방식으로 WTO회원국들이 시장경쟁조건을 변형시키는 것을 금지"하고 있는 것이라고 하였다. 상소기구는 GATT 제Ⅲ조 4항에 관해 기존 사건들에서 상소기구가 내렸던 판단이 여기서의 "불리하지 아니한 대우"의 의미를 평가하는 데 있어서 유용하다고 설명하였다. 따라서 상소기구는 "패널은 제2.1조 위반에 대해 검토하는 경우, 문제된 기술규정이 규제국시장 내에서 국내 동종상품군과 비교해 보았을 때 수입상품군에게 악영향을 미치는 방식으로 경쟁조건을 변형시키는지를 확인"해야 한다고 하였다.[30] 그러나 상소기구는 앞서 TBT협정의 문맥 그리고 대상과 목적에 근거해본다면 "불리하지 아니한 대우" 요건이 오로지 정당한 규제적 구별로부터 유래된, 수입상품에 미친 악영향을 금지하지는 않고 있는 것으로 해석해야 한다고 보았음을 상기하였다. 따라서 상소기구는 (ⅰ) 패널은 수입상품이 미친 악영향이 수입상품군에 대한 차별에서가 아니라 오로지 정당한 규제적 구별에서 유래된 것인지를 추가적으로 검토해야 하며, (ⅱ) 문제된 기술규정이 수입상품군에 대해 차별하고 있는지를 결정하기 위해서는, 당해 사건에서의 특별한 상황들 즉 문제된 기술규정의 "구도, 구성, 드러난 구조, 운영, 그리고 적용을, 그리고 특히 문제된 기술규정이 공평한 것인지"를 신중하게 조사해야 한다고 하였다.[31]

"불리하지 아니한 대우"의 상품범위와 관련하여 상소기구는 "제2.1조의 내국민대우의무는 제소국으로부터 수입된 상품군에 부여된 대우와 동종인 수입국의 국내상품군에 부여된 대우 사이의 비교를 요하는 것"이며, 제소국인 인도네시아로부터 수입되는 상품군이 본질적으로 정향담배로 구성되어 있으며, 수입국인 미국의 동종인 국내상품군이 본질적으로 멘톨담배로 이루어진 것으로 보았다.[32]

상소기구는 제907(a)(1)(A)조의 구도, 구성, 드러난 구조, 운영, 그리고 적용에 근거하여 판단할 경우 정향담배의 경쟁기회에 미친 악영향은 '인도네시아로부터 수입된 동종상품군에 대한 차별'을 반영한 것이라고 보았다. 즉, "제907(a)(1)(A)조에 따라 금지된 상품은 주로 인도네시아로부터 수입된 정향담배인 반면, 동일한 조치 하에서 실질적으로 허용된 동종상품은 주로 미국 국내적으로 생산된 멘톨담

---

30) Appellate Body Report, *US—Clove Cigarettes*, paras. 179-180.

31) Appellate Body Report, *US—Clove Cigarettes*, paras. 181-182.

32) Appellate Body Report, *US—Clove Cigarettes*, para. 200.

배였다"고 상소기구는 설시하였다.[33] 상기 판단에 근거하여 상소기구는 FFDCA 제907(a)(1)(A)조가 정향담배를 금지하는 반면 멘톨담배는 그러한 금지조치의 적용대상에서 배제한 것은 TBT협정 제2.1조의 의미에서 미국 국내멘톨담배에 부여된 대우보다 '불리한 대우'를 수입정향담배에 부여한 것이라 결론지었다.[34]

게다가 상소기구는 "제907(a)(1)(A)조가 수입정향담배의 경쟁기회에 미치는 악영향이 정당한 규제적 구별에 근거한 것이라고 생각하지 않는다"고 하였다. 상소기구는 ① 제907(a)(1)(A)조에 명시된 목적은 청소년흡연을 줄이는 것이었다는 점, 그리고 ② 향이 가미된 담배를 청소년층에게 매력적으로 만드는 한 가지 특징은 '담배의 거친 맛을 가려줌으로써 일반담배의 경우보다 흡연을 시작하는 것이 보다 쉬워지게 만들 수 있는 향에 있다는 점을 상기하였다. 따라서 상소기구는 (ⅰ) "이러한 특징이 정향담배와 멘톨담배 모두에 존재하기 때문에, 제907(a)(1)(A)조에 명시되어 있는 목적에 근거해서 볼 때 멘톨담배 또한 정향담배와 동일한, 제907(a)(1)(A)조에서 금지시키려 하는 상품특성을 가지고 있"으며, (ⅱ) "금지조치로부터 멘톨담배를 제외시키는 이유로서 미국이 제시한 근거들은, 수입정향담배의 경쟁기회에 미친 악영향이 '정당한 규제적 구분'으로부터 유래한 것임을 보여주지 못한다"고 하였다. 특히 상소기구는, (ⅲ) 멘톨담배가 금지될 경우 멘톨담배 흡연자가 겪을 금단증상으로부터 야기되는 위험, 즉 (ⅰ) 미국의 건강관리체제에 지우는 부담 및 (ⅱ) 암시장의 발생가능성을 예방하고자 한다는 미국측 주장은 '담배에 니코틴이 함유되어 있다는 점'에 근거한 것이지 구체적으로 '담배에 멘톨향이 첨가되어 있다는 점'에 근거한 것이 아니라는 점을 지적하였다. 따라서 멘톨담배가 금지된다고 하더라도 일반담배는 여전히 시장에 남아있게 되기 때문에, 멘톨담배가 금지된다면 왜 이러한 위험이 가시화될 것인지 명확하지 않다고 상소기구는 지적하였다.[35]

따라서 상소기구는 "제907(a)(1)(A)조는 인도네시아로부터 수입된 동종상품군에 대해 차별을 야기하는 방식으로 운영되고 있다"고 보았다. 따라서 상소기구는 "제907(a)(1)(A)조는 향이 가미된 담배에 대해 부과된 금지조치의 대상에서

---

33) Appellate Body Report, *US—Clove Cigarettes*, para. 224.

34) Appellate Body Report, *US—Clove Cigarettes*, para. 233.

35) Appellate Body Report, *US—Clove Cigarettes*, para. 225.

멘톨담배를 배제시킴으로써, 미국 국내동종상품에 부여된 대우와 비교해볼 경우 인도네시아로부터 수입된 정향담배에 제2.1조의 의미에서 '불리한 대우'를 부여한 것"이라고 결론지었다.[36)]

6.2.3 제2.2조 관련 쟁점의 해석 및 판정

(1) 정향담배 금지가 정당한 목적의 추구인지 여부

패널은 제2.2조에의 합치성을 판단하는 데 있어서는 2단계 테스트가 요구된다고 하였다. 즉 문제된 기술규정은 (i) 정당한 목적을 추구하고, (ii) (그 비준수에 의해 야기될 위험을 고려하여) 정당한 목적을 추구하기 위해 필요한 정도보다 더 무역제한적이지 않아야 한다고 하였다. 패널은 정향담배에 대한 금지조치의 목적이 청소년(즉 18세 미만)의 흡연을 줄이기 위한 것이었음을 인도네시아는 성공적으로 입증하였으며, 여기서 입증된 바는 이후 정향담배 금지조치가 미국이 추구하는 목적을 달성하기 위해 필요한 수준 이상으로 무역제한적었는지를 패널이 판단하는 데 있어 하나의 참고기준이 된다고 하였다.[37)] 한편 패널은 "청소년흡연을 줄이기 위한 조치가 인간건강의 보호를 목적으로 하고 있음은 자명"하며 "인간건강의 보호"는 제2.2조에 명시적으로 규정된 "정당한 목적" 중 하나라고 설명하였다. 따라서 패널은 인도네시아가 문제된 금지조치의 목적이 "정당한" 목적이 아니라는 점을 입증하지 못하였다고 판시하였다.[38)]

(2) 정당한 목적을 달성하기 위해 '필요한 범위를 초과하여 무역제한적' 인지 여부

패널은 제2.2조와 관련하여 (i) GATT 제XX조 법리가 "필요한 이상으로 무역제한적"인지를 해석하는 데 있어서 관련성이 있는지, (ii) 금지조치가 미국이

---

36) Appellate Body Report, *US−Clove Cigarettes*, para. 226.

37) Panel Report, *US−Clove Cigarettes*, para. 7.343.

38) Panel Report, *US−Clove Cigarettes*, para. 7.350.

추구하는 보호수준을 초과하고 있는지, (iii) 금지조치가 청소년 흡연을 줄이기 위한 목적에 "상당한 기여"를 하고 있는지, (iv) 추구되는 보호수준에서 목적을 달성하는 데 있어 동등한 기여를 할 수 있는 덜 무역제한적인 대안조치가 있는지에 대해 검토하였다.

GATT 제XX조 법리의 준용가능성에 대하여 패널은 조약을 해석하는 데 있어 "다른 규정상에서 고안된 법리를 무조건적으로 준용해서는 아니된다"는 결론을 상기하면서, 조약법협약 제31조 제1항과 과거 상소기구의 선례들에 근거하여 조약해석에 있어서는 "서로 다른 규정의 자구·문맥·목적에 있어서의 차이점을 신중하게 검토해야" 하며 "여하한 차이라도 그 중요성을 평가해 보아야" 한다고 판단하였다.[39] 그리고 패널은 GATT 제XX조(b)와 TBT협정 제2.2조의 자구·문맥·목적을 고려해 본 이후, GATT 제XX조(b)상에서 고안된 법리를 TBT협정 제2.2조에 있어 고려하는 것은 "극단적인 접근법"이라는 미국의 주장을 배척하였다. 그 이유를 패널은 다음과 같이 설명하였다.[40]

패널은 (i) 제2.2조 제2문의 문언이 GATT 제XX조(b)의 문언과 매우 비슷하다는 점을 지적하고, (ii) GATT 제XX조와 매우 흡사한 구조를 가지고 있는 TBT협정 전문의 6번째 문단은, 제2.2조의 맥락으로서, "제XX조(b)와 직접적으로 관련성이 있다"고 보았으며, (iii) EC—Asbestos 사건 패널이 TBT협정과 GATT 제XX조의 유사성을 인정하고 "TBT협정은 GATT에서 발전한 것"이라고 보았던 점에 주목하였다.[41] 그리고, (iv) 미국이 GATT 제XX조(b)와 SPS협정 제5.6조에서 각각 고안된 테스트 사이의 중대한 차이점을 간과하였으며, 어떠한 이유에서 제XX조(b)상의 "필요한"(necessary)의 해석에 관한 법리가 TBT협정 제2.2조에 적용될 수 없는지를 적절히 조명하지 못했다고 지적하였다.[42] 이러한 이유에서 패널은 GATT 제XX조(b) 법리가 TBT협정 제2.2조에 적용될 수 없다는 미국의 주장은 설득력이 없다고 보았으며, 따라서 패널은 정향담배에 대한 금지조치가 "필요한 이상으로 무역제한적"인지를 검토하는데 제XX조(b)의 법리를 참고하였다.

---

39) Panel Report, *US—Clove Cigarettes*, para. 7.356.

40) Panel Report, *US—Clove Cigarettes*, para. 7.357.

41) Panel Report, *US—Clove Cigarettes*, paras. 7.358−7.360; Panel Report, *EC—Asbestos*, para. 8.55.

42) Panel Report, *US—Clove Cigarettes*, paras. 7.362−7.365.

다만, 패널은 제XX조(b)의 법리가 "그 전체로서" TBT협정 제2.2조에 준용가능하다고 판단한 것은 아니라는 점을 강조하였다.[43]

금지조치가 미국이 추구하는 보호수준을 초과하고 있는지와 관련하여 패널은 추구되는 보호수준이 제2.2조상의 "필요한 이상으로 무역제한적"인지 여부를 검토하는 데 있어서 직접적인 관련성을 갖는다는 데에는 양 당사자들의 의견이 합치함에 주목하였으며, 이러한 당사자들의 의견에 패널이 반대할 이유는 없다고 하였다.[44] 그런데 패널은 인도네시아가 미국이 추구하는 "보호수준"과 관련된 여하한 직접적 증거도 제시하지 못하였다고 판단하였으며, 문제된 조치에는 미국이 초과하는 보호수준을 초과하는지 여부가 명확하지 않다고 하였다.[45]

금지조치가 추구하는 목적에 "상당한 기여"를 하고 있는지와 관련하여 패널은 정향담배의 건강에 대한 위협에 관하여 인도네시아측이 다른 종류의 담배상품과 비교하여 제시한 증거는 정향담배가 청소년 흡연을 줄이기 위한 목적에 상당한 기여를 하였는지를 검토하는 데 있어 큰 도움이 되지 못한다고 하였다.[46] 청소년들 중 소수만이 정향담배를 핀다는 제소국 주장을 입증하기 위한 설문조사도 정향담배에 대한 미국의 금지조치가 청소년흡연을 줄이는 목적을 달성하는 데 "상당한 기여"를 하고 있지 않다고 판단하기 위한 충분한 근거를 제공해주고 있지 않다고 결론지었다.[47] 그리고 청소년들이 선호하는 향이 가미된 다른 담배상품(특히 멘톨담배)을 미국이 금지하지 않았다 하더라도 그러한 사실에만 근거하여서는 정향담배 금지조치가 청소년 흡연을 줄이는 데 상당한 기여를 하지 않았다고 볼 수는 없다고 판단하였다.[48] 이러한 판단에 근거하여, 패널은 인도네시아가 정향담배 금지조치가 청소년 흡연을 줄이려는 목적에 "상당한 기여"를 하지 않았음을 충분히 입증하지 못하였으며 본 사건에서는 문제된 조치와 추구하는 목적, 즉 수단과 목적 간에 "실질적 관련성"(genuine relationship)이 있다고 결론지었다.[49]

---

43) Panel Report, *US−Clove Cigarettes*, paras. 7.368−7.369.

44) Panel Report, *US−Clove Cigarettes*, para. 7.370.

45) Panel Report, *US−Clove Cigarettes*, paras. 7.374−7.375.

46) Panel Report, *US−Clove Cigarettes*, paras. 7.382−7.385.

47) Panel Report, *US−Clove Cigarettes*, paras. 7.386−7.392.

48) Panel Report, *US−Clove Cigarettes*, para. 7.399.

49) Panel Report, *US−Clove Cigarettes*, para. 7.417.

덜 무역제한적인 대안조치가 있는지와 관련하여 제소국인 인도네시아는 멘톨담배와 일반담배에 적용가능한 FSPTCA의 규정 등 다양한 대안을 제시하였다. 이에 대하여 패널은 여러 개의 상이한 조치들을 열거적으로 나열하였을 뿐이며, 어떠한 대안조치가 정책목적을 달성하지 못하는 경우 보다 큰 위험을 수반한다면, 이러한 조치가 목적 달성하는 데 있어 "동등한" 기여를 한다고 보기 어렵기 때문에 이는 일차적 입증책임을 만족한 것으로 보기 어렵다고 판단하였다.[50] 한편, 제소국이 입증책임을 충족하였더라도 미국이 이러한 대안조치들을 이미 미국 내에서 실행 중에 있다는 점을 입증함으로써 이미 성공적으로 반증하였다고 보았다.[51]

그 결과 패널은 인도네시아가 제907조(a)(1)(A)에 근거하여 부과된 정향담배 금지조치가 그 비준수에 의해 야기될 위험을 고려하여 청소년 흡연을 줄이기 위한 적법한 목적을 달성하는 데 필요한 범위를 초과하여 무역제한적이라는 것을 입증하는 데 실패하였다고 결론지었다.[52]

6.2.4 제2.5조 관련 쟁점의 해석 및 판정

인도네시아는 제907조(a)(1)(A)의 정당성에 관한 자신의 질문요청에 미국이 "완전한 응답"(complete response)을 제공하지 않았다며 협정 제2.5조의 위반을 주장하였다.[53] 이에 패널은 미국이 협정 제2.5조에 의거하여, 인도네시아의 요청에 따라 제2.2조 내지 제2.4조에 따라 제907조(a)(1)(A)의 정당성을 설명하는 데 실패하였는지 여부가 여기서 문제된다고 판단하였다.[54]

패널은 협정 제2.5조가 (ⅰ) 문제된 회원국이 기술규정을 준비, 채택 또는 적용하고 있을 것, (ⅱ) 이러한 조치가 다른 회원국의 무역에 중대한 영향을 미칠 것, (ⅲ) 다른 회원국의 요청이 있을 것, (ⅳ) 문제된 회원국이 제2항부터 제4항까지의 규정에 따라 해당 기술규정의 정당성을 설명할 것 등 네 가지 요건을

---

50) Panel Report, *US−Clove Cigarettes*, paras. 7.422−7.424.

51) Panel Report, US−Clove Cigarettes, paras. 7.425−7.426.

52) Panel Report, *US−Clove Cigarettes*, para. 7.432.

53) Panel Report, *US−Clove Cigarettes*, para. 7.433.

54) Panel Report, *US−Clove Cigarettes*, para. 7.444.

규정하고 있다고 보았다.[55] 그리고 패널은 제2.5조 합치성 여부를 판단하기 위한 전제(threshold question)로서 "인도네시아가 진정 협정 제2.5조 1문에 합치되는 방식으로 미국에게 제907조(a)(1)(A)의 정당성을 설명해 줄 것을 요청하였는지"가 검토되어야 한다고 보았다. 패널은 인도네시아가 주장하는 문서 내에 (ⅰ) 다른 협정 상의 규정을 언급하고 있으나, TBT협정 제2.5조에 관한 언급이 없으며 협정 제2.2조 내지 제2.5조와 관련하여 문제된 금지조치의 정당성을 설명해 달라는 여하한 요청도 없다는 점, (ⅱ) 묵시적 요청 여부를 판단하기 위하여 인도네시아가 제기한 질문의 실체적 내용을 검토한 결과 협정 제2.2조와는 관련이 없으며, 협정 제2.5조에 대한 언급이나 제907조(a)(1)(A)의 정당성을 설명하기 위한 요청이 "협정 제2.2조 내지 제2.4조까지와 관련하여" 없었다는 점에 근거하여 인도네시아가 제기하였던 질문들은 협정 제2.5조에 따른 "요청"이 아니라고 하였다.[56] 또한 패널은 미국이 2009년 11월의 TBT위원회 회의에서 자신의 금지조치의 제정에 관한 설명을 제공하였던 바가 있다는 점도 지적하였다.[57] 따라서 패널은 미국이 TBT협정 제2.5조에 불합치하게 행위하였다는 것을 인도네시아는 성공적으로 입증하지 못하였다고 결론지었다.[58]

6.2.5 제2.8조 관련 쟁점의 해석 및 판정

인도네시아는 제907조(a)(1)(A)가 특정성을 결하고 있다는 점을 이유로 TBT협정 제2.8조에 불합치한다고 주장하였다. 인도네시아는 특히 제907조(a)(1)(A)가 그 금지조치의 목적상 "특징짓는 향"의 정의를 담고 있지 않다고 주장하였으며, 동 법에는 성능을 판단하는 기준이 될 수 있는 "담배상품 향의 유무에 관한 확립된 판단과정"이 있기는 하나, 금지조치를 부과하는 데 있어서 "성능중심적" 기준을 명시하는 데에는 실패하였다고 주장하였다.[59]

55) Panel Report, *US-Clove Cigarettes*, paras. 7.446-7.449.

56) Panel Report, *US-Clove Cigarettes*, paras. 7.459-7.460.

57) Panel Report, *US-Clove Cigarettes*, paras. 7.461-7.462.

58) Panel Report, *US-Clove Cigarettes*, para. 7.463.

59) Panel Report, *US-Clove Cigarettes*, paras. 7.464-7.465.

(1) 기술규정에 특정성이 의무적으로 요구되는지

패널은 제2.8조의 문맥과 관련하여 TBT협정 부속서 1.1에서 "기술규정"의 경우 상품의 특성을 "규정"(lay down)해야 한다고 정의하고 있는데 여기서 "lay down"이란 "set forth, stipulate or provide"의 의미를 가진다고 상소기구가 판단하였던 점에 주목하여 부속서 1.1상의 "기술규정"의 정의를 만족하는 어떠한 조치가 인도네시아의 주장처럼 상품특성을 "명시할 의무"를 충족하지 못하였다는 이유에서 제2.8조를 위반하게 된다고 보기는 어렵다고 하였다.[60] 그리고 제2.8조의 대상과 목적과 관련하여, 패널은 제2.8조상의 어디에도 동 규정의 목적이 "금지된 그리고 허용된 상품 간의 명확한 구별"을 보장할 것임을 나타내고 있는 부분은 없으며, 동 규정의 대상과 목적은 적절한 경우 상품의 요건을 그 기능을 중심으로 규정할 것을 요구함으로써 무역에의 불필요한 장벽이 형성되는 것을 방지함에 있다고 보았다.[61] 이러한 판단에 근거하여, 패널은 TBT협정 제2.8조가 회원국으로 하여금 "일정한 수준의 특정성"을 기술규정에 있어 제공할 것을 요구하고 있지 않으며 따라서 제907조(a)(1)(A)상에 반영된 특정성의 정도는 그 조치가 제2.8조와 합치하는지 여부를 판단하는 데 있어 무관하다고 보았다.[62]

(2) 적절한 경우의 의미

패널은 제2.8조상 담배상품에 향이 첨가되었는지를 결정하는 데 있어 이미 확립된 기준(국제기준 ASTM E679-04)이 있으며, 이 기준은 어떠한 경우에 향이 "특징짓는 향"을 가지고 있다고 할 수 있는지를 결정하는 즉 성능 기준(performance standard)이기도 하다는 인도네시아 주장에 대하여 동 기준이 담배상품에 적용가능한지의 문제는 별론으로 하더라도, 동 기준은 가미된 향의 수준을 시험하는 데 활용가능한 한 가지 방법을 제시하고 있을 뿐이고 이는 TBT협정 제2.8조의 의미에서의 성능 기준이라 할 수 없다고 하였다. 따라서 패널은 인도네시아가 제907

---

60) Panel Report, *US-Clove Cigarettes*, paras. 7.479-7.480.

61) Panel Report, *US-Clove Cigarettes*, para. 7.481.

62) Panel Report, *US-Clove Cigarettes*, para. 7.484.

조(a)(1)(A)상의 기술규정이 성능을 기준으로 설정되어 있어야 한다는 점을 입증하지 못하였다고 판단하였다.[63]

6.2.6 제2.10조 관련 쟁점의 해석 및 판정

인도네시아는 미국이 WTO사무국에 문제된 조치에 대해, 그리고 그러한 조치의 긴급성(urgent nature)에 대해 통보하지 않았기 때문에 만약 미국이 TBT협정 제2.9조를 준수하지 않은 것이 정당화될 수 있다고 주장한다면, 이는 동 협정 제2.10조를 위반이라고 주장하였다. 그런데 미국은 인도네시아의 이러한 주장에 대해 어떠한 항변도 하지 않았으며, WTO사무국에 제2.10조에 따라 문제된 조치를 통보하지도 않았음을 인정하였다.[64]

패널은 인도네시아가 오로지 "미국이 TBT협정 제2.9조의 위반에 대한 항변사유로서 제2.10조를 원용한 경우에 한하여" 동 조항의 위반이 있음을 주장하고 있는 것인데, 미국은 제2.10조를 원용하지 않았음에 주목하였다.[65] 따라서 패널은 미국이 인도네시아의 주장에 대해 침묵하고 있는 것과 관련하여, "제907(a)(1)(A)조의 도입에 따라 안전, 건강, 환경보호, 국가안보의 긴급한 문제가 발생하였거나 발생할 우려가 있다는 증거나 주장이 없는 한, 패널은 오로지 이러한 긴급한 상황이 현존하지 않고 따라서 TBT협정 제2.10조는 본 사건에 적용될 수 없다고 결론지을 수 있을 뿐"이라 하였다. 따라서 패널은 제2.10조에 대한 인도네시아의 청구내용에 대해 추가적으로 검토하지 않을 것이며 다음으로 제2.9.2조와 제2.9.3조에 근거한 청구내용을 검토할 것이라고 하였다.[66]

6.2.7 제2.9조 관련 쟁점의 해석 및 판정

인도네시아는 "제907(a)(1)(A)조의 도입 이전에, 미국은 TBT협정 제2.9조에 규정되어 있는 절차를 따를 의무"가 있는데 "그러한 절차는 (ⅰ) 담배의 풍미제

---

63) Panel Report, *US−Clove Cigarettes*, paras. 7.493−7.497.

64) Panel Report, *US−Clove Cigarettes*, paras. 7.499−7.500.

65) Panel Report, *US−Clove Cigarettes*, para. 7.501.

66) Panel Report, *US−Clove Cigarettes*, para. 7.507.

(flavouring)에 관한 내용을 다루는 국제기구가 없고, (ⅱ) 제907(a)(1)(A)조가 인도네시아의 무역에 상당한 효과를 미치는 경우에 발동된다"고 주장하였다.[67] 이에 따라 패널은 "(ⅰ) 미국이 제907(a)(1)(A)조의 초안이 규율하는 상품의 범위, 목적, 합리적 이유에 대해 TBT협정 제2.9.2조에 따라 통보할 의무를 해태하였는지, 그리고 (ⅱ) 미국이 제907(a)(1)(A)조의 초안 사본을 TBT협정 제2.9.3조에 따라 제공할 의무를 해태하였는지"를 검토하겠다고 하였다.[68]

패널은 제2.9조가 오로지 "(ⅰ) 관련 국제표준이 존재하지 아니하거나 제안된 기술규정의 기술적인 내용이 관련 국제표준의 기술적인 내용과 일치하지 아니하고, 그리고 (ⅱ) 동 기술규정이 다른 회원국의 무역에 중대한 영향을 미칠 수가 있을 때" 적용된다고 하였다. 패널은 이 사건에 있어 담배 풍미제에 관한 관련 국제기준이 없다는 인도네시아 주장에 미국이 동의하였음에 주목하고, 첫 번째 요건이 충족되었다고 하였다.[69] 두 번째 요건과 관련해서, 인도네시아는 대략 6백만 인도네시아인들이 직간접적으로 담배의 재배와 생산에 생계를 의존하고 있으며, 2008년 동안 정향담배의 미국수출량은 대략 1천 5백만 달러 상당에 이르렀다는 점을 들어 미국과의 교역에 '중대한 영향'을 미쳤다고 주장하였다.[70] 패널은 제2.9조에 쓰인 "may"라는 용어에 주목하면서, 제2.9조가 "실제 교역효과(actual trade effects)를 증명할 것을 요구하지는 않는다"고 하였다. 그리고 "중대한"(significant)의 의미와 관련하여, 패널은 "중대한 효과"란 '미소효과를 제외한 무역에 미치는 모든 효과'(all non de minimis effects on trade)를 의미한다는 미국의 입장에 동의하였다. 패널은 인도네시아가 제출한 증거에 따르면 문제된 조치의 무역에 대한 효과가 미국과의 정향담배교역에 있어 상당하고 의미있는 수준이라고 하였다. 또한 제907(a)(1)(A)조가 미국으로의 정향담배 수입을 금지하고 있으므로, 동 조치의 효과는 TBT협정 제2.9조의 맥락에서 "중대한" 것이라고 결론지었다. 따라서 패널은 TBT협정 미국의 제2.9.2조 및 제2.9.3조 의무 준수여부를 검토하기 위한 선결조건이 모두 충족되었다고 보았다.[71]

---

67) Panel Report, *US—Clove Cigarettes*, para. 7.508.

68) Panel Report, *US—Clove Cigarettes*, para. 7.517.

69) Panel Report, *US—Clove Cigarettes*, paras. 7.524—7.525.

70) Panel Report, *US—Clove Cigarettes*, paras. 7.527—7.528.

71) Panel Report, *US—Clove Cigarettes*, paras. 7.529—7.532.

패널은 제2.9.2조가 "제안된" 기술규정에 적용되며, 이 규정은 "TBT협정의 투명성 규정 중 핵심"으로서 "통보의 목적은 제안된 조치가 발효하기 이전에, 제안된 기술규정을 변경하기에 '너무 늦기 전에' 의견개진의 기회를 제공하는 데 있다"고 하였다.72) 미국은 모든 관련 정보가 '항상 공개적으로 이용가능'했다고 주장하였으나, 패널은 제2.9.2조의 통보의무는 "직접적으로" 이루어져야 한다고 하면서, 미국의 주장을 받아들이지 않았다.73) 따라서 "제907(a)(1)(A)조 초안에서 다루고 있는 상품범위, 목적, 합리적 이유에 관한 통보가 WTO사무국을 통해 회원국들에게 적절한 초기단계 — 즉 개정과 의사개진이 여전히 가능한 시기 — 에 이루어지지 않은 경우", 미국은 TBT협정 제2.9.2조를 위반한 것이라고 판단하였다.74)

인도네시아는 제907(a)(1)(A)조의 상세내용에 대해 문의하는 인도네시아의 요청에 대해 미국이 답변을 하지 않았으므로 미국이 제2.9.3조를 위반한 것이라고 주장하였다. 패널은 우선 제2.9.3조의 의무가 오로지 '회원국의 요청'에 의해서만 이루어지며 오로지 "제안된 기술규정"에만 적용된다는 점에 주목하고, 인도네시아가 제907(a)(1)(A)조가 여전히 초안 단계에 있을 때 그러한 요청을 했어야 한다고 하였다.75) 그런데 인도네시아가 문제된 조치가 제정된 지 거의 2개월이 지난 이후에서야 요청서를 보낸 것에 주목하고, 따라서 요청서에 제기한 질문은 "'제안된' 기술규정에 관련된 것이라 할 수 없으며, 오히려 이미 제정된 기술규정에 관한 질문"이라 보았다.76) 따라서 패널은 인도네시아가 미국이 TBT협정 제2.9.3조를 위반하였음을 일응 입증하지 못하였다고 결론지었다.77)

6.2.8 제2.12조 관련 쟁점의 해석 및 판정

인도네시아는 "제907(a)(1)(A)조의 공표시기와 발효시기 간에 적어도 6개월

---

72) Panel Report, *US−Clove Cigarettes*, para. 7.536.

73) Panel Report, *US−Clove Cigarettes*, paras. 7.539−7.541.

74) Panel Report, *US−Clove Cigarettes*, paras. 7.542−7.550.

75) Panel Report, *US−Clove Cigarettes*, paras. 7.545−7.546.

76) Panel Report, *US−Clove Cigarettes*, paras. 7.547−7.548.

77) Panel Report, *US−Clove Cigarettes*, paras. 7.549−7.551.

의 합리적인 시간 간격을 허용하지 않음"으로써 미국은 TBT협정 제2.12조를 위반하였다고 주장하였다. 인도네시아는 「이행관련이슈에 관한 도하결정문」(Doha Ministerial Decision on Implementation—related Issues and Concerns of 14 November 2001) 에서의 법적 구속력 있는 해석에 따르면, "합리적인 시간 간격"이란 적어도 6개월을 의미하는 것임을 지적하였다. 이에 대해 미국은 자국이 부여했던 90일 기간은 '합리적'이었다고 반박하면서, 인도네시아가 인용하고 있는 도하각료결정은 WTO협정 제IX조 2항의 맥락에서의 WTO협정 해석이 아니었다고 주장하였다.[78]

(1) 도하각료선언 5.2 단락의 해석상 가치

(가) 패널

패널은 우선 미국이 제907(a)(1)(A)조를 TBT협정 제2.10.1조에 따라 WTO 사무국에 통보하지 않았음을 인정하였고, 어떠한 '긴급한' 상황(circumstances of urgency)도 없었음을 상기하였다. 따라서 패널은, 제2.12조의 의무가 본 사건에 적용되며 미국은 문제된 조치의 공표시기와 발효시기 간에 합리적인 시간 간격을 둘 의무를 부담한다고 하였다.[79]

미국은 도하각료결정의 경우 상품무역이사회 또는 TBT위원회의 권고가 부재하므로 WTO협정 제IX조 2항에 규정되어 있는 절차가 준수되지 않았기 때문에 동 결정이 WTO협정 제IX조 2항에 따른 유권해석이라고 할 수는 없다고 주장하였다.[80] 이에 대해 패널은, "각료회의에서 모든 WTO회원국들이 WTO협정의 어떠한 조문의 해석에 관하여 합의하였다면" 단순히 이러한 형식적 요건이 충족되지 못했다고 해서 도하각료결정 5.2단락이 WTO협정 제IX조 2항에 따른 유권해석이 아니라고 하기에는 충분하지 않다고 보았다. 그리고 패널은 WTO협정 제IX조 2항의 목적은 "WTO협정의 의미를 회원국들이 명확하게 하는 것을 허용해주는 것"인데, 패널에 따르면 도하각료결정 5.2단락은 "WTO 규범에 포함되어 있는 특정 용어들 — 특히 TBT협정 제2.12조의 '합리적인 시간 간격'이란 용어

78) Panel Report, *US—Clove Cigarettes*, paras. 7.552—7.557.
79) Panel Report, *US—Clove Cigarettes*, para. 7.565.
80) Panel Report, *US—Clove Cigarettes*, paras. 7.573—7.574.

의 해석을 제공"해 준다는 점에서 이러한 목적을 충족해주는 것이다. 그리고 패널은 "shall"이 사용된 것으로 보았을 때, "모든 회원국들이 회합하는, WTO 최상위기관인 각료회의의 의도는 5.2단락을 구속력 있는 것으로 보는 것"이라 하였다. 따라서 패널은 '합리적인 시간간격'의 해석은 도하각료결정 5.2단락을 반드시 참조하여 이루어져야 한다고 설시하였다(그러나 이후 상소기구는 이러한 패널의 태도를 비판하였다). 나아가 패널은 5.2단락이 조약법에관한비엔나협약 제31조 3항(a)의 "당사국들 간의 사후합의"에 해당된다고 보았다.[81] (이후 상소기구는 이러한 패널 판단을 지지하였다.)

(나) 상소기구

상소기구는 WTO협정 제IX조 2항이 각료회의와 일반이사회에게 WTO협정의 다자적 해석을 채택할 수 있는 배타적 권한을 부여하는 반면, 그러한 권한은 제IX조 2항에 설정되어 있는 명확한 범위 내로 제한된다고 하였다. 그리고 제IX조 2항에 따른 다자적 해석은 "전반적인 법적 효력"(pervasive legal effect)을 가지며 "모든 회원국들을 구속"한다고 설명하였다.[82] 도하각료선언 5.2단락이 TBT협정 제2.12조의 다자적 해석을 구성하는지 여부에 관하여, 상소기구는 WTO협정 제IX조 2항이 다자적 해석을 채택하기 위해 충족해야 하는 두 가지 구체적 요건을 규정하고 있다고 하였다. 즉, (ⅰ) 이러한 다자적 해석의 채택에 대한 결정은 회원국 4분의 3 다수결에 의해야 하며, (ⅱ) 그러한 해석은 해석의 대상이 되고 있는 관련 협정의 운영을 감독하는 이사회의 권고사항에 기초하여 이루어져야 한다. 따라서 이후 상소기구는 도하각료선언 5.2단락을 채택하기로 한 각료회의의 결정이 이러한 구체적 의사결정절차를 준수한 것인지를 검토하였다.[83] 그 결과 상소기구는 TBT협정 제2.12조의 해석에 관한 상품무역이사회의 구체적인 권고가 있다는 증거가 부재하는 한, 도하각료결정 5.2단락은 "WTO협정 제IX조 2항에 따라 채택된 다자적 해석을 구성하지 않는다"고 하였다.[84]

상소기구는 "WTO협정 제IX조 2항에 의해 채택된 결정 이외에 회원국에 의

---

81) Panel Report, *US-Clove Cigarettes*, paras. 7.575-7.576.

82) Appellate Body Report, *US-Clove Cigarettes*, paras. 249-250.

83) Appellate Body Report, *US-Clove Cigarettes*, para. 251.

84) Appellate Body Report, *US-Clove Cigarettes*, para. 255.

해 채택된 그 밖의 결정은 조약법협약 제31조 3항(a)의 의미에서 대상협정 규정의 해석에 관한 사후합의를 구성할 수 있다"고 하였다.[85] 그리고 도하각료결정 5.2단락이 조약법협약 제31조 3항(a)의 의미에서 TBT협정 제2.12조의 "합리적인 시간간격"의 해석에 관한 "당사국들 간의 사후합의"에 해당하는지를 검토하였다.[86] 이에 해당하기 위해서는 WTO회원국들에 의해 채택된 결정은 (ⅰ) 그러한 결정이 관련 대상협정보다 시기적으로 이후에 채택된 것이고, (ⅱ) 그러한 결정에 사용된 용어와 내용이 WTO법 규정의 해석 또는 적용에 관한 회원국들 간의 합의를 보여주는 것인 경우, 대상협정의 해석 또는 적용에 관한 '당사국간의 추후합의'로 인정될 수 있다고 보았다.[87] 첫 번째 요건에 관해서 상소기구는, 도하각료결정이 제4회 WTO각료회의에서 총의에 의해 2001. 11. 14. 채택되었기 때문에 도하각료결정 5.2단락이 TBT협정보다 이후의 시기에 채택되었음에는 논란이 없다고 하였다.[88] 상소기구는 "도하각료결정 5.2단락은 ─ 그것이 TBT협정 제2.12조의 "합리적인 시간간격"의 의미에 관한 WTO회원국들의 공통된 이해를 보여주는 것으로서 WTO회원국들에 의해 수락되고 있는 경우 ─ 조약법협약 제31조 3항(a)의 의미에서 사후합의에 해당한다고 볼 수 있다"고 하였다. 상소기구는 5.2단락에 포함된 용어와 내용은 확정적인 것이라 하였다. 특히, 상소기구는 "의미하는 것으로 이해되어야"라는 용어가 "단순히 권고적"인 의미만을 가진다고 볼 수 없다는 점을 지적하였다.[89] 이러한 판단에 근거하여 상소기구는, TBT협정 제2.12조에 규정된 "합리적인 시간간격"이라는 용어의 해석에 있어 도하각료결정 5.2단락이 조약법협약 제31조 3항(c)의 의미에서 '당사국들 간의 사후합의'를 구성한다고 본 패널 판단을 지지하였다.[90]

---

85) Appellate Body Report, *US─Clove Cigarettes*, paras. 257─260.

86) Appellate Body Report, *US─Clove Cigarettes*, para. 256.

87) Appellate Body Report, *US─Clove Cigarettes*, paras. 260─262.

88) Appellate Body Report, *US─Clove Cigarettes*, para. 263.

89) Appellate Body Report, *US─Clove Cigarettes*, paras. 266─267.

90) Appellate Body Report, *US─Clove Cigarettes*, para. 268.

(2) 도하각료선언 5.2 단락을 통한 제2.12조 해석의 명확화

상소기구는 "조약법협약 초안에 관한 해석에서 ILC는 제31조 3항(c)의 의미에서 '당사국간의 사후합의'는 '그러한 해석의 목적상 반드시 조약해석에 고려되어야 한다고 하였"음을 지적하고, 도하각료결정 5.2단락에서 설명하고 있는 "합리적인 시간간격"의 의미에 비추어 TBT협정 제2.12조의 의미를 해석하였다. 상소기구는 TBT협정 제2.12조가 기술규정의 공표시기와 발효시기에 시간간격을 허용하는 이유는 수출회원국들, 특히 개발도상회원국 내에 있는 생산자들이 수입국의 기술규정에 맞추어 그들의 상품 또는 생산방법을 조정할 수 있는 시간을 허용해주기 위해서라고 설명하였다. 그리고 도하각료결정 5.2단락에 쓰인 "보통"(normally)이라는 용어가 TBT협정 제2.12조에 규정된 의무의 근거에 관련성이 있다고 하였다. 즉 상소기구는 (ⅰ) "보통"이라는 용어는 TBT협정 제2.12조와 5.2단락 간에 해석적 연결성(interpretative link)을 제공해 주는 것이며, 따라서 (ⅱ) 5.2단락을 고려할 경우 TBT협정 제2.12조는 "수출회원국 내 생산자들은 수입국의 기술규정에 자국의 상품이나 생산방법을 맞추는 데 '보통' 6개월 이상의 기간을 필요로 한다는 규칙을 설정"하고 있는 것이라고 하였다.[91]

(3) 입증책임

상소기구는 TBT협정 제2.12조를 도하각료결정 5.2단락에 따라 해석할 경우 "제소국은 피소국이 문제된 기술규정의 공표시기와 발효시기 사이에 적어도 6개월의 시간간격을 허용하고 있지 않음을 일차적으로 입증"해야 한다고 보았다. 그리고 만약 제소국이 그러한 입증책임을 성공적으로 충족시킨 경우, (ⅰ) 문제의 기술규정을 채택하던 당시에 TBT협정 제2.10조에 따라 "긴급한 상황"(urgent circumstances)이 있었다는, 또는 (ⅱ) 허용한 시간간격보다 짧은 시간간격 내에도 제소국의 생산자들이 문제된 기술규정에 맞추어 적응할 수 있었다는, 또는 (ⅲ) 6개월 이상의 기간이 자국의 기술규정이 추구하는 정당한 목적을 달성하는 데 비효율적이었음을 입증할 책임은 피소국이 부담하게 된다고 판단하였다.[92]

91) Appellate Body Report, *US-Clove Cigarettes*, paras. 270-275.
92) Appellate Body Report, *US-Clove Cigarettes*, para. 290.

상소기구는 제2.12조 위반에 대한 일차적 입증책임을 충족하기 위해서 "인도네시아는 미국이 문제된 기술규정의 공표시기와 발효시기 사이에 적어도 6개월의 시간간격을 허용하지 않았다는 점을 입증했어야 한다"고 설명하면서, 제907(a)(1)(A)의 공표시기와 발효시기 사이에 미국이 허용한 실제 시간간격은 "90일 즉 3개월의 기간"이었다고 판단한 패널의 판단에 주목하여 인도네시아가 제2.12조 위반에 대한 일차적 입증책임을 성공적으로 충족하였다고 판단하였다.[93] 미국이 이러한 일차적 입증을 반박하였는지에 관하여 상소기구는 첫째, 미국이 제2.10조에 따른 "긴급한 상황"이 있었다는 점을 주장한 바 없다고 지적하였다.[94] 둘째, 인도네시아의 담배생산자들이 3개월 기간 내에 제907(a)(1)(A)조에 맞게 상품 또는 생산방법을 조정할 수 있었는지에 관하여, 상소기구는 미국이 본 사건의 패널에 제시한 증거와 주장은 인도네시아의 담배생산자들이 3개월 기간 내에 제907(a)(1)(A)조에 맞게 상품 또는 생산방법을 조정할 수 있었음을 입증하기에 충분하지 않다고 보았다. 미국의 주장과는 달리, 상소기구는 "인도네시아 생산자들이 제907(a)(1)(A)조 발효 후 16개월 이후에도 동 기술규정에 맞게 산업을 조정하지 못했다는 사실은, 인도네시아 생산자들이 미국이 허용한 3개월 기간보다 상당히 더 긴 기간을 요구하고 있음을 보여주는 증거"라고 하였다.[95] 셋째, 미국이 제907(a)(1)(A)조의 공표시기와 발효시기 사이에 적어도 6개월의 기간을 허용하는 것이 제907(a)(1)(A)조가 추구하는 정당한 목적을 달성하는 데 비효율적이었는지 여부에 관해, 상소기구는 미국의 제시한 증거는 이러한 주장을 입증하기에 충분하지 않다고 결론지었다.[96] 따라서 상소기구는, 인도네시아가 성공적으로 일응 입증한 미국의 TBT협정 제2.12조 위반에 대해 미국이 반박하지 못하였다는 패널의 판단에 동의하였다. 따라서 상소기구는 — 비록 다른 이유에서이기는 하나 — FFDCA 제907(a)(1)(A)조의 공표시기와 발효시기 사이에 6개월 이상의 시간간격을 허용하지 않음으로써 미국은 TBT협정 제2.12조를 위반한 것이라는 패널의 결론을 지지하였다.[97]

---

93) Appellate Body Report, *US-Clove Cigarettes*, para. 291.

94) Appellate Body Report, *US-Clove Cigarettes*, para. 293.

95) Appellate Body Report, *US-Clove Cigarettes*, para. 294.

96) Appellate Body Report, *US-Clove Cigarettes*, para. 295.

97) Appellate Body Report, *US-Clove Cigarettes*, para. 297.

6.2.9 제12.3조 관련 쟁점의 해석 및 판정

인도네시아는 제907(a)(1)(A)조가 "정향담배에 부과된 수입금지조치는 개발도상국으로부터의 수출에 대하여 불필요한 장벽을 초래"한다는 이유에서 TBT협정 제12.3조를 위반하였다고 주장하였다.[98] 그러나 패널은 협정 제12.3조가 "개발도상회원국으로부터의 수출에 대하여 불필요한 장애를 초래하는 것을 금지"하고 있는 것이라는 인도네시아의 주장에 대해서는 동의할 수 없다고 하였다. 패널은 제12.3조는 "개발도상회원국의 특별한 개발, 재정 및 무역상의 필요를 고려"할 의무를 규정하고 있는 것으로 해석되어야 하며, 제12.3조의 마지막 문장은 개발도상회원국으로부터의 수출에 대하여 불필요한 장애를 초래하지 아니하도록 보장하기 "위하여"(with a view to), "기술규정을 준비 또는 적용하는 회원국이 왜 그리고 어떻게 그러한 특별한 필요를 고려해야 하는지에 대한 지침을 제공"해주고 있는 것이라 하였다. 패널은 제12.3조 문언 자체에서, 그리고 동 규정의 불어본과 스페인어본이 동일하게 규정하고 있다는 사실에서 이러한 해석의 근거를 찾았다. 또한 패널은, (회원국들이 무역에 불필요한 장벽을 초래하는 기술규정을 채택하는 것을 사실상 금지하고 있는 규정인) TBT협정 제2.2조의 경우 제12.3조가 규정한 의무와는 상이하게 규정되어 있다는 점도 추가적으로 지적하였다.[99] 따라서 패널은 여기서의 쟁점은 "미국이 개발도상회원국의 특별한 개발, 재정 및 무역상의 필요를 고려하지 않음으로써 TBT협정 제12.3조에 위반되는 방식으로 행위하였는지 여부"라고 파악하였다.[100]

패널은 인도네시아가 (i) 인도네시아가 "개발도상국"이라는 점, (ii) 인도네시아가 문제된 조치에 의해 영향을 받은 "특별한 개발, 재정 및 무역상의 필요"를 가지고 있다는 점, 그리고 (iii) 미국이 인도네시아의 이러한 필요를 "고려"하는 데 실패하였다는 점의 세 가지 요건을 입증해야 한다고 판단하였다.[101] 첫 번째 요건과 관련하여 인도네시아는 세계은행에서의 국가분류, 그리고 인도네시아의 개도국으로서의 지위가 *Indonesia—Autos* 사건에서 이미 인정되었다는

---

98) Panel Report, *US—Clove Cigarettes*, para. 7.596.

99) Panel Report, *US—Clove Cigarettes*, paras. 7.614—7.616.

100) Panel Report, *US—Clove Cigarettes*, paras. 7.610—7.611.

101) Panel Report, *US—Clove Cigarettes*, para. 7.620.

점을 증거로서 제시하였으며, 패널은 이 증거들이 인도네시아가 "개발도상국"임을 증명하는 데 충분한 것으로 판단하였다.102) 패널은 인도네시아가 자국 경제와 국민에 대해 정향담배가 얼마나 큰 중요성을 갖는지를 설명하였던 내용 — (i) 정향담배는 인도네시아에서 1세기가 넘는 기간동안 생산되어 왔다는 점, (ii) 6백만의 인도네시아인들이 정향담배의 재배 및 제조에 직간접적으로 종사하고 있다는 점, (iii) 정향담배를 포함한 담배산업의 규모는 인도네시아 전체 GDP의 약 1.66 퍼센트를 차지하고 있다는 점, (iv) 인도네시아는 40년이 넘는 기간 동안 미국에 정향담배를 수출해왔다는 점 등 — 에 주목하였다. 패널은 이러한 사실증거들이 제12.3조의 두 번째 요건을 만족시키는 데 충분하다고 판단하였다.103) 세 번째 요건과 관련하여 패널은 "고려하다"의 의미를 "결정에 이르기 전에 다른 요소들을 함께 간주하다"로 해석하였던 *EC−Biotech* 사건 패널의 해석에 동의하였다. 따라서 제12.3조는 구체적인 결과를 확보할 것을 또는 '특별하거나 차별적인 대우'를 부여할 것을 요구하는 것이 아니라고 하였다. 또한 패널은 이 문제에 있어 제소국이 일차적 입증책임을 가진다는 점에도 *EC−Biotech* 사건 패널에 동의하였다.104) 패널은 인도네시아가 자국의 우려사항을 미국정부에 수 년간 수차례에 걸쳐 전달하였고 그 내용은 이후 주요 미국정부 관료들에 의해 몇 차례 다루어졌음을 발견하였다. 또한 패널은 "고려하다"라는 용어가 기술규정을 도입·적용하고자 하는 회원국이 개발도상국의 입장에 무조건 동의해야 함을 의미하는 것은 아니라고 하면서, 미국이 궁극적으로 정향담배를 수입금지조치의 적용범위에서 배제하지 않기로 결정하였다고 해서 이것이 미국이 인도네시아의 "특별한 개발, 재정 및 무역상의 필요"를 고려하지 않았음을 의미하는 것은 아니라고 하였다.105) 따라서 패널은 인도네시아가 미국이 인도네시아의 특별한 개발, 재정 및 무역상의 필요를 고려하지 않았음을 입증하지 못하였다고 판단하였다.106)

06
[이재형]
담배 규제와 TBT 협정

---

102) Panel Report, *US−Clove Cigarettes*, paras. 7.621−7.624.

103) Panel Report, *US−Clove Cigarettes*, paras. 7.625−7.629.

104) Panel Report, *US−Clove Cigarettes*, paras. 7.630−7.634.

105) Panel Report, *US−Clove Cigarettes*, paras. 7.635−7.647.

106) Panel Report, *US−Clove Cigarettes*, para. 7.648.

CHAPTER

7

WTO 분쟁 사례:
라벨링과 무역기술장벽

– 김민정

CHAPTER | 7

─────── WTO 분쟁 사례: 라벨링과 무역기술장벽

[김민정]

　　오늘날 제품 소비로부터 소비자의 안전을 보호하고 제품의 생산과 소비로 인한 환경 피해를 줄이기 위하여 다양한 종류의 라벨링(labelling) 또는 표시제도 가 시행되고 있다. 이러한 라벨링은 소비자에게 제품과 제품소비에 관한 올바른 정보를 제공하는 한편 생산자에게 제품의 품질과 생산방법에 대한 기준을 제시 한다.

　　라벨링은 정부가 제정하여 의무적으로 시행하거나 민간 단체가 정하여 자발 적으로 시행하는데, 표시 제도가 정착하기 위해서는 사회 전반의 투명성과 신뢰 가 확보되어야 한다. 라벨링을 통해 소비자에게 제공하는 제품 정보는 그 정보와 정보에 따른 소비에만 국한된 것이 아니라 생산자가 라벨 기준에 준하여 제품을 만들어 판매하였다는 정직한 경영과 이에 대한 신뢰가 전제되기 때문이다.

　　일반적으로 라벨링은 해당 국가에서 시장의 수요와 성향을 반영하고 생산자 특성을 고려하여 제정되는 경향이 있어, 국제무역의 관점에서 보면 국내산업을 보호하기 위한 목적으로 도용되거나 차별적이거나 불필요한 무역장벽으로 간주 되는 측면이 있다. 국가마다 서로 다른 라벨을 적용하는 것 또한 자유로운 무역 흐름을 제한하고 비효율성을 증대시키는 요인이 된다. 그러므로 WTO TBT협정 은 라벨링을 규제하기 위한 기본 통상규범을 규정하고 통상마찰 해소를 위한 제 도를 확립하고 있다.

　　본 장에서는 라벨링에 기반한 기술규정과 이와 관련된 WTO TBT협정의 주 요 의무사항, 그리고 라벨링이 이슈가 된 TBT 무역분쟁 사례에 관하여 설명한 다. 제1절에서 라벨링에 관한 주요 특징과 이슈를 환경라벨링 사례를 중심으로 소개하고, 제2절에서 WTO TBT협정에서 라벨링을 다루는 주요 규범에 관하여 논의하며, 제3절에서 라벨링 관련 분쟁사례 두 건에 관하여 설명한다. 한 사례는 멕시코가 미국이 시행한 참치제품에 대한 돌고래안전 라벨 제도를 상대로 WTO 소송을 제기하였던 US-Tuna II(Mexico)에 관한 분쟁이고, 다른 사례는 캐나다와 멕시코가 미국의 육류제품에 대한 원산지 라벨 제도를 상대로 WTO소송을 제기하였던 US-COOL에 관한 분쟁이다. 이하에서는 라벨제도의 일반적인 특징과 유형을 알아보고 각 분쟁에서의 주요 쟁점을 설명한다.

7.1 라벨 제도의 특징과 유형

제품 소비로 인하여 개인 또는 사회에 위험이 초래될 때 정부는 제품 또는 제품의 생산을 규제한다. 제품소비가 안전, 보건위생 및 환경에 미치는 영향이 클 때 정부는 기술 요건을 제정하여 직접 규제를 하는데, 이와 함께 보완적인 정책수단으로 라벨 제도를 도입하기도 한다. 라벨 제도는 제품에 관한 특정 정보를 소비자에게 제공하여 소비자가 자율적인 소비 결정을 하도록 함으로써 제품의 생산을 규제한다는 점에서 간접적인 규제 수단에 해당한다. 다시 말해서 정부가 제품의 소비와 생산을 직접 조절하는 것이 아니라 시장에서 형성되는 자율적인 소비성향에 의하여 효율적인 비용으로 제품 품질을 향상시키고 부정적인 위험을 줄이며 환경 및 사회적 가치를 증진시키는 것이다. 라벨 제도는 시장의 선호에 따라 정책 효과가 결정되므로 소비 행위를 통한 통제가 용이하고 비교적 낮은 수준의 제품위험이 있는 상황에서 주로 사용된다.

라벨 제도는 공공 당국에서 시행하는지 또는 민간부문에서 시행하는지(시행기관)에 따라 그리고 강제적인 기준으로 시행되는지 참여가 자발적인 제도로 시행되는지(이행 형태)에 따라 그 유형을 구분할 수 있다. 일반적으로 제품의 위험을 다루기 위한 라벨 제도는 정부가 강제적으로 시행하는 경우가 많으며, 대부분의 국가에서 제품 및 제품생산에 적용되는 최소한의 법정 강제기준을 제정하여 라벨제도와 함께 시행하고 있다. 우리나라의 범부처 최소 제품품질 요건은 KC(Korea Certificate) 마크제도를 통해 시행되고 있으며, 유럽의 CE(Conformité Européenne) 마크 제도나 중국의 CCC(China Compulsory Certification) 마크 제도 등이 있다. 최초의 에코라벨제도는 1979년 독일의 연방환경청이 도입한 Blauer Engel 제도가 있다.

라벨 제도는 일찍이 시민단체 등 민간부문에서 자발적인 참여를 유도하는 형태로 발전하였다. 유럽의 환경운동가들은 현대 산업화를 부정하고 대량생산을 저지하려는 급진적인 저항운동에서 점차 소비와 환경 위험에 관하여 객관적인 증거와 전문가 평가를 제시하며 고발하고 그 해결책을 시장메커니즘 속에서 모색하는 방향으로 운동의 형태를 전환하여 왔다.[1] 시민단체는 불매운동, 라벨제도 등을 통하여 새로운 시장가치를 만들고 소비자들의 인식을 제고하며 생산자에게는 경고와 윤리를 강조하였다. 이로써 기업은 점차 소비자 권익과 환경 보호 등 사회적 가치를 기반으로 하는 브랜드 가치를 창출하기 위하여 책임경영을 도입하고 소비자의 구매력을 존중하여 기업경쟁력을 강화시키고자 하였다.

또한 세계화와 자유무역이 확산됨에 따라 소비제품이 다양해지고 글로벌 경쟁이 심화되며 정부의 자국 시장에 대한 통제 및 규제 역량이 약화되었다. 이러한 배경에서 라벨링과 같이 시장자율에 맡기는 방식의 규제가 보다 유용한 정책 수단으로 확산되고 있다.

라벨을 통하여 제공할 수 있는 정보는 매우 다양하다. 제품의 무게, 원료, 영양성분, 유통기한 등의 일반적인 정보를 제공할 수도 있고, 정부의 특정한 정책 목적 즉, 제품의 가연성, 독성, 폭발성 등 위험성 내지는 제품안전성 관련 정보나 친환경성, 재활용여부, 생분해성 등 환경관련 정보를 제공할 수도 있다. 또는 제품품질을 차별화하기 위하여 에너지효율등급제도와 같이 등급 정보를 제공하거나 광물, 기호식품(주류, 초콜릿 등)의 순도에 관한 정보를 나타낼 수 있다.

라벨 정보는 해당 제품의 특성 또는 제품의 생산공정방법에 관한 정보인 경우(product-related labels)가 대부분이지만 최근에는 제품의 특성과는 반드시 관련이 없는 사회적, 윤리적 가치를 나타내는 정보를 나타내는 경우(non-product-related labels)도 증가하고 있다. 생산단계에서 노동자 권익을 보장하였다거나 유통단계에서의 저개발국가의 노동과 자원을 착취하지 않고 공정한 가격으로 거래하였다는 공정무역 정보 등이 그러한 예다.

라벨 제도에서 라벨은 제품의 특성에 관한 정보를 소비자에게 제공하게 되는데 가령 환경 라벨(eco-label)의 경우, 라벨의 특정 모양이나 정보가 제품이 환

---

1) 환경정책의 발달 배경과 시민사회의 역할에 관하여 설명한 여러 서적에서 환경운동의 발달 방향을 이와 같이 설명하고 있다. Bostrom, Magnus and Klintman Mikael(2008), *Eco-Standards, Product Labelling and Green Consumerism*, Palgrave Macmillan.

경을 보호하는 방식으로 또는 환경을 덜 훼손시키는 방식으로 생산, 제조되었다는 사실을 소비자에게 알려준다. 즉 에코 라벨이 없는 제품과는 차별화된 제품임을 나타내는 것이다.

그러나 일반적으로 소비자는 라벨 제품이 非라벨 제품과 차별화되었다는 사실 외에 실제로 어떤 방법으로 제품안전이 보장되고, 환경이 보호되는지, 왜 그러한지에 관한 전문적이고 구체적인 사항까지 알거나 이해하기가 어렵다. 따라서 정부는 라벨 제품이 실제로 라벨정보가 나타내는 그 목적을 달성하는지, 라벨 요건이 라벨 목적에 부합하도록 적절하게 제시되었는지 그리고 시장에서 판매되는 라벨 제품이 라벨 요건을 실제로 충족하는지 등에 관한 사후적인 시장관리 및 감독을 시행하게 된다.

여기서 주목할 사항은 라벨 제도가 기본적으로 라벨정보와 적합성평가로 이루어진다는 점인데, 라벨을 매개로 하여 소비자에게 특정 제품정보를 제공하도록 하는 부분과 생산자가 그 라벨을 제품에 사용하기 위하여 라벨요건을 충족시키는 적합성평가 부분으로 이루어지는 것이다.

그러므로 라벨 제도 그 자체는 강제적 또는 자발적으로 시행될 수 있지만, 라벨 제도상 라벨을 부착하기 위하여 적용되는 라벨요건의 이행은 반드시 강제적이고 신의성실하게 이루어져야 한다. 이처럼 라벨 제도의 이행과 라벨 요건의 이행은 명확히 구분되는 개념이다.

일반적으로 자발적인 라벨은 생산자가 제품에 라벨을 부착할지 부착하지 않을지를 선택할 수 있으며 반드시 라벨을 사용하지 않더라도 라벨이 추구하는 목적을 다른 방법으로 달성할 수 있다. 가령 에코라벨의 경우, 라벨을 부착함으로써 자사 제품이 친환경적인 제품임을 소비자에게 알릴 수 있지만 라벨을 부착하지 않더라도 여전히 다른 기준에서 친환경 제품을 생산하여 판매할 수 있는 것이다.

강제적인 라벨은 생산자가 라벨 사용여부를 자유롭게 선택할 수 없으며, 대상 제품이라면 반드시 라벨을 부착해야 시장에 판매할 수 있다. 다시 말해서 제품은 생산 유통 과정에서 라벨요건을 반드시 충족해야만 하는 것이다. 즉 이 경우, 라벨 사용이 곧 시장접근을 위한 필수조건이 된다.

국제표준기구인 ISO가 제시하는 환경라벨의 유형에 관하여 살펴볼 수 있다. ISO는 환경경영시스템(Environmetal Management System)에 관한 국제표준을 제정하여 ISO 14000시리즈를 시행하고 있는데 환경경영시스템, 환경 감사, 환경라벨,

환경영향평가, 제품 전 과정 평가(LCA: life-cycle assessment)에 관한 표준을 제시하고 있으며 이에 따르면 에코라벨에 관한 세 가지 형식을 제시하고 있다.[2] Type I 라벨(ISO 14024)은 정부기관 또는 비영리 민간단체가 제정한 제3자 제도이며 이행이 자발적이고 제품의 생애주기 또는 생산공정방법(PPM)에 관한 여러 조항을 충족시켜야 하는 제도를 의미한다. 이 제도에서는 제품이 과학적 기준들에 기초한 여러 요건을 충족하여야 라벨을 사용할 수 있다. Type II 라벨(ISO 14021)은 산업협회 또는 기업 자신이 제정한 에코라벨이며 생산자자가선언(SDoC) 형식으로 운영되며 제품의 하나의 특성에 관한 요건을 충족시키면 라벨을 사용할 수 있다. PPM에 관한 사항은 검증하지 않으며 강제적이거나 자발적일 수 있다. Type III 라벨(ISO/TR 14025)은 자발적인 라벨제도이며 제3자기관이 해당 제품의 전 과정에 대한 환경영향을 정량적으로 분석하여 약속된 기준치에 준하여 측정 데이터를 제공하는 방식이다.

이처럼 라벨요건은 생산자가 직접 제정하여 이행하거나 제3자가 제정한 것을 따를 수 있으며 적합성평가는 생산자는 자가선언의 방식으로 수행하거나 제3자 기관을 통하여 수행할 수 있다. 적합성절차는 시장 판매 이전에 완수해야 하는 과정인데, 앞서 언급한 바와 같이 자가선언이든 공인 시험인증기관 등에 위탁하든 결국은 그 국가의 시장감독기관이 상시적으로 모니터링하고 기만행위와 위법행위를 처벌하는 등 집행하여야 할 사항이다. 따라서 라벨제도의 효과적인 운영은 그 국가의 시장감독과 집행 역량에 좌우된다 할 수 있다.

끝으로 라벨 제도의 무역효과는 일반적인 표준의 무역효과와 동일하다. 즉, 라벨제도의 도입이 생산비용을 증가시켜 무역에 부정적인 영향을 주지만 시장수요에 관한 긍정적인 정보효과가 있고 수출제품의 품질경쟁력 향상에 긍정적인 영향을 주기도 한다. 일반적으로 라벨제도는, 국가들마다 다른 제도를 중복적이고 반복적으로 요구할 때, 목적이나 기능보다는 구체적인 외형이나 디자인을 기준으로 할 때, 국제표준을 사용하지 않고 국내산업과 생산자들의 관행에 기초할 때, 달성하려는 목적과 혜택보다 운영비용과 절차가 비대칭적으로 과도할 때, 그리고 행정적인 지연과 제도적 비효율성이 클 때 중대한 무역기술장벽이 된다.

---

2) Markandya, A., "Eco-Labeling: An Introduction and Review", Zarrilli, et al. ed, *Eco-Labeling and International Trade*, Palgrave Macmillan, 1997.

WTO TBT위원회에서 제기된 특정무역현안 현황을 보면, 현안으로 제기된 기술규제 조치의 목적을 고려할 때 1995년부터 2016년까지 소비자정보 및 라벨링에 관한 조치가 총 91건으로 전체의 10.8%(91/842)에 해당한다. 이는 인간의 건강 및 안전 보호 30%(252/842), 환경보호 14.5%(122/842), 기만행위 방지 12%(101/842)에 이어 네 번째로 많은 비중을 차지하는 사안이다. 또한 가장 최근 한 해(2016년) 동안 제기된 신규 특정무역현안 52건 중에서, 라벨링에 관한 사안은 13.5%(7/52)로 기만행위 방지(7/52)와 함께 세 번째로 많은 비중을 차지하였다. 이처럼 무역기술장벽 문제에 있어 라벨링은 점차 중요한 사안으로 대두되고 있으며, 시장을 매개로 하는 간접규제라는 점에서 국제통상법상의 규율이 매우 까다로운 현안이라 하겠다.

7.2 라벨링에 대한 기본 TBT 규범과 쟁점

7.2.1 TBT협정에 따른 라벨 조치의 법적 구분

라벨 조치에 적용되는 주요 WTO 규범은 TBT협정에서 규정하고 있다.[3] TBT협정은 대상 조치를 부속서 1에서 정의하고 있는데, 대상조치는 기술규정, 표준 및 적합성평가절차이며 라벨링은 기술규정과 표준의 정의에 포함되어 있다. TBT협정의 기술규정에 대한 정의에 따르면, 기술규정은 "적용가능한 행정규정을 포함하여 상품의 특성 또는 관련 공정 및 생산방법이 규정되어 있으며 그 준수가 강제적인 문서, 이는 또한 상품, 공정 및 생산방법에 적용되는 용어, 기호, 포장, 표시 또는 상표부착요건(labelling requirements)을 포함하거나 전적으로 이들만을 취급할 수 있다"고 규정되어 있다.[4]

마찬가지로 표준에 대한 정의에 따르면, 표준은 "규칙, 지침 또는 상품의 특성 또는 관련 공정 및 생산방법을 공통적이고 반복적인 사용을 위하여 규정하는 문서로서, 인정된 기관에 의하여 승인되고 그 준수가 강제적이지 아니한 문서"로

---

3) 본 원고의 제약상 GATT협정에 관한 논의는 다루지 않는다.

4) WTO TBT협정 부속서 1.1.

규정되며, 기술규정 정의조항의 두 번째 문장이 동일하게 포함된다.[5]

따라서 TBT협정에 따르면 상표부착요건(이하 '라벨요건')은 그 준수가 강제적이면 기술규정이고 그 준수가 자발적이면 표준에 해당하며 라벨요건이 "충족되었는지를 결정하기 위하여 직접적 또는 간접적으로 사용되는 모든 절차"는 적합성평가절차에 해당한다.[6] TBT협정에서 정의에 따른 이러한 조치의 구분은 각각에 적용되는 조항과 그 의무 및 절차를 결정하는 데 있어 중요한 법적 검토사항이다.

라벨요건이 기술규정인지를 구분하기 위하여 지금까지의 WTO TBT분쟁에서는 세 가지 법적 요소를 검토하였다. 첫 번째 요소는 해당 조치가 식별이 가능한 상품에 적용되는가이고, 두 번째 요소는 해당 조치가 그 상품의 특성에 관하여 기술하고 있는가이며, 세 번째 요소는 해당 조치의 이행이 강제적인가이다.[7] 이러한 법적 검토는 해당 조치의 특성과 분쟁의 상황을 전체적으로 고려하여 이루어지고 있다.[8]

강제적인 라벨요건과 자발적인 라벨요건을 구분하는 데 있어 중요한 법적 문제는 바로 강제적/자발적 이행이라는 개념이 분명하지 않다는 것이다. 일반적으로 해당 상품의 시장진입 조건으로 라벨사용이 의무라면 이는 강제적인 라벨이라고 판단하고, 라벨을 사용하지 않더라도 상품의 시장진입이 허용된다면 자발적인 라벨이라고 판단할 것이다. 그러나 위의 규정들이 실제 분쟁에서 검토될 때 이러한 시장진입에 근거한 기준이 주요하게 고려되기보다는 WTO분쟁해결기구의 해석기준이 모호하게 남아 있다. 이에 관한 자세한 사항은 제3절 US−Tuna Ⅱ (Mexico) 분쟁 사례에 관한 설명에서 자세히 다룬다.

또 다른 법적 문제는, "상품 및 공정 및 생산방법"에 적용되는 라벨요건의 법적 범위가 어디까지인가에 관하여 위의 정의 조항들은 분명한 기준을 제시하지 않고 있다는 점이다. 다시 말해서 상품에 관한 라벨요건은 분명 기술규정 또는 표준임이 분명한데, "공정 및 생산방법"에 관한 라벨요건의 범위가 상품과 관련이 생산공정방법만을 의미하는 것인지 상품과 관련이 없는 생산공정방법까지

---

5) WTO TBT협정 부속서 1.2.

6) WTO TBT협정 부속서 1.3.

7) 상소기구 보고서, US−Tuna II(Mexico),WT/DS381/AB/R, para. 183.

8) 상동, para. 188.

도 포함하는 것인지에 대한 명확한 규정이 없는 것이다.

더군다나 기술규정 정의 조항의 첫 번째 문장에서는 "상품의 특성 및 *관련* 공정 및 생산방법"이라는 문구를 사용하고 두 번째 문장에서는 "상품, 공정 및 생산방법"이라는 문구를 사용함으로써 "관련"이라는 단어를 사용하고 있지 않아서 앞 문장과 뒤 문장의 생산공정방법의 범위가 서로 다른 것인가에 대한 법해석상의 문제를 일으키고 있다.

현재까지 확립된 기준에 따르면, 첫 번째 문장과 두 번째 문장은 대등한 병렬적인 구조를 가지며 따라서 라벨요건은 상품과 관련이 없는 공정 및 생산방법에 관한 사항까지도 포함하는 것으로 해석되고 있다.[9]

7.2.2 라벨 조치에 대한 주요 TBT협정 규범

라벨 조치에 대한 주요 TBT협정 규범은 이 책의 3장에서 설명하고 있는 내용과 기본적으로 동일하다. 라벨요건이 강제적인 기술규정인지 자발적인 표준인지와 상관없이, 그리고 중앙정부, 지방정부 또는 비정부 기관의 조치인지와 상관없이 모든 경우에 공통적으로 적용되는 핵심 원칙은 바로, 차별적인 라벨조치를 금지하며 무역에 불필요한 제한을 두는 라벨조치를 금지하는 것이며 또한 관련 국제표준이 있다면 이를 기준으로 사용하여야 한다는 것이다.

이와 같은 TBT협정에서의 핵심 원칙들은 일반적으로 GATT협정의 기본 원칙과 일관되며 확장된 것으로 볼 수 있는데, 한 가지 근본적으로 다른 주목해야 할 의무사항은 바로 무역에 불필요한 제한을 두지 않을 의무(가령 TBT협정 제2.2조)에 관한 것이다. GATT협정에서는 내국민대우 의무를 위반하는 조치가 (GATT협정 제20조에 열거된) 정당한 목적을 추구하고 그러한 목적 달성에 (무역을 덜 제한하는 다른 방법이 없는) 필요한 조치이며 자의적이고 불필요한 무역제한을 초래하지 않는다면 예외로 허용된다. 그러나 TBT협정에서는 내국민대우 의무를 위반하는 조치를 예외로 허용하는 조항이 없으며 내국민 의무 위반은 그 자체로 협정 위반에 해당한다. 동시에 (TBT협정 2.2조와 같이) 정당한 목적을 추구하며 목적달성에 필요한 수준

---

9) Conrad, Christiane, Processes and Production Methods(PPMs) in WTO Law: Interfacing Trade and Social Goals (Cambridge Universty Press, 2011). Marceau, Gabrielle and Trachtman Joel, 861-862.

으로만 무역을 제한할 의무를 추가적으로 규정하며 이를 충족시키지 않는다면 (GATT협정에서처럼 예외 불인정이 아니라) 이 또한 협정 의무 위반이 되는 것이다.

GATT협정과 TBT협정의 근본적인 핵심 의무의 차이를 어떻게 해석·적용할 것인지에 대하여 WTO분쟁해결기구는 명확한 설명과 기준을 제시하지 않고 있다. 지금까지의 TBT분쟁 사례들을 살펴보면, 대부분이 내국민대우 의무(TBT협정 제2.1조)에 의거하여 판정을 내리고 있는 것을 알 수 있다.

▬ 표 7-1. TBT분쟁의 법적 쟁점 현황

분쟁		주요 법적 쟁점(TBT 규정)		
		기술규정에 대한 내국민대우 의무 (제2.1조)	기술규정에 대한 최소무역제한 의무 (제2.2조)	국제표준을 기초로 사용할 의무 (제2.4조)
EC-정어리 (DS231)	패널	-	-	불합치
	상소기구	-	-	불합치
US-정향담배 (DS406)	패널	불합치	합치	-
	상소기구	불합치	판정유보 (제소국 입증 부족)	-
US-참치Ⅱ (DS381)	패널	합치	불합치	불합치
	상소기구	불합치	합치	불합치
US-원산지라벨 (DS384,386)	패널	불합치	불합치	-
	상소기구	불합치	패널판정 기각 (제소국 입증 부족으로 판정유보)	-

이하에서는 라벨링 관련 대표적인 WTO TBT분쟁사례에 관하여 분쟁상황과 국제통상법상의 주요 쟁점사항을 중심으로 설명한다.

7.3 라벨링 관련 무역기술장벽 분쟁 사례

7.3.1 환경라벨링과 US-Tuna II(멕시코) 분쟁

미국은 돌고래를 보호하기 위하여 참치 및 참치 제품의 수입, 유통, 판매에 관한 일련의 조치를 도입하였는데 TBT분쟁에서 문제가 되었던 사항은 참치 통조림 제품에 사용하는 라벨 제도에 관한 것이었다. 미국 연방정부는 어업과정에서 돌고래가 죽거나 위험에 처하는 상황을 줄이고 바다돌고래의 종을 보호하기 위하여 참치 통조림 제품에 사용되는 라벨요건을 규제하였는데, 특히 소비자에게 정확한 정보를 제공하기 위하여 기존에 사용되던 돌고래안전 표시를 모두 금지하는 대신 연방정부에서 제시하는 라벨요건만을 따를 것을 규정하였다.

돌고래안전 표시는 모든 참치제품에 사용해야 하는 강제적인 라벨요건은 아니었으나, 실제로 미국시장에서는 돌고래안전에 관한 소비자 인식이 높고 돌고래안전 라벨이 사용된 제품에 대한 수요가 압도적으로 많았으므로 미국 생산자 및 공급자는 대부분 돌고래안전 라벨이 부착된 참치제품을 선호하였고 유통업자들도 라벨 제품만을 취급하고자 하였다. 이러한 상황에서 멕시코산 참치제품은 미국 연방정부가 제정한 라벨요건을 충족하지 못하여 돌고래안전 라벨을 사용할 수 없었는데, 라벨을 사용하지 않은 참치제품은 결과적으로 미국 내 도소매 유통 기관에서 구입을 거부하였고 사실상 시장진입이 불가능하였다. 멕시코 정부는 미국연방 정부의 돌고래안전 라벨제도가 TBT협정 및 GATT협정을 위반한다고 주장하며 2008년 10월 WTO에 제소하였다.

(1) 분쟁의 조치

분쟁의 대상이 되었던 미국 라벨 조치는 몇 가지 법 규정과 판례를 근거로 하였다. 즉, 첫째 미국 돌고래보호 소비자정보법(DPCIA, United States Code, Title 16, Section 1385), 둘째 돌고래안전 라벨 기준 및 아열대성 동태평양 참치어획에 관한 돌고래안전 요건에 관한 규정(Code of Federal Regulatioins, Title 50, Section 216.91), 그리고 셋째, 미국 연방 순회재판소 판례(The ruling in Earth Island Institute v. Hogarth, 494 F. 3d 757, 9th Cir. 2007)이다.

상기 법규정에 따르면 참치어업에 대하여 4가지 항목 기준으로 두고 라벨요건을 제시하였는데, 조업 위치가 아열대성 동태평양(eastern tropical Pacific Ocean: ETP) 안에서 이루어졌는가 밖에서 이루어졌는가, 조업 수단으로 건착망(purse seine net)을 사용했는가, 참치와 돌고래 떼의 생태적 유기성 또는 관련성이 높은가, 돌고래의 사망 또는 상해가 있었는가의 여부에 따라 돌고래안전 라벨 사용자격이 결정되었다. 또한 참치제품 라벨에는 연방정부가 제시하는 돌고래안전 라벨 이외에 돌고래, 거북, 또는 해양포유류에 관한 어떠한 언급도 금지되었다. 미국내 참치제품 수입이나 판매를 위하여 돌고래안전 라벨은 반드시 사용하여야 하는 것은 아니었다.

돌고래보호 소비자정보법에 따르면 (1) 공해에서 유자망(drift net)을 사용하는 선박이 조업을 한 경우, (2) ETP 밖에서 건착망(purse seine net)을 사용하는 선박이 조업을 한 경우, (3) ETP 내에서 대형 선박이 건착망을 사용한 경우, (4) 미국 상무부가 ETP 해역 내에서와 유사한 수준으로 주기적이고 상당한 참치－돌고래 관련성이 있다고 판단한 ETP 밖의 해역에서 건착망을 사용한 경우, 돌고래안전 라벨 사용이 금지되었다.[10]

ETP 내에서 대형선박이 건착망을 사용하는 경우 미국 상무부가 참치 조업 중에 돌고래를 포획하기 위하여 의도적으로 건착망을 사용하는 것이 ETP 내 돌고래 어종 고갈에 상당한 영향을 준다고 판정하는 경우에는, 선장 또는 선장과 감시관이 함께 돌고래안전 라벨 사용을 위하여 참치 조업 중에 돌고래를 포획하기 위하여 의도적으로 건착망을 사용하지 않았다는 인증서와 참치 조업 중에 돌고래 사상이 없었다는 인증서 모두를 제출해야 하고, 그러한 판정이 없는 경우에는 후자의 인증만으로 충분하였다.

멕시코 선박이 ETP 내에서 건착망을 사용하는 경우 미국 상무부의 돌고래 피해에 관한 긍정판정이 없었으므로 두 번째 인증서만 제출하면 되었다. 그러나 Hogarth사건 판결에서 의도적 건착망 사용 선박은 돌고래안전 라벨 사용을 금지하였고 인증서를 기반으로 하는 라벨 사용을 사실상 금지하였다. 이에 따라 멕시코는 우려를 제기하였고 멕시코 선박이 주로 조업을 하는 ETP 내에서 참치 어업이 부당한 대우를 받는다고 주장하였다.

---

10) 패널 보고서, US－Tuna II(Mexico),WT/DS381/R, 2.23－2.24.

(2) 멕시코의 제소와 분쟁해결의 전개

멕시코는 미국의 라벨조치가 멕시코에서 생산된 참치제품들이 실제로 사용할 수 없도록 고안되었다고 주장하였다. 돌고래안전 라벨이 없는 멕시코산 참치제품이 미국시장에서 판매가 금지된 것은 아니지만 미국 내 수입업자, 유통업자들이 돌고래안전 라벨이 없다는 이유로 실질적으로 구매하지 않았으므로 미국수출에 상당한 어려움을 겪었기 때문이다.

또한 멕시코는 전미열대참치위원회(Inter-American Tropical Tuna Commission)에서 상호 합의하여 도입한 "돌고래안전"기준에 따라 참치를 어획했음에도 불구하고 멕시코산 참치와 참치제품이 실질적으로 미국의 돌고래안전 라벨을 사용할 수 없었다는 점을 강조하였다. 멕시코는 미국과 다른 국가들의 동종제품은 돌고래안전 라벨을 사용할 수 있었으나 국제표준에 준하는 자국산 참치는 미국시장에 진입할 수 없다고 주장하면서 미국조치에 대해 이의를 제기하였다.

멕시코는 2008년 10월 24일 WTO 분쟁해결기구에 협의신청을 하였고 이로써 공식적인 WTO 분쟁이 시작되었다. 멕시코가 협의 당시 주장한 주요 내용은 첫째, 미국조치가 멕시코산 참치제품에 대해 미국의 동종상품 및 다른 국가의 동종상품보다 불리한 대우를 하였고 미국과 다른 국가의 동종상품에 적용한 혜택을 멕시코산 참치제품에 즉각적이고 부조건부로 적용하지 않았다고 주장하며 GATT 제1:1조, 제3.4조, TBT협정 제2.1조를 원용하였다. 둘째, 미국조치가 무역에 대한 불필요한 장벽을 초래하였다고 주장하며 TBT협정 제2.2조를 원용하였다. 셋째, 미국조치가 현재 존재하는 국제표준을 사용하지 않았다고 주장하며 TBT협정 제2.4조를 원용하였다.

이어서 멕시코는 적합성평가절차에 관한 조항에 근거하여 주장을 하였는데, 넷째 미국조치가 돌고래안전에 관한 기술규정과의 적합성평가절차에 있어 멕시코산 제품 공급자에게 불리하지 않은 조건으로 접근을 허용하지 않았고 국제무역에 불필요한 장벽을 초래하였다고 주장하며 TBT협정 제2조, 제5조, 제6조, 제8조 위반을 주장하였다.

협의가 이루어지지 않자 2009년 3월 멕시코는 패널설치를 요청하였고 EC, 호주, 브라질, 캐나다, 중국, 에콰도르, 과테말라, 인도, 일본, 한국, 뉴질랜드, 노르웨이가 제3국으로 참여한 가운데 12월 패널이 구성되어 심의가 시작되었다.

패널심의가 지연되어 2011년 9월 최종보고서가 WTO 회원국들에게 회람되었고, 2012년 1월 미국과 멕시코는 상소 신청을 하였다. 2012년 5월 상소기구 보고서가 회람되었고 2012년 6월 분쟁해결기구는 패널 및 상소기구 보고서를 채택하였다.

사실상 양국의 돌고래－참치 분쟁은 WTO체제에서 처음 시작된 것이 아니었다. 1990년대 GATT체제에서 미국이 도입한 돌고래보호 조치의 결과 멕시코산 참치제품 수입이 전면 금지되는데, 이 문제로 양국은 오랫동안 통상마찰을 겪었다.[11] 당시 미국은 1972년 해양포유류보호법을 제·개정하여 멕시코산 참치수입을 전면 금지하였고 멕시코는 이에 반발하며 GATT 분쟁해결절차를 개시하였다.

당시 GATT 패널은 미국의 돌고래보호 조치가 일방적인 환경정책이며 수입제재 조치를 포함하였다는 사실에 주목하였다. 멕시코는 미국조치가 차별적이며 내국민대우 위반이라고 주장하였으나 GATT 패널은 미국의 조치가 어업방식을 다루는 공정 및 생산방법에 근거한 규제이므로 '상품'에 관한 사항이 아니고 따라서 GATT 제3조 내국민대우 규정상의 '국내규정'으로 간주할 수 없다고 보았다. 대신에 GATT 패널은 제11:1조 수입제한금지 규정에 의거하여 불합치 판정을 내렸다.

또한 미국이 GATT 제XX조(b)항과 (g)항의 일반적 예외를 주장하였으나 GATT 패널은 두 조항은 국가의 영토주권에 입각하여 이해해야 하는데 미국의 조치가 자국 영토 내에서의 인간, 동식물의 생명과 건강을 보호하기 위한 목적을 갖거나 자국 영토 내에서의 천연자원 고갈 문제를 다루지 않으므로 두 조항을 적용할 수 없다고 판정하였다.

멕시코가 사실상 승소한 패널심의 결과에 대해 환경단체들은 상당히 반발하였고 환경을 훼손하는 자유무역이라는 반WTO, 반세계화 정서가 전세계적으로 확산되었다. 멕시코는 동 패널보고서를 채택하기 직전 당시 추진중이던 NAFTA 협상 등 미국과의 외교적인 관계와 상황을 고려하여 보고서 채택을 연기하였고, 이후 채택하지 않았다.

WTO체제에서 다시 제기된 이하의 미국의 돌고래보호 조치는 소비자정보 및 돌고래안전 라벨을 시행하는 새로운 형태의 제도로 WTO 법정에서 심의되었

---

11) Porter, Stephen, "GATT and the Tuna/Dolphin Controversy", *Georgetown International Environmental Law Review*, Vol 5:91－116, 1992－1993.

고 분쟁해결기구는 TBT협정을 적용하여 새로운 법적 사안을 중심으로 조치를 검토하였다. 이하에서는 US−Tuna II(멕시코) 분쟁에서 검토되었던 주요 법률쟁점을 중심으로 설명한다.

(3) 분쟁의 주요 법률 쟁점[12]

미국−참치 II (멕시코) 분쟁에서 중요하게 부각되었던 법률 쟁점 사항은 크게 세 가지로 요약된다. 첫째, 미국의 조치가 TBT협정에서 의미하는 '기술규정'인가, 둘째 미국의 조치가 TBT협정상 내국민대우 의무를 위반하는 차별적 조치인가, 셋째 미국의 조치가 관련 국제표준을 기초로 사용하지 않았는가가 그러한 사안들이다. 각각에 관하여 자세하게 알아본다.

■ 기술규정의 이행강제성 개념에 관한 쟁점

우선, 미국의 돌고래안전 라벨조치가 TBT협정이 정의하는 '기술규정'인지에 관한 법적 분쟁이 제기되었다. '기술규정'인지를 검토하는 법률적인 이유는 TBT협정 제2조를 적용할 수 있는지를 확인하기 위한 것이다.

미국은 돌고래안전 라벨을 모든 참치제품이 사용하여야 하는 의무사항이 아니고 라벨을 사용하지 않더라도 참치제품이 미국시장에 수입, 유통, 판매가 가능하므로 이행이 강제적이지 않다고 주장하였다. 이에 대해 멕시코는 미국조치의 이행이 사실상 강제적(de facto mandatory)이라고 주장하면서 라벨을 사용하지 않은 멕시코산 참치제품은 실제로 미국에 수입, 유통, 판매가 이루어지지 않아 피해를 보고 있다고 강조하였다.

TBT협정 정의에 따라 '기술규정'으로 인정받기 위하여 중요한 요소가 바로 이행강제성인데, 이 사안이 핵심적인 법률 쟁점으로 부각되었던 것이다. 이 사안에 대하여 상당한 논쟁이 진행되었는데 분쟁당사국들 사이에서, 제3국 참여국가들 사이에서, 그리고 심지어는 패널위원들 사이에서도 의견대립이 첨예하였다.

상소기구는 특정 조치가 기술규정인가를 검토하기 위하여 조치의 특성과 분

12) US−TunaII(Mexico)분쟁의 주요 법률 쟁점에 관한 내용은 김민정(2012), 〈미국−멕시코 참치분쟁 II〉에 대한 WTO 판례분석, 국제경제법연구 제10권 제2호와 박덕영, 무역과 환경, 2017(출판예정)의 내용 일부를 발췌 및 요약하여 설명한 것임을 밝힌다.

쟁의 상황에 비추어 보아야 한다는 기본 원칙을 확인하였고 이와 함께 몇 가지 중요한 판단기준을 제시하였다. 우선, 상소기구는 라벨 요건의 강제성과 라벨 사용의 강제성을 구분하였다. 즉 라벨을 사용하기 위하여 이행해야 하는 요건은 본질적으로 강제적이며 이러한 라벨 요건의 이행강제성은 '기술규정'을 구성하는 강제성과 다른 개념임을 분명히 하였다.

다음, 본격적인 사안으로, 시장진입을 위한 선행조건으로 이행이 강제적이면 기술규정의 이행강제성을 의미하는가에 대한 문제이다. 이는 미국 주장에 나타난 해석인데 즉, 참치제품에 돌고래안전 라벨을 사용해야 시장진입이 허용되는 것은 아니므로 강제적 기술규정이 아니라 자발적 표준이라는 설명이며 한 패널위원은 이러한 미국의 해석을 끝까지 지지하였다. 그러나 나머지 두 패널위원은 이러한 해석기준을 기각하였고 돌고래안전 라벨이 미국 연방정부의 규정에 근거하고 다른 유사라벨의 사용을 모두 금지하는 제도이므로 이행이 강제적이라고 설명하며 TBT협정 제2조를 적용하였다.

상소기구는 패널이 고려한 논리와 검토기준들 가령, 시장진입을 기준으로 한 이행강제성 또는 사실상의 이행강제성 개념 등에 대하여 분명한 의견을 제시하지 않았다. 대신에 상소기구는 미국의 돌고래라벨이 돌고래안전을 표시하기 위하여 허용되는 유일한 합법적인 방법이고 이와 다른 라벨 사용은 일체 금지되고 있다는 점을 주목하였다. 다시 말해서, 참치제품에 나타낼 수 있는 '돌고래안전'에 관한 모든 표시, 단어, 문구 등에 대하여 미국 조치가 '광범위하고 배타적인 처방'을 내리고 있는데 바로 이 점이 이행을 강제적으로 만들며 미국의 조치가 '기술규정'이 되는 근거라고 설명하였다.

이러한 법 해석의 결과, 기술규정을 구성하는 이행강제성 개념은 그 의미가 더욱 불확실해졌으며 여전히 중요한 법률 쟁점으로 남아 논의되고 있다. 지나친 문구해석으로 TBT협정의 취지와 목적 달성에 어려움을 초래하였다는 비판도 있으며[13] 향후 분쟁에서 계속적인 법률 검토를 통해 그 의미와 해석 기준이 명료해져야 할 것이다.

---

13) Howse, Robert(2013), "Consumer Labelling on Trial at the WTO: Misunderstanding the Behavioural Law and Economics of Consumer Information", *Reflections on the Constitutionalisation of International Economic Law*, pp. 593−607,

■ 기술규정의 내국민대우 의무에 관한 쟁점

멕시코는 미국의 조치가 멕시코산 참치수입에 대하여 차별적인 대우를 한다고 주장하며 TBT협정 제2.1조의 기술규정에 대한 내국민대우 조항 위반이라고 소를 제기하였다. 이에 대해 미국은 자국의 조치가 원산지를 근거로 참치제품을 다르게 규제하지 않으며 국내산이든 외국산이든 모두 동일한 라벨요건을 적용하고 있다고 반박하였다.

법률 쟁점에 있어 가장 핵심적인 사안은, TBT협정 제2.1조의 내국민대우 의무가 GATT협정 제3조와 동일한 것인지 아니면 "기술규정에 대하여" 다소 다른 기준을 적용하여야 하는지에 관한 것이었다. 패널은 GATT협정을 검토할 때와 동일한 기준으로 TBT협정의 내국민대우 의무를 적용하였는데, 이를 위하여 미국 조치가 (1) 해당 국내 조치가 기술규정인가, (2) 분쟁 사안이 국내 상품과 동종 수입상품 간의 대우에 관한 것인가, (3) 수입제품에 대하여 불리한 대우가 초래되었는가를 차례로 검토하였다.

패널은 특히 '수입제품에 대한 불리한 대우'란, 수입상품에 피해를 주는 경쟁조건의 변경을 의미한다고 해석하며 미국조치가 멕시코산 참치제품의 수입을 제한함으로써 미국산 제품과의 시장경쟁 조건을 변경하였고 이로써 피해를 초래하였으므로 불리하게 대우를 하였다고 판정하였다.

그러나 상소기구는 TBT협정 제2.1조상의 '불리한 대우'는 기본적으로 동종 상품 간의 시장경쟁 관계 속에서 찾은 것이 아니라 '기술규정'에서 찾은 것이라고 보았다. 협정 조항에는 GATT협정 조항과는 달리 "기술규정에 대하여"라는 문구가 있는데 수입에 대한 경쟁조건의 변경과 피해 판정만으로 '불리한 대우'가 충분히 입증되었다고 해석할 수 없다고 평결하며 패널판정을 기각하였다.

상소기구는 기술규정의 특성상 상품의 특성 및 생산공정방법에 따라 규제적 구분을 하는 것이 불가피하다는 점을 인정하였고 따라서 기술규정에 의한 모든 무역제한효과를 선험적으로 금지하는 것을 의미하지 않는다고 평결하였다. 더 나아가 상소기구는 수입피해 판정과 함께, 기술규정의 목적과 방식이 차별적인지를 고려해야 한다고 하였는데, 기술규정 목적의 정당성이 TBT협정 및 WTO협정 전반에 명시된 정당한 목적에 근거하였는지 그리고 기술규정의 운영 방식이 규제 구분 방식, 구조, 설계, 운용 및 적용에 관한 종합적인 측면에서 공평하였는지

(even-handed)를 검토해야 한다고 평결하였다.

　이러한 해석에 비추어, 상소기구는 참치어업 과정에서 돌고래가 위험에 처하는 상황은 바다의 위치(해역)마다 다르지 않은데 미국은 라벨 요건의 정책목적이 돌고래 위험을 방지하고 돌고래를 안전하게 보호하는 것이라고 하면서 규제 구조(regulatory structure) 즉, 라벨요건상 해역을 구분하여 라벨사용을 허용하는 기준은 이러한 목적과 관련이 없이 설계 및 운영되고 있다고 보았다. 이에 따라 상소기구는 기술규정의 정책목적과 기술규정의 설계(규제구분) 사이의 연관성을 결정적인 요소로 고려하였고, 결과적으로 미국 조치가 내국민대우를 위반하는 차별적 조치라고 판단하였다.

　■ 관련 국제표준을 기초로 사용할 의무에 관한 쟁점

　멕시코는 미국 돌고래안전 라벨이 국제돌고래보호계획협정(Agreement on the International Dolphin Conservation Program: AIDCP)에서 제정하는 관련 국제표준을 기초로 사용하지 않았으므로 TBT협정 제2.4조를 위반하였다고 주장하였다. 이에 대해 미국은 이 협정이 국제표준이 아니며 국제표준이라 하더라도 자국 라벨조치의 목적으로 달성하는 데 비효과적이거나 부적절하다고 반박하였다.

　여기서 "관련 국제표준"을 사용하여야 할 의무에서 가장 중요한 쟁점이 되는 사항이 바로 무엇이 "국제표준"이며 이를 어떻게 판단할 것인가의 문제이다. 상소기구는 "국제"표준인지를 판단하기 위하여 다시 세 가지 기준 즉, (1) 국제표준화/표준활동기관에 의한 승인 여부, (2) 회원가입에 있어서의 개방성, 그리고 (3) 공공의 이용가능성을 고려하였는데, 결론적으로 이를 명확하게 구분하는 방법은 없으며 "국제"표준이라는 개념은 여전히 모호한 상태로 남아 있다.

　일반적으로 표준화 활동을 하는 기관이 단순히 국제표준 개발에 참여한 행위만으로 "국제"표준이 되는 것은 아니며 되도록 많은 WTO회원국이 참여하여 개발한 표준일수록 TBT협정상의 "국제"표준이 될 가능성이 높아진다. 또한 회원가입이 개방적이냐의 기준을 고려할 때 실질적으로 회원가입이 가능한 절차가 있고 가용한 것인지를 검토하는데, 멕시코가 국제표준이라고 제시하였던 AIDCP의 경우 WTO회원국이 가입할 방법이 '초청'이라는 잠재적인 형식으로 있었지만 실제로 이 방법이 가용한 것인지가 충분히 검증되지 못한 부분을 결정적인 요소로 보았다. 이에 따라 상소기구는 AIDCP가 관련 국제표준이지만 미국의 정책 목적을 달성하기에 비효과적이거나 부적절하므로 미국 라벨조치를 기초로 사용하지 않아도 된다는 패널 판정을 기각하고, AIDCP는 국제표준이 아니며 따라서 미국 라벨조치가 이를 기초로 사용할 의무가 없다고 평결하였다.

(4) 분쟁 판정의 결과와 이행

이로써 미국의 돌고래안전 라벨조치는 WTO TBT협정상 내국민대우를 위반한 기술규정으로 판정되었다. 분쟁 판정에 따라 미국과 멕시코는 이행절차에 합의하였고 미국은 기존의 조치를 개정하였으나 멕시코는 미국의 이행이 충분하지 않으며 여전히 TBT협정 제2.1조와 GATT협정 제1.1조 및 제3조와 불합치하다고 주장하며 2013년 11월 이행패널 설치를 요청하였다. 이에 따라 이행분쟁 심의가 진행되었는데 2014년 4월 회람된 이행패널 보고서에 대하여 미국은 2015년 6월 상소하였다. 그 해 11월 상소기구 보고서가 회람되었고 멕시코는 2016년 3월 보복승인을 신청하였다. 이 즈음에 미국은 2016년 4월 다시 이행패널 심의를 개시하였고 이에 대해 5월 멕시코는 두 번째 이행패널 설치를 요구하며 미국 개정조치의 불합치성을 계속 주장하였다. 그리고 멕시코는 보복신청에 대한 분쟁해결기구의 DSU 제22.6조 검토 결과에 따라 2017년 5월 연간 1억 6천 3백만 달러 상당의 보복(양허정지)을 승인받았다.

이처럼 WTO체제에서 미국과 멕시코 사이의 돌고래−참치 분쟁은 2008년부터 시작되어 2017년 보복승인이 이루어지기까지 10년간의 치열한 법적 공방으로 전개되었고 미국의 개정조치가 인정되면서 비로소 종료되었다.

7.3.2 원산지정보 라벨링과 US-COOL 분쟁

미국은 육류 및 각종 농산물의 원산지에 관한 정확한 정보를 소비자에게 알리기 위한 목적으로 상품의 생산, 유통, 판매에 이르는 전 과정에서 제품의 이력사항을 관리하여 이를 바탕으로 원산지를 표시하는 원산지라벨 제도를 시행하였다.

미국과 국경을 맞대고 있는 캐나다와 멕시코산 농산물은 미국 시장에 진입하기 위하여 이력정보를 갖추어야 했는데 이 과정에서 엄청난 비용이 소요되었고, 캐나다 및 멕시코산 상품을 수입한 미국 수입업자들에게도 이력관리는 큰 부담이 되었다.

그 결과 미국 수입업자와 유통업자들은 수입을 하는 대신 이력관리가 비교적 용이한 미국산 제품을 선호하게 되었다. 이러한 미국 시장의 수요 변화로 캐나다 및 멕시코산 농산물의 미국 수출은 타격을 입었고, 2008년 미국의 육류에 대한 원산지 정보 라벨조치(Country of Origin Labelling (COOL) requirements)가 TBT협정과 불합치하다고 주장하며 WTO에 제소하였다.

(1) 조치 내용

분쟁의 대상이 되었던 미국 조치는 1946년 농업유통법 제1638조를 근거로 하여 2002년 농업법과 2008년 개정 농업법으로 의회에 발의되었고, 2009년 1월 15일 공표된 농산품 원산지라벨에 관한 최종규정(the Final Rule on Mandatory Country of Origin Labelling of Beef, Pork, Lamb, Chicken, Goat Meat, Perishable Agricultural Commodities, Peanuts, Pecans, Ginseng, and Macadamia Nuts: 2009 Final Rule (AMS)에 의하여 시행되었다.

2002년 미국 농업법은 소매업자들이 소고기, 돼지고기, 양고기, 신선농산물, 땅콩, 자연산 및 양식 수산물과 어패류 등 특정 상품들의 원산지 정보를 제공하여야 할 의무를 규정하고 미국산 원산지 표시를 위한 기준을 제시하였다. 이에 따라 2008년 개정 농업법은 육류생산 과정에 복수 국가가 참여하는 경우 그 원산지를 결정하는 새로운 기준을 마련하여 규정하였다.

동 조치는 편의상 COOL(Country of Origin Labelling)제도라고도 하며 모든 대상 제품에 대하여 의무적으로 시행되었는데, 육류 살코기에 대해서는 생산단계에 따라 4가지의 원산지 표시 방법을, 그리고 다진 고기에 대해서는 별도의 원산지 표시 방법을 두었다. COOL 제도의 주요 골자는 미국 영토 내에서 출생, 사육, 도살 과정을 모두 거친 육류 살코기에 대해서만 미국산 표시를 허용하였고, 어느 한 단계라도 외국에서 이루어지는 경우는 미국과 외국을 모두 원산지로 표시해야 했으며, 모든 단계가 외국에서 이루어지는 경우는 외국 원산지를 표시하도록 규정하였다.

여기서 문제가 되었던 기준은 바로 여러 국가를 원산지로 표시하는 항목이었는데, 해당 육류제품이 가축 단계에서 미국으로 수입되어 추가적인 사육기간을

07
[김민정]
W
T
O
분
쟁
사
례

거치면 "미국, 외국명"으로 복수국가를 표시하고 미국으로 수입되어 바로 도축되면 "외국명, 미국"으로 복수국가를 표시하며, 다른 항목의 살코기가 혼합포장되면 복잡하고 까다로운 분류 기준에 따라 원산지를 복수국가로 표시하여야 하는 요건들이었다.

캐나다와 멕시코는 미국의 COOL제도가 과도하게 복잡한 원산지 규정을 적용하여, 캐나다 또는 멕시코에서 출생 및 일정기간 사육되다가 미국으로 수입된 가축의 육류제품이 최종 소매단계에서 완전한 "미국산"으로 인정받지 못하고 복수국가로 원산지를 표기해야 함에 따라, 미국 도매·유통업자들은 캐나다와 멕시코산 가축 수입을 사실상 중단하였다고 주장하였다.

(2) 캐나다·멕시코의 주장과 분쟁해결의 전개

캐나다와 멕시코는 미국의 강행 COOL제도가 과도한 원산지규정을 적용하였으므로 WTO협정을 위반하였다고 주장하였다. 캐나다와 멕시코는 GATT협정 제3조와 제10조, TBT협정 제2.1조와 제2.2조, 제2.4조, 제12조 그리고 GATT 제23:1(b)조 비위반제소 조항을 원용하여 소를 진행하였다. 이 분쟁에는 아르헨티나, 호주, 브라질, 중국, 대만, 콜롬비아, EU, 과테말라, 인도, 일본, 한국, 멕시코, 뉴질랜드, 페루가 제3국으로 참여하였다.

2008년 12월 협의신청으로 개시된 분쟁절차는, 2011년 11월 패널보고서가 회람되고 2012년 6월 상소기구 보고서가 회람되어 7월 채택되었다.

(3) 내국민대우 의무 관련 쟁점[14]

이 분쟁의 주요 쟁점사항은 TBT협정 제2.1조의 해석과 적용에 관한 것이다. 캐나다와 멕시코는 미국 COOL제도에 의하여 미국 시장에서 국내산 가축 취급이 장려되고 수입산 가축 취급은 억제되고 있으며 이는 사실상의 차별적인 대우라고 주장하였다. 이와 관련하여 TBT협정 제2.1조의 내국민대우 의무 조항이 적용

---

14) 법률 쟁점에 관한 자세한 내용은 다음을 참조한다. 고민영(2012), 육류 상품에 대한 미국의 원산지 라벨링 조치를 둘러싼 국제통상법적 쟁점: TBT협정 제2.1조 및 제2.2조를 중심으로, 국제경제법연구 제10권 제2호.

되었는데, 패널 및 상소기구는 (1) 해당 국내 조치가 기술규정인가, (2) 분쟁 사안이 국내 상품과 동종 수입상품 간의 대우에 관한 것인가, (3) 수입제품에 대하여 불리한 대우가 초래되었는가를 차례로 검토하였다.

가장 핵심적인 사안은 수입상품에 대하여 불리한 대우가 있는지를 검토하는 것인데 이는 곧 미국의 조치가 수입상품에 피해를 주는 방식으로 시장경쟁조건을 변경하였는가를 분석하는 것이다. 패널과 상소기구는 COOL제도 자체가 완전 국내산과 완전 수입산 중에서 하나를 선택하여 생산·공정을 하도록 법적으로 강요하지는 않지만 COOL제도의 설계 및 운영방식 때문에 원산지라벨을 이행하려면 가축을 분리하여 관리하는 것이 불가피하며 이러한 상황에서 가장 저렴한 비용으로 이 제도를 이행하는 방법은 완전 국내산 가축만을 취급하는 것임을 인정하였다.

미국은 시장에서 형성된 생산·공정 패턴이 라벨제도의 외적인 요인에 의하여 발생한 것이지 라벨제도가 원인이라고 볼 수 없으며 따라서 라벨제도가 수입상품에 대한 피해를 초래하였다고 볼 수 없다고 반박하였다. 상소기구는 이에 대하여 조치에 의한 어떤 인센티브 때문에 민간 행위자의 행동과 결정이 유발되고 장려되었다면, 그러한 행동과 결정은 조치로부터 독립적인 것이 아니라고 설명하였다. 상소기구는 미국 COOL조치가 온전히 국산 가축만을 취급하도록 하는 유인작용과 수입 가축을 취급하지 말도록 하는 억제작용을 유발하였고 이로 인하여 미국 시장에서 수입산 가축에 피해를 주는 방식으로 경쟁조건이 변경되었다는 패널의 판정을 인정하였다.[15]

상소기구는 COOL제도에 의하여 수입피해가 발생하였다 하더라도 그 자체가 차별적인 조치로 귀결되는 것은 아님을 강조하였다. 상소기구는 수입피해 판정과 함께, 기술규정의 목적과 방식이 차별적인지를 고려해야 하며, 구체적으로 COOL제도의 목적이 TBT협정 및 WTO협정상 정당한지, 구조, 설계, 운용 및 적용 등 종합적인 측면에서 운영 방식과 규제구분 방식이 공평한지(even-handed)를 검토하였다.[16]

그 결과 상소기구는 해당 원산지라벨제도(COOL)가 원산지에 관한 소비자정

---

15) 상소기구 보고서, US-COOL,WT/DS384,386/AB/R, 289-292.

16) 상동, 332-339.

보 제공이라는 정당한 목적을 추구하지만 규제하는 방식과 정책구조에 문제가 있다고 보았다. 특히 원산지정보를 관리하기 위해서는 각 생산단계에서 이력정보를 기록하고 검증해야 하는데, 실제로 이를 이행하려면 각 공급 및 유통 단계별로 가축과 살코기 토막마다 이력정보를 표시하고 다음 단계로 전송하여야 한다는 사실에 주목하였다.[17]

결론적으로 상소기구는 도매단계에서 정보를 관리하기 위하여 필요한 규제구분과 소매단계에서 소비자에게 원산지 정보를 제공하기 위하여 필요한 규제구분이 상호 연결되지 않으며(disconnet), 생산단계에서의 규제구분이 초래하는 경제적 부담이 유통단계에서 달성하려는 목적(혜택)과 비교하였을 때 대칭적이지 않고 비례하지 않다(asymmetric and disproportionate)고 평결하였다.[18] 이로써 상소기구는 미국 COOL제도가 차별 조치라는 패널판정을 확인하였다.

(4) 분쟁 판정의 결과와 이행

요컨대 WTO 분쟁해결기구는 미국의 육류 원산지 라벨 조치가 WTO TBT협정상 내국민대우를 위반하는 차별적인 조치라고 판정하였다. 이에 따라 미국은 2013년 5월 COOL제도를 개정하고 분쟁해결기구의 권고에 따라 이행하였음을 통보하였다. 그러나 캐나다는 미국의 개정 사항이 충분하지 못하다고 주장하면서 이행분쟁을 진행하였고 2015년 5월 이행패널 및 상소기구 보고서가 채택되었으나 미국은 이에 따른 어떠한 시정조치도 취하지 않았다. 결국 캐나다는 보복승인 신청을 하게 되고, 2015년 12월 연간 10억5천4백만 캐나다 달러 규모의 양허정지를 승인받았다.

---

17) 상동, 342.

18) 상동, 347-349.

참고문헌 | REFERENCE

- 고민영(2012), 육류 상품에 대한 미국의 원산지 라벨링 조치를 둘러싼 국제통상법적 쟁점: TBT협정 제2.1조 및 제2.2조를 중심으로, 국제경제법연구 제10권 제2호.
- 김민정(2012), 〈미국−멕시코 참치분쟁 II〉에 대한 WTO 판례분석, 국제경제법연구 제10권 제2호.
- Bostrom, Magnus and Klintman Mikael, *Eco−Standards, Product Labelling and Green Consumerism* (Palgrave Macmillan, 2008).
- Carlos Lopez−Hurtado, "Social Labelling and WTO Law", *Journal of International Economic Law* 5:3 (2002) pp. 719−746.
- Conrad, Christiane, *Processes and Production Methods(PPMs) in WTO Law: Interfacing Trade and Social Goals* (Cambridge University Press, 2011).
- Howse, Robert, "Consumer Labelling on Trial at the WTO: Misunderstanding the Behavioural Law and Economics of Consumer Information", *Reflections on the Constitutionalisation of International Economic Law* (2013), pp. 593−607.
- Joshi, Manoj, "Are Eco−Labels Consistent with World Trade Organization Agreements", *Journal of World Trade* 38: 69 (2004).
- Marceau, Gabrielle, and Joel P. Trachtman, "Technical Barriers to Trade Agreement, the Sanitary and Phytosanitary Measures Agreement, and the General Agreement on Tariffs and Trade," *The Journal of World Trade* 36 (2002): 811.
- Markandya, A., "Eco−Labeling: An Introduction and Review", Zarrilli, et al. ed., *Eco−Labeling and International Trade* (Palgrave Macmillan, 1997).
- OECD(2002), Analysis of Non−tariff measures−The case of Labelling: Overview and Analysis of WTO Data, TD/TC/WP(2002)40/FINAL.
- Porter, Stephen, "GATT and the Tuna/Dolphin Controversy", *Georgetown International Environmental Law Review*, Vol 5:91−116, 1992−1993.
- Trebilcock, Michael et al., *The Regulation of International Trade* (Routledge, 2013) 4th ed.
- Voon, Tania et al., "Consumer information, consumer preferences and product labels under the TBT Agreement", in Epps et al. ed. *Research Handbook on the WTO and Technical Barriers to Trade* (Edward Elgar Publishing, 2013), pp.

454-484.

- WTO, Applellate Body Report, United States—Measures Concerning the Importation, Marketing and Sale of Tuna and Tuna Products, WT/DS381/AB/R.
- WTO, Panel Report, United States—Measures Concerning the Importation, Marketing and Sale of Tuna and Tuna Products, WT/DS381/R.
- WTO, Applellate Body Report, United States—Certain Country of Origin Labelling (COOL) Requirements, WT/DS384,386/AB/R.
- WTO, Panel Report, United States—Certain Country of Origin Labelling (COOL) Requirements, WT/DS384,386/R.

우리나라 TBT 분쟁 사례

– 김민정

우리나라 TBT 분쟁 사례

[김민정]

8.1 우리나라의 TBT 대응 현황

기업들이 해외시장에 진출하여 상품을 판매하기까지 여러 단계의 절차를 겪고 진입비용을 소요하게 된다. 해외 시장의 수입업자와 계약을 맺고 제품을 선적하여 보낼 때 자신의 제품에 관한 원산지 정보, 검역 정보 및 기술규정 관련 적합성평가 결과를 증빙자료로 첨부하여 통관절차를 밟게 된다. 통관이 무사히 완료되었다 하더라도 유통 및 판매업자가 요구하는 인증이나 포장, 표시 및 마케팅 관련 상품특성에 관한 요구사항이 있을 수 있다. 또한 판매 진열대에 올렸다 하더라도 소비자의 인식이나 선호 또는 가격정책 등에 따라 실질적으로 공정하다고 여길 수 있는 판매경쟁이 이루어지지 않을 수 있다.

이와 같이 다양하며 실질적인 혹은 잠재적인 비관세 무역장벽으로 인하여 수출기업들은 필요 이상의 어려움을 겪게 된다. 주요 무역국가들은 자국의 무역이익을 최대한 확보하기 위하여 자국 기업들이 해외시장에서 겪는 문제를 해결하기 위하여 지원하며, 정부차원에서 다양한 외교채널과 국제법상의 대응을 펼치기도 한다.

실제로 우리나라 정부는 우리 수출기업들이 해외시장에서 겪는 비관세장벽 관련 애로사항을 모니터링하며 지원하고 있는데, 그 중에서 무역기술장벽 문제는 상당한 비중을 차지한다. 수입국 정부의 특정 기술규정과 적합성평가가 차별적이거나 불필요한 상품특성을 요구하거나 관련 국제표준을 기초로 하지 않는 경우라면 WTO TBT협정의 위반이 된다. 또한 불공정 무역 행위가 아니더라도 제도의 비효율성 또는 미비로 인한 무역장벽이 발생하더라도 이를 시정하기 위한 조

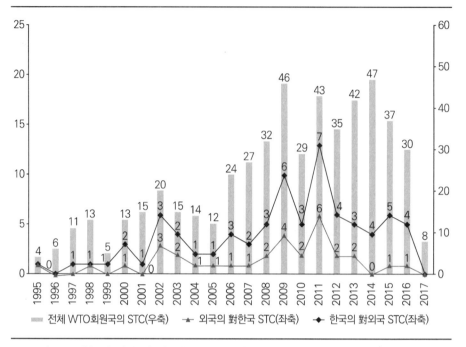

■ 그림 8-1. 한국의 제기 및 피제기 STC 연도별 추이

출처: WTO TBT IMS 데이터베이스를 바탕으로 저자 작성

치를 취할 수 있다.

　WTO협정의 위반 조치를 시정하기 위하여 WTO분쟁해결 절차를 고려할 수 있으며, 이를 통하여 제3자 즉, WTO분쟁해결기구의 법적인 검토를 바탕으로 해당 TBT조치의 위법성을 판정받아 상대국가의 시정을 요구할 수 있다. 패널 및 상소기구의 판정을 받지 않더라도 분쟁해결절차를 개시하는 것만으로도 상대국에게 조치를 시정하라는 압박을 주기도 한다.[1]

　보다 현실적으로는 국제통상법 소송을 고려하지 않더라도 또는 국제법절차를 고려하기 이전 단계에서 WTO회원국은 TBT협정의 운용과 관련된 사항을 TBT위원회에 제출하여 논의할 수 있다.[2] WTO회원국은 해외시장 TBT해결을 위

---

1) WTO출범 직후 우리나라가 겪었던 일련의 TBT분쟁사례에서 알 수 있듯이 우리 정부는 미국의 WTO제소에 상당한 압박을 받으며 국내제도 개혁을 속도 내어 추진하였다. 우리나라 수입식품 안정성 관련 검역검사 제도, 유통기한 제도 및 먹는샘물 관련 유통기한 및 처리기준 관련 TBT 분쟁사례에 관한 자세한 내용은 이 장의 8.4절을 참조한다.

해 양자채널을 통한 협의를 도모하는 한편 1년에 세 차례 열리는 TBT위원회 정기회의에서 해당 사안을 특정무역현안(Specific Trade Concern: STC)으로 제기하여 상대국과의 협의를 모색할 수 있다.

이와 같이 제기된 특정무역현안은 1995년 WTO출범 이후부터 2017년 상반기까지 총 528건(신규)이며, 2000년대 중반부터 이전 기간보다 약 3배 정도로 안건이 늘어난 것을 알 수 있는데 그만큼 TBT 관련 무역마찰이 빈번해지고 있음을 의미한다. 또한 제기된 특정무역현안이 해결되지 못하고 몇 년씩 진행되는 경우가 점차 늘고 있고 하나의 사안에 여러 국가들이 함께 문제를 제기하는 건수도 증가하고 있어 TBT문제가 양적으로 증가하고 있는 것은 물론이고 해결하기 까다로운 복잡한 사안으로 발전하는 양상을 보인다.

WTO출범 이후 우리나라는 총 56건의 신규 특정무역현안을 제기하고 총 32건의 특정무역현안을 제기 받았다. 〈그림 8-1〉에서 보는 바와 같이 우리나라의 대내외 STC 대응은 초기 10년 동안 연평균 1.1건을 제기하고 0.9건을 제기 받았으나 2000년대 중반부터 연평균 3.6건을 제기하고 2.1건을 제기 받는 등 글로벌 추이와 유사하게 최근 10여 년 간 TBT문제가 늘어난 것을 알 수 있다. 또한 전반적으로 우리나라의 기술규제를 상대로 외국이 사안을 제기하는 것보다 우리나라가 해외시장의 TBT에 대하여 사안을 제기하는 경우가 더 많은 것으로 나타난다.

이하의 제2절과 제3절에서는 특정무역현안을 바탕으로 우리나라의 TBT대응 현황과 특징에 관하여 설명한다. 제4절에서는 WTO TBT협정을 원용하여 제기되었던 분쟁들 중에서 우리나라의 기술규제를 대상으로 전개되었던 TBT분쟁 사례에 관하여 설명한다.

8.2 우리나라 수출과 해외 TBT에 대한 대응

우리나라가 STC를 제기한 해외시장 현황을 보면, 국가별로 중국이 15건으로 가장 많고 다음으로 EU 11건, 미국 6건, 인도 5건, 인도네시아 4건이다(〈그림 8-2〉의 '한국의 국가별 STC제기' 현황 참조). 이를 WTO회원국들과 비교하면, WTO회

---

2) TBT위원회에 관한 자세한 사항은 "제4장 TBT위원회 운영현황과 특징"을 참고한다.

원국들 중에서 가장 많은 STC를 제기하였던 국가는 EU(86건), 중국(62건), 미국(47건), 한국(33건), 인도(26건), 브라질(23건), 인도네시아(21건)로 나타난다.

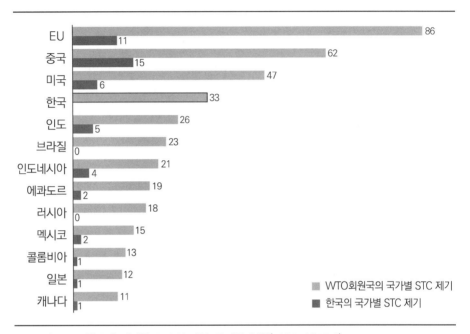

— 그림 8-2. 한국이 제기한 STC의 대상 국가별 현황(1995-2017.6)
  출처: WTO TBT IMS 데이터베이스를 바탕으로 저자 작성

한국의 국가별 STC제기 현황을 글로벌 현황과 비교하면 몇 가지 중요한 사실들을 알 수 있다. 첫째, EU와 미국과 같이 선진국의 기술규제가 TBT 문제를 자주 일으킨다는 점을 알 수 있다. 둘째, 중국은 WTO회원국으로서의 상대적으로 짧은 역사에도 불구하고 TBT문제가 두 번째로 많은 국가임은 주목할 만하다. 우리나라가 STC 대응을 가장 많이 한 나라도 중국이라는 점을 고려하면, 중국의 TBT문제가 중요한 통상현안이 되고 있음을 알 수 있다. 셋째, 한국의 기술규제에 대한 STC도 전세계에서 4번째로 많은 것을 알 수 있어, 우리나라의 국내 제도 개선과 정비가 중요한 정책과제가 되고 있음을 알 수 있다. 넷째, 중국 다음으로 인도, 브라질, 인도네시아, 러시아와 같이 신흥국 시장에서의 TBT문제가 빈번하게 발생하고 있으며 지역에 특화된 대응전략이 필요하다 하겠다.

표 8-1. 한국이 제기한 STC의 분야별 현황(1995-2017.6.)

	전자·정보·통신[1]	자동차(타이어)[2]	철강[3]	의료기기, 의약품, 화장품	화학[4]	보일러·압력기기·기계[5]	기타[5]
제기건수	15	7	7	7	4	3	1

1. 에너지효율, 배터리, 안정성 관련 기준 등.
2. 배기가스, 타이어 효율 관련 기준 등.
3. 등록제도, 표시제도 등.
4. 유해물질 관련 등록, 평가, 승인제도.
5. 안전성 기준 등.

분야별 대응 현황을 고려하면 〈표 8-1〉에서 보는 바와 같이 우리나라 주력 수출 분야에서 STC를 많이 제기한 것을 알 수 있다. 또한 전기전자제품과 자동차의 경우 기후변화 및 에너지효율 관련 기술규제가 많은 TBT를 구성하고 있어 이에 대한 전문적인 대응이 필요하다 하겠다.

8.3 우리나라 기술규제와 국내 TBT 대응

우리나라 기술규제에 대하여 STC를 제기한 국가들을 살펴보면 〈표 8-2〉와 같으며 미국과 EU가 한국의 기술규제에 대하여 STC를 21건씩 제기하여 對한국 주요 문제제기 국가임을 알 수 있다. 다음으로 일본이 10건(31%), 캐나다가 5건 (16%), 호주, 뉴질랜드, 멕시코가 각각 4건(13%)씩 제기하였으며 중국은 3건(9%)을

표 8-2. 국가별 對한국 STC 제기 현황(1995-2017.6.)[1]

	미국	EU	일본	캐나다	호주	뉴질랜드	멕시코	스위스	중국	기타[3]
對한국 STC 제기 건수	21	21	10	5	4	4	4	3	3	4
對한국 STC 제기 비율, % (조치기준)[2]	66	66	31	16	13	13	13	9	9	12

1. 해당 조치에 대해 복수 국가가 STC를 제기한 경우, 각 국가를 중복집계 함.
2. STC대상이 된 한국의 기술규제 조치 총 32건 대비 해당 국가의 제기 건수 비율.
3. 칠레(2), 아이슬란드(1), 노르웨이(1).

제기한 것으로 나타난다. 이처럼 우리나라 기술규제를 상대로 STC를 제기한 국가들이 대체로 선진국들인 것을 알 수 있다.

외국이 제기한 STC의 대상조치 분야를 고려하면 〈표 8-3〉에 나타난 바와 같다. STC 제기를 받은 한국의 기술규제 조치는 식품 분야가 9건으로 가장 많았고 자동차 분야가 8건으로 다음으로 많았다. 식품 분야의 경우 원산지표시, 특히 육류제품의 원산지표시와 관련된 이슈, 주류 및 담배 관련 표시제도와 관련된 이슈가 여러 차례 제기되었다. STC 제기를 받은 자동차 분야 기술규제의 경우, 배기가스, 에너지효율 등 환경과 관련이 있는 규제가 주요 이슈가 되었다.

한편, 전자·전기 및 통신기기 분야에서 다양한 기술규제가 STC의 대상이 되었는데, 안전기준 관련 이슈가 많았으며 해당 품목은 전기기기의 퓨즈에서부터 인터넷플랫폼, 리튬전지, 태양광 패널에 이르기까지 다양하다.

다음으로 화장품 분야의 기술규제는 제품의 마케팅, 포장 및 분류와 관련된 경우가 대부분이었으며 건축자재 분야 기술규제는 에너지효율, 친환경 인증 관련 이슈가, 그리고 화학 분야는 유해물질 규제 및 안전기준 관련 이슈가 주요하게 제기되었다.

━ 표 8-3. 한국의 STC 피제기 분야별 현황(1995-2017.6.)

	식품[1]	자동차[2]	전자·전기·통신[3]	화장품	건축자재[4]	화학	기타[5]
피제기 건수	9	8	7	3	3	2	1

1. 식품 표시, 육류원산지 표시, 담배 및 주류 경고문구, 주류 관련 기술규정 등.
2. 안전기준, 타이어, 배기가스 측정기준, 에너지효율등급 기준 등.
3. 전기기기 퓨즈, 리튬전지, 휴대폰 전자파·전자기장, 라디오주파수, 무선인터넷 플랫폼. 태양광 패널.
4. 목재, 창문, PVC.
5. 한약재,

8.4 우리나라 TBT 분쟁 사례

1995년 WTO협정이 발효된 이후 WTO TBT협정 관련 분쟁은 협의요청을 기준으로 50여건에 이른다.[3] 이러한 분쟁들은 상품의 기술규정 및 적합성평가절차

---

3) 2017년까지 총 53건의 TBT협정을 원용한 분쟁이 제기되었다. WTO 홈페이지 참조.

에 관한 기술규제 조치를 대상으로 제기되었으며, 법적 근거로 WTO TBT협정과 함께 GATT협정의 내국민대우(제3조) 및 일반적 예외(제20조) 그리고 WTO SPS협정 등이 법쟁점이 되었다.

　　TBT분쟁 국가들을 살펴보면 캐나다(10건), 미국(9건), EU(5건) 순이며 일본, 호주, 노르웨이 등을 포함하여 선진국이 절반 이상(52%)을 차지한다. 또한 TBT협정 소송을 당한 규제국가는 EU(7건), 미국 (11건), 호주(5건)이며 벨기에 등을 포함하여 대부분(70%)이 선진국 기술규제 조치를 대상으로 이루어졌다. 이처럼 지금까지의 TBT분쟁은 주로 선진국 기술규제를 대상으로 선진국이 WTO에 제소한 사례가 많은 부분을 차지하고 있다.

　　한편, TBT분쟁에서 개도국 참여가 점차 늘어나고 있는데, 개도국들이 선진국 기술규제에 대하여 분쟁을 제기하는 사례가 최근 증가하는 추세다. 개도국의 기술규제가 시장진입 장벽으로 작용하여 선진국들이 제소하는 경우가 다음으로 주목할 만하다. 개도국들은 무역개방에 맞추어 자국의 기술규정, 표준 및 적합성 평가절차와 관련된 국내제도를 처음으로 확립하거나 기존의 제도를 개선시키고

━ 표 8-4. WTO TBT 분쟁 국가 현황(1995-2017.6.)

피제소 \ 제소	캐나다	미국	EU	멕시코	아르헨티나	브라질	인도	인도네시아	칠레	페루	우크라이나	노르웨이	뉴질랜드	도미니카공화국	베네주엘라	온두라스	일본	쿠바	필리핀	호주	러시아	합계
EU	7	3			3		1		1	2		1	1							1		20
미국	2		3	2		1		1							1				1			11
호주								1			1			1		1		1				5
아르헨티나		1	1	1				1														4
한국	1	3																				4
멕시코		1						1														2
러시아											1						1					2
벨기에		1																				1
인도			1																			1
인도네시아					2																	2
우크라이나																					1	1
합계	10	9	5	3	3	3	2	2	2	2	2	1	1	1	1	1	1	1	1	1	1	53

선진화시키는 제도적 개혁의 과정을 겪게 되는데, 이러한 과정에서 통상마찰이 발생하는 것이다.

우리나라는 TBT 관련 WTO소송을 제기한 사례는 없으나 미국, 유럽으로부터 4건의 분쟁소송을 겪었다. 우리나라가 제소되었던 4건의 사례는 모두 농산물과 식품 분야 분쟁들이며 WTO출범 초기 우리나라의 숨가쁜 시장개방과 개혁과정에서 치러낸 사건들이다. 당시 우리나라는 4건의 소송을 동시에 연달아 겪어야 했는데 이는 이전부터 우리 농산물시장의 개방속도에 불만을 가졌던 미국 등 서방국가들이 WTO협정 발효와 함께 새로운 제도를 적용하여 우리나라 시장개방에 압박을 가하려는 전략에 따른 것이었다. 선진국들은 소송 이전부터 오랫동안 우리나라 기술규제가 차별적이고 자의적으로 운영되고 있으며 불투명하다는 문제를 지적해 왔으며 WTO제소를 통하여 보다 구체적으로 무역기술장벽 관련 협정 이행 문제를 제시하며 시정을 요구하였다.

우리나라는 우루과이라운드 협상을 진행하며 대대적인 무역개방을 예상하였고 1990년대 초반부터 이러한 변화에 대비하기 위하여 제도 확립과 선진화에 많은 노력을 기울여왔으며 개방에 의한 우리나라 농산물, 식품 시장의 충격을 최소화하고자 하였다. 그러나 WTO제소에 의한 법적 공세에 국내 제도개혁과 개방 가속화가 불가피하였는데 미국은 당시 우리나라 기술규제가 국제표준을 바탕으로 하지 않았고 객관적이고 과학적인 평가와 근거를 기초로 하지 않았다고 주장하며 TBT협정상의 원칙과 의무를 이행하지 않았음을 근거로 WTO에 제소하였다.

이 장에서는 우리나라가 겪은 TBT분쟁 사건에 관하여 설명한다. 첫 번째 분쟁은 한국의 수입농산물 검사·검역제도에 대하여 미국이 제소한 사건(DS 3)으로 개방에 따른 농산물 수입에 대하여 우리나라의 통관제도와 식물검역 기준 및 방법이 충분히 그리고 신속하게 개선되지 않자 미국이 재차 제소(DS 41)하여 3년간 지속되었던 분쟁이다. 한편, 동 분쟁과 동시에 미국은 우리나라 식품 유통 및 표시제도에 대하여 WTO제소(DS5)를 진행하였고 이 과정에서 먹는샘물의 유통기한 표시제도에 관한 문제가 별도의 사안으로 발전하여 여러 유럽국가들이 참여하는 분쟁사건(DS20)으로 진행되었다. 이하에서는 각 분쟁별 전개과정과 우리 정부의 대응 및 기술규제 개혁에 관하여 자세히 알아본다.

8.4.1 한국의 수입농산물 검사·검역제도와 TBT 분쟁(DS3, DS41)

　　1990년대 초 우리나라 농산물 시장 개방이 확대되면서 우리나라에서 미국산 농산물 수입이 급증하였다. 당시 우리나라는 1961년 제정된 식물방역법에 의거하여 병해충 유입방지 및 유해잔류물질 검사 등을 시행하고 있었는데,[4] 미국산 쇠고기, 밀가루·등의 곡류 그리고 자몽, 오렌지, 포도 등의 과일류 수입이 증가하자 검역장비 및 검사인력 부족 등 검역체계에 있어 제도적 문제점이 부각되었다.[5] 한편, 일부 미국산 농산품에서 외래 병해충이 유입되고 잔류농약검출이 기준치를 초과하면서 수입산 농산물이 우리나라 국민의 먹거리 안전을 위협한다는 인식과 함께 정부의 검역체계 개선 및 소비자 권익 보호를 위한 대책을 요구하는 국민 여론이 거세졌다. 수입산 농산물에 대한 반감이 고조되는 가운데 일부 미국산 농산물에 대한 불매운동이 벌어지기도 하였다.[6]

　　이와 같은 분위기 속에서 1995년 발효한 WTO체제는 우리나라 농산물시장의 개방을 더욱 가속화시켰다. 더욱이 미국은 농산물시장 개방이 우루과이 협상을 통하여 기대하였던 수준만큼 이루어지지 않는다고 주장하며 우리나라의 농수산물 시장유통제도와 통관제도의 문제를 지적하며 압박을 가하여 왔다.[7] 특히

---

4) 우리나라 식물검역제도는 해방과 한국전쟁을 겪으며 부재하다가 1961년 12월 20일 법률 제908호 제6장 제31조 부칙으로 식물방역법이 제정되었고 농림부에서 담당하다가 1978년 4월 식물검역소가 발족하여 전담하게 되었다. 여러 차례 확대 개편을 거쳤으며 WTO 출범에 대비하여 1993년부터 2000년까지 3단계의 "식물검역기능 강화대책"을 수립하였는데, 1단계는 1993년에서 1995년까지 우루과이라운드 타결에 따른 수입자유화와 검역제도 정비를 목표로, 2단계는 1996년에서 1997년까지 WTO출범에 따른 과학적 검역 기반 확보를 목표로, 그리고 3단계는 1998년부터 2000년까지 식물검역 선진화를 목표로 추진되었다. 식물검역소는 2007년 11월 국립식물검역원으로 승격하였다.

5) 동아일보, "국감 현장 허술한 수입식품검사 대책 촉구", 1993년 10월 6일자 뉴스기사.

6) 매일경제, "수입과일 안심하고 먹을 수 있나", 1990년 9월 2일자 뉴스기사.

7) 당시 미국은 매우 강경한 입장이었다. 한국의 농산물 시장개방뿐만 아니라 당시 전반적인 對한국 수출 확대와 시장진입을 확보하기 위하여 기존의 수퍼 301조와 같은 일방주의 전략에 추가하여 WTO를 통한 대대적인 통상압력을 시사하고 있었다. 클린턴 정부의 무역정책 및 협상자문위원회(ACPTN)는 APEC과 한국, 중국, 인도, 베트남을 포함하는 아시아 4개국에 대한 무역장벽 보고서를 통해, 한국의 무역장벽으로 인증 및 검사제도, 검역 및 통관절차, 표준, 규범제정의 투명성, 외국회사에 대한 차별대우, 정부의 가격개입, 세금, 투자에 관한 8개 항목을 지적하였다. 연합뉴스, "美대통령자문기

수입 농산물에 대한 통관 절차가 불합리하게 운영되고 있어 통관지연이 빈번하게 발생하는 등 시장접근 양허와 비차별 원칙을 위반하고 있다고 주장하였다. 이에 대해 우리나라 검역소는 재량에 따라 선별적으로 '선통관 후검열' 제도를 실시하여 미국이 제기하는 통관지연 문제를 해소하고자 하였다.

그러나 미국의 농산물 시장개방 압력과 우리나라의 내부적 저항에서 비롯된 긴장은 갈수록 고조되었고 급기야 우리나라는 미국으로부터 첫 번째 WTO 제소를 당하였다. 사건의 발단은 1995년 3월 미국에서 수입된 오렌지가 부산 검역소에서 검사를 받는 과정에서 20일 가량 통관이 늦어지면서 3분의 1 가량 부패한 것에서 비롯된다. 미국 수출업자들은 한국이 감귤, 포도 등 미국산 농산물에 대하여 잔류농약검사를 이유로 통관을 지연시킨 것이 원인이었다고 주장하며 무역대표부를 통한 조직적인 대응을 하였다. 미국 대표부(USTR)는 한국의 검사 기준이 모호하고 과학적이지 못하며 이는 수입을 제한하기 위한 의도로 볼 수밖에 없다고 지적하였다.[8] 우리 정부는 오렌지를 미국 항구에서 선적할 당시 많은 비가 내려 수분이 포함되어 있었고 과다하게 선적되어 운송 도중에 부패한 것이라고 주장하며 대응에 나섰다.[9]

1995년 4월 4일 미국 무역대표부는 우리나라의 농산물 검사 및 검역 제도가 WTO협정을 위반하였다고 주장하며 공식적으로 협의요청을 하며 WTO에 제소하였다. 미국은 한국의 농산물수입에 대한 검사 및 검역조치가 부당하며 다음을 위반한다고 주장하였다[10]:

(1) GATT협정 제3조의 내국민대우 및 제11조의 수입제한조치금지 규정 위반,
(2) SPS협정 제2조 기본 권리와 의무 및 제5조 위험평가와 위생 및 식물위생의 적절한 보호수준 결정에 관한 규정 위반,

구, WTO통한 對韓통상압력 촉구", 1995년 9월 16일.

8) 한국경제, "미국, 농산물통관지연 한국 WTO제소…양국 협의 착수", 1995년 4월 6일자 뉴스기사.

9) 유병린(2004), 농업과 통상, 북랩, pp. 39-40.

10) WTO, Korea—Measures Concerning the Testing and Inspection of Agricultural Products—Request for Consultations by the United States Pursuant to Article XXII of the GATT 1994, Article 11 of the Agreement on the Application of Sanitary and Phytosanitary Meausres, Article 14 of the Agreement on Technical Barriers to Trade and Article 19 of the Agreement on Agriculture, WT/DS3/1, 06-04-1995.

(3) 무역기술장벽 협정 제5조의 중앙정부기관의 적합성평가절차 규정 및 제 6조 중앙정부기관의 적합성평가 인정에 관한 규정 위반, 그리고

(4) 농업협정 제4조 시장접근 규정(에 따른 양허) 위반

일반적으로 협의 요청이 있으면 30일 이내에 응하면 되지만, 미국은 해당 상품이 부패하기 쉬운 신선농산물이므로 분쟁해결양해 제4.8조에 의거하여 협의요청 10일 이내에 협의 개시를 요청하였다. 그러나 우리 정부는 이미 '선통과 후검사'제도를 시행하고 있으므로 신속협의 대상이 아니라고 주장하며 신속협의 요청에 응하지 않았다.[11] 6월 1일 일본은 동 분쟁사안에 대해 미국과 공동으로 협의 요청을 신청하였다.[12]

이에 따라 양측은 5월 4−5일과 6월 1−2일 제네바에서 제1차, 제2차 협의회를 개최하였으며, 2차 협의회에서 분쟁해결을 위한 패널구성을 잠정 유보하고 양자협의를 통해 계속 논의하자는 데에 동의하였다.[13] 한국은 기존에 시행해오던 '선통관, 후검사'조치를 신선과채류 등에 확대하여 시행[14]함으로써 한국의 농산물 통관제도가 개선되었음을 강조하였으나 미국은 이러한 조치가 여전히 미흡하다고 보았다.

한 해를 넘기며 양측의 협의는 계속되었으나 합의에 이르지 못하였다. 1996년 4월 협의회까지도 합의에 이르지 못하자 미국은 1996년 5월 24일 한국의 수입농산물 검사제도의 제·개정 사항에 대하여 재차 WTO 제소하기에 이른다. 다시 말해서 미국은 일 년 전 처음으로 제소한 이래 수입농산물 검사, 검역 및 규제 관련 한국 정부가 취한 모든 개정 및 수정사항 그리고 신규 도입조치를 대상으로 다시 공식적인 WTO 분쟁절차를 밟은 것이다. 미국은 기존에 원용하였던 WTO 협정 조항에서 SPS협정 제8조와 TBT협정 제2조를 추가하여 다음과 같이 주장하

11) 연합뉴스, "한국, 美에 WTO신속협의 불응입장 통보", 1995년 4월 14일 뉴스기사.

12) WTO, Korea−Measures Concerning the Testing and Inspection of Agriculture Products: Request Joint Consultation under Article 4.11 of the DSU. WT/DS3/2. 09−06−1995.

13) 연합뉴스, 한미 농산물 검사제도 협의결과, 1995년 6월 3일자 기사.

14) 한국 정부의 이러한 대응조치에 대해 국내 반대여론은 거세어졌으며 소비자, 농민, 경제시민 단체들은 정부에 시위를 하고 미국산 등 수입농산물 불매운동에 들어갔다. 연합뉴스, 수입농산물 불매운동 시작, 1995년 5월 18일 기사.

였다15):

(1) GATT협정 제3조의 내국민대우 및 제11조의 수입제한조치금지 규정 위반,

(2) SPS협정 제2조 기본 권리와 의무, 제5조 위험평가와 위생 및 식물위생의 적절한 보호수준 결정 및 제8조 통제, 검사 및 승인절차에 관한 규정 위반,

(3) 무역기술장벽 협정 제2조 중앙정부기관에 의한 기술규정의 준비, 채택, 적용, 제5조의 중앙정부기관의 적합성평가절차 규정 및 제6조 중앙정부기관의 적합성평가 인정에 관한 규정 위반, 그리고

(4) 농업협정 제4조 시장접근 규정(에 따른 양허) 위반.

이에 따라 양측은 1996년 6월과 1997년 1월 두 차례 협의회를 가지며 협상하였고 한국은 수입농산물 검역·검사제도의 개선을 약속하였다. 그리고 7월 우리나라 정부는 수입농산물 검역, 검사제도의 전반적인 개선과 함께 통상마찰 해결을 위한 적극적인 입장을 표명하였다. 농림수산부는 검역제도의 과학적 근거 확보 및 선진화를 위하여 단계적 계획을 수립하였다. 또한 우리나라 식물검역제도를 개선하기 위하여 미국과 유럽연합(EU) 등 선진국의 협력과 지원을 강력히 요구하였다.

이와 함께 이 분쟁을 해결하기 위하여 적극적인 대응에 나섰다. 이 분쟁에서 미국은 "부패과일 선별제도 폐지, 항온기 배양검사면제, 국내에 이미 분포된 일반 병해충에 대한 소독처분 제외" 등 3가지 사항을 지적하여 왔었다. 우리 정부는 부패과일 선별제도 폐지 및 일반 병해충 소독처분 제외 문제에 대응하기 위하여 식물방역법을 1995년 12월 개정하였음을 설명하고, 항온기 배양검사문제는 한국이 자체적으로 검사하지 않는 대신에 미국이 실시한 유사 배양검사 평가보고서 등 상응하는 자료를 제공하면 이를 검토하여 최종 허용하겠다는 입장을 밝혔다.16)

우리 정부의 적극적인 대응과 제도선진화 조치의 결과 WTO출범 직후 한국 시장을 겨냥한 통상압력과 두 차례의 WTO제소 사건은 공식적인 양자합의로 종결되었다. 두 번의 잇따른 분쟁에서 WTO 패널 및 상소기구에 의하여 우리나라 수입농산물 검역·검사제도의 위법성이 공식적으로 검토되거나 판정이 이루어지지는 않았다. 그럼에도 불구하고 미국은 두 차례의 WTO제소를 바탕으로 우리나

---

15) WTO, Korea—Measures Concerning Inspection of Agricultural products: Request for Consultations by the United States, WT/DS41/1, 31-05-1996.

16) 연합뉴스, 통상마찰 대처 위해 검역기능 대폭강화, 1996년 7월 5일.

라 수입농산물 시장 개방을 강하게 압박하였고 우리나라는 WTO출범과 동시에 국내제도 개혁과 상당한 시장개방을 추진할 수밖에 없었다.

또한 공식적인 분쟁절차는 진행되지 않았으나 계속된 양자협의에서 미국은 한국의 수입농산물 검사·검역제도가 여전히 까다롭게 운영되고 있음을 지적하였다. 가령 1997년 1월 28일 제6차 양자협의에서 미국은 "항온기 배양검사 철폐, 랜덤 샘플링 제도 도입, 부패과실 선별제도 철폐, 일반 병해충에 대한 훈증처리 철폐, 성분배합비율 신고요구 철폐 등" 5가지 구체적인 문제를 거론하며 시정요구를 하였다.[17] 그리고 2월 한국의 제도가 "표본추출이 아닌 수입 물량 전체를 대상으로 검사를 시행하고, 전세계적인 방역을 요구하며 배양검사를 의무화"하고 있다고 보고하며 시정조치가 미흡하다고 주장하였다.[18] 이후에도 무역장벽보고서(NTE)[19]를 통하여 한국 농산물 시장의 비관세장벽 문제를 계속적으로 제기하였다.[20]

8.4.2 한국의 수입식품 유통기한 규제와 TBT 분쟁(DS 5)

WTO출범 이전, 우리나라는 수입식품의 위생과 소비자 안전을 보장하기 위

---

17) 연합뉴스, 韓美, 30일 수입농산물 검사제도 양자 협의, 1997년 1월 28일.

18) 연합뉴스, 韓－美 수입농산물검사분쟁 재연우려, 1997년 2월 19일.

19) 미국 무역대표부는 미국 통상법 301조에서 310조에 규정된 제도(일명 '수퍼301조')에 의거하여 매년 국가별 무역장벽을 조사하여 무역장벽(National Trade Estimate: NTE) 보고서를 의회에 제출하고 의회의 검토에 따라 우선협상대상관행국(PFCP)을 지정하여 일방적인 무역보복조치를 취하기 전에 사전협상단계를 가져왔다. 과거 GATT체제에서 미국은 이러한 일방주의적 보복조치를 바탕으로 무역상대국에 통상압력을 취하여 왔다. 미국은 WTO 발효 초기 다자체제 정신과 위배된다는 비난에도 불구하고 수퍼301조를 부활하여 사용하였다. 1998년 유럽연합은 미국의 '수퍼301조'를 WTO에 제소(DS152)하였고 WTO분쟁해결기구는 제도 자체에 대해 위반판정지는 않았으나 우루과이라운드 협상을 이행하기 위한 미국의 행정조치계획(the US Statement of Administrative Action: SAA)상의 미국의 WTO협정 이행의무를 확인시킴으로써 미국의 원용을 사실상 봉쇄하였다. 연합뉴스,

20) 90년대 말까지 미국 무역장벽보고서에 보고된 한국의 수입농산물 검사 및 검역에 대한 비관세장벽 문제제기는 다음을 참조한다. 연합뉴스, "농수산물 둘러싼 美 통상압력 거세질 듯", 1995년 12월 18일. 연합뉴스, "USTR 무역장벽 보고서 한국부분요약", 1996년 4월 2일. 연합뉴스, "美업종별 5개단체의 한국시장 관련 의견서", 1997년 7월 12일. 연합뉴스, "내년에도 美통상압력 거세진다", 1997년 12월 12일.

한 목적으로 식품공전에 따라 수입식품의 제조연원일과 유통권장기한 표기를 의무화하고 있었다. 그런데 이 제도는 규제 측면에서는 정부차원에서 유통기한을 획일적으로 규율하다 보니 불합리한 점이 많았고 시행 측면에서는 제조업자에 대한 규제 및 처벌이 엄격하게 이루어지지 않는 등 시장 감독이 허술하다는 문제가 제기되었다. 우리나라 농산물·식품 시장의 개방을 기대하고 있던 미국 등 선진국들은 우리나라 유통기한 제도가 무역장벽을 구성한다고 주장하며 시정을 요구해왔다.

이러한 배경에서 우리나라 유통기한 제도의 개선이 필요하다는 인식이 생겨났고 1990년 한국소비자보호원은 '수입식품 표시제도 개선방안'을 제시하는 등 국내 유통기한 관련 제도 개선과 정비에 관한 논의가 이루어졌었다.[21] 그리고 이어서 1990년 7월 1일부터 수입식품 유통에 대해서는 유통기한만 표시하도록 하는 개정식품표시제도가 시행되었다.

개정 제도가 시행되는 과정에서 유통기한이 지난 미국산 냉장소시지가 시장에 유통되는 사건이 벌어지자 수입식품 안전성에 대하여 시민단체는 강한 불만을 나타냈고 우리정부는 미국산 소시지를 폐기 조치하였다.[22] 이 사건은 우리나라 유통기한 제도 관련 한미양국간의 공식적인 통상마찰을 야기하는 시발점이 되었다. 양국의 통상마찰에 따른 긴장이 고조되었고 미국은 사전통보 없이 갑자기 수입금지 조치를 내린 것은 불합리하다며 GATT제소와 함께 보복조치 의사를 밝혔다.[23] 양국은 식품전문가 회의를 열며 협상을 하였고 우리 정부는 식품공전을 1994년 연말까지 개정하여 다음 해에는 미국산 소시지의 선박 수입이 가능하도록 할 방침을 발표하였다.[24]

국내 여론은 더욱 악화되었다. 그러나 미국의 압력도 갈수록 거세졌다. 미국 육류업계는 유통기한 규정뿐만 아니라 위생검역 제도 등 우리나라 비관세장벽으

---

21) 한국소비자보호원, 수입식품표시제도의 개선방안, 1989. 연합뉴스, "유통기한표시제도 보완필요", 1990년 2월 21일.
22) 연합뉴스, "유통기한 지나 연 4천억원어치 폐기", 1993년 7월 20일.
23) 연합뉴스, "韓美식품전문가 회의 통해 해결 추진", 1994년 5월 14일. 연합뉴스, "韓美 식품검역체계 개선방안 논의", 1994년 5월 28일. 연합뉴스, "〈초점〉 韓美경제협의회 주요 현안", 1994년 6월 18일.
24) 연합뉴스, "美産소시지 유통기한 90일로 연장", 1994년 9월 23일.

로 인한 수출애로를 강하게 호소하며 청원서를 제출하였고 미국 무역대표부는 美통상법 301조에 의거한 불공정무역 조사에 착수하였다.[25] 미국은 한국의 육류 유통기준이 비과학적이고 국제표준에 근거하지 않았다고 주장하였다.

1995년 WTO 출범 직후, 우리 정부는 품목마다 유통기한을 구체적으로 정하여 시행하던 기존 방식을 개혁하여 생산업자 자율에 맡기는 식품유통기한 자율결정제도를 당초 계획했던 1996년부터 1998년까지가 아닌 앞당겨 시행할 계획을 발표한 바 있었다. 그러나 우리 정부가 식품공전 개정을 1995년 4월로 예정하며 이후 시행 시기를 정확히 정하지 못하자, WTO 발효에 따른 시장 개방을 기대하던 미국 업계의 시정요구는 점차 거세지고 4월까지 소시지 및 육류 등 식품유통기한 관련 문제를 해결하지 않으면 WTO에 제소한다는 입장을 전해왔다.[26]

우리나라 정부의 유통기한 자율결정제도 조기시행 결정에도 불구하고 4월 무역실무회담에서 유통기한 문제에 관한 합의점을 도출하지 못하였고, 결국 미국은 5월 3일 한국 식품유통제도에 대하여 WTO에 제소하였다.[27] 이 분쟁에는 유럽연합(EU), 캐나다, 호주 및 뉴질랜드가 공동제소국으로의 참여를 요청하였는데 패널이 구성될 때까지 기다리지 않고 협의단계에서 참여를 요청한 것은 이례적인 일이었다고 한다.[28] 캐나다는 5월 15일 동 사안에 대해 캐나다가 공동제소를 하겠다는 협의요청서를 제출하였으며[29] 일본은 6월 1일 공동제소를 위한 협의요청서를 제출하였다.[30]

미국 측이 WTO 제소를 하면서 원용한 WTO협정 조항은 다음과 같다:[31]

(1) GATT협정 제3조의 내국민대우 및 제11조의 수입제한조치금지 규정 위반,

25) 연합뉴스, "美정부 한국 육류시장 조사개시 결정", 1994년 11월 23일.

26) 유병린(2004), 농업과 통상, pp. 41-42. 연합뉴스, "美, 한국식품유통문제 WTO제소 적극 검토", 1995년 3월 11일.

27) 연합뉴스, "美, 한국 식품유통제도 WTO제소", 1995년 5월 4일.

28) 연합뉴스, "美, 對韓 WTO제소에 외국참여 이례적 요청", 1995년 5월 13일 뉴스기사.

29) WTO, Korea-Measures Concerning the Shelf-Life of Products: Request to Join Consultations under Article 4.11 of the DSU, WT/DS5/2, 24-05-1995.

30) WTO, Korea-Measures Concerning the Shelf-Life of Products: Request to Join Consultations under Article 4.11 of the DSU, WT/DS5/4, 09-06-1995.

31) WTO, Korea-Measures Concerning the Shelf-Life of Products: Request for Consultations by the United States, WT/DS/1, 05-05-1995.

(2) SPS협정 제2조 기본 권리와 의무 및 제5조 위험평가와 위생 및 식물위
　　생의 적절한 보호수준 결정에 관한 규정 위반,

(3) 무역기술장벽 협정 제2조 중앙정부기관에 의한 기술규정의 준비, 채택,
　　적용에 관한 규정 위반, 그리고

(4) 농업협정 제4조 시장접근 규정(에 따른 양허) 위반.

　　우리나라 소비자 및 농민단체는 수입식품 관련 선통관, 후검사 도입, 전수검
사에서 선별검사로의 전환 그리고 육류 유통기한 폐지 등 우리나라 정부가 취한
일련의 국내식품 규제제도 개혁에 대하여 강하게 저항하였고, 수입농산물 불매운
동을 벌였다.[32] 우리 정부는 통상마찰을 해결하기 위한 대책을 강구하였는데, 5월
중순 보건복지부에서 '식품위생 관리제도 개선대책', 농림수산부에서 '동·식물검
역제도 개선대책' 등을 마련하여 발표하였다. 특히 유통기한을 대폭 자율화하여
1998년까지 단계적으로 완화하고 1999년까지 수입식품 급증에 대비하여 식품위
해요소 중점관리제도(HACCP)를 도입하겠다는 주요 방침들을 내놓았다.[33]

　　양측은 6월 5-6일 식품유통기한 제도에 관한 제1차 양자협의를 개최하였으
나 협상이 결렬되었다.[34] 우리 측은 제조업자에 의한 유통기한 자율결정제도를
단계적으로 도입할 계획임을 강조하였으나 미국 측은 현행 제도가 과학적 근거가
부족하고 자의적이고 차별적으로 운영되고 있어 WTO를 위반한다고 주장하며
7월 3일 패널설치를 요청할 것이라는 입장을 전하였다.[35] 미국측의 강경한 입장
에 우리 정부(복지부)는 진공포장 냉장육의 유통기한을 조기 설정하고 업자의 유통
기한 결정자율제를 조기에 시행하겠다는 방침을 내며 대내 협상과 대외 통상마찰
해소에 나섰다.[36] 한국 정부의 이러한 조기시행 방침과 7월 25일로 예정된 한미
정상회담을 앞두고 미국은 앞서 양자협의회에서 밝힌 패널구성을 추진하지 않은
채 계속 협상을 진행하였다.[37]

32) 연합뉴스, "수입농산물 불매운동 시작", 1995년 5월 18일. 연합뉴스, "시민, 농민단체,
　　美농축산물 불매 서명운동", 1995년 5월 26일.

33) 연합뉴스, "수입식품 사전신고, 중점검사제 도입", 1995년 5월 25일.

34) 연합뉴스, "韓美 식품협상 결렬", 1995년 6월 7일.

35) 연합뉴스, "美, 내달 3일 WTO에 對韓 육류패널 설치 요청키로", 1995년 6월 17일.

36) 연합뉴스, "수입냉장육 유통기한 조기설정 방침", 1995년 6월 19일.

37) 연합뉴스, "정부, 식품유통기한 관련 美에 추가양보 제의", 1995년 7월 8일.

한국은 조기시행 계획대로 유통기한 자율결정제도를 1996년 7월 1일부터 시행하기로 결정하였고, 그 이전까지의 유통기한에 대하여 미국과 협상하여 합의를 도출함으로써, 1995년 7월 20일 양국의 분쟁은 종료되었다.[38] 양측이 유통기한에 대하여 합의한 내용은 다음과 같다:

1) 1995년 10월 1일부터 1996년 6월 30일까지 진공포장한 소고기의 유통기한은 90일, 진공포장한 돼지고기의 유통기한은 45일로 정하며, 7월 1일부터는 제조업자가 결정한다.

2) 1995년 10월 1일부터 1996년 6월 30일까지 냉동 소세지 및 냉동 다짐육의 유통기한은 3개월, 냉동 돼지고기 및 냉동 닭고기는 9개월, 냉동 소고기는 12개월로 정하며, 7월 1일부터는 제조업자가 결정한다.

3) 기타 냉동식품에 대하여 1995년 10월 1일부터 1996년 6월 30일까지의 유통기한은 9개월로 정하며, 7월 1일부터는 제조업자가 결정한다.

4) 건조식품, 포장식품, 통조림 또는 병식품 등을 포함하는 이외의 식품에 대하여 1995년 10월 1일부터 유통기한은 제조업자가 결정한다.

5) 수입식품의 유통기한 외에도 일반적으로 한국식품법에 의한 냉장보관시 저장온도에 관한 요건이 폐지되면 1996년 7월 1일부터 제조업자가 정한다.

6) 1995년 10월 1일부터 1996년 6월 30일까지, 한국정부가 무역을 제한하기 위한 목적으로 저장온도에 관한 현행법상의 요건을 남용하지 않을 것을 보장한다.

또한 수입육류에 대한 조치에 대하여도 몇 가지 사항을 합의하였는데, 다음과 같다:

1) 1996년 7월 1일 이전까지 한국정부는 수입육류 내장에 있는 잔류물 최대허용치를 코덱스 위원회(Codex Alimentarius Commission)에서 제정한 국제표준과 일치시킬 것을 보장한다.

2) 한국정부는 돼지고기 해동시간을 현행 24시간에서 48시간으로 늘린다.

---

38) WTO, Korea—Measures Concerning the Shelf—Life of Products: Notification of Mutually Agreed Solution, WT/DS5/5, 31—07—1995 그리고 관련 수정·정정 문서를 참조한다.

3) 입찰절차와 관련하여, 한국정부는 돼지고기 구매 입찰을 개시하기 최소 7일 전에 사전공고를 해야 하며 계약상 물품도착기간으로 최소 30일을 허용해야 한다. 이러한 기간은 자연재해로 인한 대규모 공급혼란이 발생했을 시에만 예외로 인정된다.

양측은 상호합의에 의하여 분쟁을 종료하였음을 WTO에 통보한 이후에도 한동안 계속하여 세부적인 사항에 관한 협상을 진행하였다. 미국은 우리 정부가 위의 합의 사항을 이행할 때까지 예의주시하며, 유통기한 자율화가 다소 지연되거나 이행하기로 하였던 제품이 누락되는 상황 등에 대하여 불만을 제기하였고 즉각 패널설치를 고려하겠다는 입장을 밝혀 왔다.39) 우리 정부는 이에 대하여 합의사항이 HS품목분류방법으로 되어 있어 국내법과 완전히 일치하지 않는 등의 문제로 다소 지연되고 있으나 미준수로 해석하는 것은 적절하지 않다고 대응하며 나섰다.40)

미국은 유통기한 자율화의 대상품목과 시행시기에 대하여 여러 차례 요구하였고 우리 정부는 이에 대응하면서 국내제도를 개혁해 나갔다. 일례로 양측은 한동안 이견이 있었던 "기타 식품 범위"에 대해 제품 리스트를 합의하였고 자율화 대상을 명확히 하였다.41) 또한 미국의 추가적인 요구에 따라, 버터, 천연 및 가공치즈, 유아식품과 이유식에 대한 유통기한 자율화를 추진하여 이를 WTO에 통보하기도 하였다.42) 미국 측의 요구에 따라 멸균우유의 유통기한 자율화도 7월 1일 시행하고자 계획하였으나 1998년 말까지로 시행을 늦추게 되자 미국의 반발을 샀다.43) 최종적으로 한국은 1996년 7월 1일 시행할 식품위생법 유통기한 대상 품목 리스트와 이와 연계된 HS분류방식에 따른 품목을 미국과 WTO에 공식 통보하였다.44)

---

39) 연합뉴스, "美, 식품유통기한 문제 또 WTO에 문제제기", 1995년 11월 4일자 기사. 연합뉴스, "美, 식품 유통기한 싸고 한국에 압력행사", 1996년 1월 6일.

40) 연합뉴스, "식품협정 미준수 '사실과 다르다'", 1995년 11월 29일.

41) 연합뉴스, "韓美, 식품유통기한 실무협상타결 공표", 1996년 1월 23일자 기사.

42) WTO, WT/DS5/5/Add.2, 22−04−1996.

43) 연합뉴스, "美, 이번에는 살균우유 유통기한 자율화 요구", 1996년 1월 29일자 기사. 연합뉴스, "멸균乳 유통기한 자율화, 국제통상문제로", 1997년 7월 18일 기사. WTO, WT/DS5/5/Add.4, 19−07−1996.

44) WTO, WT/DS5/5/Add.5, 20−09−1996. 연합뉴스, "진공포장냉장육등 44개 식품 유통기한 자율화", 1996년 4월 23일.

이후 우리나라 정부는 증가하는 수입식품의 안전을 유지하기 위하여 사후관리감독 제도를 정비하여 시장 모니터링을 강화하였다. 또한 적절한 유통기한에 관한 논의와 연구, 효율적 제도 개선에 관심을 기울이며 지속적인 소비자 권익보호를 위한 제도를 발전시켜 나가고 있다.

8.4.3 한국의 먹는샘물 유통기한 규제와 TBT 분쟁(DS20)

1990년대 우리나라의 생수시장이 확대되면서 생수업체가 경쟁적으로 증가하였고 취수원과 취수방법, 함유성분에 대한 관리와 평가가 부실하여, 수질 부적격, 무허가 판매, 표시기준을 어긴 제품, 유통과정에서 변질된 제품 등 위생 및 소비자 보호와 관련된 각종 문제들이 보고되었다. 이에 따라 환경부는 1995년 1월 '먹는물 관리법 시행령 및 시행규칙안'을 마련하여 1995년 4월까지 부처협의와 공청회를 거쳐 이를 도입하고자 하였다.

그런데 1995년 3월말, 수입 생수가 우리나라 시장에 들어오지 못하는 사건이 발생하였다. 부산항에 선편으로 들어온 노르웨이産 생수(바이킹)가 4월부터 시행될 위의 기준에 따라 이미 6개월의 유통기한을 넘긴 상태로 부산항에 도착한 것이다. 부산본부세관에서는 이 생수제품의 통관이 불가하여 폐기 또는 반송해야 한다고 판단하였다.[45] 우리나라 규정에 따르면 당시 수입업체들은 시, 도의 관리당국으로부터 생수수입판매업체로 등록허가를 받고 환경부로부터 생수 수질검사와 서류검사 등을 거쳐야 하였으므로 노르웨이산 생수는 통관이 되더라도 등록허가 및 적합성평가를 거쳐 시장 판매까지 상당 시간이 소요될 것으로 예상되었기 때문이다. 선진국들은 자국에서는 유통기한을 제조업체가 정하고 2년까지 유통시키기도 한다고 주장하며 우리나라 진입장벽에 불만을 나타냈다.

4월, 한국과 미국 사이에서 자몽, 오렌지, 냉장쇠고기 등의 통관 및 유통기한 문제로 통상마찰이 한창 벌어지고 있는 가운데, 미국을 비롯하여 프랑스, 캐나다가 우리나라 생수의 유통기한과 용기재질 규제에 대하여 이의를 제기하고 나섰다.[46] 그 결정적인 계기는 환경부가 '먹는샘물의 기준과 규격 및 표시기준

---

45) 연합뉴스, "수입生水 유통기한 초과로 폐기, 반송 위기", 1995년 3월 23일.
46) 연합뉴스, "美 생수 유통기한 이의 제기", 1995년 4월 21일.

고시안'을 바탕으로 생수의 유통기한을 6개월로 정하고 1.0리터 이하 소형용기를 유리병으로 한정하는 내용의 규제를 시행하기로 발표하였기 때문이다. 선진국들은 생수의 유통기한을 6개월로 정하는 것에 대한 과학적 근거와 정당한 이유가 없다고 반발하며 제조업자가 정하도록 하라고 주장하였다.

선진국들의 불만제기에 환경부는 물 관리법 시행령, 시행규칙, 고시 등을 발표하고 생수의 유통기한을 6개월로 하되 품질변화가 없음을 입증하면 기한을 연장해주고, 소형용기도 유리병, 페트병 혼용을 인정하기로 한다는 결정을 발표하고 이를 5월 1일부터 시행하였다. 그리고 노르웨이산 생수도 수질검사를 받고 안전성이 입증되자 15개월까지 유통기한을 연장하여 허용하였다.[47] 환경부는 유통기한을 기본 6개월에서, 48개 항목의 엄격한 수질검사를 거쳐(수입 생수의 경우 통관할 때마다 매번 수질검사 필요) 최장 2년까지 연장승인해 주는 방안으로 선진국과의 통상마찰을 피할 수 있었다.

이후, 수질검사 결과가 환경부 공인 시험기관마다 다르게 나타난다는 문제점이 보고되면서 수입생수 유통관리를 강화해야 한다는 비판이 제기되었다.[48] 이에 따라 환경부는 환경부 공인 수질검사기관의 검사와 함께 국가기관인 국립환경연구원의 최종 확인 검사를 의무화하고 연장승인 이후에도 매 6개월마다 수질검사를 실시하도록 하는 등 사후관리를 강화하였다.[49]

한편, 8월 캐나다産 생수('팰러스')가 '오존처리'라는 화학적 방법으로 정수처리를 한다는 이유로 우리 정부가 이 제품들을 전량 반송하는 사건이 벌어졌다. 이에 대해 캐나다 정부는 강한 반발을 나타내며 11월 8일 우리나라 생수의 유통기한 및 관리제도에 대해 WTO에 제소하였다.[50] 캐나다는 한국의 '식수관리법'과 '병생수에 대한 표준, 사양 및 라벨링 기준 공고(No. 1995-43)'를 포함하는 한국의 생수에 관한 법규정을 문제로 삼았다. 캐나다가 특히 문제로 지적한 사항은 두 가지였는데, 상기 공고의 제8조에서 규정하는 6개월 유통기한과 제3조에서 규정하는 침전, 여과, 탄산화, 자외선 소독과 같은 물리적 처리 허용 및 화학처리 금지

---

47) 연합뉴스, "수입생수 바이킹 유통기한 15개월 허용", 1995년 6월 20일.

48) 연합뉴스, "〈國監현장〉… 한경노동위", 1995년 10월 11일.

49) 연합뉴스, "수입생수 유통기한 연장심사 강화", 1995년 11월 4일.

50) WTO, Kroea-Measures Concerning Bottled Water: Request for consultations by Canada, WT/DS20/1.

에 관한 것이었다. 당시 캐나다에서는 생수의 소독 처리를 위하여 오존처리 방식을 사용하고 있었는데, 한국의 조치에 따르면 오존처리 방식이 금지되고 있었다.

캐나다는 한국의 조치가 다음의 WTO조항을 위반하고 캐나다의 무역이익을 침해하고 무효화한다고 주장하였다:

(1) SPS협정 제2조 기본 권리와 의무 및 제5조 위험평가와 위생 및 식물위생의 적절한 보호수준 결정에 관한 규정 위반,

(2) GATT협정 제3조의 내국민대우 및 제11조의 수입제한조치금지 규정 위반,

(3) 무역기술장벽 협정 제2조 중앙정부기관에 의한 기술규정의 준비, 채택, 적용에 관한 규정 위반

우리 정부는 수입 생수들이 여러 차례 2년의 유통기한 연장승인을 받은 바 있고, 한국의 생수에는 오존처리가 허용될 수 없다는 입장을 설명하며 대응에 나섰다.[51] 하지만 곧이어 캐나다는 제소를 추진하였고 미국과 유럽연합이 차례로 참여하면서 한국의 생수 관련 규제에 대한 압박을 가세하였다.[52] 그리고 12월 15일 열린 양자협상에서 양측은 합의를 이루지 못하였고 캐나다는 1월 9일 이후 패널설치를 요청하겠다는 의지를 나타냈다.[53] 양자협의회에서 우리 정부는 한국의 먹는샘물 정의가 '천연광천수(natural mineral water)'를 의미하며 오존처리와 같은 화학처리를 거쳐 시판되는 '병입수(bottled water)'와 다르다고 해명하였다. 그러나 캐나다는 대부분의 국가에서 생수의 유통기한을 정부가 아닌 제조업자가 자율적으로 정하고 있으며 국제관례상 그 기한이 2년이며 오존처리도 허용되는 처리방법이라고 주장하며 강경한 입장을 보였다.

---

51) 연합뉴스, "환경부, 加 생수협상 제의에 적극 대처", 1995년 11월 18일.

52) WTO, Kroea－Measures Concerning Bottled Water: Request to Join Consultations under Article 4.11 of the DSU－Communication from the US, WT/DS20/2, 30－11－1995. WT/DS20/3, WTO, Kroea－Measures Concerning Bottled Water－Acceptance by Korea of the Request to Join Consultations by the US, 05－12－1995. WT/DS20/4, WTO, Kroea－Measures Concerning Bottled Water: Request to Join Consultations under Article 4.11 of the DSU－Communication from the EC, 14－12－1995. Kroea－Measures Concerning Bottled Water－Acceptance by Korea of the Request to Join Consultations by the EC, 05－12－1995. WT/DS20/5, 15－12, 1995.

53) 연합뉴스, "韓加 먹는샘물 양자협의 결렬", 1995년 12월 16일.

다음해 1월 말, 환경부는 1997년부터 오존처리 등 화학적으로 여과 및 처리된 물도 국내에 시판할 수 있도록 '먹는물 관리법' 개정 계획을 발표하였다. 환경부는 '먹는샘물'에 대하여 수질기준을 강화하여 미네랄 등 성분 검사를 시행하고 화학처리된 물은 수돗물 수질기준과 동일한 수질기준을 적용함으로써 차별화하는 한편, 소비자들에게 '먹는샘물'과 일반 병입수를 식별할 수 있도록 한다는 방침을 밝혔다.[54]

한국의 오존처리 허용 결정과 함께 1996년 9월 정기국회에서 식수관리법 개정안을 제출하여 입법을 약속하였고 이에 따라 4월 양자협의회에서 양측은 상호 합의를 도출하여 분쟁을 종료하였다.[55]

당시 양국의 합의내용이 담긴 서신에 따르면, 한국 정부는 가능하면 1997년 1월 1일까지, 그리고 1997년 4월 1일을 넘기지 않는 시한 내에 오존처리된 생수의 수입, 판매 및 유통을 허용하기 위하여 관련 법규정을 개정하기 위한 조치를 취하기로 약속하였다. 그리고 이를 위하여 1996년 9월 정기국회에서 식수관리법 개정을 제출하고 법안 통과 이후 이행을 위한 개정을 추진하며 오존처리에 관한 기술규정을 제정함으로써 불필요한 무역장벽을 구성하지 않고 캐나다 정부에 가능한 빠른 시일 내에 법안 초안과 이행규정을 제출하겠다고 약속하였다. 또한 유통기한 연장을 위한 조치를 취하며 연장절차의 투명성을 보장하기 위하여 노력하겠음을 확인하였다.

---

54) 연합뉴스, "오존처리 생수도 수입허용", 1996년 1월 30일. 연합뉴스, "오존처리 생수 수입 허용", 1996년 4월 23일.

55) WTO, Kroea—Measures Concerning Bottled Water—Notification of Mutually Agreed Solution, WT/DS20/6, 06-05-1996.

	조치 내용(STC 번호)	한국과 공동 제기한 국가(한국포함)	최초제기연도
1	페루-중고차 인증제도 (ID 14)	한국	1997
2	유럽연합-전기전자기기 및 전기전자기기 폐기물의 유해물질 사용 규제 (RoHS, WEEE) (ID35))	호주, 캐나다, 중국, 이스라엘, 일본, 요르단, 한국, 말레이시아, 멕시코, 태국, 이집트, 미국, 베네수엘라, 볼리비아(14)	1999
3	미국-모조보석에 대한 영구표시 규제 (ID 43)	한국, 태국(2)	2000
4	유럽연합-적합성평가에 대한 유럽협정의정서 (PECAs) (ID 52)	캐나다, 한국, 미국(3)	2000
5	일본-자원사용에 대한 효과성증진 규제 (ID 56)	한국, 말레이시아(2)	2001
6	중국-식품 및 화장품 인증·표시제도 (ID 76)	한국, 유럽연합(2)	2002
7	미국-자동차안전에 관한 연방기준-타이어 압력 모니터링 제도 (ID 80)	한국, 유럽연합(2)	2002
8	중국-보일러 및 압력 용기에 대한 관리·감독 규정 (ID 83)	한국	2002
9	유럽연합-화학물질 등록, 평가, 승인 규정 (REACH) (ID 88)	아르헨티나, 호주, 보츠와나, 브라질, 캐나다, 칠레, 중국, 타이페이, 콜롬비아, 코스타리카, 쿠바, 도미니카공화국, 에콰도르, 엘살바도르, 한국, 인도, 인도네시아, 이스라엘, 일본, 쿠웨이트, 말레이시아, 멕시코, 파키스탄, 필리핀, 카타르, 러시아, 사우디아라비아, 싱가포르, 남아프리카공화국, 스위스, 태국, 이집트, 미국, 우루과이(34)	2003
10	중국-보일러 및 압력용기 제조 허가 요건 (ID 92)	한국	2003
11	유럽연합-자동차 재사용, 재활용 및 재제도에 관한 형식승인 지침 (ID 108)	한국	2004
12	중국-전자정보제품에 의한 오염규제 행정 (ID 122)	일본, 한국, 스위스, 미국, 유럽연합(5)	2005
13	유럽연합-건설자재의 방화성능 (ID 131)	브라질, 콜롬비아, 일본, 한국, 멕시코, 필리핀, 태국, 미국(8)	2006
14	인도-자동차용 공압타이어 및 튜브 (ID 133)	일본, 한국, 미국, 유럽연합(4)	2006
15	사우디아라비아-국제적합성인증프로그램 (ICCP) (ID 136)	일본, 한국, 멕시코, 미국(4)	2006
16	유럽연합-ATPs and CLP 물질 및 혼합제품에 대한 분류, 표시, 포장에 관한 규정 (ID 165)	아르헨티나, 호주, 보츠와나, 브라질, 캐나다, 칠레, 중국, 콜롬비아, 쿠바, 도미나카공화국, 에콰도르, 인도, 인도네시아, 일본, 한국, 말레이시아, 모리셔스, 필리핀, 러시아, 사우디아라비아, 남아프리카공화국, 짐바브웨, 태국, 터키, 미국, 베네수엘라, 볼리비아(27)	2007

	조치 내용(STC 번호)	한국과 공동 제기한 국가(한국포함)	최초제기연도
17	노르웨이-소비제품용 유해물질에 관한 규정안 (ID 178)	이스라엘, 일본, 한국, 요르단, 미국(5)	2007
18	중국-정보 보안에 관한 규정 (ID 183)	캐나다, 일본, 한국, 미국, 유럽연합(5)	2008
19	유럽연합-장난감 (ID 187)	한국, 중국(2)	2008
20	인도네시아-아연도금철강판 (ID 199)	한국	2008
21	에콰도르-타이어, 철강제품 및 자동차 부품 포함 산업제품에 대한 시험보고서 및 적합성 인증제도 (ID 218)	칠레, 콜롬비아, 한국, 미국, 유럽연합(5)	2009
22	인도-철강제품에 대한 강제 인증제도 (ID 224)	중국, 일본, 한국, 멕시코, 유럽연합(5)	2009
23	인도네시아-철강제품에 대한 강제 인증제도 (ID 227)	타이페이, 일본, 한국, 유럽연합(4)	2009
24	태국-철강제품에 대한 강제 인증제도 (ID 230)	태국, 일본, 한국(3)	2009
25	중국-가정용 및 유사 전기기기의 항균 청소기능 (ID 235)	한국	2009
26	유럽연합-제품판매에 관한 인정(Accreditation) 및 시장 감독 제도 (ID 238)	호주, 한국, 태국, 미국(4)	2009
27	미국-유해물질 관련 리튬전지의 운반에 관한 규정 (ID 262)	중국, 이스라엘, 중국, 한국, 유럽연합(5)	2010
28	미국-에너지스타표시(에너지효율등급) 관련 인가제도 및 시험기관에 관한 기준 (ID 268)	한국, 유럽연합(2)	2010
29	캐나다-에너지효율규정에 관한 개정안 (ID 282)	한국	2010
30	중국-1999년 상업용 암호화제품에 관한 국가암호관리국(OSCCA) 규정 및 개정사항과 정보보안에 대한 등급보호관리제도(MLPS)를 포함하는 정보보안에 관한 규정 (ID 294)	브라질, 캐나다, 일본, 한국, 미국, 유럽연합(6)	2011
31	중국-화장품 신청승인 행정에 관한 조항 (ID 296)	캐나다, 일본, 한국, 미국, 유럽연합(5)	2011
32	인도네시아-전기분해 주석도금 박강판에 관한 국가표준의 강제시행에 관한 산업부 법령안 (ID 303)	일본, 한국, 유럽연합(3)	2011
33	프랑스-환경에 대한 국가약속 규정(France Loi No.2010-788) (ID 306)	아르헨티나, 브라질, 쿠바, 인도, 한국, 남아프리카공화국, 우루과이(7)	2011
34	멕시코-에너지 라벨링 조치 (ID 314)	아르헨티나, 일본, 한국, 미국, 유럽연합(5)	2011
35	미국-디스플레이 관련 에너지 스타 6.0 프로그램안 (ID 323)	한국	2011
36	미국-생물학 제품에 관한 소독검사 규정 개정 (ID 324)	한국	2011
37	유럽연합-타이어 표시 규정	한국	2012

	조치 내용(STC 번호)	한국과 공동 제기한 국가(한국포함)	최초제기연도
38	콜롬비아-공공운송에 관한 기술규정 관련 교통부의 결정안 (ID 343)	한국	2012
39	유럽연합-램프, 발광 조명 램프 및 관련 기기의 에코디자인에 관한 규정 (ID 365)	한국	2012
40	호주-물효율성표시 및 기준에 관한 규정(WELS) (ID 366)	한국	2012
41	인도-전자 및 정보통신제품 강제 규정 (ID367)	캐나다, 일본, 한국, 노르웨이, 스위스, 미국, 유럽연합(7)	2013
42	유럽연합-PFC 온실가스 규정안 (ID 391)	일본, 한국, 미국(3)	2013
43	멕시코 전자기기의 최대 전력 제한을 위한 예비 전력 기준 및 적합성 절차 (ID 406)	한국, 미국(2)	2013
44	에콰도르-화장품 규제 (ID 417)	브라질, 칠레, 한국, 멕시코, 유럽연합(5)	2014
45	중국-휴대용 전자기기의 리튬 아연 전지와 베터리 (ID 425)	일본, 한국(2)	2014
46	중국-의료기기 감독 및 관리에 관한 규정 (ID 428)	캐나다, 한국, 미국, 유럽연합(4)	2014
47	인도네시아-제품의 인도네시아어 표시 강제 부착 제도 (ID 436)	일본, 한국, 미국, 유럽연합(4)	2014
48	중국-화장품 표시에 관한 관리 조치 (AMCL) (ID 456)	호주, 캐나다, 일본, 한국, 뉴질랜드, 미국, 유럽연합(7)	2015
49	중국-의약품 및 의료기기 등록비 (ID 466)	호주, 캐나다, 한국, 미국(4)	2015
50	스웨덴-일부 전자제품의 화학세 (ID 469)	한국	2015
51	아랍에미레이트-전기기기 에너지 효율 등급에 관한 표시 (ID 481)	한국	2015
52	인도-알카라인 및 비산성 전해질 2차 셀과 전지 (ID 482)	한국, 미국(2)	2015
53	중국-유아 분유 등록 규정 (ID 493)	일본, 한국, 뉴질랜드, 미국, 유럽연합(5)	2016
54	중국-표준법안 (ID 507)	한국	2016
55	중국-배기배출물 기준 (ID 508)	한국	2016
56	인도-전자 폐기물 관리 규정 (ID 515)	일본, 한국, 미국(3)	2016

08
[김민정] 우리나라 TBT 분쟁 사례

표 8-6. STC 제기 대상이 된 한국의 기술규제 조치(1995-2017.6.)

	우리나라 조치 내용 (STC 번호)	제기 국가	최초제기연도
1	한국 원산지 규정과 원산지 표시제도 (ID2)	일본, 스위스	1995
2	한국 승용차 MOU (ID 23)	유럽연합	1998
3	한국 전기기기 안전규제법 (ID 49)	일본	2000
4	한국 자동차 배기 기준 (ID 72)	유럽연합	2002
5	한국 자동 전기기기 소형 퓨즈 안전성 기준 (ID 73)	유럽연합	2002
6	한국 주류, 와인, 맥주 표시 제도 (ID 78)	캐나다, 미국, 유럽연합	2002
7	한국 무선 인터넷 플랫폼 규정 (ID 89)	미국	2003
8	한국 대구머리 관련 조치 (ID 96)	아이슬란드, 뉴질랜드, 노르웨이, 유럽연합	2003
9	한국 승용차 에너지효율기준 (ID 105)	일본, 미국, 유럽연합	2004
10	한국 한약재 농약 잔류물 기준 및 검사방법 (ID 121)	중국	2005
11	한국 전기/전자제품 및 승용차 재활용 법안 (ID 134)	일본, 미국, 유럽연합	2006
12	한국 제조품 안전기준 (ID 158)	유럽연합	2007
13	한국 수입 과일 원산지표시 규정 (ID 200)	멕시코, 미국	2008
14	한국 수입 기능성 화장품 검사 절차 (ID 207)	미국	2008
15	한국 소고기 관련 규제 (ID 228)	호주, 캐나다, 멕시코, 뉴질랜드, 미국	2009
16	한국 리튬 전지 적합성평가절차 (ID 243)	일본, 유럽연합	2009
17	한국 식품 표시기준 (ID 244)	중국, 유럽연합	2009
18	한국 식품산업진흥법 규정 (ID 245)	호주, 캐나다, 칠레, 멕시코, 뉴질랜드, 스위스, 미국, 유럽연합	2009
19	한국 태양열 패널 기준 (KS C IEC61646:2007) (IMS ID 271)	미국, 유럽연합	2010
20	한국 자동차 에너지소비 및 허용 온실가스 기준 (ID 281)	미국, 유럽연합	2010
21	한국 화장품 관련 모범제조 관행 (ID 292)	미국, 유럽연합	2011
22	한국 바닥마루 재제, 도배지 및 장난감 PVC 함유 기준 (ID 302)	일본, 미국	2011
23	한국 화학물질 등록, 평가 규정 (ID 305)	호주, 중국, 일본, 스위스, 미국, 유럽연합	2011
24	한국 전파 관련 규정 개정(Act 1/2011) (RRA) (ID 312)	미국	2011

	우리나라 조치 내용 (STC 번호)	제기 국가	최초제기연도
25	한국 화장품용 나노제품 관련 KFDA 화장품 표시 및 광고 가이드라인 (ID 313)	미국, 유럽연합	2011
26	한국 수입 위스키 무선주파수 식별 태그 요건 (ID 329)	미국, 유럽연합	2011
27	한국 자동차 타이어의 에너지 소비효율 및 등급에 관한 규정 (ID 348)	일본, 유럽연합	2012
28	한국 창호 에너지효율에 관한 지식경제부 통보 (ID 357)	미국	2012
29	한국 휴대폰 전자파 흡수율(SAR) 및 전자기장 (EMF)노출 관련 규정 (ID 371)	미국, 유럽연합	2013
30	한국 자동차 통제 규정에 관한 개정안 (ID 376)	유럽연합	2013
31	한국 목재제품에 관한 기준 및 요건 (ID 491)	캐나다, 미국	2015
32	한국 흡연 및 음주 경고 문구에 관한 개정안 (ID 518)	호주, 캐나다, 일본, 멕시코, 뉴질랜드, 미국, 유럽연합, 칠레	2016
33	한국 가정용 화학 살균제 규정 (ID 529)	미국, 일본	2017

우리나라 기술규제체계
발전과 과제

우리나라의 TBT 대응 관련
법제도 현황과 과제

- 이세정

── 우리나라의 TBT 대응 관련 법제도 현황과 과제

[이세정]

9.1 개관

기술규제(Technical Regulation)는 사람의 안전 보호, 보건, 동식물의 보호, 환경 보호 등의 행정목적을 달성하기 위하여 법령상 어떤 제품·서비스·시스템 등에 대해서 특정 요건을 규정하는 것[1])으로서 기술규정(Technical Regulations), 표준(Standards), 적합성 평가 절차(Conformity Assessment Procedures) 등으로 구성된다.[2]) 기술규제는 제품의 특성, 공정 및 생산방법에 대한 기술규정, 표준, 그리고 특정 제품이 이미 설정된 기술규정과 표준에 부합하는지 여부를 결정하는 적합성평가 절차 등을 주요 요소로 한다.[3])

기술규제는 제품 등의 시장진입을 위한 강제적 또는 사실상(de facto) 요건으로[4]) 제품 등에 대한 시장의 신뢰도를 높이고 제품 간 경쟁을 통해 주요국 기술규제를 참조, 제품 경쟁력 향상, 소비자 보호, 환경보호를 꾀함으로써 무역 원활화에 기여하는 순기능을 담당한다.[5]) 실제 안전, 소비자보호 등을 목적으로 도입되는 각

---

1) 장용준·남호선, TBT(무역상 기술장벽) 관련 WTO 내 논의 동향과 시사점, 오늘의 세계경제, 대외경제정책연구원, 2009, 1쪽.
2) 최형기, "FTA시대", 선진 기계산업으로 도약을 위한 해외 기술규제 대응, 기계산업, 한국기계산업진흥회, 2007, 30쪽.
3) 한승준, 무역기술장벽 대응을 위한 우리나라 기술규제제도 개선방안에 관한 연구, 사회과학연구 제25권 제3호, 경성대학교 사회과학연구소, 2009. 9, 48–49쪽.
4) 한승준, 앞의 논문, 49쪽.
5) 이세정 외, 무역기술장벽(TBT)의 체계적 대응을 위한 법제연구, 국가기술표준원 정책연구보고서, 한국법제연구원, 2016. 12, 11쪽.

종 인증, 라벨링은 소비자단체로부터 좋은 호응을 받아 무역장벽으로 인식되지 못하는 경우도 있다.6) 하지만 기술규제가 존재하는 국가를 상대로 자국의 상품을 수출하기 위해서 해당 국가의 규제에 관한 요구사항을 충족시켜야 하는데, 해당 국가에서 국제표준이 존재함에도 불구하고 국제표준과 일치하지 않거나 또는 국가 간 서로 다른 기술규제를 채택하거나 적합성평가를 위해 중복적인 과도한 검사를 요구하는 경우7) 대표적인 무역기술장벽(Technical Barrier to Trade; TBT), 즉 "무역상대국 간에 기술규정과 표준, 적합성평가절차 등을 상이하게 채택·적용함으로써 국가 간 상품의 자유로운 이동을 저해하는 제반 장애요소"8)로 작용하게 된다.9)10)

세계 각국이 기술규정, 표준, 적합성평가절차 등을 상이하게 채택·적용함에 따라 수출 기업이 상품을 수출할 때 수출하고자 하는 국가의 기술규제에 맞춰 제품을 생산하고, 이로 인해 새로운 설비 등을 마련해야 하는 등 추가적 비용이 들며, 비용 상승으로 인해 수출제품의 가격 경쟁력이 저하되는 등11) 기술규제가 자유무역을 저해하는 수단으로 사용될 수 있다는 인식 아래 1979년 4월 13일 제네바에서 'GATT(General Agreement on Tariff and Trade)12)/TBT 협정'(Agreement on Technical Barrier to Trade)이 체결되었고, 이 협정은 1980년 1월 1일 발효되었다.13)14) 'GATT/TBT

---

6) Kotra 통상전략팀, 무역에 있어 세계 기술장벽(TBT) 동향과 피해사례, KOTRA, 2006. 9, 2쪽.

7) 한승준, 앞의 논문, 49쪽.

8) 국가기술표준원, 2015 국가기술표준백서, 2016, 860쪽.

9) 하선권·최정택·김성준, 기술규제장벽(TBT) 협정에 따른 한국정부 대응방안, 한국행정학회 학술발표논문집, 2011. 6, 1쪽.

10) 세계무역기구(WTO)에서 발표한 자료에 따르면 무역기술장벽은 1989년부터 급속히 증가하여 비관세장벽(Non-tariff Barrier) 중 가장 큰 비중을 차지하고 있고 향후에도 그 추세는 지속될 것으로 보여지고 있다. 국가기술표준원, 2015 국가기술표준백서, 837쪽.

11) 김민정·박문석, 기술규제와 무역기술장벽 대응 〈교재원고-201612〉, 23쪽.

12) 제2차 세계대전 종전 이후 세계 각국은 보다 자유로운 무역의 활성화를 위하여 꾸준한 노력을 기울여 왔다. 이러한 노력의 결실 중 하나가 자유무역의 가장 큰 걸림돌로 지적되어 왔던 관세를 낮추기 위해 1948년 '관세 및 무역에 관한 일반 협정'(General Agreement on Tariff and Trade; GATT)을 체결한 것이다.

13) WTO/TBT 협정은 GATT의 출범에서부터 그 연원을 찾을 수 있다. 1973년 개최된 제7차 도쿄라운드에서는 기존의 관세에 대한 논의와 더불어 비관세장벽의 철폐 쪽으로 문제의 초점이 맞춰졌으며, 기술규제에 대한 다자규범으로서 표준규약(Standard code 또

협정'은 체결 당시 미국, 일본, EU 등 38개 국을 가입국으로 했고, 우리나라는 1980년 10월 2일에 가입하였다.

'GATT/TBT 협정'은 불필요한 기술규정 등 표준화 제도가 무역장벽으로 대두되지 않도록 한다는 것을 기본정신으로 하여 자국의 기술규제 항목들을 WTO에 통보함으로써 모든 나라가 이를 공유할 수 있도록 하는 것을 주요 내용으로 했다.[15] 그런데 GATT/TBT 협정은 강제력이 없었고, 지방정부 및 비정부기관의 TBT 협정 이행의무가 확보되지 않았으며, TBT 협정의 적용 및 관할범위가 모호하다는 한계가 있었다.[16]

1995년 GATT에서 WTO(World Trade Organization) 체제로 전환됨에 따라 WTO 협정의 부속서 중의 하나로 WTO/TBT 협정[17]이 채택되었다.[18] WTO/TBT 협정은 인간과 동물의 생명 또는 건강보호, 환경보호, 국가 안보 등을 위한 조치를 제외하고는 회원국 간에 서로 상이한 기술규정, 표준, 적합성평가절차 등으로 무역

는 Agreement on Technical Barriers to Trade)이 채택되었고, 이는 WTO-TBT 협정의 전신이 되었다. 이후 WTO가 출범하면서 WTO/TBT 협정은 제품을 생산하는 절차까지 포함하고, 전 회원국을 대상으로 효력이 발효되었다. 양준석·김성준·이민창, WTO/TBT 협정상 기술규제 대외통보 및 질의응답 제도개선 방안, 한국규제학회, 2010, 9쪽 이하.

14) 국가기술표준원·TBT중앙사무국, 2016년 무역기술장벽(TBT) 보고서, 2017. 5, 10쪽.

15) 하선권·최정택·김성준, 앞의 글, 1쪽.

16) 외교부, WTO 무역에 대한 기술장벽에 관한 협정 개요.
⟨http://www.mofa.go.kr/webmodule/htsboard/template/read/korboardread.jsp?type ID=6&boardid=157&seqno=306357&c=&t=&pagenum=1&tableName=TYPE_DATA BOARD&pc=&dc=&wc=&lu=&vu=&iu=&du=⟩ (2017. 9. 15. 최종 방문)

17) 1995년 1월 1일 WTO/TBT 협정 출범 당시 회원국은 128개국이었고, 우리나라는 GATT 회원국으로 초기 회원국이었으며, 2017년 5월 현재 164개국 회원국이 가입한 상태이다. 국가기술표준원·TBT중앙사무국, 2016년 무역기술장벽(TBT) 보고서, 11쪽.

18) WTO 회원국은 WTO/TBT 협정 체결 이후에도 양자간 또는 지역간 FTA 협정(Free Trade Agreement)을 통해 국가별 정책, 국내 제도, 우선 순위 등을 반영한 TBT 협정을 별도로 구성하여 이행하고 있다. 우리나라의 경우에도 그동안 체결한 15건 FTA 협정에 대부분 TBT 조항이 포함되어 있고, 11개국과 체결한 FTA 협정에서는 TBT 관련 장(章)을 별도로 두고 있기도 하다[한·칠레 FTA(제9장), 한·EU FTA(제4장), 한·페루 FTA(7장), 한·미 FTA(제9장), 한·터키 FTA(제5장), 한·캐나다 FTA(제6장), 한·콜롬비아 FTA(제6장), 한·중 FTA(제6장), 한·뉴질랜드 FTA(제6장), 한·베트남 FTA(제6장),]. 유새별, Mega FTA 대응전략 연구: TBT 협정을 중심으로, 대외경제정책연구원, 2016. 9, 17쪽, 22쪽.

흐름에 장애가 될 수 있는 기술장벽을 완화하는 것을 목적으로 한다. WTO/TBT 협정은 15개조 및 3개 부속서로 구성되었으며, WTO 전 회원국을 대상으로 효력을 가지는 강제력 있는 협정이다.

WTO/TBT 체제 하에서는 중앙정부, 지방정부, 비정부기관에 대한 협정의 준수의무를 강화하고, 임의규정인 표준 및 적합성평가절차까지 적용범위를 확대했다. 또한 기술규정 및 표준의 개념을 제품의 성능에서 생산 및 공정방법으로 확대했으며, 분쟁해결절차에서도 종전의 권고 수준에서 벗어나 제도적 개선명령 조치 도입 등 보다 강력한 체제로 전환하였다.[19]

한편, 2008년 금융 이후 글로벌 경제가 본격적인 저성장 기조로 진입함에 따라 수출주도형 경제체제를 갖고 있는 우리나라도 저성장 구조가 고착화될 가능성이 커졌다. 저성장 뉴노멀[20] 시대에 유가 하락세까지 겹치면서 세계경기 회복세가 지연되어 우리나라의 수출 부진이 만성화될 가능성이 높다. 이미 체결된 FTA(15개 52개국), 메가 FTA[21] 타결 및 역내 포괄적 경제동반자협정(Regional Comprehensive Economic Partnership; RCEP)[22] 등에 따른 관세 철폐로 업계의 TBT 등 비관세장벽

---

19) 국가기술표준원·TBT중앙사무국, 2016년 무역기술장벽(TBT) 보고서, 11쪽.

20) 뉴 노멀은 2008년 글로벌 금융위기 이후 새롭게 나타난 세계경제의 질서를 통칭하는 말로, IT 버블이 붕괴된 2003년 이후 미국의 벤처투자가인 로저 맥나미(Roger McNamee)가 처음 사용하였다. 2008년 이전까지는 규제 완화, 정보통신기술의 발달, 증권화 및 파생상품시장 확대 등의 금융혁신으로 금융산업이 큰 폭으로 성장하며 고위험 투자가 증가한 시기였다. 이러한 고위험 투자의 확대는 경제성장의 동력이 되기도 하였으나 이로 인한 부동산의 가격거품은 2008년 글로벌 금융위기를 불러오는 주요한 원인이 됐다. 이에 대한 반성으로 세계경제는 금융 규제가 강화되었으며, 금융기관들은 고위험 투자를 축소하였다. 또한 환경 문제 개선을 위한 저탄소 경제체제 등이 등장하면서 세계경제는 저성장 국면에 진입하였으며 미국 중심의 세계경제 질서에서 벗어나 신흥국들이 시장에 적극 참여함에 따라 세계경제에서 미국이 차지하는 비중이 감소하는 등 새로운 경제 질서가 나타났다. 이러한 현상을 통칭하여 '뉴 노멀'이라고 부른다. 네이버 지식백과, 뉴 노멀[New Normal]. 〈http://terms.naver.com/entry.nhn?docId=3555991&cid=40942&categoryId=31863〉

21) 메가 FTA는 TPP(환태평양경제동반자협정)나 FTAAP(아태자유무역지대)처럼 다수의 협상국이 참여하는 무역자유화협정을 말한다. 매일경제용어사전, 메가FTA. 〈http://terms.naver.com/entry.nhn?docId=2355201&cid=43659&categoryId=43659〉

22) '역내 포괄적 경제동반자협정'은 동남아시아국가연합(ASEAN) 10개국과 한·중·일, 호주, 인도, 뉴질랜드 등 16개국의 역내 무역자유화를 위한 협정으로 다자간 자유무역협정(FTA)이다. '아르셉'이라고도 한다. 트렌드 지식사전 1, RCEP.

해소 요구가 증가할 것으로 예상되고 있다.[23] 특히 2015년 12월 20일 한·중 FTA 협정 발효 이후 중국의 기술규정, 시험·인증 등의 TBT가 주요 수출 장애요인으로 대두되고 있다.[24]

　WTO 회원국들은 무역에 상당한 영향을 초래하는 기술규정, 표준 및 적합성평가절차를 만드는 경우, 다른 회원국들이 의견을 제시할 수 있도록 이를 WTO에 통보해야 한다. WTO TBT(기술장벽)위원회에 접수된 각국의 기술장벽(인증, 라벨링 등)의 통보문 건수가 20년 전에는 400여건 수준이었던 것이 10년 전에는 800여건, 2012년부터는 2,000건을 돌파하여 2014년에는 최고치인 2,239건을 기록했다. 2015년에는 신규·개정 통보문 1,466건(신규: 1,442건, 개정: 24건), 추가·수정 통보문 523건(추가: 476건, 수정: 49건)으로 총 1,989건의 통보문이 기록되었다.[25] 2016년에는 2,336건으로 역대 최고치를 기록했는데, 2016년 WTO 회원국들의 신규 통보문은 1,653건, 추가 및 정정·개정 통보문은 683건(추가 및 수정: 651건, 개정: 32건)이었다.[26]

　무역기술장벽은 우월한 기술력을 바탕으로 주로 선진국들에 의해 활용될 것으로 생각하기 쉬우나, 실질적으로는 선진국과 개발도상국이 모두 활용하며, 다양한 특성을 가진 국가와 지역으로 확산되고 있다.[27] 최근에는 특히 개발도상국을 중심으로 TBT 통보 건수가 선진국을 앞지르는 현상이 나타나고 있다.[28]

　WTO 회원국은 신규 또는 시행 중인 기술규제가 교역상대국으로의 수출에 부정적인 영향을 미칠 경우 TBT 위원회 정례회의에서 이의를 제기할 수 있는데, 이를 특정무역현안(Specific Trade Concerns, STC)이라고 한다. WTO 회원국의 수출

〈http://terms.naver.com/entry.nhn?docId=2070410&cid=55570&categoryId=55570〉

23) 국가기술표준원, 2015 국가기술표준백서, 843쪽.

24) 국가기술표준원, 2015 국가기술표준백서, 843쪽.

25) 2015년 통보문 건수는 역대 최고치를 기록했던 2014년 2,239건에서 12% 하락한 수치로, 2012년 이후 지속적인 증가 추세를 보이던 TBT 통보문수가 감소한 주요 원인은 2014년 가장 많은 통보문을 발행(420건)했던 에콰도르의 통보문 건수가 2015년에는 126건으로 급감했기 때문인 것으로 분석된다. 국가기술표준원·TBT중앙사무국, 2015년 무역기술장벽(TBT) 보고서, 13쪽.

26) 국가기술표준원·TBT중앙사무국, 2016년 무역기술장벽(TBT) 보고서, 79쪽.

27) 남상열, 무역상 기술장벽 분야의 WTO 논의동향과 대응, 대외경제정책연구원, 2005, 29쪽.

28) 국가기술표준원·TBT중앙사무국, 2016년 무역기술장벽(TBT) 보고서, 85쪽.

등 무역에 부정적인 영향을 미칠 수 있다고 보고 WTO TBT 위원회에 이의를 제기한 특정무역현안도 2014년 47건이나 제기되었다.[29]

기술규제는 일반적 인식과는 달리 일부 선진국이나 첨단기술제품에 한정되지 않고, 교역대상이 되는 대부분의 품목에 대해 광범위하게 그리고 동남아, 중남미, 동유럽 등 다양한 지역의 개발도상국으로 빠르게 확산되고 있는 추세이다. 중동·중남미 등 신흥 수출시장의 비중이 점차 커지면서 신흥 시장에 진출하는 국내 수출기업(중소기업)의 수출활동에도 어려움이 예상되고 있다.[30]

9.2 TBT 대응을 위한 법제도 현황

9.2.1 기술규제의 개념

'기술규제'라는 용어는 법률상 정의된 용어는 아니다. 즉 현행법에서 '기술규제'라는 용어를 법률적으로 정의하고 있지는 않다. 기술규제라는 용어는 앞서 언급한 것처럼 우리나라에서는 행정 실무상 "사람의 안전 보호, 보건, 동식물의 보호, 환경 보호 등의 행정목적을 달성하기 위하여 법령상 어떤 제품·서비스·시스템 등에 대해서 특정 요건을 규정하는 것으로서 기술규정(Technical Regulations), 표준(Standards), 적합성평가절차(Conformity Assessment Procedures) 등으로 구성되는 것"[31]으로 통칭하여 사용되고 있다. 이러한 이해에 따르면 기술규제에는 '기술규정', '표준', '적합성평가절차' 모두 포함된다.

이 중 '(국가)표준', '적합성평가절차' 각각에 대해서는 「국가표준기본법」[32]에

29) 한국전자정보통신산업진흥회/한국화학융합시험연구원, 선진국 기술규제 대응 현황조사, 국가기술표준원, 2015. 12, 12쪽 각주 10.

30) 이세정 외, 앞의 보고서, 13쪽.

31) 최형기, 앞의 글, 30쪽.

32) 「국가표준기본법」은 국가표준제도의 확립을 위한 기본적인 사항을 규정함으로써 과학기술의 혁신과 산업구조 고도화 및 정보화 사회의 촉진을 도모하여 국가경쟁력 강화 및 국민복지 향상에 이바지함을 목적으로 우리나라의 국가표준제도에 관한 기본적인 사항을 정하는 기본법으로서 1999년 2월 8일자로 제정되어 같은 해 7월 1일부터 시행중이다.

서 각각 다음과 같이 정의하고 있다.

먼저 「국가표준기본법」은 '표준'33) 그 자체를 정의하는 대신 '국가표준'을 정의하고 있고, 이 법은 '국가표준'을 "국가사회의 모든 분야에서 정확성, 합리성 및 국제성을 높이기 위하여 국가적으로 공인된 과학적·기술적 공공기준으로서 측정표준·참조표준·성문표준 등 이 법에서 규정하는 모든 표준"으로 정의하고 있다(국가표준기본법 제3조 제1호).34) 국가표준은 일단 강제표준과 자율표준을 모두 포함하고 있다.

다음으로 「국가표준기본법」은 '적합성평가절차'를 "제품, 서비스, 공정, 체제 등이 국가표준, 국제표준 등을 충족하는지를 평가하는 교정,35) 인증, 시험, 검사 등"으로 정의하고 있다(국가표준기본법 제3조 제19호).

「국가표준기본법」은 기술규정이라는 용어를 정의하고 있지는 않으나, '성문표준'을 "국가사회의 모든 분야에서 총체적인 이해성, 효율성 및 경제성 등을 높이기 위하여 강제적으로 또는 자율적으로 적용하는 문서화된 과학기술적 기준, 규격, 지침 및 기술규정"으로 정의하면서 '기술규정'이라는 단어를 사용하고 있다(국가표준기본법 제3조 제7호). 이러한 이해에 따르면 기술규정은 (성문)'표준'에 포함되게 된다.

한편, WTO/TBT 협정문에서는 '기술규정', '표준', '적합성평가절차' 개념을 모두 정의하고 있다. 즉 '기술규정'은 "적용 가능한 행정규정을 포함하여 상품의 특성 또는 관련 공정 및 생산방법이 규정되어 있으며, 그 준수가 강제적인 문서"로,36) '표준'은 "규칙, 지침 또는 상품의 특성 또는 관련 공정 및 생산방법을 공

---

33) 표준은 일반적으로 물건, 개념, 방법, 절차 등에 관해 통일화, 단순화한 규정으로 이해되는데, KS A ISO/IEC Guide 2에서는 표준을 "합의에 의해 작성되고 공인된 기관에 의해 승인된 것으로서 주어진 범위 내에서 최적 수준의 성취를 목적으로 공통적이고 반복적인 사용을 위한 규칙, 지침 또는 특성을 제공하는 문서"로 정의하고 있다.

34) 산업표준 제정·보급 등에 관한 사항을 규정하는 「산업표준화법」에서도 '산업표준'을 정의하고 있을 뿐 '표준' 그 자체는 정의하고 있지는 않다.

35) 「국가표준기본법」은 교정을 "특정조건에서 측정기기, 표준물질, 척도 또는 측정체계 등에 의하여 결정된 값을 표준에 의하여 결정된 값 사이의 관계로 확정하는 일련의 작업"으로 정의하고 있다(제3조 제16호).

36) 기술규정은 다시 '포괄적 기술규정'(exhaustive regulation), '선택적 기술규정'(optional regulation), '목적형 기술규정'(purpose−oriented regulation) 등으로 구분하기도 한다. 포괄적 기술규정은 기술규정에 구체적으로 제품 명세 전반을 모두 포괄시켜 이에

통적이고 반복적인 사용을 위하여 규정하는 문서로서, 인정된 기관에 의하여 승인되고 그 준수가 강제적이지 않은 문서"로, '적합성평가절차'는 "기술규정 또는 표준의 관련 요건이 충족되었는지를 결정하기 위하여 직접적 또는 간접적으로 사용되는 모든 절차(특히 표본추출, 시험검사, 평가, 검증 및 적합성보증, 등록과 인정, 승인 그리고 이들의 결합을 포함한다)"로 정의하고 있다.

이상과 같은 WTO/TBT 협정문상의 용어 정의에 따르면 '기술규정'은 강제성을, '표준'은 임의성을 그 특징으로 하고, '적합성평가절차'는 기술규정과 표준의 요건 충족 여부를 결정하기 위한 절차를 그 특징으로 한다.

9.2.2 TBT 대응을 위한 거버넌스 체제

한국 정부는 2008년 9월 '한·미 FTA 협정' 체결을 계기로 산업통상자원부 국가기술표준원에 'TBT 중앙사무국'을 설치하여 다자 및 양자 간 TBT를 전담, 국내외 TBT 관련 업무를 총괄하도록 했다.

TBT 중앙사무국은 TBT 대응 범부처 총괄기관으로서 WTO/TBT 통보의무의

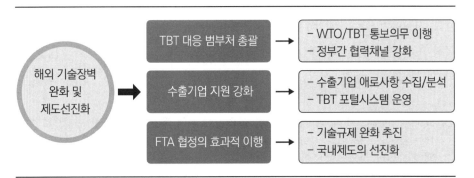

━ 그림 9-1. TBT 중앙사무국의 역할

자료: http://www.knowtbt.kr/index.do

부합되는 제품만을 유통시키는 경우의 기술규정을 말한다. 선택적 기술규정은 임의적으로 선택 가능한 구체적 모델을 복수로 제시하는 경우의 기술규정을 말한다. 목적형 기술규정은 일정 제품이 충족하여야 하는 일반적 기준만 제시하는 것으로 이러한 핵심 필수 요건을 충족시키는 제품은 생산·유통시킬 수 있다. 김민정·박문석, 기술규제와 무역기술장벽 대응 〈교재원고-201612〉, 18쪽.

제3부
우리나라 기술규제체계 발전과 과제

이행, 정부 간 협력 채널 강화, 수출기업 애로 사항 수집·분석, TBT 종합정보시스템 운영, FTA 협정의 효과적 이행을 위한 기술규제 완화 추진, 국내제도 선진화 등의 역할을 담당하고 있다.

2013년 12월에는 TBT에 대한 대응 강화뿐 아니라 국내 기술규제의 개선을 위해 '기술규제대응국'을 신설하여 공산품을 중심으로 TBT 대응 업무 수행과 원활한 협정 이행, 국내기업에의 정보 제공 등의 업무를 수행하도록 했으며, 농림축산식품부에 농수산식품수출개척협의회,[37] 식품의약품안전처에 비관세장벽대책반을 설치했다.[38]

세계 각국은 지속적으로 기술규제를 만들어내고 있어 해당 업계가 이에 대한 정보를 파악하고 미리 대응하는 일은 매우 중요하다. 이에 2014년 3월, 국가기술표준원은 한국화학융합시험연구원(KRT), 한국건설생활환경시험연구원(KCL), 한국기계전기전자시험연구원(KTC) 등 19개 업종별 협·단체, 기업, 시험기관 등 총 27개 기관[39]으로 이루어진 'TBT 컨소시엄'[40]을 구성하여 ① 무역기술장벽(TBT)의 적시 대응을 위한 정보 서비스 제공 및 대응 체계를 구축하고, ② 산업

---

37) 농수산식품수출개척협의회는 농림축산식품부, 식품의약품안전처, aT(한국농수산식품유통공사), 농경연 등 정부 9개 단체와 농식품 각 단장, 학계, 전문가 등 14개 민간위원 총 23명으로 구성하고, 농림축산식품부장관과 민간위원 1명이 공동위원장직을 수행하도록 구성되었다. 농수산식품수출개척협의회는 농식품 수출 애로사항 및 수출 확대와 관련된 농식품 수출 품목 발굴·육성, 검역, 통관, 유통, 마케팅 등 분야에 대한 협의회 위원들의 의견을 수렴, 해결방안을 모색하는 기능을 한다. 식품음료신문, '농수산식품 수출개척협의회' 발족, 2013. 12. 29. 〈http://www.thinkfood.co.kr/news/articleView. html?idxno=56401〉 (2017. 9. 23. 최종 방문)

38) 이세정 외, 앞의 보고서, 13쪽.

39) TBT 컨소시엄을 구성하는 27개 기관 중 한국화학융합시험연구원, 한국건설생활환경 시험연구원, 한국기계전기전자시험연구원은 WTO에 통보되는 TBT 통보문, 기타 통보되지 않은 해외 기술규제를 발굴하고 번역·분석하여 해당 수출기업에게 맞춤형 정보를 제공하고 있다. 실시간 정보는 TBT 중앙사무국이 운영하는 TBT 종합정보포털(www.knowtbt.kr)과 e나라표준인증(www.standard.go.kr)에서 확인할 수 있다. 국가기술표준원·TBT중앙사무국, 2016년 무역기술장벽(TBT) 보고서, 20쪽.

40) TBT 컨소시엄은 주요규제 품목 대상 업계의 의견 수렴을 위한 18개 품목별 협의회를 운영 중이다. 18개 품목은 조명, 의료기기, 가전, 전기·통신, 전지, 기계, 건설, 철강, 자동차부품, 플라스틱, 도료·계면활성제, 자동차화학, 섬유, 완구, 화장품, 타이어, 식품, 환경자원이다. 〈http://www.knowtbt.kr/index.do〉 (2017. 9. 23. 최종 방문)

별·업종별 협단체, 시험·인증 연구기관을 활용한 세부 대응 방안을 마련하며, ③ 무역기술장벽(TBT)에 대한 외교적 대응 전략 및 업계 대처 방안을 모색하고 있다.[41)42)]

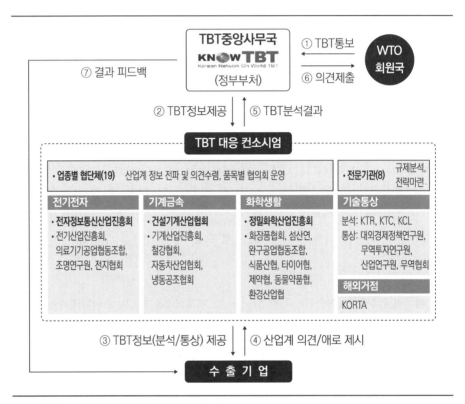

— 그림 9-2. TBT 대응 컨소시엄 구성도

　　자료: 국가기술표준원·TBT중앙사무국, 2016년 무역기술장벽(TBT) 보고서, 21쪽.

　　2015년 7월에는 국무조정실, 미래창조과학부(현 과학기술정보통신부), 국토교통부 등 14개 부처청과 표준·인증, 무역·통상 등 민간전문가가 참여하는 범부처 'TBT 민관 협의회'도 출범하였다.[43)]

41) 이세정 외, 앞의 보고서, 13쪽.

42) TBT 컨소시엄은 2015년 무역협회와 환경산업협회의 추가로 총 29개 기관이 참여하고 있다. 국가기술표준원, 2015 국가기술표준백서, 839쪽.

43) 국가기술표준원, 2015 국가기술표준백서, 838-839쪽.

이상에서 살펴본 것처럼 그동안 국가기술표준원 TBT 중앙사무국을 중심으로 TBT 컨소시엄, TBT 민관 협의회 등이 협력하는 형태의 TBT 대응을 위한 거버넌스 체제가 구축되어 왔다. 이와 같은 거버넌스 체제에 대해서는 범부처적 컨트롤 타워가 부재함에 따라 나타났던 TBT 협정 이행 검토, 통보요건 검토, 분쟁 대비 등 부처 공통의 이슈에 대한 공동 대응 등의 문제는 어느 정도 해소되었다고 긍정적으로 평가할 수 있을 것이다.[44]

9.2.3 기술규제 대응 시책 추진

우리나라의 실정법상 기술규제 대응 시책 추진만을 위한 독립적이고 개별적인 법률은 존재하지 않는다. 그 대신 기술규제 대응 시책에 관한 사항은 「국가표준기본법」에 몇 개 조항으로 규정되어 있다.

먼저 적합성평가절차에 관한 사항으로 「국가표준기본법」 제25조에서는 정부는 국내 인정기구와 국제인정협력기구 간의 적합성평가에 대한 상호인정협정[45] 체결을 권장하도록 하고, 산업통상자원부장관은 협정이 WTO의 TBT 협정과 조화를 이루며 관련 국제기준에 규정된 공정관행(公正慣行)[46] 요건을 충족시키도록 관련 기관에 권고하도록 규정하고 있다.

다음으로 「국가표준기본법」 제26조의2에서는 정부는 국가표준 또는 적합성평가절차가 국제표준 또는 국제적으로 공인된 적합성평가절차와 달라 무역기술

---

44) 이세정 외, 앞의 보고서, 13-14쪽.

45) 상호인정협정(Mutual Recognition Agreement)은 상대국가에서 실시한 제품, 공정, 서비스의 적합성 평가결과와 절차를 자국에서 실시한 것과 동등하게 받아들이는 협정이다. 각국의 종합인증우수업체(AEO) 제도를 상호 인정하는 제도이다. 이는 중복적인 시험의 방지, 불필요한 규제 비용 절감, 교역을 위한 시장접근의 용이성 향상 등의 효과가 있다. [네이버 지식백과] 상호인정협정 [Mutual Recognition Arrangement] (시사경제용어사전, 2010. 11., 대한민국정부)

⟨http://terms.naver.com/entry.nhn?docId=299577&cid=43665&categoryId=43665⟩

46) 공정관행이란 '모범규제관행'(Good Regulatory Practice)으로도 불리는데, ASEAN-OECD 모범규제 관행 사무국 회의(ASEAN-OEC D Good Regulatory Practice Network, 2015년 3월 10일~12일, 말레이시아 쿠알라룸푸르)에서는 모범규제관행을 "좋은 규제, 고품질 규제를 통하여 적은 비용으로 경제·사회적 목적을 달성하는 것"으로 정의한 바 있다. 규제개혁위원회, 2015 규제개혁백서, 2016, 138쪽.

장벽이 되지 않도록 관련 시책을 마련하고, 이를 위하여 ① 무역기술장벽에 관한 정보의 수집·분석·보급 및 국내외 협력, ② 무역기술장벽과 관련된 체제 및 정보망의 구축, ③ 무역기술장벽과 관련된 교육·훈련·조사·연구·개발 및 홍보, ④ 그 밖에 무역기술장벽과 관련하여 필요한 사항에 관한 사업을 추진, 산업통상자원부장관은 이와 같은 사업을 위하여 필요한 지원을 할 수 있도록 규정하여 정부의 무역기술장벽 관련 시책의 추진 및 지원에 관해서 규정하고 있다.

━━ 국가표준기본법

> **제25조(적합성평가에 대한 상호인정)** ① 정부는 국내 인정기구와 국제인정협력기구 간의 적합성평가에 대한 상호인정협정 체결을 권장하여야 한다.
>
> ② 산업통상자원부장관은 제1항에서 규정한 협정이 세계무역기구의 「무역에 대한 기술장벽 협정」과 조화를 이루며 관련 국제기준에 규정된 공정관행(公正慣行) 요건을 충족시키도록 관련 기관에 권고하여야 한다.
>
> **제26조의2(무역기술장벽 관련 시책의 추진)** ① 정부는 국가표준 또는 적합성평가 절차가 국제표준 또는 국제적으로 공인된 적합성평가 절차와 달라 국제무역에 불필요한 장애(이하 "무역기술장벽"이라 한다)가 되지 아니하도록 관련된 시책을 마련하여야 하며, 이를 위하여 다음 각 호의 사업을 추진할 수 있다.
>
> 1. 무역기술장벽에 관한 정보의 수집·분석·보급 및 국내외 협력
> 2. 무역기술장벽과 관련된 체제 및 정보망의 구축
> 3. 무역기술장벽과 관련된 교육·훈련·조사·연구·개발 및 홍보
> 4. 그 밖에 무역기술장벽과 관련하여 필요한 사항
>
> ② 산업통상자원부장관은 제1항 각 호의 사업을 위하여 필요한 지원을 할 수 있다.

9.2.4 해외기술규제 대응 절차

국가기술표준원 TBT 중앙사무국은 "해외기술규제 정보수집 → 조사분석 → 전략수립 → 대응"의 단계로 해외기술규제에 대응하고 있다.[47]

우선 TBT 중앙사무국은 TBT포털과 업종별 단체를 통해 각국의 TBT 통보문을 업계에 전파하고, 기업의 애로를 발굴하고 있다. 그 다음 업종별 단체와 기술

---

47) 국가기술표준원·TBT중앙사무국, 2016년 무역기술장벽(TBT) 보고서, 19쪽.

규제 및 통상전문기관 등을 활용하여 TBT 통보문을 면밀하게 분석하고, 이들 규제가 우리나라에 수출에 장애로 작용할지를 검토한 후, 애로를 해소하기 위한 방안을 모색한다. 외교적인 대응이 필요하면 상대국의 TBT 질의처 및 규제부서에 우리 요구사항을 공식 서한으로 전달하고, 양자회의와 WTO TBT 위원회 등 다자회의를 통해 우리 의견이 반영될 수 있도록 협의를 추진한다. 만일 기업에 대한 기술지원이 필요한 경우에는 기업들이 보다 쉽게 대응할 수 있도록 현장방문 및 대응방향의 전파를 위한 설명회 등을 개최하고, 기업들이 TBT 대응의 중요성을 인식, 대응활동에 적극 참여할 수 있도록 홍보활동을 추진한다.

9.2.5 기술규제영향평가제도

직접적으로 WTO/TBT 대응을 위한 것은 아니나 우리나라에서는 기술규제에 대한 '영향평가제도'를 실시하고 있다. 기술규제영향평가제도는 "각 부처의 기술규제 도입으로 인해 기업의 경영이 위축되지 않도록 규제의 비용, 편익, 파급효과, 규제의 적합성 등을 고려하여 최선의 규제 대안을 제시하기 위한 것으로서 각 부처 기술규정이나 시험·검사·인증 등과 관련된 법령 등의 제정·개정 시 기존·유사 제도와의 중복성 여부 및 국가표준, 국제기준과의 조화 여부 등을 파악하여 규제의 타당성을 평가하고 합리적인 대안을 제시"하는 제도이다.[48]

기술규제영향평가제도는 「행정규제기본법」상 '규제영향분석제도'(Regulatory Impact Analysis)의 일환으로 수행되는 것이다. '규제영향분석제도'는 "규제로 인한 국민의 일상생활과 사회·경제·행정 등에 미치는 제반영향을 객관적이고 과학적인 방법을 사용하여 미리 예측·분석함으로써 규제의 타당성을 판단하는 기준을 제시하는 것"(행정규제기본법 제2조 제1항 제5호) 또는 "비용/편익 분석과 같은 일관적인 분석 방법을 사용하여 규제 제안서의 예상되는 효과를 체계적으로 확인하고 평가하는 과정"[49]으로 이해할 수 있다.

---

48) 국무조정실, 기술규제영향평가 지침, 2013. 12, 5쪽.

49) OECD, Building an Institutional Framework for Regulatory Impact Analysis: Guidance for Policy Makers, 2008, p. 3.

> **제7조(규제영향분석 및 자체심사)** ① 중앙행정기관의 장은 규제를 신설하거나 강화(규제의 존속기한 연장을 포함한다. 이하 같다)하려면 다음 각 호의 사항을 종합적으로 고려하여 규제영향분석을 하고 규제영향분석서를 작성하여야 한다.
>
> 1. 규제의 신설 또는 강화의 필요성
> 2. 규제 목적의 실현 가능성
> 3. 규제 외의 대체 수단 존재 여부 및 기존규제와의 중복 여부
> 4. 규제의 시행에 따라 규제를 받는 집단과 국민이 부담하여야 할 비용과 편익의 비교 분석
> 5. 규제의 시행이 「중소기업기본법」 제2조에 따른 중소기업에 미치는 영향
> 6. 경쟁 제한적 요소의 포함 여부
> 7. 규제 내용의 객관성과 명료성
> 8. 규제의 신설 또는 강화에 따른 행정기구·인력 및 예산의 소요
> 9. 관련 민원사무의 구비서류 및 처리절차 등의 적정 여부
>
> ② 중앙행정기관의 장은 제1항에 따른 규제영향분석서를 입법예고 기간 동안 국민에게 공표하여야 하고, 제출된 의견을 검토하여 규제영향분석서를 보완하며, 의견을 제출한 자에게 제출된 의견의 처리 결과를 알려야 한다.
>
> ③ 중앙행정기관의 장은 제1항에 따른 규제영향분석의 결과를 기초로 규제의 대상·범위·방법 등을 정하고 그 타당성에 대하여 자체심사를 하여야 한다. 이 경우 관계 전문가 등의 의견을 충분히 수렴하여 심사에 반영하여야 한다.
>
> ④ 규제영향분석의 방법·절차와 규제영향분석서의 작성지침 및 공표방법 등에 관하여 필요한 사항은 대통령령으로 정한다.

우리나라에서는 2012년 12월 기술기준, 시험·검사·인증분야 등의 기술규제에 관한 규제영향평가와 소관 분야 규제개혁과제의 발굴 및 조사·연구를 위해 「현장중심의 규제개혁 추진을 위한 규제개혁작업단 설치·운영에 관한 규정」(국무총리실 훈령 제597호, 2012.12.13)을 개정하여 (현) 산업통상자원부 국가기술표준원에 '기술규제개혁작업단'을 신설하고 각 부처에서 신설하는 시험·검사·인증 분야에 관한 기술규제를 대상으로 중복성, 적절성, WTO/TBT 협정 준수, 경제성 분석 및 대안을 제시하는 '기술규제영향평가'를 실시하고 있다.

규제개혁작업단은 현장 중심의 규제개혁과제 발굴 및 전문적인 조사·연구

등의 업무를 수행하는 한시적인 조직으로 공정거래위원회에는 '경쟁영향평가'[50)
를 실시하는 경쟁제한규제개혁작업단, 산업통상자원부에는 '기술규제영향평가'를
실시하는 기술규제개혁작업단, 중소기업벤처부(구 중소기업청)에는 '중소기업영향
평가'[51)를 실시하는 중소기업규제개혁작업단이 각각 설치되어 있다.

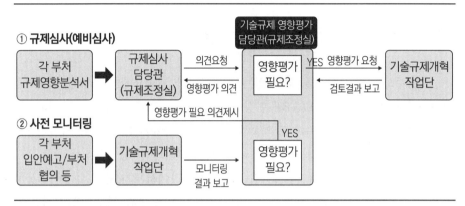

— 그림 9-3. 기술규제영향평가 처리 현황

(2015.12.31. 현재, 단위: 건)

구 분		2013	2014	2015
접수건수	부처(청)	16	17	25
	법령	159	170	275
	규제(안)	291	409	602
검토결과	의견없음	236	283	500
	의견제시	55	126	102

자료: 국가기술표준원 내부자료

50) 경쟁영향평가는 "정부나 여러 규제기관이 특정한 목적을 달성하기 위하여 도입하고자
하는 새로운 규제 또는 이미 도입한 규제가 경쟁에 어떠한 영향을 미치는지를 분석·
평가하며, 경쟁에 대한 부정적인 영향을 최소화하면서도 목적을 효과적으로 달성할 수
있는 대안을 모색하는 것"을 말한다. 규제개혁위원회, 2015 규제개혁백서, 규제개혁위
원회, 2016. 4, 707쪽.

51) 중소기업영향평가는 "중소기업규제영향평가는 신설·강화되는 규제가 중소기업의 경영
및 기업활동에 미치는 제반 영향을 평가하고 중소기업의 규제부담을 완화할 수 있는
방안을 제시하여 중소기업에 불합리하거나 과도한 부담을 주는 규제 신설·강화를 사
전에 방지하는 제도"를 말한다. 규제개혁위원회, 2015 규제개혁백서, 709쪽.

기술규제영향평가제도는 일반적인 규제영향분석(규제영향평가)제도가 널리 '규제' 일반을 대상으로 하는 것과는 달리 '기술규제'를 대상으로 한다는 점, 'WTO/TBT 협정 준수 여부'를 평가한다는 점, 규제영향분석제도는 미국, 영국, 호주, EU 등 여러 국가에서 실시하고 있으나 기술규제영향평가는 한국만 실시하고 있다는 점에 그 특징이 있다.

9.2.6 기술규제 대응을 위한 정보 시스템

수출주도형 경제체제를 갖고 있는 우리나라가 기술규제를 둘러싼 대내외적 환경변화에 적응하고 WTO/TBT 협정에 신속하고 적확하게 대응하기 위해서는 기술규제 관련 정보가 신속하고 적절히 수집·활용되어야 한다. 이에 국가기술표준원은 'TBT 종합정보포털'(www. knowtbt.kr)을 구축·운영 중이다.

TBT 종합정보포털에는 수출기업들이 국제시장에서 강제규제조치의 변동사항을 지속적으로 파악하고 대비할 수 있도록 하기 위해 TBT 통보문을 실시간 제공하는 자동 e-mail 통보 시스템인 'TBT 통보문 자동경보(Alert) 시스템'이 설치되어 있다.[52]

'TBT 종합정보포털'은 통보문 외에도 국내외 기술규제 동향정보, WTO TBT 및 FTA TBT 관련 정보, 인증정보, 고객지원 등을 제공하고 있다.[53]

9.3 TBT 대응을 위한 법제도적 과제

9.3.1 기술규제의 개념 조화

WTO/TBT 협정에서는 기술규정, 표준, 적합성평가절차를 기술규제로 보고 이에 대한 WTO 통보 등을 요구하고 있는데, 앞서 살펴본 것처럼 적어도 현행

---

52) 국가기술표준원, TBT 통보문 자동경보시스템.
〈http://152.99.46.28/htm/business_03/technology_07.asp〉

53) 국가기술표준원, TBT 무역기술장벽 대응.
〈http://www.kats.go.kr/content.do?cmsid=80〉

「국가표준기본법」상 기술규정, 표준의 개념 정의는 WTO/TBT 협정문상의 용어 정의와 정확하게 일치되는 것은 아니다(국가표준기본법에 표준 그 자체의 용어 정의가 내려져 있다고 보기도 어렵다). 우리나라는 WTO/TBT 협정에 가입한 이상 그 이행을 위하여 협정상의 용어와 국내법상 사용하는 용어를 일치시키는 것이 필요할 것이다.

9.3.2 국가기술표준원의 TBT 총괄 대응 기관으로서의 위상 견고화

우리나라는 국가기술표준원 TBT 중앙사무국을 중심으로 TBT 컨소시엄, TBT 민관 협의회 등이 협력하는 형태의 거버넌스 체제를 구축·운영하고 있다. 그런데 국가기술표준원 TBT 중앙사무국의 기술규제 총괄 대응 기관으로서의 역할·기능 등이 법적으로 명확하게 규정되지 아니하고 언제든지 기술규제 총괄 대응 주체가 변경될 가능성이 존재한다.

또한 TBT 컨소시엄, TBT 민관 협의회 설치의 법적 근거가 명확하지 않고, 그 역할이나 기능에 혼란이 발생할 수 있을 것이다. 특히 법적 근거 부재로 인한 사업의 지속성 부재, 예산의 안정적 확보 곤란 등은 한계로 지적할 수 있을 것이다.

국가기술표준원 TBT 중앙사무국의 범부처 TBT 총괄 대응기관으로서의 위상 강화 및 TBT 컨소시엄, TBT 민관 협의회의 안정적 운영을 위한 법적 기반 마련이 요구된다.

더 나아가 세계 경제의 글로벌화에 따라 TBT 대응 업무는 갈수록 전문화·복잡화되며 그 업무량도 증가할 것으로 예측되는바 보다 긴밀하게 국가기술표준원 TBT 중앙사무국의 업무를 지원하기 위한 제도적 장치 마련도 검토할 필요가 있을 것이다.

9.3.3 기술규제 대응 시책 추진의 법적 기반 강화

「국가표준기본법」에서는 기술규제의 대응과 관련하여 적합성평가에 관한 상호인정(제25조), 무역기술장벽 관련 시책의 추진(제26조의2)에 관한 규정을 두고 있다. 하지만 이들 규정만으로는 현행법령상 기술규제 TBT 대응을 위한 거버넌스, 대응 방법·절차 등에 관한 규정이 체계적으로 마련되어 있다고 보기

어렵다.[54]

　국가표준제도의 확립을 위한 기본적인 사항을 규정하는 법률인 「국가표준기본법」에 TBT 대응에 관한 사항들을 규정하는 것이 적절한지도 의문이다.

　한편, 「세계무역기구 설립을 위한 마라케쉬협정(Marrakesh Agreement Establishing the World Trade Organization)」[55] 등 무역에 관한 국제협약을 이행하기 위하여 필요한 사항을 규정하는 법률로 「불공정무역행위 조사 및 산업피해구제에 관한 법률」이 있으나, 이 법은 불공정무역행위의 조사, 특정 물품의 수입 증가로 인한 국내 산업 피해 조사, 관세율의 조정, 수입물품 수량의 제한 등 세이프가드조치 등의 건의·시행 등에 관한 사항을 규정하는 것이다.

　결과적으로 현행법상 기술규제의 합리화, TBT 신속·정확 대응 관련 시책을 추진하기 위한 법률적 근거가 충분하지 아니하다고 할 것인바, 기술규제 대응 시책 추진을 위한 법적 기반을 보다 강화하여야 할 것이다.

9.3.4 질의처 지정 및 운영에 관한 법적 기반 마련

　TBT 협정에서는 타회원국으로부터 TBT 관련 질의에 답변하고 관련 문서를 제공하기 위하여 각 WTO회원국은 공식 질의처를 두도록 의무화하고 있고, 우리나라는 국가기술표준원(공산품), 농림수산식품부(농수산품), 보건복지가족부(식품, 의약품, 화장품 등) 3개 부처에서 공식질의처를 운영하고 있다.[56][57] 하지만 농림축산

---

54) 기술규제 대응을 위한 단일 법령을 마련한 입법례로는 유럽연합의 「기술규정 분야의 정보 및 정보사회 서비스 제공에 대한 규칙 제정 절차 수립에 관한 유럽 의회·이사회 지침 제2015/1535호」(이하 "기술규정지침"이라 한다)를 들 수 있다. 이 지침은 2015년 9월 9일 제정, 같은 해 9월 30일부터 시행 중이다. 이 지침의 상세한 내용은 이세정 외, 앞의 보고서, 94쪽 이하 참조.

55) 「세계무역기구 설립을 위한 마라케쉬협정」은 1994년 4월 15일 마라케쉬 각료회의에서 채택되어 1995년 1월 1일에 발효되었다. 4개의 부속서는 부속서 1A) 상품무역에 관한 협정, 부속서 1B) 서비스무역에 관한 협정, 부속서 1C) 지적재산권에 관한 협정, 부속서 2) 분쟁해결양해, 부속서 3) 무역 정책검토제도, 부속서 4) 복수국가간 무역협정이다. [네이버 지식백과] 마라케쉬협정[Marrakesh Agreement] (외교통상용어사전, 대한민국정부) 〈http://terms.naver.com/entry.nhn?docId=638421&cid=42143&categoryId=42143〉

56) TBT 종합정보포털, 중앙사무국 운영 배경 및 목적. 〈http://www.knowtbt.kr/index.do〉

57) 일본의 TBT 질의처(照会所)는 외무성(MOFA: Ministry of Foreign Affairs) 경제국

식품부, 식품의약품안전처, 국가기술표준원으로 질의처의 역할이 다원화되어 있어, 각 질의처별로 해당 전문가의 전문분야가 다르고 정보교환 및 의견수렴 등을 위한 교류가 원활하지 않아 현안에 대해 일관적이고 효율적인 대응이 어렵다는 문제가 나타나고 있다.[58]

　　또한 질의처 운영이나 질의 대응 방법·절차 등에 관한 사항은 법령에 명시되어 있지 아니하다. 앞서 언급한 것처럼 현행법상 기술규제 대응과 관련된 규정들은 「국가표준기본법」 제25조, 같은 법 제26조의2가 있고, 이 규정들은 적합성평가에 관한 상호인정, 무역기술장벽 관련 시책의 추진 및 지원에 관한 단편적 규정으로서 현행법령상 질의처 운영 등 해외기술규제 TBT 대응 관련 방법, 절차 등에 관한 규정이 체계적으로 마련되어 있다고 보기 어려운바, 질의처 지정·운영 등을 위한 법률적 근거를 마련하여야 할 것이다.

9.3.5 기술규제영향평가제도의 법적 근거 명확화

　　'기술규제영향평가제도'는 2016년 제1차 세계무역기구(WTO) 무역기술장벽(TBT)위원회의 '주제토론의 장'에서 "WTO 회원국 간에 무역활동을 저해하지 않고, 정당한 규제목적을 달성하면서 최소한의 구속을 하기 위한 규제대응 관례"인 모범규제관행(Good Regulatory Practice)으로 소개되어 정부가 합리적인 기술규제를 설정하고 이행하도록 하기 위해 규제의 도입목적, 규제수준의 정도, 규제의 영향도 등을 세심하게 검증할 수 있는 적절한 접근방안으로 인식[59]되는 등 국제사회

(Ecomonic Affairs Bureau)의 국제무역부(International Trade Division)와 일본무역진흥기구인 JETRO(Japan External Trade Organization)의 산업지원부(Business Service Center)에서 담당하고 있다. 유럽연합은 TBT 업무를 대응하기 위해 하나의 단일한 대응창구를 운영 중인데, 유럽위원회(European Commission, EC) 하의 내부시장·산업·기업·중소기업총국(Directorate—General(DG) for International Market, Industry, Entrepreneurship and SMEs)의 단일시장정책·규제·이행과(Single Market Policy, Regulation and Implementation) 내 기술장벽대응팀(B/2 Prevention of Technical Barriers)이 이를 담당한다. 이세정 외, 앞의 보고서, 86쪽, 93쪽.

58) 이세정 외, 앞의 보고서, 27쪽.

59) 이투데이, 국표원, 기술규제영향평가 WTO 모범규제관행 우수사례 선정, 2016. 3. 8. 〈http://www.etoday.co.kr/news/section/newsview.php?idxno=1299681#csidxead6493cda01d1d9318f3497d534200〉 (2017. 9. 15. 최종 방문); 투데이에너지, 韓 기술규제영

에서는 기술규제영향평가제도가 모범규제관행으로서 높이 평가되고 있다.

하지만 기술규제영향평가는 「행정규제기본법」상 명시적인 평가요소로 규정되어 있지 않고 국무총리실 소관 행정규칙인 「기술규제영향평가 지침」에 따라 그 대상, 방법, 절차 등이 정해진다. 기술규제의 내용에 대한 검토를 수행하는 '기술규제작업단'도 국무총리실 소관 행정규칙인 「현장중심의 규제개혁 추진을 위한 규제개혁작업단 설치·운영에 관한 규정」(국무총리훈령 제638호, 2014.12.31., 일부개정·시행)에 따라 구성되며 그 구성에 관한 상세한 내용이 법정되어 있지 않고 민간전문가의 참여가 의무화되어 있지 아니하다. 기술규제영향평가제도에 대한 국민의 예측가능성, 투명하고 객관적·전문적인 평가 결과 담보의 중요성 등의 관점에 비추어 그 법제도적 뒷받침이 충분하지 아니하다.

2016년 9월 13일자 「행정규제기본법 시행령」 개정(대통령령 제27498호)을 통하여 기술영향평가라는 용어가 법령에 명시되고(제8조의2 제1항 제7호), 2017년 5월 8일자 「행정규제기본법 시행령」 개정(대통령령 제28039호)을 통하여 고도의 전문성을 필요로 하는 분야에 대한 규제심사의 전문성 강화를 위하여 규제개혁위원회에 관련 분야의 전문가로 구성되는 자문기구를 둘 수 있도록 하고, 자문기구가 안건의 사전 검토·조정 및 전문적인 조사·연구 등을 하도록 하는 등(제21조 제3항) 제도 보완이 이루어지기는 했다. 하지만 「행정규제기본법 시행령」 제8조의2는 중요규제의 판단기준에 관한 규정으로 기술영향평가가 어느 경우에 어떠한 방법과 절차로 이루어져야 하는지를 명시하는 등 기술영향평가 그 자체에 관한 조항으로 보기 어렵고, 같은 법 시행령 제21조 제3항에 따른 자문기구도 '자문'기구라는 점에서 그 기능이나 역할에는 한계가 있을 수밖에 없다.

따라서 국제사회에서 모범규제관행으로 인식되는 기술규제영향평가제도의 개념이나 그 방법·절차 등에 관한 법적 근거를 보다 명확하게 마련하여야 할 것이다.

향평가 우수성, 세계가 인정 국제규범 준수·합리적 기술규제 운용사례로 WTO 소개, 2016. 3. 8. 〈http://www.todayenergy.kr/news/articleView.html?idxno=111984〉 (2017. 9. 15. 최종 방문); 주간 무역, 정부 '기술규제영향평가', WTO서 모범규제관행으로 소개, 2016. 3. 8. 〈http://weeklytrade.co.kr/news/view.html?section=1&category=3&no=16357〉 (2017. 9. 15. 최종 방문)

9.3.6 기술규제 관련 정보 수집·활용을 위한 법적 기반 마련

기술규제 관련 정보를 수집·보급하기 위하여 'TBT 종합정보포털'(www.knowtbt. kr), 'TBT 통보문 자동경보(Alert) 시스템' 등이 운영 중이다. 하지만 이에 대한 법률적 근거는 찾아볼 수 없다. 이들 제도의 경우는 규제적 사항을 다루는 것은 아니므로 반드시 법률적 근거가 필요한 것은 아니나, 정보 수집 범위의 명확화, 정보 수집의 용이화, 신속한 정보의 제공, 관련 예산의 안정적 확보 등을 위해서는 법률적 근거를 마련할 필요가 있을 것이다.

9.3.7 기타

그 밖에 국가별, 공급자별 국제적 표준의 통일성 정립의 필요성이 강조되고, 표준 및 적합성평가의 주체가 정부에서 민간으로 이동하고 있으나 표준화와 적합성평가, 시험·검사 인력의 부족, 적합성표준 관련 산업에 대한 지원 부족, 민관협력에 있어서의 애로 등의 문제가 지적되고 있는바, 이를 위한 관련 행정적·재정적 지원 방안 마련을 위한 법적 근거 마련도 필요하다고 할 것이다.

참고문헌 | REFERENCE

- 국가기술표준원, 2015 국가기술표준백서, 2016.
- 국가기술표준원·TBT중앙사무국, 2015년 무역기술장벽(TBT) 보고서, 2016. 4.
- 국가기술표준원·TBT중앙사무국, 2016년 무역기술장벽(TBT) 보고서, 2017. 5.
- 국무조정실, 기술규제영향평가 지침, 2013. 12.
- 규제개혁위원회, 2015 규제개혁백서, 2016.
- 김민정·박문석, 기술규제와 무역기술장벽 대응 〈교재원고-201612〉.
- 남상열, 무역상 기술장벽 분야의 WTO 논의동향과 대응, 대외경제정책연구원, 2005.
- 양준석·김성준·이민창, WTO/TBT 협정상 기술규제 대외통보 및 질의응답 제도개선 방안, 한국규제학회, 2010.
- 유새별, Mega FTA 대응전략 연구: TBT 협정을 중심으로, 대외경제정책연구원, 2016. 9.
- 이세정 외, 무역기술장벽(TBT)의 체계적 대응을 위한 법제연구, 국가기술표준원 정책연구보고서, 한국법제연구원, 2016. 12.
- 장용준·남호선, TBT(무역상 기술장벽) 관련 WTO 내 논의 동향과 시사점, 오늘의 세계경제, 대외경제정책연구원, 2009.
- 최형기, "FTA시대", 선진 기계산업으로 도약을 위한 해외 기술규제 대응, 기계산업, 한국기계산업진흥회, 2007.
- 하선권·최정택·김성준, 기술규제장벽(TBT) 협정에 따른 한국정부 대응방안, 한국행정학회 학술발표논문집, 2011. 6.
- 한국전자정보통신산업진흥회/한국화학융합시험연구원, 선진국 기술규제 대응 현황조사, 국가기술표준원, 2015. 12.
- 한승준, 무역기술장벽 대응을 위한 우리나라 기술규제제도 개선방안에 관한 연구, 사회과학연구 제25권 제3호, 경성대학교 사회과학연구소, 2009. 9.
- Kotra 통상전략팀, 무역에 있어 세계 기술장벽(TBT) 동향과 피해사례, KOTRA, 2006. 9.
- OECD, Building an Institutional Framework for Regulatory Impact Analysis: Guidance for Policy Makers, 2008.
- 국가기술표준원, TBT 통보문 자동경보시스템. 〈http://152.99.46.28/htm/business_03/technology_07.asp〉
- 국가기술표준원, TBT 무역기술장벽 대응. 〈http://www.kats.go.kr/content.do?cmsid=80〉

제3부
우리나라 기술규제체계 발전과 과제

- 네이버 지식백과, 뉴 노멀[New Normal]. 〈http://terms.naver.com/entry.nhn?docId= 3555991&cid=40942&categoryId=31863〉

- [네이버 지식백과] 마라케쉬협정 [Marrakesh Agreement] (외교통상용어사전, 대한민 국정부) 〈http://terms.naver.com/entry.nhn?docId=638421&cid=42143&categoryId =42143〉

- [네이버 지식백과] 상호인정협정 [Mutual Recognition Arrangement] (시사경제용어 사전, 2010. 11., 대한민국정부) 〈http://terms.naver.com/entry.nhn?docId=299577& cid=43665&categoryId=43665〉

- 매일경제용어사전, 메가FTA. 〈http://terms.naver.com/entry.nhn?docId=2355201&cid =43659&categoryId=43659〉

- 식품음료신문, '농수산식품수출개척협의회' 발족, 2013. 12. 29. 〈http://www.think food.co.kr/news/articleView.html?idxno=56401〉

- 외교부, WTO 무역에 대한 기술장벽에 관한 협정 개요. 〈http://www.mofa.go.kr/ webmodule/htsboard/template/read/korboardread.jsp?typeID=6&boardid=157& seqno=306357&c=&t=&pagenum=1&tableName=TYPE_DATABOARD&pc=&dc =&wc=&lu=&vu=&iu=&du=〉

- 이투데이, 국표원, 기술규제영향평가 WTO 모범규제관행 우수사례 선정, 2016. 3. 8. 〈http://www.etoday.co.kr/news/section/newsview.php?idxno=1299681#csidxead 6493cda01d1d9318f3497d534200〉

- 주간 무역, 정부 '기술규제영향평가', WTO서 모범규제관행으로 소개, 2016. 3. 8. 〈http://weeklytrade.co.kr/news/view.html?section=1&category=3&no=16357〉

- 트렌드 지식사전 1, RCEP. 〈http://terms.naver.com/entry.nhn?docId=2070410&cid =55570&categoryId=55570〉

- 투데이에너지, 韓 기술규제영향평가 우수성, 세계가 인정 국제규범 준수·합리적 기 술규제 운용사례로 WTO 소개, 2016. 3. 8. 〈http://www.todayenergy.kr/news/article View.html?idxno=111984〉

- TBT 종합정보포털, 중앙사무국 운영 배경 및 목적. 〈http://www.knowtbt.kr/index. do〉

09
우리나라의 TBT 대응 관련
법제도 현황과 과제 [이세정]

적합성평가 및 상호인정협정 현황과 과제

- 박문석

적합성평가 및 상호인정협정 현황과 과제

[박문석]

10.1 적합성평가의 개요 및 종류

10.1.1 적합성평가의 개요

(1) 적합성평가의 정의 및 기본절차

적합성평가에 대해 WTO/TBT 협정문에 따르면 적합성평가는 "기술규정 또는 표준 관련 요건이 충족되었는지를 결정하기 위하여 직·간접적으로 사용되는 모든 절차"로 정의되어 있으며, ISO/IEC 17000:2004(Conformity Assessment—Vocabulary and General Principles)에는 '제품, 프로세스, 시스템, 사람 또는 기관과 관련하여 규정된 요구사항이 충족됨을 실증'하는 것으로 정의되어 있다. 이는 적합성평가가 거래 당사자들에게 사실상 제품을 보증하는 수단을 의미한다. 좁은 의미의 적합성평가는 샘플링, 시험, 검사 및 인증을 포함하며, 이들은 공급자와 구매자들이 직접적인 관심을 가지는 제품의 특성을 다루는 활동이다. 넓은 의미의 적합성평가는 측정에 관련되는 필수적인 교정과 적합성평가 기관의 적격성을 보장해주는 인정이 포함된다. 교정과 인정은 적합성평가 기관이 제공하는 적합성평가 서비스에 대해 고객의 신뢰를 확보하는 데 있어서 매우 중요한 요소이다.

적합성평가 수행을 위한 기본절차는 〈그림 10−1〉과 같다. 일반적으로 인정기관은 국가가 수행을 하며, 법에 의해 규정되는 시험검사기관의 능력을 평가하여 승인을 하고 있다. 인정기관으로부터 능력을 공식적으로 검증(인정, 지정 등) 받아 제품, 성능, 서비스, 품질시스템 등이 법, 규정, 표준 등에 부합하다는 인정을 받은 인증기관은 시험, 검사, 교정, 시스템인증 등의 업무를 수행한다.

인정기관 (Accreditation Body)	– 국제표준(ISO/IEC 17011)에 의해 CAB[1]의 능력을 평가 하여 인정하는 행위 – 예) KOLAS인정 등
↓ 인정	
인증기관 (Conformity Assessment Body)	– 능력을 공식적으로 검정(인정, 지정 등)받은 기관이 제품, 성능, 서비스, 품질, 시스템 등이 법 규정의 표준 등에 부 합하다는 것을 인증하는 행위 – 인증의 범위: 시험, 검사, 교정, 제품 및 시스템 등
↓ 인증	
업체	

━ 그림 10-1. 적합성평가 기본절차

(2) 적합성평가 분류

적합성평가와 관련하여 거래 당사자들은 다음과 같이 분류될 수 있다.

• 제1자: 제품이나 서비스 등의 공급자 또는 제조자(적합성을 선언하는 당사자)
• 제2자: 구매자 또는 제품이나 서비스를 받는 당사자(적합성을 요구하는 당사자)
• 제3자: 거래와 관련이 없고, 위의 두 당사자에게 적합성 또는 달리 제품이
나 서비스와 관련하여 보증하도록 요청받는, 편향이 없는 당사자

적합성평가를 누가 수행하느냐에 따라 제1자 적합성평가, 제2자 적합성평가, 제3자 적합성평가로 구분된다. 제1자 적합성평가는 제품이나 서비스의 공급자나 제조자가 적합성평가에 책임을 지며, 공급자 적합성 선언의 형태를 가진다. 제2자 적합성평가는 구매자나 구매자를 대신하는 적합성평가 기관이 수행한다. 주로 기업 사이의 거래에서, 구매자측이 원료나 부품을 조달하는 공급자를 대상으로 많이 활용한다. 제3자 적합성평가는 구매자나 공급자와 독립적으로 이루어진다.

1) CAB: Conformity Assessment Body

자율적인 거래에 있어서는 거래 당사자들이 적합성평가 절차를 결정한다. 제2자가 제1자의 적합성 보증(공급자 적합성 선언)을 수용할 의지가 있으면 제3자가 개입할 필요가 없다. 반면에 실수가 초래될 수 있는 위험이 큰 대규모 거래에 있어서는, 양쪽 어디에도 편향되지 않고 사실에 입각한 보증을 통해 상품이나 서비스의 원활한 교환을 위하여 제3자 적합성평가를 선호하게 된다. 현실적으로, 제조자책임법이 구축되어 있지 않은 많은 개발도상국에서는 제3자 적합성평가 제공자를 필요로 한다.

정부가 적용하는 강제 기술 규정이 거래를 관리하는 경우에는, 적합성평가 수단과 관련한 결정은 거래하는 두 당사자들의 손에서 벗어나며 규제자가 정한 형식에 따라 적합성을 입증하도록 요구될 수 있다. 특히, 부적합 제품이 초래할 수 있는 위험도가 큰 공중 보건이나 안전과 관련된 제품들의 경우에는 정부 규제에 의해 제3자 적합성평가가 요구된다.

이러한 제도가 성공적으로 이행되기 위해서는 제3자 적합성평가 기관의 능력이나 공정성을 입증하는 절차가 필수적으로 확보되어야 하며, 규제자들은 그러한 절차로 적합성평가 기관의 인정을 활용하거나 일부 제한된 적합성평가 기관을 지정하여 활용하기도 한다.

(3) 적합성평가 기준과 흐름도

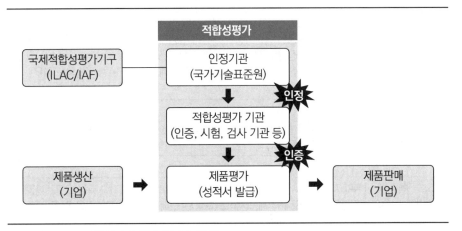

— 그림 10-2. 적합성평가 체계도(국내 예시)

인정기구의 인정시스템은 구매자와 규제자에게 신뢰를 줄 뿐만 아니라 원스톱(one-stop) 적합성평가를 달성하여 국제 무역을 촉진하는 것이 최종 목표로서 이를 수행하기 위한 적합성 체계는 〈그림 10-2〉와 같으며, 적합성평가 기준과 흐름도는 〈표 10-1〉과 〈그림 10-3〉에 나타내었다.

▬ 표 10-1. 적합성평가의 기준

적합성평가의 대상	적합성평가에 대한 적합성 기준	적합성평가 기관	적합성평가 기관의 적합기준	인정기구의 적합 기준
조직의 경영시스템	ISO 9001, ISO14001 ISO/IEC 27001 ISO 22000 등 경영시스템 규격	경영시스템 인증기관	ISO/IEC 17021 ISO/IEC 27006 ISO/TS 22003	ISO/IEC 17011
요원	요원의 역량을 규정한 규격	요원인증기관	ISO/IEC 17024	
제품	각종 제품 시방 규격	제품인증기관	ISO/IEC 17065	
시험·교정 표준물질	각종 시험방법 및 교정방법 규격	시험/교정기관 의학시험기관 표준물질생산기관	ISO/IEC 17025 ISO 15189 ISO D Guide 33	
기자재 및 기기	각종 검사방법 규격	검사기관	ISO/IEC 17020	
자기 적합성선언	각종 제품·시험방법 규격	–	ISO/IEC 17050	

▬ 그림 10-3. 적합성평가 흐름도

(4) 적합성평가의 편익

적합성평가는 제조자나 서비스 제공자, 소비자 및 정부 규제자뿐만 아니라 국제무역에 많은 편익을 주기 위해 제조자나 서비스 제공자들에게 그들의 제품과 서비스가 요구되는 표준을 충족시킴을 보증해 주며, 또한 현재의 최신 기술을 활용하고 시장에서 제품의 실패 비용을 피할 수 있게 한다.

소비자에게는 적합성평가가 제품이나 서비스를 선택하는 기반을 제공하며, 특히 적합성평가 마크나 인증서가 수반되는 경우에는 해당 제품이나 서비스에 대해 더욱 신뢰할 수 있게 된다. 규제자에게는 적합성평가가 국민의 보전과 안전, 그리고 환경 관련법을 집행하여 공공 정책 목적을 달성할 수 있는 수단을 제공하고 적합성평가가 국제적으로 조화된 절차에 따라 이루어질 경우에는 국제무역을 원활하게 하는 데에도 기여하게 된다.

10.1.2 적합성평가 기법

적합성평가의 특성 가운데 하나는 평가 목적에 따라 다양한 기법을 활용하는 각종 유형을 택할 수 있다는 것이다. 이들 기법에 따라 적합성평가 기관의 적격성을 확보하기 위하여 ISO는 다양한 표준을 개발하였다.

(1) 시험(Testing)

시험은 가장 흔한 적합성평가 기법으로서, ISO/IEC 17000에 주어진 정의에 따르면 '적합성평가 대상의, 하나 이상의 특성을 어떤 절차에 따라 결정하는 것'이다. 여기에서 절차는 어떤 활동을 수행하기 위하여 정해진 방법으로 정의된다. 그리고 적합성평가에 활용되는 시험의 경우에는 평가의 초점이 되는 정해진 요구 사항에 특성이 포함된다. 제품의 특성을 결정하는 주요 기법인 시험은, 일반적으로 개별 시료나 샘플에 대하여 특성화된 시험 기관에서 복잡한 기기를 사용하여 행해진다. 시험 결과는 시험 대상이 된 시료에 대해서만 적용되며 전체 제품 배치나 로트로 확장될 수 없다. 시험·교정·측정이 중첩되기도 하지만, 정해진 요구 사항에 합치 여부를 입증하는 적합성평가 목적의 측면에서 볼 때 교정이나 기타 관점의 측정은 시험에 포함되지 않는다.

(2) 검사(Inspection)

ISO/IEC 17000의 정의에 따르면, '검사는 제품 디자인, 제품, 프로세스 또는 설치를 조사하여 정해진 요구 사항에 대한 합치나 전문적인 판단에 의거하여 일반적인 요구사항에 대한 합치 여부를 결정하는 것'이다. 검사 과정은 사람·시설·기술 및 방법에 대한 검사를 포함할 수 있다. 검사는 단순한 육안 검사, 물체의 측정이나 시험, 설계 도면과 같은 표준 문서 검사, 일반적으로 수용된 우수 관행이나 표준의 요구 사항과 발견 사항의 비교, 검사결과보고서 작성 등을 포함할 수 있다.

검사는 개별 제품의 평가를 포함하며, 단순한 육안 검사나 저울과 같은 간단한 장비로 행해지기도 한다. 그러나 검사는 대상과 적용 절차에 따라 매우 강력한 적합성평가 제도가 되어 산업계와 소비자에게 상당한 부담을 줄 수 있다. 따라서 검사는 위험도가 높은 상황이나 제품 혹은 장치를 현장에 건설하여 상용될 준비가 될 때까지 최종 형태를 갖추지 못하는 경우(예를 들면, 리프트, 크레인, 대용량 보일러, 빌딩 등)에 주로 사용된다. 시간에 따라 제품이 변질될 수 있는 경우에는(예를 들면, 가스 실린더, 자동차, 선박 등) 제품 생애 주기에 걸쳐 검사를 여러 번 실시할 수 있다.

검사는 가장 오래된 적합성평가의 한 형태로서 시험과 결합하여 이루어지며 시험과 구분이 명확하지 않은 경우도 있다. 또한 검사는 제품 인증활동과 밀접하게 연관되어 행해지는 경우도 있고, 시험이나 인증과 관계없이 독자적으로 행해지기도 한다. 고압가스 용기 안전 검사와 같은 경우에는 전수 검사가 이루어지나, 일반적으로 검사는 제품의 배치나 로트별로 시료 채취를 포함하여 현장에서 많이 이루어진다.

한편 제품이 복잡해지고 상업적인 관계가 글로벌해짐에 따라 검사 활동을 특수화된 제3자가 수행하는 경우가 빈번해졌다. 시험은 객관적이고 표준화된 절차에 따라 잘 훈련된 시험원이 수행하는 반면에, 검사는 검사자의 지식과 주관적인 판단 그리고 경험에 많이 의존하여 이루어진다. 따라서 시설물의 비파괴 검사와 같이 특수화된 검사에 있어서는 검사 결과의 신뢰성을 확보하기 위하여 검사자의 자격 인증 제도가 개발되어 활용되기도 한다. 특히, 안전과 관련된 검사 활동에 있어서는 검사자의 자격인증서가 요구되는 것이 일반적이다.

(3) 인증(Certification)

ISO/IEC 17000에 따르면, '인증은 제품, 프로세스, 시스템 또는 사람이 정해진 요구 사항과 합치한다고 제3자가 서면 보증을 제공하는 절차'로 정의되어 있다. 인증은 자격이 있는 제3자가 체계적으로 관여하기 때문에 인증 받은 제품, 프로세스, 시스템 또는 사람(자격)에 대해 추가적인 신뢰를 준다.

제품 인증에는 시험이나 검사 이상의 과정이 관여된다. 인증을 위해 우선 정해진 표준에 대해 프로세스나 제품의 특성을 평가한다. 특성 평가의 결과가 만족스러울 경우에 해당 제품이나 프로세스가 정해진 표준이나 고객 요구 사항과 합치된다는 인증서가 발급되며, 해당되는 경우 생산자에게 제품에 인증 마크를 사용할 권한이 부여되기도 한다.

인증 마크는 인증기관이 관리하는 마크일 수도 있고, EU의 CE마크처럼 법에서 요구하는 마크일 수도 있다. 마크는 소유자와 사용 조건이 명확하여야 한다. 특히, 마크의 사용이 구매자나 제품의 사용자를 오도해서는 안 된다. 예를 들어, 공급자에 대한 ISO 9001 인증은 경영 시스템에 대한 인증이지, 제품 인증이 아니기 때문에 제품에 인증기관의 마크를 사용해서는 안 된다.

제품 인증은 보통 제품의 형식 승인에 토대를 두며, 모든 개별 제품을 시험하는 것이 아니기 때문에 불량 제품에 대하여 책임지지 않는 것이 일반적이다. 경영 시스템에 대한 적합성 인증에는, 예를 들어 ISO 9001에 대한 품질 경영 시스템 인증이 있다. 적절한 품질 관리메커니즘은 생산 과정에서 잘못을 감소시켜 제품 품질의 변동을 줄이는 것으로 기대된다. 품질 경영 시스템 인증 취득이 개별 제품에 대하여 요구되는 기술적인 사항을 충족시킴을 보장할 수는 없지만, 적어도 제품이나 서비스의 결함 요소를 최소화할 수 있다. 경영 시스템에 대한 인증은 식품 안전, 정보 보안, 그린가스 등 다양한 분야에 적용된다.

또 다른 인증 분야로 자격 인증이 있다. 자격 인증은 사람이 어떤 법이나 표준에서 정한 적격성과 능력을 가지고 있음을 인증하는 절차이다. 가장 가까운 예로 경영 시스템 인증 심사원자격 인증 제도가 구체적으로 운영되고 있다.

(4) 인정(Accreditation)

ISO/IEC 17000은 인정을 '적합성평가 기관이 특정 적합성평가 업무를 수행하는 데 적격하다는 공식적인 실증을 전달하는 제3자에 의한 증명 발행'으로 정의하고 있다.

인정은 시험 기관과 교정 기관에서 시험과 교정을 수행하는 능력 또는 인증기관과 검사 기관의 능력과 관련이 있다. 적합성평가 기관은 인정을 취득함으로써 적합성평가 수행 능력에 대한 인정(recognition)을 받아 적합성평가 결과에 대한 사용자의 신뢰와 수용을 증진시킬 수 있다.

또한 인정 기준을 충족시키는지에 대한 평가와 지속적인 수행도의 개선을 통해, 모두가 적격하다고 판단하는 수준으로 운영이 가능하게 된다. 그리고 고객에게 독립적인 제3자의 평가를 통해 그 능력을 인정받았다는 신뢰를 주게 되어, 적합성평가 서비스에 대한 마케팅 효과가 있다.

인정은 사용자가 적합성평가 기관의 적격성을 직접 평가할 수 있는 위치에 있지 않은 경우에 특히 중요하다. 예를 들면 국제 무역에서와 같이 수출국의 적합성평가 기관과 수입자가 지리적으로 분리되어 있는 경우이다. 특히, 국제 상호 인정협정에 가입되어 있는 인정기관으로부터 인정을 받으면 적합성평가 결과에 대해 국제적인 신뢰를 얻게 되어 국제 무역을 원활하게 하는 데 기여할 수 있게 된다.

인정기관은 스스로 공급자와 구매자로부터 항상 독립적이며 편향성이 없음을 보여주어야 한다. 인정은 보통 정부의 임무이거나 적어도 정부의 승인을 필요로 한다. 인정 활동의 공공성을 확보하기 위하여 유럽연합을 위시하여 대부분의 국가에서 국가 인정기관을 하나로 유지하며 인정 활동의 경쟁을 억제한다. 반면에 시험·검사·인증 등 적합성평가 활동은 많은 국가에서 대부분이 상업적인 활동이다.

* 복수 인정기관이 활동하고 있는 국가에는 미국, 일본, 캐나다, 태국 등이 있다. 그 외에 몇몇 다른 나라에서 복수 인정기관이 활동하고 있으나 대부분 인정 분야가 서로 중첩되지 않는다.

10.1.3 적합성평가와 기타 품질 기반 구조의 요소[2)]

(1) 적합성평가와 표준

적합성평가 활동은 상품이나 서비스 무역에 매우 중요한 역할을 하는 만큼 국제적으로 일관성을 가지는 것이 중요하다. 적합성평가 활동이 국내에서 일관성 있게 이루어진다면 국내 소비자들에게도 이익이 될 것이다. 이것이 적합성평가 관행의 표준화가 중요한 이유이다.

표준은 무역이나 상거래에서만 중요한 역할을 하는 것이 아니라 공중 보건, 작업자 안전, 환경, 그리고 소비자 보호 등 사회적 이슈들을 포함하여 사람들의 일상생활의 여러 측면을 다룬다. 여기에서 적합성평가는 우리들의 생활에서 그러한 측면들에 영향을 주는 표준(규제)이 지켜지는지를 검증하는 것과 포괄적으로 연관되며, 지켜지지 않는 경우에 관련 당국이 조치를 취하는 촉진제가 될 수 있다.

적합성평가와 관련하여 표준화는 두 가지 측면을 고려해야 한다. 첫째, 공급자, 구매자 적합성평가 기관, 그리고 규제자가 제품과 그 제품의 적합성을 평가하는 데 필요한 요구 사항을 정하는 데 사용할 수 있는 국가, 지역 또는 국제 표준이 존재해야 한다. ISO/IEC 17000: 2009(Conformity assessment – Guidance for drafting normative documents suitable for use for conformity assessment)는 표준이 적합성평가를 위해 활용될 수 있도록 하기 위해 반드시 필요한 특성들의 개요를 제공한다. 표준은 제품의 최종 품질뿐만 아니라 상품이나 서비스를 창출하는 프로세스와도 관련이 있다. 표준에 대한 적합성평가는 상품과 서비스가 품질과 생산 방법에 있어서 일관성을 유지하도록 해 준다. 이러한 표준은 생산자와 소비자 모두에게 신뢰를 제공하도록 보장한다. 그리고 절차 표준은 소비자, 고용자 및 피고용자의 안전 분야에도 긍정적인 영향을 준다.

둘째, 적합성평가와 적합성평가 기관의 우수 관행에 대한 요구 사항을 정하는 표준이 있어야 한다는 것이다. 이러한 표준들은 적합성평가 기관이 그 운영에 있어서 일관되고 투명하며 그들의 실제 역량을 보여주는데 필요한 우수 관행을

---

2) ISO/UNDO, Building Trust – The Conformity Assessment Toolbox, ISBN 978 – 92 – 67 – 10511 – 6, 2010 참조.

수립한다. 이들 표준은 대부분 프로세스 중심으로 개발되기 때문에 기타 제품 표준과는 다르다. 적합성평가 기관이나 인정기관 사이에 국제적으로 일관되고 조화된 관행이 존재함을 보장하는 것은 궁극적으로 해당 기관 사이에 적합성평가 결과를 상호 인정할 수 있는 기반을 제공하기 때문에 매우 중요하다. 이러한 적합성평가 관행에 대한 표준의 개발과 유지는 ISO의 적합성평가위원회(CASCO: Committee of Conformity Assessment)에서 담당하고 있다.

(2) 적합성평가와 계량(metrology)

품질 기반 구조의 세 번째 주요 요소는 측정(measurements)이 적절한 정확도와 신뢰도를 가지고 국내외에서 이루어진 기타 측정과 연관될 수 있음을 보장하는 국가 측정 체계의 수립이다. 잘 수립된 국가 측정 체계는 무역이나 상거래에서 측정 결과의 병용성(compatibility)을 보장하는 데 필요한 기본적인 토대가 된다.

측정은 시험(또는 검사)의 기초가 된다. 이는 시험 결과가 국제 측정 표준으로 소급성이 있음을 보장하기 위해서는 시험에 사용되는 많은 측정 장비들을 적합한 자격이 있는 전문 기관으로부터 교정을 받아야 하기 때문이다. 일반적으로 소급성은 측정 결과를 연속으로 상위 수준의 기분이나 표준, 궁극적으로는 '일차표준'과 연관시키는 '비교의 사슬'을 통해 이루어진다. 이러한 비교 활동은 교정기관이나 국가 측정 기관이 수행한다.

측정 장비의 적합한 성능과 적절한 사용이 적합성평가 기관의 작업에 대한 신뢰를 구축하는 핵심 요소이기 때문에 교정은 기타 유형의 적합성평가를 보조한다. 거래되는 일용품과 관련된 부품 사이의 호환성을 보장하기 위해서도 제품을 제조할 때 일관성 있고 신뢰성 있는 측정이 필요하다.

제품을 인증할 때에는 보통 제품의 적합성을 평가하기 위한 시험에 기반을 두고 인증 절차가 진행된다. 여기에서도 인증 자체가 신뢰성이 있으려면 기본적으로 역량 있는 측정이 뒷받침해 주어야 한다. 이러한 사실들은 여러 유형의 적합성평가와 품질 기반 구조의 다른 요소들이 상당 부분 상호 의존적임을 보여준다.

(3) 적합성평가와 규제

대부분의 국가가 국민의 건강이나 안전, 환경 보호 등의 정책 목적을 달성하기 위하여 기술 규정을 채택하고 있으며, 기술 규정은 직접 또는 간접적으로 표준과 적합성평가 모두와 연관되어 있다. 일반적으로 기술 규정은 해당 국가에서 독자적으로 채택 또는 적용되지만 본질적으로 여러 국가에 적용되는 규정도 있다. 예를 들어, 유럽의 디렉티브는 유럽연합 회원국 모두에게 적용되는 기술 규정을 포함하기도 한다.

기술 규정은 국가 또는 국제 표준, 기술시방서 혹은 관행 규약의 준수를 포함하지만, 제품 라벨링과 같이 규제자가 정한 추가 요구 사항을 포함할 수도 있다. 일부 기술 규정은 제품의 성능이나 품질 측면은 제외하고 안전성에 양향을 주는 측면과 같이 표준의 일부만을 명시할 수도 있다.

대부분의 기술 규정은 공통의 특징으로 다음 사항들을 정하고 있다.

① 강제 기준의 이행과 행정에 책임이 있는 지정된 기관(규제자)
② 적합성평가 요구 사항, 즉 제품 요구 사항(강제 기준)에 대한 준수 여부를 평가하는 방법
③ 충족시켜야 할 필수 기술 기준(필수 요구 사항에 대한 준수를 입증할 수 있는 특정 표준이나 동등한 표준을 명시하여, 해당 표준의 준수를 기술 규정을 보조하는 기술 지침에 있는 조항을 만족시키는 것으로 간주)
④ 시장 사후 관리, 해당되는 경우(반복되는 적합성평가 또는 최초 승인에 필요한 것과 다른 형태의 적합성평가를 요구하기도 함)
⑤ 준수에 실패한 것으로 확인된 경우에 가해지는 제재
⑥ 라벨링과 마킹 요구사항(적합성평가 기관이 발행하는 적합성 마크와는 다름)

적합성평가가 각종 기술 규정을 집행하는 데 필요한 기본적인 활동임은 분명하다. 그러나 한 국가가 불필요한 규제나 다른 국가와 상이한 기술 기준을 도입하게 되면, 이는 무역에 관한 기술 장벽이 될 수 있다. 그러한 장벽은 수입국이 타국 기관의 적합성평가 결과를 수용하는 근거가 없는 경우에 더욱 복잡해진다.

이상적으로는, 규제자가 무역 상대국과 동일하거나 국제적으로 표준화된 기술 요구 사항을 기술 규정에 활용하고 타국의 적격성이 있는 기관이 발행한 적합성평

가 결과를 수용할 수도 있다. 타국 기관이 발행한 적합성평가 결과의 수용은 해당 적합성평가 기관이 국제적으로 합의된 표준에 따라 운영되는 경우에 더욱 용이해질 것이며, 적합성평가 기관의 능력이 인정 프로세스를 통해 독립적으로 평가된다면 추가적인 신뢰를 얻게 된다. 이러한 메커니즘은 '무역에 관한 기술 장벽에 대한 WTO 협정'에서 무역 기술 장벽을 감소시키는 것으로 강조되고 있다.

만일 무역 상대국의 규제자들이 핵심 기술 표준을 수정한다면 해당 시장에 진입하려는 제품은 변경된 기술 표준을 반영하여 제조되어야 하고 해당되는 시험, 검사 또는 인증을 적절히 받아야 한다. 따라서 기술 규제의 변동 사항은, 수출자와 수입자들에게 상당한 추가 비용을 부담시킬 수 있으며, 적합성평가 기관에게는 다국적 시장에서 만족시켜야 할 각각의 핵심 표준의 변동 사항과 그 중요성에 대해 파악해야 할 책임이 부과된다.

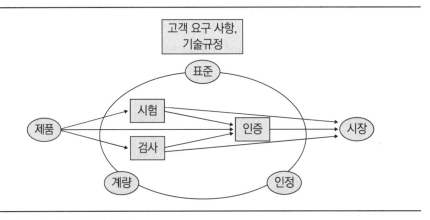

— 그림 10-4. 적합성평가 모델

10.2 WTO/TBT와 적합성평가

10.2.1 적합성평가제도 태동

20세기 초, 산업이 발전하면서 국민의 안전에 위해가 되는 요소와 관련한 안전성 규정에 대한 수요가 증가하게 되었고, 이러한 요구들이 작업장 안전 및 보

건, 소비자보호, 폭발물취급, 해상 안전과 전기 안전에 대한 규정이 제정된 배경
이다. 이들 규정은 처음에는 스스로 판단하고 결정하여 실천하는 자율제도로 출
발한 경우가 대부분이었으나, 이후 도덕적 실천에 바탕을 둔 자율제도의 문제점
으로 일부 강제성이 부여된 공적 지위를 부여하게 되었다.

이러한 발전 과정에서의 특징은 제품이 시장에 출하되기 전에 실시하는 제
품에 대한 적합성평가 및 시험에 큰 비중을 두었고, 통상적으로 공공기관 또는
독점권이 있는 유사기관들에 의해 수행되었다. 기업들은 설계 단계에서부터 특정
기준에 대한 적합성을 입증할 수 있는 제품들을 생산하고자 노력하게 되었고, 이
러한 노력은 표준화를 통하여 이루어졌으나, 표준화와 제조자 측의 자체관리만으
로는 다양한 업체가 생산한 제품들의 기술적 측면과 안전성 측면의 통일성을 보
장하기 어렵다는 사실을 알게 되었다. 이에, 수많은 자율인증제도가 각 산업분야
에서 수립되었고, 선급기관들의 태동이 이와 같은 인증제도 중 최초의 사례로 볼
수 있다. 이러한 제도들의 발전을 지원하기 위하여, 제품인증에 대한 국가 및 국
제규격이 제정되었고 다음으로 시험기관, 검사 및 품질시스템인증에 대한 규정이
추가되었다.

품질시스템에 대한 규격은 미국 국방부에서 최초로 작성되었고, 호주와 뉴질
랜드에서는 1940년대에 이미 이러한 활동을 시험기관 인정 제도를 통해 지원하
고 있었다. 이후 일부 유럽 국가들과 미국에서 인정 제도를 수립하였고, 일반적
으로 이러한 인정제도의 설립은 산업계의 품질을 개선하기 위한 국가적 캠페인
과 연계하여 일어났다. 사회가 위험한 제품의 설계 및 사용을 규제하는 한편, 산
업계에서도 시장의 요구사항을 충족시키는 방법으로 제품에 대한 자율인증을 활
용하고 있다는 점에서 이원성이 오늘날까지 유지되고 있다.

10.2.2 WTO/TBT에서의 적합성평가

국가 간 무역 활성화에 있어서 가장 큰 장애요인은 서로 다른 시험 및 제품
인증 등으로 인해 발생하는 비용 손실이다. 투명하지 않으며 차별적인 적합성평
가 절차는 각 국의 기술 무역 장벽으로 작용하게 된다. 이렇듯 적합성평가 절차
의 국제적 단일화는 국제무역의 활성화에 있어서 중요한 역할을 한다.

WTO/TBT 협정에서는 국제무역에 있어서 불필요한 장벽을 만들지는 않는 기

술규제, 표준 그리고 적합성평가 체계를 확립하는 것을 보장하고 있으며, ISO/IEC 적합성평가 표준 및 가이드가 이러한 공통된 적합성평가 절차 및 평가기관의 기술적 적격성 검증을 위한 기준으로 적합하다고 WTO/TBT 협정문 제5조에서 언급하고 있다, 즉 ISO/IEC 적합성평가체계는 국제 무역 장벽을 극복하는 데 기여하고 있다.

기술 규제 개발을 위한 국가 시스템은 규제 기관의 요구 사항을 충족시키고, 규제 효율적인 작용을 위해 품질 기반 체계 속에서 운영되어야 한다. 각 국가의 품질 기반 체계는 국가별로 특성에 따라 다르게 구현될 수 있으나, 중요한 것은 다음과 같은 요소들이 포함되어야 한다.

① 표준 개발 역량
② 측정 분야 표준에의 접근
③ 법정 계량 서비스를 위한 규정
④ 산업, 무역 및 사회적 요구에 상응하는 교정·시험·검사서비스 지원
⑤ 제품 및 서비스에 대한 개별 요구사항 및 요구사항 충족 여부를 입증하기 위한 정책 채택 등과 관련한 공급자 지원
⑥ 국내·외 규제기관의 요구 및 적합성에 대한 독립적인 승인을 요구하는 공급자와 소비자를 충족시키는 제품 인증 등 제3자 적합성평가 시스템 제공

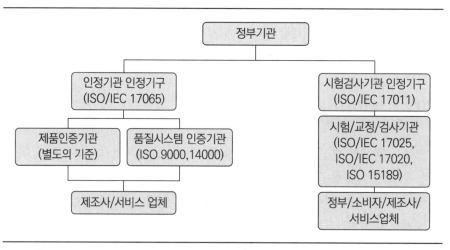

그림 10-5. 적합성평가 시스템

⑦ 모든 서비스 제공자에 대한 적격성 보장 메커니즘. 이를 위해 인정이 가
　　장 대표적으로 사용

10.3 적합성평가 관련 국제기구

10.3.1 ISO 적합성평가위원회
　　　　(ISO/CASCO, ISO Committee on Conformity Assessment)

(1) 개요

ISO/CASCO(ISO Committee on Conformity Assessment)는 1970년에 설립된 ISO내
적합성평가기관으로 현재 정회원 71개국, 준회원 48개국이 활동하고 있다. 우리나
라는 ISO 국가대표기관인 국가기술표준원이 CASCO 정회원으로 활동하고 있다.
　　주요활동으로는

- 제품, 공정, 서비스 및 품질시스템에 관한 표준과 적합성평가 연구
- 시험·검사·인증기관 및 인정기구 운영을 위한 표준 및 가이드 제·개정
- 적합성평가시스템에 대한 상호인정 촉진, 시험·검사·인증 관련 국제규
  격의 사용 확대 등이다.

ISO/CASCO는 세계무역기구(WTO)의 요구를 충족시키는 적합성평가 체계의
기반이 되면서, 국가가 특정 필요에 따라 효과적이고 맞춤형으로 활용할 수 있는
국제 표준 시리즈를 발간한다. ISO/CASCO에서 개발된 표준, 가이드 및 관련 발
간물은 이른바 CASCO 툴박스를 구성한다. CASCO 툴박스는 적합성평가에 관심
이 있는 다양한 부문에서 국제 적합성평가 관행에 최신 기술이 반영된 최신본을
이용할 수 있도록 보장하기 위하여 제공되는 자원의 집합이다.
　　적합성평가 활동을 수행하는 기관이나 그 서비스를 활용하는 잠재적 사용자
들은 자신에게 가장 필요한 문서를 선택하여 활용할 수 있다. CASCO 툴박스에
포함된 표준과 지침들은 〈표 10-2〉에 나타내었으며, 그 외에 CASCO에서 개발
된 PAS나 TS를 포함하여 CASCO 발간물에 대한 최신 정보는 ISO 홈페이지

http://www.iso.org.iso.resources/conformity_assessment.htm에서 찾아볼 수 있다.

　　CASCO에서 표준을 개발할 때 적용되는 두 가지 원칙이 있다. 첫 번째는 중립성 원칙으로서 제품·서비스·자격에 관한 요구 사항을 포함하고 있는 모든 문서가 제조사나 공급자(제1자), 사용자나 구매자(제2자), 또는 독립기관(제3자)이 적합성을 평가할 수 있는 방식으로 작성되어야 한다는 것이다.

　　두 번째 원칙은 ISO/CASCO는 적합성평가 관행에 대한 부문별 문서의 불필요한 확산을 권장하지 않으나, 어떤 부문에서 그러한 문서가 진정으로 필요한 경우에는 문서가 적합성평가에 적합하게 개발될 수 있도록 개발 과정에 관여한다. 예를 들면, 의학 시험 기관 인정 요건인 ISO 15189: 2012 (General requirements for the competence of reference material producers)는 CASCO가 아닌 비임상 시험 관련 표준을 개발하는 기술위원회(ISO/TC 212: Clinical laboratory testing and vitro diagnostic testing system)에서 개발·유지된다. 이외에도 경영 시스템 관련 다양한 표준들이 해당되는 기술위원회에서 개발되고 있다.

　　인정기관과 적합성평가 기관들이 CASCO 툴박스에 있는 표준이나 CASCO원칙에 의거하여 개발된 표준에 따라 운영됨으로써 이들의 인정 결과나 관련 적합성평가 결과를 상호 수용할 수 있는 상호인정약정(MRA: Mutual Recognition Arrangement) 체결이 용이하게 된다.

▬ 표 10-2. CASCO 표준과 지침

CASCO 표준 번호	표준명
ISO/IEC Guide 23:1982	제3자 인증 체계를 위한 표준에 대한 적합성 표시 방법(Methods of indicating conformity with standards for third-party certification systems)
ISO Guide 27:1983	적합성 마크의 오용시 인증 기관이 취할 시정 조치에 대한 지침(Guidelines for corrective action to be taken by a certification body in the event of misuse of its mark of conformity)
ISO/IEC Guide 28:2004	적합성평가-제3자 제품 인증 체계에 대한 지침(Conformity assessment-Guidance on a third-party certification system for products)
ISO/IEC Guide 53:2005	적합성평가-제품 인증에서 기관의 품질 경영 체제의 활용을 위한 지침(Conformity assessment-Guidance on the use of an organization's quality management system in product certification)

CASCO 표준 번호	표준명
ISO/IEC Guide 60:2004	적합성평가-우수 관행 규약(Conformity assessment-code of good practice)
ISO/IEC Guide 68:2004	적합성평가 결과의 인정협정 및 수용(Arrangements for the recognition and acceptance of conformity assessment results)
ISO/IEC 17000:2004	적합성평가-용어 및 일반 원칙(Conformity assessment-Vocabulary and general principles)
ISO/IEC 17007:2009	적합성평가-적합성평가를 위한 사용에 적합한 규범 문서 작성 지침(Conformity assessment-Guidance for drafting normalive documents suitable for use for conformity assessment)
ISO/IEC 17011:2004	적합성평가-적합성평가 기관을 인정하는 인정 기관에 대한 일반 요건(Conformity assessment-General requirements for accreditation bodies accrediting conformity assessment bodies)
ISO/IEC 17020:2012	적합성평가-다양한 유형의 검사를 수행하는 기관의 운영을 위한 요구 사항(Conformity assessment-Requirements for the operation of various types of bodies performing inspection)
ISO/IEC 17021:2011	적합성평가-경영 시스템의 심사 및 인증을 제공하는 기관에 대한 요구 사항(Conformity assessment-Requirements for bodies providing audit and certification of management system)
ISO/IEC TS 17022:2012	적합성평가-경영 체제에 대한 제3자 심사보고서 내용에 대한 요구 사항 및 권고 사항(Conformity assessment-Requirements and recommendations for content of a third-party audit report on management system)
ISO/IEC 17024:2012	적합성평가-자격 인증을 운영하는 기관에 대한 일반 요구 사항 (Conformity assessment-General requirements for bodies operating certification of persons)
ISO/IEC 17025:2005	시험 및 교정 기관의 자격에 대한 일반 요구 사항(General requirements for the competence of testing and calibration laboratories)
ISO/IEC 17030:2003	적합성평가-제3자 적합성 마크에 대한 일반 요구 사항(Conformity assessment-General requirements for third-party marks conformity)
ISO/IEC 17040:2005	적합성평가-적합성평가 기관 및 인정 기관에 대한 동등성 평가를 위한 일반 요구 사항(Conformity assessment-General requirements for peer assessment of conformity assessment bodies and accreditation bodies)

CASCO 표준 번호	표준명
ISO/IEC 17043:2010	적합성평가-숙련도시험에 대한 일반 요구 사항(Conformity assessment-General requirements for proficiency testing)
ISO/IEC 17050-1:2004	적합성평가-공급자 적합성 선언-1부: 일반 요구 사항(Conformity assessment-Supplier's declaration of conformity-Part 1: General requirements)
ISO/IEC 17050-2:2004	적합성평가-공급자 적합성 선언-2부: 보조 문서(Conformity assessment-Supplier's declaration of conformity-Part 2: Supporting documentation)
ISO/IEC 17065:2012	적합성평가-제품, 공정 및 서비스 인증 기관에 대한 요구 사항(Conformity assessment-Requirements for bodies certifying products, processes and services)
ISO/IEC 17067:2013	적합성평가-제품 인증의 기본 사항(Conformity assessment-Fundamentals of product certification)

(2) 조직 및 운영 현황

ISO/CASCO는 의장 및 간사, 4개 정책위원회 그룹, 12개 작업반으로 구성되어 있다.

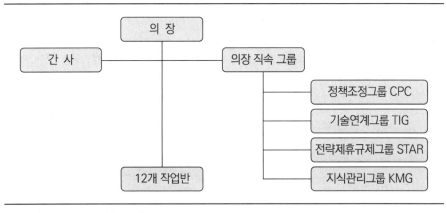

— 그림 10-6. CASCO 조직도

(3) CASCO 작업반

소위원회 / 작업반	내용
CASCO/WG 21	경영시스템 인증
CASCO/WG 23	적합성평가 활동을 위한 ISO/IEC 표준의 공통 요소
CASCO/WG 29	제품 인증
ISO/CASCO/WG 30	요원의 능력과 관련된 공통 용어로 범위가 확장된 ISO/IEC 17024:2003 개정판
ISO/CASCO/WG 31	검사
ISO/CASCO/WG 32	제품 인증의 기초요소
ISO/CASCO/WG 33	제3자 경영 시스템 평가 보고
ISO/CASCO/WG 34	ISO/CASCO와 ISO/TC 207/SC 2합동: 제3자 EMS 인증
ISO/CASCO/WG 35	품질 경영 시스템의 제3자 인증 평가를 위한 요구사항-능력 요구사항
ISO/CASCO/WG 36	ISO/CASCO와 ISO/TC 34/SC 17 합동: 식품 안전 경영 시스템-식품 경영 시스템의 심사와 인증을 제공하는 기관에 대한 요구사항
ISO/CASCO/WG 37	경영 시스템 인증의 심사기간 결정을 위한 원칙과 지침
ISO/CASCO/WG 38	지속 가능한 경영 이벤트

10.3.2 IEC 적합성평가이사회
(IEC/CAB, IEC Conformity Assessment Board)

(1) 개요

IEC/CAB은 1906년에 설립되었으며, 현재 정회원 76개국, 준회원 48개국이 활동하고 있으며, 주요활동으로는 ① IEC의 적합성평가 기구(IECEE, IECQ, IECx 및 IECRE)의 전반적인 활동을 관리하고, ② IEC 적합성평가 제도에 대한 평가와 기회, 사용에서의 적정성여부, 다른 국제기구와 연계된 적합성평가 문제를 다루고 있다.

IEC/CAB은 IECEE, IECQ, IECx, IECRE 4개의 적합성평가 기구, IEC 부회장 1인과 재무관 사무총장과 각 적합성평가 기구의 대표 3인으로 구성되어 있다.

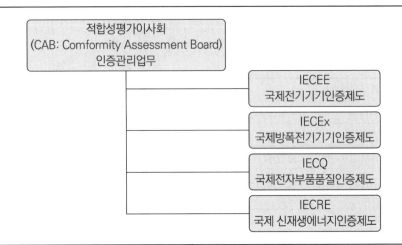

━ 그림 10-7. CAB 조직도(IECRE 포함)

(2) CAB 작업반

━ 표 10-4. CAB 작업반 현황

소위원회/ 작업반	내용
CAB/WG 10	CAB 정책 및 전략
CAB/WG 11	System issues
CAB/WG 14	Promotion
CAB/WG 17	사이버 보안

10.3.3 국제시험기관인정협력체
(ILAC, International Laboratory Accreditation Cooperation)

(1) 개요

시험·검사를 실시하는 시험기관·교정기관, 검사기관 및 이들 기관의 인정에 대한 국제적 조화를 위해 1977년에 컨퍼런스로 시작하여 1996년 44개 인정기관이 네덜란드 암스테르담에서 양해각서에 서명함으로써 협력체로 공식화되었다. ILAC은 시험 성적서의 국제적 상호 수용 촉진 및 상호 인정의 기초를 제공하는 역할을 하며 시험소 인정에 관한 기술문서, 지침, 실시 문서를 개발하고, 개발도 상국 등에 기술 협력을 제공하는 데 운영 목적이 있다.

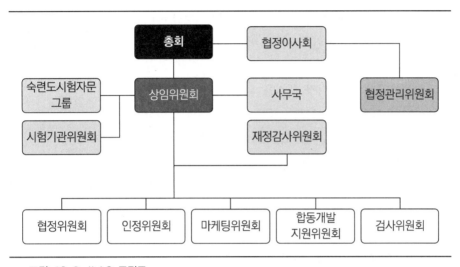

그림 10-8. ILAC 조직도

출처: ILAC 홈페이지 www.ilac.org

(2) ILAC MRA 현황

ILAC의 상호인정협정(MRA: Multilateral Recognition Agreement)이 2000년 11월의 ILAC총회에서 APLAC 등 4개 지역 협력체가 참석한 가운데 36개 기관의 서명으로 성립하여 2017년 10월 현재, 77개국 91개 인정기구가 MRA를 유지하고 있으며, 우리나라는 KOLAS[3])가 시험은 2000년 11월에, 교정은 2001년 6월에 ILAC MRA 서명기구로 가입하여 활동하고 있다. 이 협정의 핵심은 ILAC MRA 서명 인정기구들이 평가하고 능력이 있다고 인정한 공인시험기관과 교정기관의 국제적인 네트워크를 개발함에 있다.

---

3) 한국인정기구(KOLAS): Korea Laboratory Accreditation Scheme

(3) 주요 기능 및 업무

- 지역 및 회원 인정기구 간 상호 인정 협정을 체결하고 유지함
- 시험·검사기관 인정에 관한 적용문서, 지침문서를 작성하고 발간함
- 평가사 훈련, 숙련도 시험, 비교 시험 등에 대한 정보 및 전문가 교환을 통해 지원함
- 시험기관 인정 협정 체결을 위한 절차를 개발함
- 회원 기관 간 정보교환, 각종 기술기준의 조화작업을 함
- ISO, IEC, OIML, OECD, WTO등 관련 국제기구들과 연계해 줌
- 모든 이해관련 기관에 ILAC에 관한 정보를 배포함
- 시험·검사기관 인정에 관련된 규격 및 지침의 필요성을 ISO, IEC에 주지시키고, 이러한 규격 및 지침서의 개발 과정에 참여함

(4) ILAC 산하위원회 현황

▬ 표 10-5. ILAC 산하위원회 현황

위원회명	역할 및 구성
집행위원회	- ILAC 활동에 대한 관리를 담당 ※ ILAC의장, 부의장, ILAC발전을 위한 전략개발을 담당하는 위원회 의장 등 5인으로 구성
협정위원회	- ILAC 협정의 일치화된 이행과 지속적인 개선방향을 작업 - 시험기관의 평가 및 인정에 대한 인정기구들의 접근방법, 인정기구와 관련 정책분야 간 협정 체결 등을 다룸
인정위원회	- 국제적인 단계에서의 인정업무의 일치 및 개선작업을 담당 - 인정과 관련된 기술 현안 검토와 ILAC 활동과 관련된 기술적인 문서화에 대한 발전방향에 관여
시험기관 위원회	- ILAC과 시험기관 커뮤니티간의 의견교환 및 상호관계의 수단을 제공
홍보위원회	- 내외부 마케팅과 커뮤니케이션 현안을 담당 - ILAC목표 홍보 및 ILAC 문서, 뉴스레터와 기타 정보물의 발간에 관여
협정관리 위원회	- 협정에 대한 관리 활동 담당 및 향후 발전, 운영방향에 대한 의견을 제공 ※ 지역협력체기구, 미가맹기구, 시험기관위원회, 이해관계기관, IAFMLA 관리위원회측 대표자 등 7인으로 구성(의장 및 간사 포함)

위원회명	역할 및 구성
합동개발지원 위원회	- 국제인정기구포럼(IAF)과 공동으로 운영되어 개발도상국의 관심 사안을 총회에서 보고
재정감사위원회	- ILAC의 재정회계 관리, 감사 및 재정사안을 ILAC 집행위원회와 총회에 서 보고
숙련도시험 자문위원회	- 숙련도시험 관련 사안에 대한 정책개발과 기술자문 제공 담당

10.3.4 국제인정기구포럼(IAF, International Accreditation Forum)

(1) 개요

국제인정기구포럼(IAF)은 경영시스템 인증기관이나 제품인증기관 등을 인정하는 기구의 국제적 조직으로 ISO 9001과 부합하는 품질 경영시스템의 인증(또는 등록)과 관련하여 유사한 목적을 수행하기 위하여 1991년 미국, 호주, 일본 및 중국 인정기관들의 주도로 시작되어 1993년 7월에 정식 기구로 설립되었다. IAF는

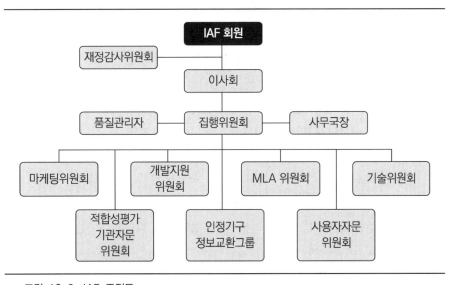

— 그림 10-9. IAF 조직도

　출처: IAF 홈페이지 www.iaf.nu

1998년 미국 댈러웨어주 소재 민간 국제법인으로 새롭게 출범하였다. IAF는 창설 이래 상호인정협정의 체결을 목표로 활동하고 있으며, 구체적 수단으로서 ISO/IEC 17011, ISO/IEC Guide 65(제품인증)의 적용을 위한 IAF 지침문서나 인정기구 간의 상호인정의 방침과 절차에 관한 IAF 문서를 규정하고 있다.

(2) IAF MLA(Multilateral Recognition Arrangement, 상호인정협약) 현황

IAF는 1998년 1월 제11회 중국 광저우 총회에서 품질경영시스템인증기관의 인정업무에 대하여 상호평가를 통과한 인정기구 간 상호인정협정에서 명하여 IAF 상호인정 그룹을 체결하고 있다. 상호인정 프로그램은 경영시스템 인증에 대해서는 품질 경영시스템 및 환경 경영시스템의 2개 프로그램 및 제품 인증기관의 인정 프로그램이 있다.

2017년 10월 현재, 57개국 62개 인정기구가 MLA를 유지하고 있으며, 우리나라는 제품인증 분야에 대해 KAS(한국제품인정기구)[4]가 2007년 10월에, 품질경영시스템 및 환경경영시스템 분야에 대해 KAB(한국인정지원센터)[5]이 각각 1999년 9월, 2004년 10월에 IAF MLA 서명기구로 가입·활동 중에 있다. KAB은 식품안전경영시스템 분야에 대해 2015년 10월에 IAF MLA 서명기구에 새로이 가입하였다.

10.3.5 국제 적합성평가 분야의 지역기구 협력체

ILAC과 IAF가 인정 활동의 조화를 위한 하나의 국제적인 협력체를 구성할 수 있는 반면, 아시아태평양 지역, 유럽 그리고 미주 지역 등 전 세계 각 지역에 대한 세부 인정범위 관련 요건은 〈표 10−6〉과 같이 대륙별 대표 지역 협력체들에 의해 충족되고 있다. 이 협력체들은 국제동등성평가 절차를 통해 지역 MRA/MLA 준수 여부가 검증된 인정기관 단체 또한 인정하고, IAF 및 ILAC 회원 인정기관에 대한 평가 및 사후관리는 지역 협력체에 위임할 수 있게 된다.[6]

---

4) 한국제품인정기구(KAS): Korea Accreditation System
5) 한국인정지원센터(KAB): Korea Accreditation Board
6) 2014년 PAC−MLA 동등성평가 대응을 위한 KAS 품질문서 정비, 국가기술표준원, 2014. 8.

제3부
우리나라 기술규제체계 발전과 과제

명칭	역할	MRA 체결 분야	서명기구
APLAC (Asia Pacific Laboratory Accreditation Cooperation)	ILAC의 지역 협력기구 회원	시험, 교정, 검사, 표준물질생산기관, ISO 15189, 숙련도시험운영기관	22개국 36개 인정기관
EA (European co-operation for Accreditation)	ILAC 및 IAF의 지역협력기구 회원	시험(ISO 15189 포함), 교정, 제품인증, 요원인증, 경영시스템인증, 검사, 검증	35개국 35개 인정기관
IAAC (Inter American Accreditation Cooperation)	ILAC 및 IAF의 지역협력기구 회원	시험(ISO 15189 포함), 교정, 제품인증, 요원인증, 경영시스템인증, 검사	17개국 21개 인정기관
PAC (Pacific Accreditation Cooperation)	IAF의 지역 협력기구 회원	경영시스템인증(품질, 환경, 식품), 제품인증, 온실가스검증	19개국 23개 인정기관
SADCA (Southern African Development Community Cooperation in Accreditation)	ILAC 및 IAF의 지역협력기구 회원	현재 MRA/MLA 체결분야는 없음	MRA/MLA 서명기구는 없음 현, 13개국 활동

10.4 해외 주요 적합성평가제도(인증제도 중심)

세계무역기구(WTO) 출범과 자유무역협정(FTA) 체결로 인해 국제사회는 시험
인증의 국제적 통용성 확대와 개방화가 진전되면서 글로벌 경쟁은 더욱 치열해
지고 있고, 각국은 고유 규제의 정책목표 달성과 함께 세계시장 확보를 위해 노
력 중이다. 특히 유럽연합(CE), 일본(PS), 중국(CCC) 등은 의무인증마크의 통합화
를 추진해 오고 있다.

━ 표 10-7. 해외 주요 인증제도 현황

제도(국가)	개 요	마 크	비 고
CE(유럽연합)	• 기술 통합과 표준화를 앞당기고 유럽연합 단일 시장의 형성을 목적으로 유럽통합과 함께 안전·위생 등 의무규제 대상을 CE 마크로 통합(1993. 7.) • CE 마크에 의해서 제품의 분야별 유럽연합 지침(Derective)이나 규칙(Regulation)에서 정하는 필수요구사항(Essential Requirements)에 적합함을 표시 • CE 인증은 하위 분야별로 각각 존재함 * CE가 공식적으로 어떤 용어의 약자인지 명확하지 않으나 프랑스어 'Communauté Européenne'(유럽연합의 전신인 유럽공동체) 또는 'Conformité Européenne'(영어: European Conformity)의 약자에서 유래한 것으로 이해됨[7]	$C\epsilon$	법정 의무
VDE(독일)	• 독일의 「소비자안전법」에서 지정한 제품군에 대하여 전기기술자협회(VDE)에서 시행하는 민간 인증제도 • 전기기기 및 전자제품 안전법령(GPSG)과 의료기기법(MPG)의 적용대상에 속하는 전자기기에 대하여 부여하는 마크 • VDE 규격, 유럽규격 및 국제 혼합규격에 부합되는 사실을 증명 * VDE는 Verband Deutscher Elektrotechniker e.v의 약어	(VDE 마크)	민간
KITE(영국)	• 영국 BSI(British Standards Institute)에서 영국 표준(BS) 중 제품과 서비스를 대상으로 수행하는 민간인증제도 • 자동차, 어린이 용품, 건축, 전기, 의료기기 등에 대하여 적용 • BSI 그룹은 공업표준위원회로 1901년 설립, 1918년 영국 공업표준협회로 변화 • BSI는 세계 최초의 국립표준기구 • '영국', '표준'이라는 의미에서 B와 S자로 형상화된 연모양의 인증마크	(BSI 마크)	민간

7) JEMIMA 法規制·規格委員会, CEマーキングの現状 資料 5, 日本電氣計測機工業會, 2011年2月23日 〈www.meti.go.jp/policy/chemical_management/int/05CE.pdf〉

제도(국가)	개 요	마 크	비 고
NF(프랑스)	• 전기전자제품, 전기설비, 통신기기 장비, 의료용 재료, 전자부품, 환경제품, 식품, 농산물, 생명공학 등에 적용 • LCIE 프랑스전기공업중앙시험소에서 실시		법정 임의
CCC(중국)	• 중국 내에서 생산·유통되는 국내제품(CCEE)과 중국으로 수출되는 수입제품(CCIB)에 달리 적용하던 의무인증제도를 CCC 마크로 통합(2002. 5) * CCC는 'China Compulsory Certification'의 약어		법정 임의
PS(일본)	• 국내 전기용품·공산품 등에 대한 의무인증제도를 PS 마크로 통합(2003) * 분야에 따라 PSE(전기제품), PSC(공산품), PSTG(가스용품), PSLPG(가스)로 구분		법정 의무
UL(미국)	• 미국 보험자협회(Underwriters Laboratories)에서 UL 표준을 대상으로 수행하는 민간인증제도		민간

출처: 국가기술표준원, 국가기술표준백서, 2015, 701쪽; Verband Deutscher Elektrotrchniker e.v
(https://www.vde.com/en/about-us); British Standards Institution
(https://www.bsigroup.com/ko-KR/services/productcertification/Kitemark/ 등.

10.4.1 유럽의 인증제도

유럽연합(EU)은 1980년대 중반 이후 유럽공동체 시장에서 제품의 자유로운
이동을 보장하고, 회원국 간 무역량을 증가시키며, 사람의 건강과 생명 및 환경
에의 위해를 야기할 가능성을 줄이기 위해서 기술적 조화(Technical Harmonization)
와 적합성평가제도(Conformity Assessment Process) 통일의 중요성을 인식,[8] 1993년
통합인증마크(CE)를 출범하고, 2008년 「유럽연합 제품 판매 인가 요건 및 시장
감시에 관한 규칙」(Regulation (EC) No. 765/2008)[9]에 따라 국가별 단일 인정체계를

8) Raimonda LIEPIŅA, Inga LAPIŅA, Jānis MAZAIS, ASSESSMENT OF TECHNICAL
   HARMONISATION AND CONFORMITY IN THE GLOBAL MARKET, INTELLECTUAL
   ECONOMICS, Vol. 6, No. 4, 2012, p. 521. 〈https://www.mruni.eu/upload/iblock/967/
   008_liepina_lapina_mazais.pdf〉
9) REGULATION (EC) No 765/2008 OF THE EUROPEAN PARLIAMENT AND OF THE

강제화하여 세계 시장을 주도하고 있다.[10]

유럽연합은 1980년대 후반까지 제품의 기술적 요건이나 절차상의 요건을 제품별 지침으로 상세하게 정하고 있었는데, 1985년 기술적 무역장애 제거를 목표로 유럽공동체이사회결의 「기술적 조화와 표준에 관한 신 접근」(New Approach to technical harmonization and standardization)[11]을 채택, 이에 따라 각 지침의 내용은 각각의 제품이 준수해야 할 필수최저한의 기준(필수요구사항)에 한정하고 제품의 기술적 요건의 상세는 유럽연합통일규격인 'EN 규격'(Harmonized Standard, 정합규격)으로 정하도록 했다.[12]

「기술적 조화와 표준에 관한 신 접근」의 주요 사고는 보다 많은 제품 집단에 대하여 일반적 규제 기준을 정하고, 반면에 보다 구체적인 규칙은 적합성평가기관이 정하도록 맡기는 것에 있다.[13]

「기술적 조화와 표준에 관한 신 접근」은 유럽 표준화 정책을 위한 다음과 같은 몇 가지 기본원칙을 세우고 있다.

- 회원국은 폐기되거나 불필요하다고 간주되는 기술규제를 폐지하기 위해 적용되는 기술규제에 대해 지속적으로 점검할 것을 약속함
- 회원국은 시험 결과의 상호 인정을 보장하고 인증기관의 운영에 관한 조화로운 규칙을 정해야 함(상호인정의 원칙, mutual recognition principle)
- 회원국은 국가의 규제안이나 절차가 내부 시장의 원활한 운영에 위협이 될 수 있는지 사전에 공동체 자문에 응함

COUNCIL of 9 July 2008 setting out the requirements for accreditation and market surveillance relating to the marketing of products and repealing Regulation (EEC) No 339/93.

10) 특히 독일은 신(新)서비스 개발 능력, 통합브랜드 파워 등을 바탕으로 세계 최고의 시험인증 강국으로 성장하고 있으며, 영국, 일본, 중국도 기업에서 생산한 제품이나 시스템을 평가하여 품질·안전성 등을 평가하는 각종 인증제도를 운영하고 있다.

11) Council Resolution 85/C 136/01 of 7 May 1985 on a new approach to technical harmonization and standards.

12) 〈https://www.jetro.go.jp/world/qa/04S-040011.html〉 정합규격은 유럽표준화기관(CEN, CENELEC, ETSI)가 정한다.

13) Raimonda LIEPIŅA, Inga LAPIŅA, Jānis MAZAIS, Ibid., p. 521.

- 표준에 대한 일반적 참조(general reference to standards)를 확산시키고 필요한 경우 국가 표준을 확대하며, (특히 건강 보호 및 안전과 관련하여) 제품의 기술적 특성의 공식화로서 표준화 작업을 해야 함
- 유럽 차원에서 표준화 역량에 대한 신속화를 강화할 필요가 있음
- 유럽 표준의 채택은 그 승인을 위해 유럽표준화기구에 제출되어야 함

1989년 유럽공동체이사회결의 「적합성평가에 대한 글로벌 접근」[14]을 채택, 적합성평가 모듈을 마련했다. 「적합성평가에 대한 글로벌 접근」의 주요 사고는 적합성평가를 받아야 하는 제품의 수를 최소화하는 데 있다.[15]

(1) CE 인증제도

1987년 이래 현재는 「기술적 조화와 표준에 관한 신 접근」 및 「적합성평가에 대한 글로벌 접근」에 기반하여 개별 제품의 특성마다 '기계지침', '저전압지침', '의료기기지침', '완구안전지침' 등 25개 지침·규칙이 마련되어 있고, 각각의 필수요구사항을 만족시킨 제품에 CE 마크를 표시하는 제도를 취한다. CE 마크가 붙은 제품은 유럽연합 역내 이동의 자유를 보장하고 있다.

* CE 인증 종류

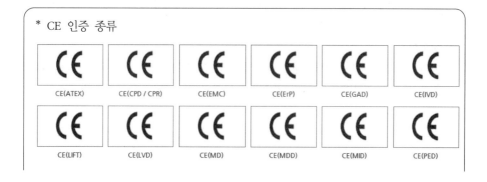

| CE(ATEX) | CE(CPD / CPR) | CE(EMC) | CE(ErP) | CE(GAD) | CE(IVD) |
| CE(LIFT) | CE(LVD) | CE(MD) | CE(MDD) | CE(MID) | CE(PED) |

14) Council Resolution of 21 December 1989 on a global approach to conformity assessment (90/C 10/01).
15) Raimonda LIEPIŅA, Inga LAPIŅA, Jānis MAZAIS, Ibid., p. 523.

CE 인증은 분야별로 다양화되어서 나타나고, 이는 인증제도 운영의 근거법령에서 차이가 있어서 각 영역별로 다른 기준이 적용되기 때문이기도 하다. 특히 일부 제도에서는 별도의 인증제도로 운영되던 것이 CE 인증체계에 편입되는 경우가 있는데, 대표적으로 RoHS[16]의 경우에는 전기전자제품 관련한 별도의 인증체계로 존재하였다가 2013년부터 CE 인증 체계 안으로 편입되었다.

- RoHS는 2002/95/EC 지침에 따라서 인체에 유해한 카드뮴, 납, 6가크롬 등 특정 6종의 물질들을 전기전자제품에 사용하지 않도록 강제하고, 이 조치의 준수여부를 인증하기 위하여 도입
- 전기전자제품 중 군사용품 등 일부를 제외하고 기타의 제품들에 대해서는 해당 물질의 기준치를 1000ppm이하로 함
- 해당 조치의 위반에 대해서는 형사처벌을 포함한 강제조치가 이행될 수 있도록 하는 엄격한 기준이었고, 이후 새로운 RoHS2 지침(2011/65/EU)에 의하여 보다 상세화됨
- 이와 같이 원래에는 기술표준의 성격을 갖는 CE와는 별도로 운영되어 왔고, 제품에 부착된 경우에도 별도의 인증마크를 부여

16) 유럽의 RoHS 인증과 유사하게 중국에서는 'China RoHS'라는 인증제도를 두고 있고, 이 역시 납, 카드뮴, 6가크롬 등 제한대상 유해물질이나 대상 제품 등에서도 대체로 비슷한 상황임. 중국에서는 China RoHS에 대하여 CCC로 편입하여 강제인증을 받도록 하는 방안이 논의되고 있으나, 현재는 강제인증제도의 전단계로서의 자발적 인증제도(SRVC: State Recommendation Voluntary Certification)를 시행하는 방안이 정책검토 중임.

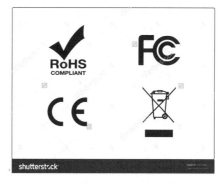

━ RoHS 인증 마크　　　　　　━ RoHS와 CE마크가 별도로 부여된 예

• 2013년부터는 CE의 하위 부분 인증체계로서 기능하게 되었고, 인증마크 역시
이에 따르게 됨

━ CE- RoHS 인증 마크의 예

　　2008년 「제품의 판매에 관한 공통 프레임워크에 관한 결정」(Decision (EC) No.
768/2008)[17])에서는 CE 마크 표시까지의 적합성평가의 절차에 관한 공통의 틀을
정하고 있고, CE 마크 인증방식이 모듈방식으로 정형화되어 있다.

　　특히 유럽연합은 사후관리제도를 잘 갖추고 있는데, 각 회원국이 자국 내에
서 유통되는 제품에 대하여 CE 마킹 및 기술기준 적합성 등을 확인하도록 각 회
원국에 대해 사후관리를 의무화하고 있다.

　　유럽연합의 사후관리는 국가별로 시행, ① 국가 사후관리 기관이 자국의 시장
에서 판매되는 제품을 감시, ② 국가 사후 관리기관은 필요한 경우 시장으로부터
부적합하거나 안전하지 못한 제품이 판매되는 것을 막기 위해서 해당 제품의 판매
를 금지하거나 제품을 파기하는 등의 조치를 하는 방식으로 이루어지고 있다.[18]

17) DECISION No 768/2008/EC OF THE EUROPEAN PARLIAMENT AND OF THE
　　 COUNCIL of 9 July 2008 on a common framework for the marketing of products,
　　 and repealing Council Decision 93/465/EEC.
18) 송송이·박윤미, 미국, EU의 적합성평가제도 현황 및 국내 제도 개선 동향, 초점 제22권

한 국가에서 실시한 사후관리결과는 EU 역내의 모든 국가들과 상호 교환함을 원칙으로 하며, 부적합 정도가 심각한 제품에 대해서는 해당 기기의 EU 시장 내 반입·유통을 금지하도록 하기 위한 모든 적합한 조치를 취하고, 이를 EU집행위와 다른 회원국에게 통보한다.

사후관리에 따른 벌칙의 유형은 개별 회원국의 규제내용에 따라 상이하나 경미한 위배사항에 대한 경고·벌금·구속 등의 형태로 구분되며, 위반에 따른 벌금부과나 판매금지, 회수 등 제품에 대한 제재가 이뤄지게 된다.

10.4.2 일본의 인증제도

일본은 2003년 국내 전기용품·공산품 등에 대한 의무인증제도를 PS 마크로 통합하고, 분야에 따라 전기제품(PSE), 공산품(PSC), 가스용품(PSTG), 가스(PSLPG)로 구분하여 인증제도를 운영 중이다.[19]

(1) PSE 마크

PSE(Product Safety Electrical) 마크는 일본 국내에서 제조, 수입된 전기제품이 「전기용품안전법」의 대상이 되는 경우, 제조 또는 수입사업자의 책임으로 「전기용품안전법」(電気用品安全法)에 따른 기술기준에 적합하다는 것을 확인할 필요가 있으므로 사업자가 기술기준에 적합하고 검사 등을 실시한 전기제품에 대해서 국가가 정한 표시(PSE 마크 등)를 부착, PSE 마크는 '일본전기통신형식승인'이라고도 한다.[20]

일본에서 전기용품의 안전을 확보하기 위해 제조 및 판매를 규제해온 「전기용품단속법」(1961년 제정)을 민간기관의 자율적 규제로 전환하기 위한 차원에서 2001년 「전기용품안전법」으로 전면 개정하면서 도입된 마크로[21] 경제산업성이

제12호, 정보통신정책연구원, 25쪽 이하.

19) 〈http://greaterasia−ul.com/ja/our−services/pse_psc_s/〉

20) 〈https://www.exportcenter.go.kr/standard/info/guide_standard/info_pdf2/PSE.pdf〉

21) 〈https://www.rapatcl.or.kr/new/system/data/PSE.pdf〉; 〈https://www.ktc.re.kr/united/guide/guide_07_03_11.asp〉

주무 부처이다.

특히 안전상 규제가 필요한 '특정전기용품'(Specified Products)[전선, 휴즈, 배선기구(스위치, 차단기, 플러그, 소켓아웃렛, 조인트박스 등), 전류제한기, 변압기/안정기, 전열기구(전기좌변기, 온장고, 온수기, 사우나, 히터 등), 전동력응용기계기구(펌프, 마사지기, 자동판매기 등), 고주파탈모기, 전기치료기, 살충기, 직류전원장치, 휴대발전기] 등 116 품목(2016. 7. 1. 현재)에 대해서는 마름모꼴 '능형'(菱形)의 PSE 마크(PSE Diamond Mark)를 붙여야 하고, 이들 품목에 해당하는 제품을 제조·수입하는 사업자는 국가의 등록 검사기관으로부터 적합성검사를 받고, 적합성증명서의 교부를 받아 보존할 필요가 있다.

특정전기용품 이외의 제품(Non-Specified Products) 341개 품목(2016. 7. 1. 현재)에 대해서는 '환형'(丸形)의 PSE 마크(PSE Circle Mark)를 붙여야 하는데, 이에 해당하는 제품을 제조·수입하는 사업자는 기술기준에 적합한지 여부를 자기확인하고, 제조단계에서 「전기용품안전법 시행규칙」에 따른 검사를 전수실시하고, 그 결과를 보존해야 한다.

특정전기용품	특정전기용품 이외의 전기용품
PSE (마름모꼴)	PSE (원형)
전기온수기, 전역실·전동식 장난감, 전기펌프, 전기마사지기, 자동판매기, 직류전원장치 등 총 116개 품목	전기밥솥, 냉장고, 전기면도기, 백열전등기구, 전기스탠드, 텔레비전수신기, 음향기기, 리튬이온축전지 등 총 341개 품목

(2) PSC 마크[22]

PSC(Product Safety of Consumer Products) 마크는 「소비생활용제품안전법」에 따라 적합성이 검증된 제품만 표시할 수 있는 마크로, 이 법은 일반소비자의 생명 또는 신체에 대한 위해의 발생방지를 도모하기 위해서 특정 제품의 제조 및 판매

---

22) 한국산업기술시험원, 해외인증정보시스템, ⟨http://certinfo.or.kr/viewCert.do?certNo=310⟩

를 규제하고, 소비생활용제품의 안전성의 확보에 대해 민간사업자의 자주적 활동을 촉진, 일반소비자의 이익을 보호하는 것을 목적으로 한다.

PSC 마크 대상 품목은 제3자 인증기관에 의해 수행되는 검사가 의무화되어 있는 특별특정제품과 자기적합선언방식으로 인증획득이 가능한 특별특정제품 이외의 품목으로 구분된다.

특별특정제품(예컨대, 유아용 제품, 휴대용레이저응용용장치, 욕조용 온수 순환기, 라이터)의 제조 또는 수입업을 하려는 자는 등록검사기관의 적합성검사를 받고 그 증명서를 교부 받아 이를 보존하여야 하고, PSC 마크를 붙여 해당 특별특정제품을 판매할 수 있다.

특별특정제품 이외의 특정제품(예를 들면, 가정용 압력냄비 및 압력밥솥, 자동차용 헬멧, 등산용 밧줄, 석유 온수기, 석유 보일러, 석유 난로)은 등록검사기관 외의 시험소에서 시험하거나 제조업자가 직접 관련 규격에 따라 시험을 수행하여 경제산업성의 기준에 적합함을 증명하고 자기적합선언방식으로 PSC 마킹을 할 수 있다.

한편, 2008년 2월 소형 가스 온수기 관련 사망 사고 등 제품의 장기 사용에 따른 열화(노화)가 주원인이 된 심각한 사고가 발생한 것을 계기로 2008년 「소비자제품안전법」을 개정, 제품의 노화에 의한 사고를 미연에 방지하기 위해 장기간 사용 제품 안전 검사 표시제도가 추가적으로 PSC 대상 제품에 적용된다.

특별특정제품	특별특정제품 이외의 특정제품
◇ PSC	○ PSC
• 유아용 침대(baby bed) • 휴대용 레이저 응용장치(레이저 포인터 등) • 욕조용 온수 순환기	• 승차용 헬멧(자동이륜차 및 원동기자동차용 헬멧) • 가정용 압력 냄비 및 압력가마(圧力がま) • 등산용 로프

(3) PSTG 마크

PSTG(Product Safety of Town Gas Equipment and Appliances) 마크는 도시가스용 용기 중 가스 순간 온수기·가스스토브·가스버너부착 후로가마[ふろがま(風呂

釜)]23)·가스 후로 버너·가스곤로의 5가지 품목에 대해서 「가스사업법」에 따라 국가가 정하는 기술상의 기준에 적합한지 여부에 대하여 자기확인 또는 제3의 등록검사기관의 적합성검사를 받고 합격한 제품에 부착하는 마크이다.24)

PSTG 마크 대상 품목은 「가스사업법상」 특정가스용품과 특정가스용품 이외의 용품이다.25)

특정가스용품	특정가스용품 이외의 가스용품
◇ PS / TG	⊙ PS / TG
• 반밀폐연소식 가스 순간 온수기 • 반밀폐연소식 가스 스토브 • 반밀폐연소식 가스 버너 부착 후로 가마 • 가스후로 버너(ガスふろバーナー)	• 개방연소식·밀폐연소식·옥외식 가스 순간 온수기 • 개방연소식·밀폐연소식·옥외식 가스 스토브 • 밀폐연소식·옥외식 가스 버너 부착 후로가마 • 가스 곤로

(4) PSLPG 마크

PSLPG(Product Safety of Liquefied Petroleum Gas Equipment and Appliances) 마크는 「액화석유가스의 보안 및 거래의 적정화에 관한 법률」(液化石油ガスの保安の確保及

---

23) ふろがま(風呂釜)는 목욕물을 데우는 보일러를 말한다.

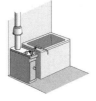

24) 〈http://www.meti.go.jp/product_safety/producer/shouan/gasu_shitei.htm〉; 経済産業省 関東経済産業局, 〈http://www.kanto.meti.go.jp/seisaku/shohisha/seihinanzen/gasujigyou/index_gasujigyou.html〉

25) 〈http://www.meti.go.jp/product_safety/producer/shouan/gasu_shitei.htm〉; 経済産業省 関東経済産業局, 〈http://www.kanto.meti.go.jp/seisaku/shohisha/seihinanzen/gasujigyou/index_gasujigyou.html〉

び取引の適正化に関する法律)에 따라 액화석유가스(LP가스)용의 기구 등 중 조정기(調整器), 가스곤로·순간 온수기·고압호스버너가 붙은 후로가마·후로가마(ふろがま)·후로버너·스토브·가스 밸브·가스누출 경보기·저압호스·대진(對震)자동가스 차단기의 12개 품목에 대해서 국가가 정한 기술상의 기준에 적합하다는 것을 확인하는 마크이다.

　　이들 규제 대상 품목은 구조·사용조건·사용상황 등을 고려하여 특히 재해의 발생 우려가 크다고 인정되어 국가에 등록된 검사기관의 검사가 의무화되어 있는 특정액화석유가스기구 등과 자기확인이 의무화되어 있는 액화석유가스기구 등(특정액화석유가스기기 외의 기구)으로 나뉜다.[26)]

특정액화석유가스기구 등	특정액화석유가스기구 이외의 액화석유가스기구 등
P S LPG (마름모)	P S LPG (원)
• 반밀폐식 순간 온수기 • 반밀폐식 스토브 • 반밀폐식 가스 버너 부착 후로가마 • 가스 버너 • 카트릿지 가스 곤로 • 후로가마 • 가스 밸브	• 개방식·밀폐식·옥외식 가스 순간 온수기 • 개방식·밀폐식·옥외식 가스 스토브 • 밀폐식·옥외식 가스 버너 부착 후로가마 • 일반 가스 곤로 • 조정기 • 고압호스 • 저압호스 • 대진자동가스 차단기 • 가스누출경보기

---

26) 経済産業省 関東経済産業局, 〈http://www.kanto.meti.go.jp/seisaku/shohisha/seihinanzen/ekiseki/index_ekiseki.html〉

10.4.3 중국의 인증제도

(1) CCC인증제도

중국 강제성 제품 인증은 CCC 인증 또는 3C인증이라고도 하며, 법정 강제성 안전 인증제도로서 소비자의 신변과 동식물의 생명 안전, 환경 보호, 국가의 안전 보호를 위해 법률과 법규를 기반으로 한 제 3자 제품 합격평가 제도이다.

1989년 제정된 「수입제품 품질허가제도(CCIB마크)」와 1992년에 제정된 「전기제품 안전인증제도(CCEE마크)」는 각기 다른 관리부처가 독자적으로 강제성 제도를 실시한 것으로 7종류의 전기전자제품에서 이중규제가 발생하였다. 2001년 WTO에 정식가입한 중국은 CCIB마크 및 CCEE마크의 이중규제 철폐요구에 따라 인증인정작업의 국제화를 선언, 제품인증에서 4항목의 통일을 시행하였다. 2001년 12월 AQSIQ와 CNCA[27])에서는 국가인증인정감독관리위원회 문서국인증[2001] 30호 「강제성 제품인증제도 실시에 관한 통지」를 발표, 新강제성 제품인증제도 (CCC) 시행을 통지하였다.

중국 내 인증기관은 CNCA가 지정하며, 중국내 총 22개소이다. 2016년 9월 현재 28개군 158종이 CCC인증 대상으로 2016년도 제18호 공고 〈강제성제품인증 목록제품 및 2016년 HS 코드 대응 참고표〉에 따라 CCC인증 획득 제품 대상이 확정되었다.

▬ 표 10-8. CCC인증 대상 제품군(대분류) 목록(2016년)

No.	대분류 번호	제품명
1	100	전선 및 케이블
2	200	회로 스위치 및 보호, 연결용 전기장치
3	300	저전압 전기제
4	400	소형모터
5	500	Tools

---

27) 국가인증인정감독관리위원회(CNCA; Certification and Accreditation Administration of the People's Republic of China)

No.	대분류 번호	제품명
6	600	전기용접기
7	700	가전 및 유사용도 전기제품
8	800	AV
9	900	IT
10	1000	조명
11	1100	자동차
12	1200	자동차타이어
13	1300	안전유리
14	1400	농업기계
15	1600	전자통신단말기
16	1800	소방용품
17	1900	안전방범제품
18	2000	무선 LAN
19	2100	장식용 재료
20	2200	완구류

CCC 인증방식은 인증심사(형식시험+공장심사) + 사후 감독심사로 구성되어 있다.

인증심사는 CCC인증 획득을 희망하는 기업은 대상샘플별 지정 인증기관에 인증을 신청하고 인증기관이 지정한 시험소에서 형식시험을 진행한 후 초기 공장심사를 거쳐 종합 평가 진행 후 합격 여부를 판단한다.

① 형식시험: 인증 희망 제품의 설계, 재질 및 제작의 적합여부를 판단하기 위한 성능, 내구성, 안전성 등에 대한 시험

② 초기공장심사: 인증 발급 전 기업 품질 생산능력 및 제품·샘플 간 동일성 검사(초기공장심사를 받은 공장에서 같은 범주의 제품에 대해 인증을 신청하는 경우는 전회의 공장심사보고서를 제출함으로써 초기 공정 검사는 면제한다)

사후감독은 ① 추적검사, ② 공장 샘플 시험·검사, ③ 시장 샘플 시험·검사 중 기업 특성에 맞춰 1가지 혹은 그 이상을 선택하여 감독한다.

CCC 인증 획득 방식은 〈표 10-9〉와 같다.

표 10-9. CCC인증 획득 방식

(1) 인증전 검사	(2) 초기공장 심사	(3) 사후 감독심사	
형식시험 (기업샘플 → 지정시험소)	① 샘플-제품 동일성 심사 ② 제조자품질보증 능력공장심사 ③ 샘플링검사	① 추적검사	최초 인증획득기업의 경우 인증획득 후 3개월 이내 혹은 최초 생산시점에 공장검사실시
		② 공장 샘플링 시험·검사	제품 생산 현장에서 샘플 조사
		③ 시장 샘플링 시험·검사	인증서 발부 후 실제 판매 제품의 샘플조사

10.4.4 미국의 인증제도

(1) 안정인증제도

미국 노동부에서 소비자의 안전을 위해 산하기관인 직업안전보건청(OSHA, Occupational safety & Health administration)에서 일정 기준에 따라 심사를 통과한 인증시험기관(NRTL, Nationally Recognized Testing Laboratory)에 의해 인증을 받은 경우에만 시장에 유통이 되도록 법으로 규정하고 있으며, 인증기관으로 CSA, CSL, FMAL, ITSNA, MET, NEMKO, NSF, QPSES, SGSNA, SWRI, TÜVRNA, TÜVRP, TÜVAM, TÜV SUD, UL, IAPMO, QAI 등 18개 기관(2015년 12월 기준)이 있다.

대상품목은 Electrical equipment(전기장비) 등 37개 분야의 735개 품목이 해당(OSHA에서 지정 고시함- 2015. 06 기준)되며, 적용규격은 ANSI, ASTM, UL, FM, IEEE 등이다.

NRTL Program은 미국내에 있는 민간시험소를 국가공인시험소로 지정하여 산업용품에 대한 안전성 인증업무를 수행토록 하는 것으로 전기, 전자제품 등 산업용품을 미국에 수출할 경우 NRTL인증을 받으면 안전인증에 관한 미국의 법적 요건을 만족하게 되어 수출이 가능하다. 그러나 많은 국내 제조사들은 UL 등 특정 기관의 인증만을 받아야 하는 것으로 인식되어 있다. NRTL은 안전에 대한 제품안전인증이며, 미국내 통신이나 EMC 관련은 FCC에서 관장하며, 의료기기는 FDA에서 관장한다.

OSHA의 NRTL 적합성평가 시스템은 전기 장비들에 대해 국가 제품 안전성 기준과 국가 전기 규범을 충족시켜야 하며, 이는 NRTL 인증과 시험소에서 따르는 29 CFR 1910.7을 충족시켜야 하며, 이는 최상위인 OSHA의 운영요구사항 29 CFR 1910.399(and others)를 충족시켜야 한다.

▬ 표 10-10. NRTL 적합성평가 시스템

OSHA
OSHA Operational Requirements
29 CFR 1910.399 (and others)

NRTL Certifier/Laboratory
29 CFR 1910.7

Electrical Equipment
National Product Safety Standard
National Electric Code

기타 연방 기관에서 사용하는 다양한 목적의 인증 절차는 〈표 10-11〉과 같다.

▬ 표 10-11. 기타 연방 프로그램

연방기관	프로그램명	프로그램 개요	인증연구소 지원을 위한 외부단체
직업안전 위생관리국 OSHA	NRTL	인증을 받아 미국 작업장에서 사용하는 제품이 적절한 합의에 근거한 안전 표준을 만족하는 것을 시험하고 승인함	있음
연방통신 위원회 FCC	장비 인가	연구소가 인증을 받아서, 유해한 간섭을 방지하기 위해, RF스펙트럼을 사용하는 장비가 FCC의 기술 표준을 만족하는 것을 시험하고 승인함	있음
보건사회 복지부 HHS	건강정보 기술인증	연구소가 인증을 받아서 건강정보 시스템이 HHS의 관련된 표준과 승인 기준을 만족하는지 시험하거나 승인함	있음
소비자제품 안전위원회 CPSC	적합성평가 단체 인정 프로그램	연구소가 인증을 받아서 아동용품이 CPSC의 안전 규칙을 만족하는지를 시험	있음

10.5 적합성평가와 상호인정협정

적합성평가 결과의 상호인정협정이란 자국의 적합성평가 결과를 상대국이 자국의 평가결과와 동등하게 인정하는 것을 말하는 것으로 무역과 관련한 시험·검사에 있어 수입국은 외국의 성적서를 수용하지 않고 자국의 지정된 기관에서 시험검사를 받도록 요구할 수 있다. 이들 기관은 수입제품이 도착하면 자체 적합성평가 수행기관, 수출국에 가서 수행하는 수입국의 적합성평가 기관 또는 수입국의 규제자가 신뢰하는 수출국의 선택된 적합성평가 기관일 수도 있다.

상호인정협정에는 미국-EU의 적합성평가 상호인정협정같이 강제분야에 대한 정부간 상호인정협정과 ILAC, APLAC, EA의 시험소 상호인정협정 등 임의분야 상호인정협정이 있는데 인증이 요구되는 경우에는 수출국의 마크는 수입국에서 수용되지 않으며 제품이 시장에 진입되기 전에 수입국 인증을 요구할 수 있다. 일예로 전기용품의 경우 미국에 수출하기 위해서는 미국 OSHA(Occupational Safety and Health Adminstration; 직업안전청)가 인정한 국가인정시험기관(NRTL; Nationally Recognized Testing Laboratory)으로부터 시험인증을 받고 해당 NRTL의 마크(예: UL마크)를 받아야 한다. 중국으로 수출하기 위해서는 중국기준에 따라 시험인증을 받고 CCC(China Compulsory Certificate)마크를, EU로 수출하기 위해서는 EU 기준에 따라 시험을 하고 적합한 경우에 CE마크를 부착해야 한다. 이러한 중복시험, 인증 및 국가마다 다른 마크의 사용은 수출자에게 많은 시간과 비용부담을 안겨준다. 만일 하나의 표준 예로 조화된 국제표준으로 적합성평가가 단 한번만 가장 효과적인 방식으로 수행되고 모든 나라에서 이를 수용하게 된다면 무역을 원활하게 하는 이상적인 환경이 될 것이고 한번의 시험과 인증을 전 세계에서 수용이 가능하게 하려면 시험과 인증결과에 대한 상호 수용 약속이 필요하다. 이러한 약속이 문서화된 것이 상호인정협정(MRA)이다.

적합성평가 결과의 상호인정협정은 WTO의 비관세 장벽인 무역기술장벽 협정을 극복하고 회원국들 사이에 국제무역이 원활하게 이루어지도록 돕는 도구로서 상호인정협정은 무엇보다도 중복시험이나 인증을 방지함으로써 제품이 시장에 진입할 수 있는 시간을 단축시키며 생산비용을 감소시킨다. 이는 생산기업의 경쟁력강화로 이어지며, 불필요한 규제비용 감소, 규제 및 적합성평가 절차의 투명성을 증진시킨다. 그리고 상호인정협정은 참여 적합성평가 기관의 경쟁력을 강화하여 시험인증산업을 발전시키는 데도 기여한다.

10.5.1 적합성평가 절차와 관련된 WTO 규범

적합성평가 절차는 소비자의 건강이나 안전 보호와 같은 주요 정책 목적을 달성하기 위하여 필수적인 조치이기는 하지만, 중복적, 비효율적 또는 차별적인 방식으로 적용될 경우에 불필요한 무역장애가 될 수 있다.

TBT협정은 기술규정이나 표준뿐만 아니라 그들에 대한 적합성평가 절차가 국제무역에 불필요한 장애가 되지 않도록 보장하기 위하여 수립되었다. WTO는 TBT를 상품이나 서비스의 자유로운 흐름에 대한 주요 장애물 중의 하나로 인정하고 있다. 그리고 생산효율을 개선하고 국제무역을 원활하게 하는 데 있어서 국제표준과 적합성평가 시스템이 잠재적으로 중요하게 기여하고 있음도 인정한다.

TBT협정은 적합성평가 절차와 관련하여 제품원산지에 대한 비차별적 적용, 불필요한 무역장애를 야기하지 않을 것, 국제지침이나 권고 사항 활용 및 적합성평가 절차의 적절한 통보에 대한 투명성 등을 요구한다. 특히 부적합이 야기할 위험을 고려하여, 적합성평가 절차가 수입국에게 제품이 적용되는 제품 요구사항에 적합하다는 적절한 확신을 주는 데 필요한 이상으로 엄격하게 적용되어서는 안 된다고 강조한다. 또한 TBT협정 제5.1.2조에 보면 적합성평가를 위해 요구하는 정보의 정당성과 사업적 이익을 보호하기 위하여, 적합성평가 과정에서 취득한 정보에 대한 비밀유지를 강조하고 있다.

이 밖에 채택된 적합성평가 절차, 적합성평가를 진행하는 데 걸리는 시간과 비용, 샘플링절차 등에 비차별과 공개성을 요구하며, 적합성평가 절차가 투명하고 비차별적이며 합리적으로 이행되도록 보장할 것을 촉구한다. 한편 적합성평가 관련 표준화에 참여하여 관련 표준의 국제적인 조화에 기여할 것도 장려하고 있다.

10.5.2 해외 적합성평가 결과의 인정(recognition)

TBT협정은 TBT를 감소시키는 방법으로 다른 나라의 적합성평가 결과를 활용하도록 촉구하면서, 타국의 적합성평가 기관이 자국의 적합성평가 절차에 참여할 수 있게 허가할 것을 장려한다. TBT협정 제6.4조를 보면 이러한 참여는 공급자와 규제자들에게 적격한 적합성평가 기관의 선택 폭을 넓힐 수 있게 한다.

TBT협정은 적합성평가 기관과 적합성평가 결과의 지속적인 신뢰성에 대한 믿음이 그러한 평가 결과의 인정을 위한 선행 조건임을 강조한다. 협정에 따르면 시험기관, 검사기관 및 인증기관의 운영을 위한 국제표준이나 지침에 대한 검증할 수 있는 적합성이 적절한 기술적 적격성의 표지로 간주된다. 즉, 적합성평가 결과의 수용과 관련하여 인정은 수출국의 적합성평가 기관의 기술적 적격성의 검증이 가능하게 하는 수단이 된다. 이때 인정이 우수 관행에 대한 공통 표준을 준수하는 것이 적합성평가 활동에 대한 상대국의 신뢰를 얻는 데 매우 중요하다.

다시 말해 인정이 관련 국제표준, 지침 및 권고사항에 따라 운영됨으로써 신뢰를 증진시킬 수 있는 메커니즘을 제공한다. 정부 규제당국이 인정결과를 수용하여 공인 국내외 적합성평가 기관을 활용할 때 TBT를 감소시킬 수 있다. 적합성평가 관련표준과 지침들의 대부분이 ISO/CACAO의 감독아래 ISO/IEC 표준으로 발간된다.

적합성평가관의 기술적 적격성을 결정하는 데 공통적으로 사용되는 여러 개의 메커니즘이 존재한다. 그러한 메커니즘에는 인정, 동등성 평가 및 정부지정이 포함된다.

10.5.3 상호인정협정(MRA; Mutual Recognition Arrangement)

상호인정협정은 규제되는 제품의 적합성평가에 대한 국가간의 상호인정으로 상호인정협정에는 수출국의 적합성평가기관이 수입국의 요구사항을 잘 이해하고 있어야 되며 그 요구사항에 따라 적합성을 평가할 수 있는 능력을 확보하고 있어야 한다.

상호인정협정은 협정국의 기업들에게 상대국 시장진출의 법적 정당성을 부여함으로써 교역을 원활하게 하는 데 중요한 목적이 있다.

– 상호인정협정의 효과분석에 고려되어야 할 요인

		이익의 형태	
		유형의 이익	무형의 이익
대상	대기업	검사비용 감소	검사기간 단축
	중소기업	검사비용 감소 검사기간 단축	검사기간 단축 수출의욕 촉진 인증정보 획득

우리나라는 2017년 7월 기준으로, 캐나다('10), 싱가포르('10), 미국('10), 일본('11), 뉴질랜드('11), 중국('13), 홍콩('14), 멕시코('14), 터키('14), 이스라엘('15), 도미니카공화국('15), 인도('15), 대만('15), 태국('16), 호주('17), 아랍에미리트('17) 등 16개국가와 MRA를 체결한 상태이다.

상호인정협정은 국제협력에 있어 가장 중요한 이슈 중의 하나로 세계 주요 국가들과 상호인정협정 체결을 확대 중에 있어 우리기업의 상호인정협정에 대한 정확한 인식과 대응자세가 필요한 시점이며, 특히 중소기업들은 개방화되는 세계 시장에 적합성 관련 정보의 부족으로 겪었던 어려움들이 상호인정협정으로 극복될 수 있음을 인식하고 적극적인 수출활동이 필요할 것이다.

10.5.4 적합성평가 결과의 수용을 촉진하는 접근방법

TBT협정은 상호인정협정을 적합성평가 결과의 수용을 원활하게 하는 접근방법 가운데 하나로 인정하고, 적합성평가 결과의 상호인정을 위한 회원국 간 협상을 장려한다.

상호인정협정은 한 당사국이 수입품에 대해 자국의 요구사항에 대한 적합성을 평가할 때 다른 당사국들의 적합성평가 기관이 산출한 적합성평가 결과를 수용하거나 인정해주는 조건을 명시한 협정이다. 이러한 상호인정의 목적은 무역을 원활하게 하고, 협정에 포함된 모든 제품과 서비스에 대한 적합성평가 결과와 관련하여 당사국들의 영토 전역에서 효과적인 시장 진입을 가능하게 하는 데 있다.

해외 시험성적서나 인증서 수용에서 상호주의는 비록 TBT협정이 지지하기는 하지만, 필수적인 것은 아니다. 사실 상호인정협정은 각 당사국이 상대 당사국에서 실시한 적합성평가 활동결과를 일방적으로 수용하는 조직화된 한 쌍의 일방적 협약일 뿐이다.

한편, 정부간 상호인정협정을 체결하지 않고도 인정과 같은 적절한 신뢰구축 조치들이 적합성평가 결과의 수용을 촉진할 수 있다. 적합성평가 결과의 수용을 원활히 하기 위한 접근방법에는 다음과 같은 조치들이 포함된다(WTO, TBT위원회 −제2차 3년 주기 검토보고서, G/TBT/9 Annex5).

(1) 특정규제에 대한 적합성평가 상호인정협정
(Mutual Recognition Agreements)

특정 규제에 대한 적합성평가 상호인정협정(MRA)은 정부간 협정으로서, 각 당사국은 해당 규제에 대해서 상대국의 적합성평가 결과를 서로 수용하게 된다. 정부간 MRA는 적합성평가 결과의 수용을 원활하게 하는 효과적인 접근방법이지만 협상과 이해에는 많은 어려움이 수반된다. 먼저, 효과적인 정부간 MRA를 체결하기 위해서는 견고한 규제기반구조, 행정비용 및 일반적으로 요구되는 장기적인 협상기관과 높은 행정비용을 정당화시킬 수 있도록 해당분야에서 당사국 간에 충분한 교역량 등을 고려하여야 한다. 이 밖에 MRA를 체결하려는 당사국들 규제 시스템의 병용성이나 MRA 협상과 이행을 위한 충분한 자원확보도 고려하여야 할 요소이다.

MRA 체결은 기술수준이 비슷한 국가간에 체결하는 것이 가장 용이하며, 당사국간 기술능력에 차이가 있는 경우에는 상호이익을 위해 기술협력을 통한 단계적인 접근방법이 유용할 수 있다.

두 국가 사이에 적합성평가에 대한 기존 시스템의 차이가 클수록, MRA를 협상하고 유지하는 데 더 큰 어려움이 따른다. 제3자 인증이나 정부 통제 대상이 되는 제품군 또는 적절한 절차를 채택하는 기술적인 관점에서 견해의 차이, 적합성평가기관의 적격성에 대한 의혹, 상이한 인정 요건과 절차 등의 요인이 모두 상호인정을 달성하는 데 필요한 시간과 자원을 증가시킨다. 이것이 일반적으로 MRA가 발전수준이 높으면서 유사한 국가 사이에 더 쉽게 이루어지는 이유이다.

현실적으로 WTO에 통보된 MRA를 살펴보면 1995년부터 2004년간에 유럽에서 51%, 아시아·태평양 지역 26%, 북아메리카 12%, 남아메리카 8%, 아프리카 지역은 3%를 보여주고 있다(WTO Committe on Technical Barriers to Trade, Transparency requirements and Procedures, Background Note by the Secretarial, G/TBT/W/250 16 February 2005). 또한 MRA 체결 국가 그룹을 보면 2005년 기준으로 선진국간 53%, 선진국/개발도상국간 36%, 개발도상국간 11%를 차지하고 있다(WTO, World Trade Report 2005, p. 117).

정부간 MRA는 양자간일 수도 있고, 다자간에 체결될 수도 있다. 정부간 MRA는 WTO에 통보하게 되어 있어서 그 현황을 WTO 홈페이지에서 볼 수 있다.

(2) 국내외 적합성평가기관 간(자율적인) 협력 약정

이 약정에는 개별시험기관간, 인증기관간 및 검사기관간 약정뿐만 아니라 인정기관 간(비록 적합성평가 기관은 아니지만) 약정도 포함된다. 이들 자율적인 협력 약정 가운데 인정기관간 협력이 가장 넓은 범위의 적합성평가 결과의 상호수용을 촉진한다. 협력 약정을 맺는 범위에 따라 당해 인정기관이 인정한 적합성평가 기관의 시험, 검사 또는 인증 결과를 상호 수용하게 된다. 적합성평가 기관간의 협력 약정은 오랜기간 동안 민간 참여 기관들 사이에 상업적인 이익을 추구하기 위해서 흔히 활용되어 왔다.

적합성평가 기관 사이의 약정은, 때때로 정부가 강제 분야에서 시험결과와 인증 활동의 수용을 위한 토대로 활용하기도 한다. 어떤 정부는 지정된 국가 적합성평가 기관이 민간 MRA를 체결한 해외 적합성평가 기관이 제출하는 관련 시험성적서를 토대로 인증서를 발급하도록 허락한다.

또 다른 경우에는, 정부가 인정활동을 직접 관리하지 않기 때문에, 인정받은 외국 적합성평가 기관이 별도의 규제 절차에 적합한 경우에만 규제적 수용을 허용하는 입장을 취한다. 이 경우에는 흔히 국내 적합성평가 기관이 외국 적합성평가 기관과 직접 계약을 체결하여 그들의 시험성적서나 공장 심사 결과 인증을 위한 토대로 활용한다.

(3) 적합성평가 기관 인정을 활용

인정기관들은 적합성평가 기관 인정을 위한 국제 관행을 조화시키기 위해 노력해 왔다. 인정 관련 국제표준, 지침 및 권고 사항을 활용하고, 이러한 국제관행에 따라 부여된 인정은 국제적인 신뢰를 얻게 된다. 그 결과, 적합성평가 결과의 인정과 수용을 원활하게 하기 위한 글로벌 네트워크를 개발하게 되었다. LAF MLA와 ILAC MRA가 이러한 네트워크에 해당한다. 이 네트워크는 각 참여자가, 다른 참여자가 부여한 인정이나 발행한 인정서를 자신이 부여한 것과 동등하게 인정하고, 자국 영토 안에서 그 동등성에 대해 추구하는 상호 인정 약정의 형태를 가진다. 그러한 약정을 위한 국제표준과 지침이 있다(ISO/IEC 17040(Peer Assessment); ISO/IEC Guide 68(Mutual recognition & acceptance); IAF와 ILAC의 관련 지침문서들).

규제자가 적합성평가 절차로 글로벌 네트워크에 속해 있는 인정기관의 인정을 활용하면, 특히 글로벌 네트워크 안에 있는 타국의 적합성평가 기관이 생산한 성적서나 인증서를 수요하게 되면, 국내외 생산자들에게 적합성평가 기관의 선택 폭이 넓어지게 되어 국제무역을 원활하게 하는 데 기여하게 된다. 한편 특정규제에 대한 적합성평가 상호인정협정에서 상대국 적합성평가 기관의 적격성에 대한 신뢰의 근거로 인정의 글로벌 네트워크를 활용한다면 상용인정협정의 협상이나 이행을 한층 용이하고 효율적으로 추진할 수 있게 할 것이다.

(4) 정부지정

정부가 규제 이행을 위한 적합성평가를 수행하도록, 타국의 적합성평가 기관을 포함하여 특정 적합성평가 기관을 지정할 수 있다. 이때 적합성평가 기관이 지정을 받기 위한 선행조건으로 국제적인 인정 네트워크에 참여하는 인정기관으로부터 인정을 취득하도록 요구될 수 있다. 이 경우 규제자는 직접적인 평가절차를 생략함으로써 규제 비용을 절감할 수 있게 된다.

이러한 접근법의 예로 EU가 남아프리카에서 EU로 수출되는 물고기와 물고기 제품의 수출을 위한 시험과 인증에 남아프리카표준국(SABS; South African Bureau of Standards)의 시험실을 지정한 바 있다.

(5) 외국 적합성평가 결과에 대한 일방적인 인정

한 정부가 외국 적합성평가 결과를 일방적으로 인정할 수 있다. 이러한 경우에 적합성평가 기관의 신뢰성을 확보하기 위하여 적합성평가 기관이 지역 또는 국제 인정 시스템 아래에서 인정받을 수 있다. 인정을 받지 않은 경우에는 적합성평가 기관이 자신의 적격성에 대해 다른 방법으로 증명할 수도 있다. 수입국 정부는 적합성평가 기관의 동등한 적격성을 토대로 외국 시험성적서와 인증서를 일방적으로 인정한다. 일반적으로 적합성평가 기술기반 구조가 충분히 수립되어 있지 않은 국가에서 선진국 적합성평가 기관의 평가결과를 수용하는 사례가 이 범주에 해당된다.

(6) 공급자 적합성 선언(SDoC; Supplier's Declaration of Conformity)

공급자 적합성 선언은 공급자(제조자, 유통업자, 수입자, 조립업자, 서비스기관 등)가 명시된 요건에 대한 적합성의 서면 보증을 제공한다. 선언에는 적합성 선언자와 제품의 적합성을 책임지는 자를 명시한다. 이 접근 방법에는 규제자가 아닌 공급자가 시장에 진입하는 제품이 요구되는 기술규정에 합치됨을 보장할 책임을 진다. SDoC를 활용할 때에는 해당 부문이나 제품의 개별적인 특성을 고려해야 한다. 평가는 공급자 내부시험 시설이나 독립적인 시험기관에서 수행할 수 있다. SDoC는 적절한 환경에서 사용될 경우에, 적합성평가 기관의 선택 등에 유연성을 제공하며 적합성평가 비용을 줄일 수 있게 한다. 따라서 SDoC는 정당한 정책 목적 달성을 저해하지 않으면서 무역을 원활하게 하는 수단이 될 수 있다.

관련 국제표준이나 가이드 또는 권고 사항들의 활용은 SDoC 절차에 투명성을 부여하며 그 가치와 활용성을 증진시킬 수 있다. 특히 수입국에서 SDoC를 수요하는 경우에 개발도상국 수출자는 시장 접근을 촉진시킬 수 있다. 또한 제3자 시험기관이나 인증기관을 활용하거나 관련 국제기준에 따라 인정받은 사내시험 시설을 활용할 경우에도, SDoC에 대한 신뢰성이 향상된다.

그러나 SDoC가 효과적으로 이행되기 위해서는 기본적으로 다음과 같은 적절한 규제환경을 갖추어야 한다(WTO TBT위원회–제3차 3년 주기 검토보고서, G/TBT/13, 11 November 2003).

① 효과적인 제조자 책임법
② 적절한 자원과 집행권한을 포함하여, 잘 수립된 시장 사후관리 시스템
③ 거짓이나 오도하는 적합성 선언에 대한 실질적인 벌칙
④ 생산자/공급자가 관련 규정을 잘 준수하도록 장려하기 위한 적절한 인센티브
⑤ 소비자배상

SDoC 제도 아래에서는 공급자들이 규제자의 관여 없이 제품을 시장에서 판매할 수 있기 때문에 사후관리가 매우 중요하다. 이러한 사후관리에는 제3자 인증과 같은 사전 관리에 비해 많은 인적·재정적 자원이 필요하게 된다. 그리고 부적합한 제품이 판매되는 등 적절하게 이행되지 않는 경우에 제재를 가할 수 있는 적절한 벌칙 제도가 필요하게 된다.

따라서 현실적으로 SDoC는 위의 규제 환경을 적합하게 갖춘 선진국에 적절한 제도일 수 있다. 시험이나 인증 능력이 뒤떨어지는 나라에서는 신뢰성 있는 사후 관리를 실시하기 어려우며, 특히 부정적인 사후관리 결과에 대해 해외 수출자들의 반발이나 거부에 직면할 수도 있다.

SDoC의 채택은 국가의 사회적 환경, 효과적이고 효율적인 사후관리 시스템의 여부 등에 따라 다르다. 예를 들어 EU의 저전압 디렉티브에서 전기 제품 안전 인증에 SDoC를 활용하고 있는 반면, 미국과 다른 국가들에서는 제3자 인증을 요구한다. 우리나라의 경우에는 부적합 제품이 초래할 수 있는 위험요소를 고려하여, 제품 특성에 따라 제3자 인증이나 SDoC 시스템을 적용하고 있다. 자동차 안전분야는 우리나라와 미국은 SDoC를 수용하는 반면에 다른 많은 국가들은 제3자 인증을 요구한다.

(7) 정부간 비강제 MRA: APEC Tel MRA 사례

정부간 MRA가 모두 강제적으로 적용되는 것은 아니다. 그 예가 통신장비의 적합성평가에 대한 APEC(Asia−Pacific Economic Cooperation; 아시아태평양경제협력기구) 상호인정협정, 즉 APEC Tel MRA(APEC Mutual Recognition Arragement for Conformity Assessment of Telecommunication Equipments)이다. APEC Tel MRA는 1998년 6월에 APEC의 통신과 정보산업 장관들이 승인하여 1999년 7월부터 발효되었다. 1998년 6월에 통신과 정보산업 장관들이 APEC 차원에서 통신장비의 시험과 형식 승인을 위한 절차를 간소화하기로 합의했다. 통신장비 적합성평가에 대한 상호 인정협정은 세계적으로 이러 종류의 최초 다자간 협정으로서 매우 획기적인 협정이었다. APEC Tel MEA의 적용범위는 규제대상이 되는 모든 유무선 장비와 시설 그리고 위성 장비를 포함한다. 그러한 장비에 대해 MRA는 순수한 통신 장비에 대한 적합성 요구사항뿐만 아니라 전자기 적합성(EMC; Elector−Magnetic Compatibility)과 전기 안전 측면도 포함된다.

APEC Tel MRA의 목적은 광범위한 통신, 그리고 통신 관련 장비에 대한 적합성평가 절차를 간소화하여 당사국 사이의 무역을 원활하게 하는 데 있다. APEC Tel MRA는 수입국들이 자국 기술규정에 대한 장비의 적합성을 평가하는 데 있어서 적합성평가 기관을 상호 인정하고 시험과 장비 인증절차를 상호 수용하도록 지원한다. APEC 국가들은 통신 상품과 서비스의 원활한 무역 측면에서 장비 인증의 지역 조화를 위한 APEC 지침(APEC Guidelines for the Regional Harmonization of Equipment Certification)을 따르도록 노력한다.

　　APEC Tel MRA는 3단계로 이루어진다. 1단계는 시험성적서 상호인정, 2단계는 제품인증서 상호인정, 그리고 3단계는 마크 상호인정이며 APEC 국가는 원하는 단계까지 MRA에 가입할 수 있다. 그러나 APEC Tel MRA는 이행에 대한 강제성이 없는 정부간 비강제 상호인정협정으로서, 필요한 경우에 국가간 강제적인 상호인정협정을 체결하는 토대로 활용된다. 즉, 관심있는 APEC 국가의 통신 장비 규제자 간에 APEC Tel MRA를 이행하고자 하는 양해각서 교환 등의 합의를 통해서 이행을 강제화할 수 있다. APEC Tel MRA는 통신장비 적합성평가 결과의 상호 수용을 위한 토대로 APEC 국가간 FTA 협정에 활용되기도 한다.

10.6 적합성평가 용어

10.6.1 주요 관심 용어 비교

(1) Accreditation(인정)과 Certification(인증)

- Accreditation(인정): 적합성평가 기관(시험, 검사, 인증 등)의 적격함을 제3자가 증명하는 것
- Certification(인증): 적합성평가 대상(제품, 프로세트, 시스템, 사람, 조직)을 제3자가 증명하는 것

(2) Recognition(인정)과 Designation(지정)

- Recognition(인정): 적합성평가 기관 또는 사람에 대한 제3자가 증명하는 것으로 주로 정부가 수행
- Designation(지정): 특정 적합성평가 기관이 규정된 활동을 수행하도록 내리는 정부의 권한

(3) Agreement(협정)와 Arrangement(협약)

- Agreement(협정): 정부간의 협정 서명(예: WTO, 국가 간 양자다자 상호 인정 협정(Mutual Recognition Agreemet)
- Arrangement(협약): 적합성평가 결과를 승인 또는 수용하는 협약(예: APEC, TEL, MRA, ILAC/IAF, MRA등)

(4) Approval(승인)과 Acceptance(수용)
- Approval(승인): 규정된 요구사항의 충족에 따른 허가
- Acceptance(수용): 적합성평가 결과의 사용

10.6.2 동등에 대한 비교

(1) 적합성평가에서의 적용 사례

- Peer Assessment(동등성평가): 상호인정(MRA)에 가입 예정 또는 갱신기관에 대하여 동료기관이 규정된 절차에 따라 평가(예: APLAC 동등성평가)
- Equivalence(동등): 상호인정(MRA)에 가입 예정 또는 갱신기관에 대하여 동료기관이 규정된 절차에 따라 평가(예: 국가간 MRA 또는 기관간 MOU)
- Equal and national treatment(동등성 대우): 적합성평가 결과에 대한 불리한 대우를 받지 않음(예: FTA 협정문 등에서 동등 및 내국민 대우 Equal and na－tional treatment)

10.6.3 기본 용어 정의

적합성평가에 적용되는 용어의 정의는 시험, 검사 및 최근 다양한 형태의 인증과 같은 적합성평가 활동과 관련하여 ISO/IEC 가이드 및 표준은 적합성평가위원회(CASCO)에서 작업을 하고 있음(ISO/IEC 17000)
- Conformity Assessment Body(적합성평가기관): 적합성평가 서비스를 수행하는 기관임

주: 인정기관은 적합성평가 기관이 아니다.

- Accreditation(인정): 적합성기관이 특정 적합성평가 업무를 수행하는 데 적격하다는 공식적인 실증을 전달하는 제3자에 의한 증명을 발행함
- Certification(인증): 제품, 프로세스, 시스템 또는 사람과 관련된 제3자에 의한 증명을 발행함
- Accreditation Body(인정기관): 인정업무를 수행하는 권한 있는 기관으로 인정기구라고도 부름

    주: 1. 인정기관의 권한은 일반적으로 정부가 부여한다.

    2. 적합성평가 기관은 인증기관으로 인정기관은 인정기구라고도 한다.

- Specified Requirement(명시된 요구사항): 명시된 요구 또는 기대

    주: 명시된 요구사항은 일반적으로 규제, 규격 및 기술시방서와 같은 "규범문서"에 명시된다.

- Procedure(절차): 활동 또는 프로세스를 수행하기 위하여 규정된 방식임

    [ISO 9000: 2000, 3.4.5]

- Product(제품): 프로세스의 결과임[ISO 9000: 2000, 3.4.2]

    주: 1. ISO 9000(2000)에서는 제품을 일반적으로 4가지 분야로 구분

    − 서비스(예: 운송), 소프트웨어(예: 컴퓨터 프로그램, 사전), 하드웨어(예: 엔진, 기계부품), 가공물질(예: 윤활유)

    − 대부분의 제품은 서로 다른 제품 분류에 속하는 요소로 구성되며, 서비스, 소프트웨어, 하드웨어 또는 가공물질 등 어디에 해당되는지는 요소의 정도에 따라 구분

    2. 상기의 1에서 기술하고 있는 적합성표명은 증명 발행의 제품으로 볼 수 있다.

10.6.4 선정·결과·평가·입증 및 사후관리 관련 용어

- Sampling(샘플링): 절차에 따라 적합성평가 대상의 샘플을 확보하는 것
- Testing(시험): 절차에 따라 적합성평가 대상의 하나 이상의 특성을 결정하는 것

    주: "시험"은 일반적으로 자재, 제품 또는 프로세스에 적용한다.

- Inspection(검사): 제품설계, 제품, 프로세스 또는 설치에 대한 조사(Examina-

tion)를 실시하고, 특정 요구사항에 대한 적합성을 결정하거나 전문적 판단
에 근거하여 일반 요구사항에 대한 적합성을 결정하는 것

주: 프로세스 검사에는 사람·시설·기술 및 방법에 대한 검사가 포함될 수 있다.

- Audit(심사): 기록, 사실에 대한 진술 또는 기타 관련된 정보를 획득하고
  규정된 요구사항이 충족되는 정도를 결정하기 위하여, 이를 객관적으로
  평가하는 체계적이고 독립적인 문서화된 프로세스

  주: "심사"는 경영시스템에 적용되는 반면 "평가"는 적합성평가 기관과 함께 일반
  적인 사항에 적용된다.

- Attestation(입증): 평가 후 내려진 결정에 근거하여, 규정된 요구사항의 충
  족이 실증되었다는 심사 주제 서술

  주: 1. 이 표준에서 표현한 "적합성 표명"은 규정된 요구사항이 충족됨을 보장하는
    것으로서, 그 자체로 계약 또는 기타 법에 의한 보증(guaranteee)을 제공하
    는 것은 아니다.

    2. 제1자 및 제3자 증명 활동은 주어진 용어에 따라 구별된다. 그러나 제2자 증
    명 활동에 대해서는 특별한 용어가 주어지지 않는다.

- Scope of Attestation(입증 범위): 입증에서 심사 주제 서술이 포함된 적합성
  평가 대상의 범위 또는 특성

- Declaration(선언): 제1자에 의한 증명 발행

- Surveillance(사후관리): 적합성표명의 유효성을 유지하기 위한 근거로서, 체
  계적으로 반복되는 적합성평가 활동

- Suspension(정지): 규정된 증명의 범위의 일부 또는 전체에 대한 적합성
  표명의 일시적 무효

- Withdrawal(취소): 적합성 표명의 철회

- Appeal(이의제기): 적합성평가 대상을 제공하는 개인(조직)이 적합성평가 기
  관 또는 인정기관에게 적합성평가 대상과 관련하여 내려진 결정에 대하여
  재고(再考)를 요청하는 것

- Complaint(불만): 이의제기와는 다른 것으로, 개인 또는 조직이 적합성평가
  기관 또는 인정기관의 활동과 관련하여 답변을 기대하면서 적합성평가 기
  관 또는 인정기관에게 불만족을 표현하는 것

참고문헌 | REFERENCE

- 국제무역의 평가인증 핸드북(2014년): 최금호
- 신표준화 개론(2007년): 신명재
- 기술규제와 무역(2015년): 류경임
- 중국 CCC인증제도 최신 가이드북(2016): 국가기술표준원
- NRTL 인증기관 및 시험기관 지정을 위한 신청서 작성 등 등록 가이드 라인 마련 연구(2015): 한국화학융합시험연구원

CHAPTER

11

전기전자 및 정보통신 분야의
무역기술장벽(TBT) 동향과 시사점

– 남상열

전기전자 및 정보통신 분야의 무역기술장벽(TBT) 동향과 시사점

[남상열]

11.1 개요: 다자무역규범과 잠재적 무역기술장벽

많은 이해관계자들은 무역기술장벽(Technical Barriers to Trade, TBT), 좀 더 분명하게는 무역에 영향을 미치는 "잠재적 무역기술장벽으로서 기술규제조치"로 인한 부담이 상당하고, 또한 그 부담이 증대되고 있다는 데 공감하고 있다.[1] 한편, 무역기술장벽이 다양한 관련 요소들과 넓은 범위를 포괄하고 있는 반면에 명확하게 합의된 정의가 존재하지 않기 때문에 무역기술장벽을 측정하고 추세변화를 파악하는 것은 쉬운 일이 아니다.[2] 무역기술장벽의 현황과 추세를 포괄적으

---

1) 무역기술장벽의 배경 등에 대한 논의는 남상열(2005) 및 남상열(2014a) 참조. 한편, "무역기술장벽" 또는 세계무역기구(World Trade Organization, WTO)의 "무역기술장벽에 관한 협정(Agreement on Technical Barriers to Trade, TBT 협정)"이라는 용어는 기술규제조치(technical regulatory measures) 그 자체가 무역장벽이라는 잘못된 인식을 줄 수 있어, 예를 들면, "무역에 영향을 주는 기술규제조치(technical regulatory measures affecting trade)" 등으로 부르는 것이 더 적절할 것이다.

2) WTO TBT 협정에서도 무역기술장벽에 대해 명시적인 정의를 제시하지 않고 있다. 다만, 무역기술장벽을 구성하는 주요 요소로 기술규정, 표준 그리고 기술규정 및 표준 관련 요건을 충족하는지 여부를 판정하는 적합성평가절차 등 세 가지를 제시하고 있으며, 기술규정과 표준에는 포장, 표시 및 상표부착(labelling) 요건 등이 포함됨을 명시하고 있다(TBT 협정 전문 및 부속서 1).

또한, TBT 협정의 포괄범위와 관련하여 서비스무역에 대해서는 별도의 부속서(Annex 1B)로 '서비스무역에 관한 일반협정(General Agreement on Trade in Services, GATS)'이 있기 때문에 원칙적으로 TBT 협정은 공산품과 농산품을 포함한 모든 상품에 적용되며(TBT 협정 제1.3조), 서비스는 TBT 협정의 대상에서 제외됨을 확인하고 있다(부속서 1). 그러나, 예를 들면, "유럽공동체-바나나(EC-Bananas)" 분쟁사례에서, 상소

로 살펴볼 수 있는 대표적인 자료로 세계무역기구(World Trade Organization, WTO) 회원국들이 TBT 협정(Agreement on Technical Barriers to Trade, 이하 TBT 협정)에 따라 다른 회원국의 무역에 중요한 영향을 미칠 것으로 예상되는 기술규제조치를 초기단계에 알리는 잠재적인 무역기술장벽으로서 기술규제조치에 관한 통보문(notifications, 이하 TBT 통보문)과 TBT 위원회에서 WTO 회원국들간에 문제가 제기되고 논의된 특정무역현안(specific trade concerns, STCs) 등이 활용되고 있다.3) TBT 통보문과 특정무역현안의 수는 1995년 WTO 출범 이후 전체적으로 빠른 증가를 보여 왔으며, 이에 따라 잠재적인 무역기술장벽이 증가해왔다고 이해될 수 있다.

잠재적인 무역기술장벽의 증가는 무엇보다 국가간 무역규모의 증가와 기술발전 및 새로운 제품의 출현 등에 따른 기술규제조치의 필요성 증대에 기인한다. 한편, 그러한 기술규제조치가 무역기술장벽을 형성하지 않기 위해서는 정당한 목적(legitimate objective)과 투명성(transparency) 절차 등에 기반을 두고 정당한 목적 달성에 필요한 이상의 과도한 규제를 회피해야 한다. 신규 TBT 통보문(new notifications)은 1995년 WTO가 출범하던 해에 365건(추가, 정정 및 개정통보문을 포함한 총통보문으로는 389건)에서 2016년 1,653건(총통보문으로는 2,316건)으로 전체적으로 빠른 증가 추세를 보이고 있다. 새롭게 제기된 특정무역현안 또한 1995년 4건(이전의 TBT 위원회에서 논의된 것을 포함하여 회의 단위로 집계한 총건수로도 4건)에서 2016년 31건(총건수로는 173건)으로 증가하였다.4) 한편, 같은 기간 세계총상품수출은 1995년 5.17조 달러에서 2016년 15.99조 달러로 명목규모로 약 3.1배 증가하였다.5)

기구는 '관세 및 무역에 관한 일반협정(General Agreement on Tariffs and Trade, GATT)'이 상품무역 그리고 GATS가 서비스무역에 각각 적용됨에도 불구하고 서비스와 결합 또는 서비스와 상당한 관련이 있는 제품을 포함하는 상업행위에 관한 분쟁인 경우 GATT와 GATS의 적용범위가 중첩될 수 있으며, 마찬가지로 그러한 제품 관련 분쟁에 대해 GATS와 관련하여 TBT 협정이 적용될 수 있다는 입장을 나타냈다.

그 외에 TBT 협정에서는 전기전자 또는 정보통신 등 특정 산업분야나 특정 제품에 대한 명시적인 규정(조항)을 가지고 있지 않다. Wolfrum et al. eds. (2007) 및 지식경제부 기술표준원 번역(2012) 참조.

3) WTO TBT 통보문과 특정무역현안에 대한 논의는 남상열(2014b) 및 남상열(2014c) 참조.
4) 총건수는 연도 단위가 아니라 연간 세 차례 개최되는 WTO TBT 위원회의 회의 단위로 집계된다. 예를 들면, 동일한 STC 사안이 같은 해 세 차례 TBT 위원회의 회의에서 모두 제기되면 1건이 아니라 3건으로 집계된다. WTO (2017a) 참조.
5) WTO 웹페이지 http://www.wto.org 2017.8.17. 접속.

즉, 국가간 무역의 증가에 따른 기술규제의 필요성에 따라 잠재적 무역기술장벽으로서 기술규제가 증가하고 있는 것으로 추정되며, 무역규모에 비해 더욱 빠르게 증가하고 있다.

__ 표 11-1. 잠재적 무역기술장벽과 세계무역 규모의 추이

	1995년 (A)	2016년 (B)	변화 (B/A)
TBT 통보문			
신규건수	365	1,653	4.5
총건수	389	2,316	6.0
특정무역현안			
신규건수	4	31	7.8
총건수[1]	4	173	43.3
세계총상품수출 (조 달러)	5.17	15.99	3.1

자료: WTO (2017a) 및 WTO 웹이지(http://www.wto.org)
주: 1. 연도 단위가 아니라 연간 세 차례 개최되는 WTO TBT 위원회의 회의 단위로 집계됨.

그 가운데 전기전자 및 정보통신 분야는 세계무역과 잠재적 무역기술장벽으로서 기술규제조치 관련 비중면에서 중요한 위치를 차지하고 있을 뿐만 아니라 역동적인 기술발전과 네트워크를 통한 연결성 등을 바탕으로 국제표준화, 국내표준화 및 기술규제 체계, 적합성절차 등의 측면에서 차별적인 특성을 가지고 있다. 이 장에서는 전기전자 및 정보통신 분야의 잠재적 무역기술장벽면에서의 중요성, 표준화 및 기술규제 관련 제도, 적합성평가의 상호인정, 잠재적 무역기술장벽 동향, 그리고 시사점 등을 정리해보고자 한다.

11.2 전기전자 및 정보통신분야의 잠재적 무역기술장벽 비중

2016년 세계총상품수출에서 주요 품목그룹별 비중은 제조업제품 73%, 농산품 10%, 연료 및 광산물 13%, 기타 4% 등을 각각 차지하며, 제조업제품의 품목그룹별로는 화학제품 12%, 사무용 및 전기통신기기 11%, 자동차 9%, 섬유 및

의류 5%, 철강 2%, 기타 제조업제품 34% 등을 차지하고 있다.[6] 제조업제품 가운데 세부품목별로는 사무용기기를 포함한 전기통신기기가 화학제품에 이어 두 번째로 큰 비중을 차지하고 있음을 확인할 수 있다.

___ 표 11-2. 세계총상품수출에서 주요 품목그룹별 비중(2016년)

품목그룹	비중 (%)
농산품	10
연료 및 광산물	13
제조업제품	73
섬유 및 의류	5
철강	2
화학제품	12
사무용 및 전기통신기기	**11**
자동차	9
기타 제조업제품	5
기타	4

자료: WTO (2017b).

한편, 잠재적인 무역기술장벽을 파악할 수 있는 대표적인 자료인 WTO TBT 통보문이나 특정무역현안에서는 관련 정보의 부족으로 세부품목별 분류를 명확하게 파악할 수 없는 경우가 흔히 있다. 참고로 NAM(2015)에서는 1995~2014년의 기간중 아태경제협력체(APEC) 회원경제들과 관련된 WTO TBT 통보문과 특정무역현안에 대해 TBT 정보관리 시스템(IMS)의 자료를 바탕으로 가능한 범위에서 9개 품목그룹별로 분류하여 제시하고 있다.[7] 이에 따르면 APEC 회원경제들의

제3부
우리나라
기술규제체계
발전과
과제

---

6) WTO (2017b) 참조.

7) NAM(2015) 및 WTO TBT 정보관리시스템 http://tbtims.wto.org 참조.
   APEC 회원경제는 태평양연안의 호주, 브루나이, 캐나다, 칠레, 중국, 홍콩, 인도네시아, 일본, 한국, 말레이시아, 멕시코, 뉴질랜드, 페루, 파푸아뉴기니, 필리핀, 러시아, 싱가포르, 태국, 대만, 베트남, 미국 등 21개로 유럽지역을 제외한 세계경제의 주요 국가들을 포괄하고 있다.
   NAM(2015)의 9개 품목분류는 HS(harmonized System) 두 자리 분류를 기반으로 ①

TBT 통보문(1995~2014년)에서는 9개 품목분류 가운데 전기전자 및 측정 정밀기기가 19.0%로 가장 큰 비중을 차지하고 있으며, 다음으로 고무 및 화학제품 16.2%, 보일러 및 기계 15.5% 등을 차지하고 있다. 같은 기간 APEC 회원경제들의 기술규제조치와 관련한 특정무역현안 총 226건 가운데 9개 품목그룹으로 분류가 가능한 것은 30건에 불과하나 이를 품목별로 나누어보면, 농수산 및 식품이 36.7%로 가장 큰 비중을 차지하고 있고, 다음으로 고무 및 화학제품 16.7%, 그리고 보일러 및 기계, 전기전자 및 측정 정밀기기가 각각 13.3%를 차지하고 있다.

이에 따라 전기전자 및 정보통신분야의 잠재적 무역기술장벽과 관련된 비중은 10~20% 정도로 대체로 농수산품 및 식품, 화학제품 다음으로 큰 비중 또는 상대적 중요성을 가진 것으로 파악된다.

━ 표 11-3. APEC 회원경제들의 TBT 통보문 및 특정무역현안에서 품목분류별 비중(1995-2014)

품목분류	TBT 통보문[1] (비중, %)	특정무역현안[2] (비중, %)
농수산 및 식품	13.8	36.7
광물 및 목재	7.1	6.7
고무 및 화학제품	16.2	16.7
섬유 및 의류	3.0	3.3
철강제품	6.1	0.0
보일러 및 기계	15.5	13.3
전기전자 및 측정 정밀기기	**19.0**	**13.3**
운송장비	13.2	0.0
장난감 및 가구	5.9	10.0

자료: NAM(2015).
주: 1. 1995-2014년 기간중 APEC 회원경제의 TBT 정규통보문(regular notifications)은 총 6,808건으로 같은 기간 WTO 회원국 전체 18,886건의 36.0%를 차지한다. 한편, 6,808건 가운데 WTO TBT 정보관리 시스템(IMS)의 자료를 통하여 9개 품목분류별로 구분이 가능한 것은 2,788건이었다.
2. 1995-2014년 기간중 APEC 회원경제가 기술규제조치의 당사국으로 관련된 특정무역현안(STCs)은 총 226건으로 같은 기간 WTO 회원국 전체 452건의 50.0%를 차지한다. 한편, 226건 가운데 WTO TBT 정보관리 시스템(IMS)의 자료를 통하여 9개 품목분류가 가능한 것은 30건에 불과하였다.

농수산 및 식품, ② 광물 및 목재, ③ 고무 및 화학제품, ④ 섬유 및 의류, ⑤ 철강제품, ⑥ 보일러 및 기계, ⑦ 전기전자 및 측정 정밀기기, ⑧ 운송장비, ⑨ 장난감 및 가구 등으로 구성되어 있다.

11.3 표준화와 기술규제 관련 제도 및 체제

11.3.1 국제표준화

산업부문으로서 전기전자 및 정보통신분야는 표준, 기술규정 및 적합성평가 절차 등을 포괄하는 무역기술장벽과 관련해서는 국제표준화, 국내표준화 및 규제 체계를 고려하여 전기전자분야와 정보(방송)통신분야로 나누어 살펴볼 수 있다.

WTO TBT 협정에서는 새로운 기술규정의 도입 또는 기존 기술규정의 개정 시에는 관련 국제표준이 존재하는 경우 이를 기술규정의 기초로 활용하도록 하고 있다(TBT 협정 제2.4조). 한편, TBT 협정은 국제표준에 대한 별도의 정의를 제시하지 않고 있으며, 동 협정상 국제표준으로 간주되는 관련 국제표준제정기구(international standardizing body)를 열거하여 제시하지 않고 있다. TBT 협정의 부속서 1(Annex 1)의 4항은 국제기관 또는 체제(international body or system)를 "회원의 지위가 적어도 모든 회원국에 개방되어 있는 기관 또는 체제"로 정의하고 있다. 또한, 5항은 지역기관 또는 체제(regional body or system)를 "회원의 지위가 일부 회원국만의 관련기관에 개방되어 있는 기관 또는 체제"로 정의하고 있다. 즉, 국제표준제정기구는 해당기구의 공식활동 중 하나가 표준제정과 관련된 모든 국제기관을 뜻한다. 이에 따라 TBT 협정상 국제표준으로 인정되는 국제표준기관들은 전통적인 국제표준제정기구들을 포함하여 더 넓게 개방되어 있고 배타적이지 않다.[8]

전통적인 국제표준제정기구 또는 국제표준화체제로는 대표적으로 국제표준화기구(International Organization for Standardization, ISO), 국제전기기술위원회(International Electrotechnical Commission, IEC), 국제전기통신연합(International Telecommunication Union, ITU) 등을 들 수 있다. 포괄범위에 있어서 ISO는 전기, 전자 및 정보통신 기술과 관련된 사항을 일부 포함한 전반적인 분야의 국제표준화를 다룬다. 이에 비해 IEC는 전기전자 관련 표준을 그리고 ITU에서는 전기통신 관련 표준을 각각 총괄하여 포괄범위면에서 전문화되어 있다.[9] 전체 국제표준에서 ISO와 IEC가 차

---

8) Wolfrum, Ruediger, et al. eds. (2007) 및 지식경제부 기술표준원 번역(2012) 참조.

9) ITU 조직 가운데 국제표준개발은 전기통신표준화부문(Telecommunication Standardization Sector, ITU-T) 및 전파통신부문(Radiocommunication Sector, ITU-R)의 분야별 연구반들(Study Groups)을 중심으로 새로운 작업분야 제안, 권고안 제출 및 수정 등을 통

지하고 있는 비중은 약 85% 정도로 절대적인 수준으로 파악되고 있다. 예를 들면, ISO 국제표준(international standards) 및 표준형식 문건(standards-type documents)의 총 수는 2016년말 기준 21,478건이며, 이 가운데 2016년에 신규로 발간된 것이 1,381건이다.[10] 분야별 분포에서 전자 및 정보통신기술분야는 약 18%로 엔지니어링 기술(약 26%)과 재료기술(약 19%) 다음으로 높은 비중을 차지하고 있다. 이와 같은 국제표준화 활동과 관련하여 ISO는 2016년말 기준으로 163개 국가표준기관(national standards bodies)의 참여와 247개 기술위원회(technical committees) 및 2,674개 작업반(working groups) 등을 두고 운영하고 있다. IEC 또한 2016년말 기준으로 국제표준(international standards) 6,327건과 기술명세(technical specifications) 288건을 보유하고 있으며, 이 가운데 2016년중 발간된 국제표준 476건과 기술명세 56건을 포함하고 있다.[11] IEC는 2016년말 현재 60개 정회원(full members) 및 23개 준회원(associate members) 등 총 83개 국가위원회(national committees)로 구성되어 있으며, 104개 기술위원회(technical committees) 및 559개 작업반(working groups)을 운영하고 있다. ITU는 전기통신분야에 특화하여 국가간 이해조정, 협력 및 개발지원, 국제표준개발 등의 주요 활동을 하는 국제기구이다. 조직면에서 ITU는 전파통신부문(Radiocommunication Sector, ITU-R),[12] 전기통신표준화부문(Telecommunication Standardization Sector, ITU-T),[13] 전기통신개발부문(Telecommunication Development Sector, ITU-D)[14] 등으로 구성되어 있으며, 국제표준화와 관련해서는 ITU-R은 전파방송분야(예, 전파/이동통신, 무선전력통신, 방송 등) 그리고 ITU-T는 전기통신분야(예, 광전송, 이더넷, 통신설비, 미래 인터넷, 망관리, 스마트워크, 유헬스, 가시광

해서 합의를 기반으로 이루어진다. ITU 웹이지 http://www.itu.int 및 한국정보통신기술협회(2015) 참조.

10) *ISO in Figures 2016*, ISO 웹페이지 http://www.iso.org 참조.

11) IEC 웹페이지 http://www.iec.ch 참조.

12) ITU-R은 위성통신을 포함한 모든 전파의 합리적, 경제적 및 공평한 사용을 추구하며, 각국 무선국간 유해 혼선방지를 위한 주파수 스펙트럼 관리와 위성궤도 조정 등의 분야를 담당한다.

13) ITU-T는 전기통신분야 일반의 국제표준화 추진과 함께 인터넷, 전자상거래 관련 정보통신 표준화업무를 담당한다.

14) ITU-D는 개발도상국들에 대해 통신기술을 지원하고, 세계 전기통신의 개발 촉진을 담당한다.

11
시사점[남상열]
무역기술장벽(TBT) 동향과
전기전자 및 정보통신 분야의

융합통신, 스마트농업, 임베디드 S/W, 웹 등)를 각각 담당하고 있다. 비정부기관인 ISO 및 IEC와 달리 ITU는 국제연합(UN)의 전문기구로서 회원국가들이 주도적인 역할을 하는 한편 기업과 다른 기구들도 표준화 작업에 직접 참여할 수 있어 ITU 표준의 채택 및 수용률이 높은 것으로 알려져 있다.

한편, 정보통신기술의 빠른 발전에 부응하여 ISO와 IEC는 관련 국제표준화 추진을 위한 ISO/IEC 공동기술위원회(Joint Technical Committee 1, JTC1)를 설치하여 통합적으로 협력하고 있다. ISO/IEC JTC1은 데이터와 정보의 수집, 저장, 검색, 가공, 전송, 교환 등을 포함한 ICT분야의 공식 국제표준의 제정을 촉진하고 있다.15) 이 가운데 정보보호, 보안, 사물인터넷, 빅데이터, 클라우드컴퓨팅, 그린 ICT, 스마트홈 등은 ISO/IEC JTC1과 ITU-T의 공통 표준화 대상분야이기도 하다.

그 외에도 특히 정보통신분야에서 표준화 환경이 기술 및 공급자로부터 시장 및 수요자 중심으로 변화함에 따라 주요 글로벌 ICT 기업들은 시장 선점 및 경쟁력 확보를 위해 사실표준화기구(de-facto standardization organization)를 중심으로 더욱 유연하고 신속한 표준화가 활발하게 추진하고 있다. 사실표준화기구들은 주로 미국에서 시장기능을 기반으로 형성되어 ISO, IEC, ITU 등 주요 공식 국제표준제정기구들과의 협력을 통해 스스로 개발한 사실상표준을 공식 국제표준으로 제안하고 국제적 위상을 제고하기 위한 활동을 하고 있다.16) 이들은 ISO,

---

15) 한국정보통신기술협회(2015) 참조.

16) 특히, 주요 국가 및 글로벌 기업들은 연구개발의 결과로 얻어진 특허를 표준에 반영하여 관련 표준을 충족하는 데 있어서 필수적인 특허인 표준(필수)특허(standard-essential patent) 또는 필수특허(essential patent)의 지위를 확보하기 위한 노력을 경주하고 있다. 2015년 12월 기준 ISO, IEC, ITU 등 국제표준제정기구 관련 표준특허는 총 12,009건이며, 국가별로는 미국 3,101건(25.6%), 핀란드 2,539건(21.0%), 일본 2,146건(17.7%), 프랑스 1,265건(10.4%), 한국 782건(6.4%) 등의 분포를 보이고 있다. 또한, 산업분야별로는 영상 및 음향기기 제조업 6,237건(51.5%), 통신 및 방송장비 제조업 3,236건(26.7%), 컴퓨터 프로그래밍 및 정보서비스업 773건(6.4%), 컴퓨터 및 주변장치 제조업 631건(5.2%) 등 전기전자 및 정보통신부문이 10,877건(89.9%)으로 절대적인 비중을 차지하고 있다.
한편, 국제표준제정기구들은 독점적 성격의 특허와 개방적 성격의 표준 사이의 상충문제를 해소하기 위해 기술표준으로 포함된 표준특허에 대해 적절한 시점에 공개되어야 하며 표준특허권자는 공정하고 합리적이며 비차별적인 조건으로 관련 기술의 사용을 허용해야 한다는 표준특허의 공정성, 합리성 및 비차별성(Fair, Reasonable and Non-Discrimination, FRAND 또는 RAND)의 개념을 설정하고 있다. 특허청(2016) 참조.

IEC, ITU 등 공식 국제표준제정기구의 기술위원회, 분과위원회 등에 연계기관으로 참여하여 공식 국제표준화에의 참여를 강화하고 있다. 사실표준화기구는 글로벌 기업들이 공통의 기술규격을 만들기 위해 연합한 포럼(forum) 및 컨소시엄(consortium) 등이며, 대표적인 예로 이동통신분야의 3GPP(3rd Generation Partnership Project); 인터넷분야의 IETF(Internet Engineering Task Force), IEEE(Institute of Electrical and Electronics Engineers), Wi-Fi 얼라이언스(Wi-Fi Alliance), W3C(World Wide Web Consortium); 방송분야의 ATSC(Advanced Television System Committee), DVB(Digital Video Broadcasting); 클라우드 분야의 DMTF(Distributed Management Task Force), SNIA(Storage Networking Industry Association) 등을 들 수 있다.[17]

■ 표 11-4. ISO 국제표준 및 표준형식문건의 분야별 분포(2016년말 기준)

분 야	2016년 신규 발간		총 국제표준 등	
	발간 건수	비중(%)	발간 건수	비중(%)
농업 및 식품기술	45	3.3	1,207	5.6
건설	37	2.7	528	2.5
전자, 정보통신기술	**252**	**18.2**	**3,796**	**17.7**
엔지니어링 기술	353	25.6	5,856	27.3
일반, 인프라, 과학 및 서비스	133	9.6	1,998	9.3
보건, 안전 및 환경	99	7.2	877	4.1
재료기술	267	19.3	4,697	21.8
특수기술	17	1.2	215	1.0
운송 및 상품유통	178	12.9	2,304	10.7
합 계	1,381	100.0	21,478	100.0

자료: *ISO in Figures 2016*, ISO 웹페이지 http://www.iso.org

11.3.2 우리나라의 표준화

우리나라의 표준화는 '국가표준기본법'(1999년 7월 1일 시행)을 근간으로 이 법의 제7조에 따라 5년마다 국가표준기본계획을 수립하여 추진되고 있다. 현재 제

---

17) 한국정보통신기술협회(2016) 참조.

4차 국가표준기본계획(2016~2020)이 수립되어 이행되고 있다.[18]

국가표준인 한국산업표준(Korean Industrial Standards, KS)은 '산업표준화법'에 의거하여 광공업품 및 산업활동 관련 서비스를 대상으로 국가기술표준원장 또는 이해관계인의 제안으로 제정 및 개정되며, 산업표준심의회의 심의를 거쳐 국가기술표준원장이 고시함으로써 확정된다. 2015년말 기준으로 총 20,392개의 한국산업표준을 보유하고 있다.[19] 한국산업표준의 분류체계에서는 21개 대분류 부문 가운데 전기전자부문(C)과 정보부문(X)을 포함하고 있다.[20] 전기전자부문은 중분류분야로 전기전자재료, 전기기계기구, 전기전자통신부품, 반도체 디스플레이 등을 포괄한다. 또한, 정보부문은 소프트웨어 컴퓨터그래픽스, 네트워킹 IT 상호접속, 정보상호기기 데이터저장매체 등을 중분류분야로 포함한다.

한편, 정보(방송)통신분야의 국가표준은 방송, 통신, 전파, 정보 등 정보통신기술(ICT)을 활용한 모든 분야에서 통일적으로 준용하는 공통기준 및 단위로 과학기술정보통신부 국립전파연구원에서 제정·고시하고 있다. 방송통신분야와 정보통신분야는 각각 표준화 추진의 근거가 되는 법령을 가지고 있다. 방송통신분야의 표준화 추진의 근거는 '방송통신발전기본법' 제33조(표준화의 추진) 및 같은 법 시행령 제22조(표준화의 대상 및 절차), '방송통신표준화지침'(국립전파연구원고시) 등에서 찾을 수 있다. 또한, 정보통신분야의 표준화 추진의 근거로는 '산업표준화법' 제40조(권한의 위임·위탁) 및 같은 법 시행령 제32조 제2항(권한의 위임·위탁), '행정권한의 위임 및 위탁에 관한 규정' 제21조의 2 제4항(과학기술정보통신부 소관), '정보통신산업진흥법' 제13조(정보통신표준의 제정 및 인증), '정보통신표준 개발·운영 지침'(국립전파연구원고시) 등을 가지고 있다.[21]

그 외에도 정보통신기술분야에서는 글로벌 차원에서 민간기업들이 주도하는 포럼이나 컨소시엄 등을 통한 시장중심의 국제표준화가 활발하게 추진됨에 따라 국내에서는 한국정보통신기술협회(TTA)를 중심으로 국내 미러포럼(mirror forum)의

---

18) 제4차 국가표준기본계획에 따른 2017년 중점 추진계획의 주요 분야는 ① 글로벌 시장 진출을 위한 표준개발, ② 기업성장 지원을 위한 표준기반 확충, ③ 윤택한 국민생활을 위한 표준화, ④ 민간주도의 표준생태계 확산 등이다.

19) 국가기술표준원 웹페이지 http://kats.go.kr 참조.

20) [참고자료 1] 참조.

21) 국립전파연구원 웹페이지 http://rra.go.kr 참조.

구성 등을 통한 국내외 협력 및 대응활동이 이루어지고 있다.22)

11.3.3 우리나라의 기술규정과 적합성평가 제도

전기전자 및 정보통신분야의 기술규정과 적합성평가 및 인증제도와 관련해
서는 제품안전제도 가운데 전기용품안전관리제도와 방송통신기기의 기술규정 및
적합성평가제도 등으로 구분된다.

[전기용품안전관리 및 인증제도]: 전기용품안전관리제도는 '전기용품 및 생
활용품 안전관리법'에 따른 제품인증제도를 중심으로 사전안전관리가 요구되는
일부 제품에 대해서 사업자가 최소한의 안전요구조건을 만족하는 제품에 한정하
여 시장에 출시하도록 의무화하고 있다.23) 전기용품의 "안전인증제도"는 제3자
에 의한 강제인증제도로서 잠재적으로 위해수준이 높은 안전인증대상 전기용품
에 대해 안전기준에 적합한지를 확인하는 제품시험과 제조자의 생산능력 등을
확인하는 공장심사절차가 적용된다.24) 안전인증을 받은 이후에도 의무적으로 정
기검사를 받도록 하여 안전인증업체가 안전인증제품의 안전성을 유지하고 있는
지 여부를 지속 관리한다.

한편, 2009년 1월부터는 전자제품, IT 제품 등 안전인증대상 품목에 비해 위
해수준이 낮은 전기용품을 대상으로 지정하여 공장심사와 정기검사가 생략된
"안전확인제도"를 도입하여 병행운영하고 있다. 이와 함께 2010년 1월부터는 일
정수준 이상의 시험능력을 가진 기업25)이 자체적으로 안전성 확인시험을 실시하

---

22) TTA는 통신망, ICT 융합, 정보보호, 소프트웨어, 방송, 전파/이동통신 등 정보통신기술
   분야의 대표적인 기술연구단체로 표준화활동(단체표준 제정)과 관련 시험인증 및 국제
   협력활동을 추진하고 있다. TTA 웹페이지 http://www.tta.or.kr 참조.
23) 전기용품안전관리제도는 선행법인 '전기용품안전관리법' 제정을 통하여 1974년 7월 1
   일부터 시행되어 왔으며, 2017년 1월 28일부터는 개정된 '전기용품 및 생활용품 안전
   관리법'을 통하여 이전의 '품질경영 및 공산품안전관리법'에 의한 생활용품안전관리제
   도와 통합하여 시행되고 있다. 국가법령정보센터 http://www.law.go.kr 참조.
24) 안전인증기관은 한국기계전기전자시험연구원, 한국산업기술시험원, 한국화학융합시험
   연구원 등이다.
25) '국가표준기본법'에 따라 시험·검사기관으로 지정받았거나 국제전기기기인증제도에 따
   른 시험소로 지정받은 기업.

고 기업이 시험한 결과를 인증기관이 확인한 후 인증을 취득하거나 안전확인 신고를 할 수 있도록 하는 "제조자 시험결과 인정제도"가 시행되고 있다.

또한, 2012년부터는 스캐너, 라디오 수신기 등 위험수준이 낮은 전자제품에 대해 기업이 스스로 안전성을 확인하고 판매할 수 있도록 하는 "공급자 적합성 확인제도"를 시행하고 있다. 한편, 기업 스스로 제품안전을 확인하는 대신 그에 대한 기업의 책임은 강화된다.[26] 인증을 받은 제품 및 기타 사전에 관리되고 있지 않은 제품에 대해서도 안전성조사 등을 통해 소비자의 안전에 위협을 가한 제품 또는 위협을 가할 여지가 있는 제품에 대해서는 '제품안전기본법'을 근거로 안전성조사를 통해 시장 또는 소비자로부터 회수될 수 있도록 리콜(recall) 제도를 운영하고 있다.[27]

━ 표 11-5. 전기용품 안전인증, 안전확인, 공급자 적합성확인제도

구 분		안전인증	안전확인	공급자 적합성확인
제품시험		○	○	기업이 스스로 실시
공장확인	제조·검사설비	○	×	×
	원자재·공정검사	○	×	×
	제품검사	○	×	×
인증·신고		인증서 발급	신고서 발급	×
정기검사(제품시험+공장확인)		○	×	×
품목수(260종)		50종	94종	116종

자료: 국가기술표준원(2016).

[방송통신기기 기술규정 및 적합성평가제도]: 방송통신기기에 대한 기술적 요건은 법률로 정하며('방송통신기기에 대한 기술규정'), 국가에서 정하는 인증 및 허가제도 등의 행정절차를 통하여 대상 기기를 운용할 수 있도록 하고 있다. 분야별로는 ① 방송통신분야의 전기통신망에 접속되는 설비에 대한 위해를 방지하기 위한 전기통신기자재의 기술적 요건, ② 무선설비분야의 해상, 항공 등 인명 안전 관련 형식검정 대상 무선기기 및 국민들의 일상생활과 밀접한 관련이 있는 형

26) 국가기술표준원(2016) 참조.
27) 국가기술표준원 웹페이지 http://www.kats.go.kr 참조.

식등록 대상기기에 대한 기술적 요건, ③ 전자파분야의 정보통신기기에서 방출되는 의도하지 않은 전자파로부터 방송통신기기에 대한 오작동(EMC, 전자파 장해 방지 기준 등) 및 인체 위해를 방지(전자파 흡수율 측정 기준 등)하기 위한 기술적 요건 등을 각각 설정하고 적합성평가 및 인증을 받도록 하고 있다.[28]

■ 표 11-6. 방송통신기기에 대한 기술규정 현황

구분		기술규정 현황
방송통신		단말장치 기술규정 등 8종
무선설비	무선, 방송	무선설비 규칙 등 2종
전자파	전자파적합성(EMC)	전자파 장해 방지 기준 등 4종
	인체안전	전자파 흡수율(specific absorption rate, SAR) 측정 기준 등 3종

자료: 국립전파연구원 http://www.rra.go.kr

관련 인증제도는 '전파법'에 근거하여 적합인증, 적합등록, 검정인증 등으로 구분하여 운용하고 있다. "적합인증"은 전파환경 및 방송통신망 등에 위해를 줄 우려가 있는 기자재와 중대한 전자파장해를 주거나 전자파로부터 정상적인 동작을 방해받을 정도의 영향을 받는 기자재를 제조 또는 판매하거나 수입하고자 하는 경우 사전에 인증을 받도록 하는 것이다. "적합등록"은 적합인증 대상이 아닌 방송통신기자재 등을 제조 또는 판매하거나 수입하고자 하는 경우 적합성평가기준에 부합함을 증명하는 확인서를 첨부하여 등록하도록 하는 것이다. "잠정인증"은 방송통신기자재 등에 대한 적합성평가기준이 마련되어 있지 아니하거나 그 밖의 사유로 적합성평가가 곤란한 경우 국내외 표준, 규격 및 기술기준 등에 따라 적합성평가를 한 후 지역, 유효기간, 인증조건을 붙여 해당 기자재를 제조, 수입 및 판매할 수 있도록 하는 것이다.[29]

---

28) 국립전파연구원 웹페이지 http://rra.go.kr 참조.
29) 국립전파연구원 웹페이지 http://rra.go.kr 참조.

— 표 11-7. 방송통신기기 적합성평가 제도

분야	제도	대상기자재의 예	관련법령
적합인증	전파환경 및 방송통신망 등에 위해를 줄 우려가 있거나 영향을 받는 기자재: 사전에 인증	무선전화경보자동수신기, 선박국용 레이더 기기, 전화기, 모뎀 등	전파법 제58조의 2 및 적합성평가에 관한 고시 제3조 제1항, 별표1의 기자재
적합등록	적합인증 대상이 아닌 방송통신기자재: 적합성평가 확인서 첨부하여 등록	컴퓨터기기 및 주변기기, 방송수신기기, 가정용 전기기기 및 전동기기류 등	전파법 제58조의 2 및 적합성평가에 관한 고시 제3조 제2항, 별표2의 기자재
		계측기, 산업용기기, 접속커넥터 등	전파법 제58조의 2 및 적합성평가에 관한 고시 제3조 제3항, 별표3의 기자재
잠정인증	방송통신기자재 등에 대한 적합성평가기준이 마련되어 있지 않은 경우: 국내외 표준, 규격 및 기술기준 등에 따라 적합성평가	적합성평가기준이 마련되지 않은 신규개발기기	전파법 제58조의 2 및 적합성평가에 관한 고시 제11조

자료: 국립전파연구원 http://www.rra.go.kr

11.4 적합성평가의 상호인정

각국은 자국민의 안전, 건강 및 환경보호 등을 목적으로 일부 제품에 대해 시장에 유통 또는 수입되기 전에 해당 제품이 의무적으로 준수해야 할 기술요건을 법으로 규정하고 있다. 통신기기 제품의 경우에는 국민의 건강과 재산 보호 외에도 국가기간통신망의 보호 및 전파자원의 적절한 이용이라는 측면에서 강제로 준수해야 하는 요건, 즉 통신기기 기술규정을 운영하고 있다. 이에 대한 준수여부를 사전에 확인하는 과정이 정보통신기기의 시험, 인증 등 적합성평가절차이다. 즉, 정보통신기술(ICT) 제품에 대한 적합성평가제도의 주요 운영목적은 유무선통신 위해 방지 및 전파 혼간섭 최소화, ICT 제품의 품질 유지를 통한 제품의 안전성 확보 및 이용자 보호, 제품간 상호호환성 보장 등이다. 한편, 정보통신기기 인증제도는 각국의 기술 및 행정제도 등의 기반에 따라 국가별로 서로 다른 절차와 방법으로 운영되고 있다. 정보통신기기 인증제도면의 차이는 국가간 무역에 상당한 무역장벽으로 작용하고 있다. 이에 따라 주요 교역국들은 정보통신기술 제품의 적합성평가제도와 관련하여 국제적 인정평가시스템의 확산, 공급자 적합성선언제도(SDoC) 및 제3자 인증업무에 대한 민간참여 확대, 민관협력을 통한 사후관리의 실효성 강화, 적합성평가결과의 국제적 상호인정협정(MRA) 체결의 확대 등을 추구해왔다.[30)]

상호인정협정은 국가간 적합성평가절차와 관련한 무역장벽을 극복하기 위한 이상적인 방안으로 추진되고 있다. 국가간 상호인정협정의 일반적인 형태는 협정 체약국간에 협정 대상품목의 무역이 이루어질 때 상대국의 지정된 적합성평가기관에서 발행한 시험성적서 또는 인증서를 서로 인정하고 받아들이는 것이다. 즉, 상호인정협정 체약국간에 상대국가의 '적합성평가 결과'를 자국의 적합성평가기관이 수행한 결과와 똑같이 서로 인정함으로써 중복적인 시험 및 인증에 소요되는 시간과 비용을 감축하여 국가간 무역을 활성화하려는 것이다.[31)]

이하에서 전기전자 및 정보통신분야의 대표적인 상호인정제도로 국제전기기기 인증제도(IECEE),[32)] APEC 전기전자기기 상호인정협약(EEMRA) 및 정보통신기기 상호인정협약(TEL MRA) 등에 대해 살펴본다.

11.4.1 국제전기기기 인증제도(IECEE)[33)]

국제전기기기 인증제도는 1946년 출범한 유럽 전기기기적합성시험위원회 (International Commission for Conformity Testing of Electrical Equipment, CEE)에서 유럽의

---

30) 백종현(2016) 참조.
31) 한편, 상호인정을 위한 필수적인 선행조건은 수입국측이 수입국의 요건에 대한 시험 또는 인증(적합성평가)과 관련하여 상대국 적합성평가기관들의 역량 및 운영체계 등에 대한 신뢰가 있어야 한다. 예를 들면, 시험기관 및 교정기관의 자격에 대한 일반적인 요구사항을 담은 ISO/IEC 17025를 참고할 수 있다. ISO/IEC 17025는 독립성, 재무면의 안정성, 인력의 전문성, 설비 및 장비의 적절성(유지, 보수 및 교정), 품질관리 시스템, 표본추출 방법(대표성), 운영지침의 명문화, 청원절차 등을 적합성평가기관의 주요 요건으로 명시하고 있다.
32) IECEE의 정식명칭은 "IEC System for Conformity Testing and Certification of Electrotechnical Equipment and Component"이다.
33) 국가기술표준원(2016) 및 IECEE 웹페이지 https://www.iecee.org 참조.

국가 시험검사기관이 시험한 전기제품을 중복시험 없이 유럽내 국가간에 상호인정하기 위한 목적으로 시작되었다. 이후 1985년 IEC에서 상호인정의 범위를 전 세계로 확대하여 전기기기 및 부품의 안전성에 대한 시험결과를 회원국 상호간에 서로 인정함으로써 중복적인 인증절차로 인한 무역장벽을 완화하고 무역을 촉진하기 위해 CEE를 합병하여 IECEE가 출범하였다.

IECEE는 제3국의 인증을 취득하는 데 있어서 시험결과에 대한 회원국간 상호인정원칙에 기반을 두고 있다. IEC에 등록된 대부분의 민간시험인증기관들이 상호 계약을 체결하여 적합성평가결과(시험성적서 및 인증서)를 인정해주고 있어 민간부문에서 영향력이 가장 큰 협정 가운데 하나이며, 각국 정부도 활용을 점차 확대하고 있는 추세이다.[34] 상호인정 대상품목 및 분야는 가정용, 사무용 및 작업장에서 사용되는 전기제품, 부품 및 전자파적합성(EMC) 등 인증관리위원회(CMC)에서 지정한 23개 제품군 또는 분야이다. 이들 제품 및 대상분야의 시험기준으로 2,907개의 IEC 표준이 적용되며, 상호인정 대상품목 및 분야별로는 가전제품(700개, 24.1%), EMC(362개, 12.5%), 조명기기(314개, 10.8%), 의료용 전기기기(238개, 8.2%), 설치 부품 및 연결기기(234개, 8.0%) 등의 순의 분포를 보이고 있다.

▬ 표 11-8. IECEE 대상 제품군 및 대상분야(23개)

약칭	제품군 및 대상분야
BATT	전지(Batteries)
CABL	케이블 및 전선(Cables and Cords)
CAP	축전기(부품)(Capacitors as components)
CONT	전기기기 스위치 및 가정용 전기기기용 자동제어장치(Switches for appliances and automatic controls for electrical household appliances)
E3	에너지 효율성(Energy Efficiency)
ELVH	전기자동차(Electrical Vehicle)
EMC	전자파적합성(Electromagnetic Compatibility)
HOUS	가정용 및 유사 기기(Household and similar equipment)
HSTS	위험물(Hazardous Substances)
INDA	산업자동화(Industrial Automation)

34) 백종현(2017) 참조.

약칭	제품군 및 대상분야
INST	설치부품 및 연결기구(Installation accessories and connection devices)
LITE	조명(Lighting)
MEAS	계측, 제어 및 실험실 기기(Measurement, Control and Laboratory equipment)
MED	의료용 전기기기(Electrical equipment for medical use)
MISC	기타(Miscellaneous)
OFF	IT 및 사무용 기기(IT and office equipment)
POW	저전압, 고출력 스위칭 기기(Low voltage, high power switching equipment)
PROT	설치 보호장비(Installation protective equipment)
PV	광전기기(Photovoltaics)
SAFE	안전변압기 및 유사기기(Safety transformers and similar equipment)
TOOL	휴대용 전동공구(Portable tools)
TOYS	전기 장난감(Electric Toys)
TRON	전자, 오락기기(Electronics, entertainment)

자료: IECEE 웹사이트 https://www.iecee.org

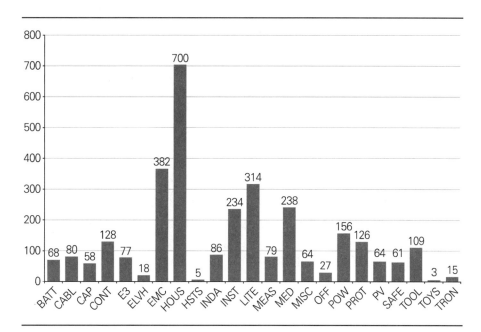

━ 그림 11-1. IECEE 대상 제품군 및 대상분야별 적용되는 IEC 표준의 분포

자료: IECEE 웹사이트 https://www.iecee.org

주: 2017년 9월 현재 총 2,907개

국가간 시험결과에 대한 상호인정을 위해서는 먼저 대상제품이 관련 IEC 표준 요건에 대해 시험을 통과하여 적합하다는 것을 증명하는 "CB 시험인증서"를 받아야 한다. CB 시험인증서는 해당 전기제품이 관련 시험기준 요건에 모두 적합함을 확인한다는 사실을 다른 IECEE 회원국의 국가인증기관에 알려주는 공식 문서이다. CB 시험인증서 상호인정을 위한 활동은 국가대표기관(Member Body, MB), 국가인증기관(National Certification Body, NCB), CB 시험기관(CB Testing Laboratory, CBTL) 및 제조업체 등에 의해 이루어진다. 2016년말 기준 전세계적으로 54개 회원국, 77개 국가인증기관 및 497개 시험기관이 IECEE에 등록되어 활동하고 있으며, 총 96,954건의 인증서가 발급되었다.[35]

국가대표기관(MB)은 회원국을 대표하고 자국의 IECEE 업무에 대한 모든 권리와 책임의 주체이며, IECEE 의사결정시 투표권을 가진다. IEC 회원국은 IECEE 회원국으로 가입하여 국가인증기관(NCB)을 지정한다. 우리나라는 1987년 12월 회원국으로 가입하였으며, 국가기술표준원이 국가대표기관으로 업무를 수행하고 있다. 국가인증기관은 CB 시험인증서를 발급하고, 다른 IECEE 회원국의 국가인증기관이 발행한 인증서를 인정하는 역할을 한다. 각국의 국가인증기관이 CB 시험인증서의 상호인정업무를 담당하기 위해서는 다른 나라의 국가인증기관 및 시험소 대표자로 구성된 평가단의 심사를 받아야 한다. 우리나라는 현재 한국산업기술시험원(KTL), 한국기계전기전자시험연구원(KTC), 한국화학융합시험연구원(KTR), 한국전기연구원(KERI), 에너지관리공단의 신재생에너지센터(KEA) 등 5개 기관이 국가인증기관으로 등록되어 있으며, 독일, 프랑스, 미국 등 37개국 67개 인증기관과 체결한 상호양해각서(MOU)를 바탕으로 시험결과에 대한 상호인정이 이루어지고 있다(2016년 5월 기준). 국가인증기관은 CB 시험성적서를 발급할 수 있는 CB 시험기관을 지정할 수 있다. CB 시험기관은 인증대상 전기제품에 대해 IEC 표준에 따라 적합성 시험을 수행하고 CB 성적서를 발행하며, 국가인증기관별로 소속된 CB 시험기관을 등록 및 관리한다. 현재 국내 20개 기관이 CB 시험기관으로 등록되어 있다.

---

35) IEC 웹페이지 http://www.iec.ch 참조.

11.4.2 APEC 전기 및 전자기기 상호인정협약(EEMRA)[36]

　　APEC의 표준 및 적합성 소위원회(Sub-Committee on Standards and Conformance, SCSC)는 식품분야 상호인정협약에 대한 논의에 이어 1996년에는 다음 우선 추진 대상분야로 전기 및 전자기기분야에 집중하기로 합의하였다. 이어 1997년 SCSC 의 특별전문가작업그룹(ad hoc Expert Working Group)에서 실무작업을 시작하여, 1999년 SCSC에서 상호인정협약을 추진할 전기 및 전자기기분야 상호인정협약 이행지침(Implementation Guide for EEMRA)과 EEMRA 공동자문위원회[37] 운영규약 (Terms of Reference for the EEMRA Joint Advisory Committee) 최종문안이 승인되었다. EEMRA는 기술규제가 적용되고 있는 전기 및 전자기기의 무역원활화를 목적으로 APEC 회원경제들간에 적합성평가에 대한 상호인정을 추진하는 것이다. EEMRA 는 APEC 회원경제들간의 기술기반 및 행정적 요건에 있어서의 차별적인 역량을 고려하여 정보교환(Part I: Information Exchange), 시험성적서 수용(Part II: Acceptance of test reports) 및 인증서 수용(Part III: Acceptance of certification) 등 세 단계의 참여 수준을 제시하고 있다.

　　1단계 정보교환은 EEMRA에 참여하고 있는 APEC 회원경제들에서 기술규제 가 적용되고 있는 전기 및 전자기기에 관한 강제요건(기술규정)에 대해 표준화된 양식으로 서로 정보를 제공하고, 해당 국가에 관련 전기 및 전자기기 수출을 원 하는 다른 회원경제의 이해관계자들을 지원한다. 현재, 21개 APEC 회원경제들 가운데 캐나다, 멕시코, 미국 등 북미 3개국을 제외한 18개 회원경제들이 1단계 정보교환 EEMRA에 참여하고 있다.

　　2단계 시험성적서 수용은 EEMRA에 참여하고 있는 APEC 회원경제들간에 EEMRA의 요건에 따라 지정된 시험기관(수출국)에서 발급한 시험성적서를 서로(수 입국) 수용하는 것이다. 시험기관에 대한 지정요건은 관련 ISO/IEC 지침(guide)에 따르며, 이에 따라 중복적인 시험을 요구하지 않는 것이다. 현재, 호주, 브루나 이, 말레이시아, 뉴질랜드, 싱가포르 등 5개 회원경제가 2단계 시험성적서 수용 EEMRA에 참여하고 있다.

---

36) APEC EEMRA의 정식명칭은 "APEC Electrical and Electronic Equipment Mutual Recognition Arrangement"이다. 관련 웹페이지 http://www.apec.org 참조.
37) 2009년 공동규제자문위원회(Joint Regulatory Advisory Committee, JRAC)로 개명되었다.

3단계 인증서 수용은 EEMRA에 참여하고 있는 APEC 회원경제(수출국)에서 EEMRA의 요건에 따라 지정된 수출국의 시험기관이 발급한 제품인증서를 EEMRA에 참여하고 있는 다른 APEC 회원경제(수입국)가 수용하는 것이다. 시험 기관에 대한 지정요건은 관련 ISO/IEC 지침에 따르며, 수출국의 지정된 인증기 관들에서 제품인증서를 발급할 수 있고 이것을 EEMRA에 참여하고 있는 수입국 이 수용하므로 제품에 대한 중복적인 인증절차가 필요 없게 된다. 현재, 호주, 브 루나이, 뉴질랜드, 싱가포르 등 4개 회원경제가 3단계 인증서 수용 EEMRA에 참 여하고 있다.[38]

그 외에 APEC SCSC는 "ICT 제품의 에너지효율성 규제 일관화－전략적 접 근 이행(Aligning Energy Efficiency Regulations for ICT Products－Implementing A Strategic Approach)"을 총괄하고 있다. 이는 2011년 에너지효율성 규제 일관화에 관한 회 의(2011 APEC Conference on Alignment of Energy Efficiency Regulations)에서 지지된 원 칙과 2012년 서울회의에서의 합의에 기반을 두고 있으며, 이와 관련한 첫 번째 사업으로 ICT 제품에 대한 에너지효율성 규제의 글로벌 차원의 수렴에 중점을 두고 있다. 이 사업은 ① 적합성평가 요건을 충족하기 위해 IECEE E3(Electrical Energy Efficiency) 프로그램과 같은 인증/시험에 관한 국제협약을 활용하며, ② 우 선대상 품목(PC, 서버, 네트워크 대기모드 및 프린터 등)에 대해 국제적으로 수용되고 있는 에너지효율성 시험방법을 활용하며, ③ 회원경제간 관련 표준의 개발 방법 과 규제의 일관성 제고를 위해 ICT 제품의 에너지 효율성에 관한 정보공유의 촉 진 등을 포함할 계획이다.

11.4.3 APEC 정보통신기기 상호인정협약(TEL MRA)[39]

APEC TEL MRA는 정보통신분야에서 선도적으로 다자간 상호인정협약의 기 반을 제공하는 것으로 1998년 6월 APEC 회원경제의 정보통신장관들간에 정보통 신기기의 시험 및 형식승인 절차 등에 대해 APEC 차원의 합리화(streamline)를 하

---

38) APEC EEMRA 참여현황은 [참고자료 2] 참조.

39) APEC TEL MRA의 정식명칭은 APEC Telecommunications and Information Working Group's Mutual Recognition Arrangement for Conformity Assessment of Tele-communications Equipment이다. APEC (2015) 참조.

자는 데 합의한 것이다(1999년 7월 1일 발효). 한편, APEC TEL MRA는 그 자체로서는 이행 강제성(의무)이 없으며, 특정 회원경제간에 시험성적서 또는 인증서의 상호인정협약을 선언하고 법적 구속력 있는 서신교환을 통해 이행을 추진하는 플랫폼을 제공하는 것이다. 상호인정협약의 주요대상은 각국의 전기통신 규정에 따라야 하는 네트워크 단말기 및 기타 기기들로 유선, 무선, 지상 및 위성 정보통신기기를 포함하며, 이들 제품에 대한 순수한 전기통신 측면의 적합성평가 요건뿐 아니라 전자파적합성(electromagnetic compatibility, EMC), 전자파흡수율(specific absorption rate, SAR), 정보보안(information security) 및 전기안전 시험 등을 포괄한다.

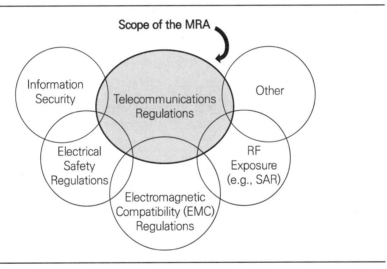

─ 그림 11-2. APEC TEL MRA의 포괄 범위
    자료: APEC (2015).

상호인정협약의 주요내용은 적합성평가결과의 상호인정(1단계: 시험성적서, 2단계: 인증서) 및 적합성평가기관(conformity assessment bodies, CABs)의 지정(시험기관 및 인증기관의 상호지정), 정보교환(기술규정 목록 공개 및 상대국에 의견제시 기회 부여)으로 구성되어 있다.[40) 즉, 수입국의 기술규정에 따라 시험된 수출국의 제품에 대한 시험성적서 또는 수입국의 기술규정에 따라 인증된 수출국의 제품에 대한 인증서

─────────────

40) APEC 회원경제별 TEL MRA 질의처는 [참고자료 3] 참조.

를 수입국에서 수용하는 것이다. 이를 위해 수출국의 지정기관(또는 인정기관)은 수입국의 기술규정에 따른 적합성평가를 수행할 수 있는 자국 내의 적합성평가기관(시험소 또는 인증기관)을 지정하거나 인정한다. 수출국이 지명된 인정기관과 지정 또는 인정된 적합성평가기관의 목록을 수입국에 통지하면 수입국은 평가 후 승인 여부를 결정한다. 수출하고자 하는 업체는 수입국으로부터 승인받은 자국 내의 적합성평가기관(시험소)에서 수입국이 정한 요건과 절차에 따라 시험성적서를 발급받아 수입국에서 인증절차를 거치거나(1단계 MRA의 경우), 자국 내의 적합성평가기관(인증기관)에서 인증서를 발급받아 수입국으로 제품을 수출 및 판매할 수 있다(2단계 MRA의 경우). APEC TEL은 적합성평가 결과에 대한 상호인정에서 더 나아가 기술요건의 동등성에 대한 상호인정협약(MRA for Equivalence of Technical Requirements, MRA-ETR)을 추진하여 2010년 10월 31일 정보통신장관들에 의해 승인되었다. 이는 동등한 표준 또는 기술요건에 대한 상호인정을 원활하게 하여 적합성평가 관련 비용의 추가적인 감축을 도모하고자 하는 것으로 기술규정의 동등성 범위와 절차를 규정한 최초의 다자간협약이다.

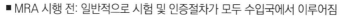

■ MRA 시행 전: 일반적으로 시험 및 인증절차가 모두 수입국에서 이루어짐

■ 1단계 MRA: 시험절차가 수출국의 지정된 시험기관에서 이루어질 수 있고, 그 결과가 수입국에서 인정됨

■ 2단계 MRA: 시험 및 인증절차가 수출국의 지정된 시험기관 및 인증기관에서 이루어질 수 있고, 그 결과가 수입국에서 인정됨

그림 11-3. APEC TEL MRA 시행 전후의 적합성평가절차 비교

자료: 국립전파연구원 http://www.rra.go.kr 및 APEC (2015) 참조.

APEC TEL MRA는 제조자, 적합성평가기관, 규제기관 및 소비자 등 이해관계자들에게 이익을 가져다줄 수 있을 것으로 기대된다. 제조자는 더욱 합리적이고 경쟁적인 여건에서 제품을 만들고, 더욱 편리하게 승인(적합성평가)과정을 거쳐 글로벌 시장에 공급할 수 있게 될 것이다. 규제기관들은 관련 제품이 이용자나 네트워크에 해를 끼치지 않을 것을 더욱 효율적으로 확인하게 됨으로써 규제면의 자원을 절감할 수 있고, 세계 어느 곳의 소비자들이나 동시에 동일한 시장조건하에 동일한 수준의 제품에 접근할 수 있게 될 것이다. 특히, 제품수명주기(product life cycles)가 점점 더 짧아지는 정보통신기기 제품의 시장출하에 소요되는 시간을 단축할 수 있게 하여 시장기회가 극대화되고 차세대기술에 대한 연구개발 재투자의 신속화를 가능하게 할 것이다.

11.4.4 전기전자분야 상호인정협정(MRA) 체결 현황[41]

우리나라는 1999년 이행을 시작한 APEC TEL MRA 참여를 통해 정보통신분야의 MRA를 적극 추진해왔으며, 이후 자유무역협정(FTA)을 통한 MRA를 추진하고 있다. 캐나다, 미국, 베트남, 칠레 등과는 APEC TEL MRA 1단계를 체결하였으며, 유럽연합(EU)과는 FTA 부속서에 MRA 협정문을 포함하고 있다(2016년 12월 현재).[42] 그 외에 중국, 캐나다, 브라질, 싱가포르 및 TPP (Trans-Pacific Strategic Economic Partnership, 환태평양경제동반자협정), RCEP (Regional Comprehensive Economic Partnership, 역내포괄적경제동반자협정), 한중일 FTA 등을 통하여 MRA의 추진을 검토하고 있다.

세계적으로는 미국, 캐나다, 유럽연합, 싱가포르 등 주요 선진국을 중심으로

---

41) 국립전파연구원(2016) 참조.
42) 한－EU FTA 부속서의 MRA 협정문은 전기 및 전자기기, 가정용 전기용품, 소비자 전자제품 53개 전기전자제품군의 안전 및 전자파적합성에 대한 공급자적합성선언(supplier's declaration of conformity, SDoC)이 주요 내용이다.
또한, 한국이 체결 및 발효중인 FTA에 공통적으로 규정되어 있는 상호인정 관련 주요 내용은 양국간 적합성평가 결과의 수용 촉진에 관한 메커니즘을 인정하고 그 세부 범위와 관련된 정보교환을 강화할 것을 규정하고 있다(미국, 유럽연합, 싱가포르, 페루, 터키, 아세안, 인도와의 협정). 또한, 세부적인 상호인정의 범위, 대상 등을 규정하고 상호인정협정 체결 및 이행을 촉구하는 내용을 담고 있다(미국, 유럽연합, 싱가포르, 칠레, 인도와의 협정). 대상분야는 대부분 전기전자 및 통신분야이다. 백종현(2017) 참조.

전기전자분야의 MRA가 앞서 추진되어 왔으며, 최근에는 중국, 인도네시아, 말레이시아 등 개발도상국들의 참여도 확대되고 있는 추세이다. MRA 1단계 참가국은 APEC 회원경제들을 중심으로 한 한국, 캐나다, 미국, 싱가포르, 대만, 홍콩, 베트남, 칠레, 뉴질랜드, 호주, 중국, 말레이시아 및 EU 등이며, MRA 2단계 참가국은 캐나다, 미국, 일본, 싱가포르, 대만, 홍콩, 뉴질랜드, 호주 및 EU 등이다 (2016년 12월 현재).[43]

▬ 표 11-9. 우리나라의 전기전자분야 MRA 1단계 체결 현황(2016년 12월 현재)

구분＼대상국	캐나다	미국	베트남	칠레	EU
체결 일자	2001년 9월	2005년 5월	2006년 1월	2008년 6월	2011년 7월
체결 분야	EMC, 유선, 무선, SAR	EMC, 유선, 무선, SAR	EMC, 유선, 무선	유선	EMC
현재 시행분야	유선, EMC	EMC, 유선, 무선, SAR	EMC, 유선, 무선	없음	EMC
MRA 시험기관 현황	국내: 3 캐나다: 10	국내: 32 미국: 76	국내: 22 베트남: 0	국내: 0 칠레: 0	국내: 38 EU: 296
현안	MRA 2단계 추진 협의				EU 측에서 무선분야 확대 요청

자료: 국립전파연구원(2016)

11.5 전기전자 및 정보통신분야의 잠재적 무역기술장벽 동향

11.5.1 WTO TBT 통보문[44]

WTO TBT 통보문은 WTO 회원국들 스스로 새로운 기술규제조치(기존 조치의 개정 포함)를 사전적으로 알려 논의하기 위한 투명성 절차 가운데 하나로 WTO

---

43) 주요국가별 MRA 체결 현황은 [참고자료 4] 참조.
44) 국가기술표준원(2017) 참조.

회원국들의 잠재적인 무역기술장벽을 일관되게 파악할 수 있는 중요한 자료이다. WTO TBT 통보문의 최근 3년간(2014~2016년) 품목분야별 분포를 보면, 대분류 13개 분야 가운데 식의약품이 연도별로 약 30~37%로 가장 높은 비중을 차지하고 있다. 다음으로 전기전자가 연도별로 약 13~17%를 차지하며, 화학세라믹, 생활용품, 농수산품, 교통/안전 등이 연도별로 변동을 보이나 각각 5~10% 정도의 비중을 나타내고 있다. 또한, 정보디지털은 연도별로 약 1~2%로 바이오환경 다음으로 낮은 비중을 차지하나, 증가하는 추세를 보이고 있다. 이에 따라 전기전자와 정보디지털의 비중을 합하면, 연도별로 약 15~18%의 좀 더 안정된 비중을 나타낸다.

— 표 11-10. 품목분야별 TBT 통보문 건수 및 비중(2014-2016)

대분류	2014년		2015년		2016년	
	통보건수	비율(%)	통보건수	비율(%)	통보건수	비율(%)
식의약품	826	36.9	717	36.1	701	30.0
전기전자	383	17.1	261	13.1	306	13.1
화학세라믹	202	9.0	216	10.9	299	12.8
생활용품	181	8.1	183	9.2	158	6.8
농수산품	95	4.2	38	1.9	197	8.4
교통/안전	133	5.9	119	6.0	186	8.0
기계	107	4.8	108	5.4	85	3.6
에너지	70	3.1	63	3.2	114	4.9
소재나노	87	3.9	57	2.9	85	3.6
건설	69	3.1	46	2.3	87	3.7
기타	54	2.4	144	7.2	44	1.9
정보디지털	24	1.1	35	1.8	51	2.2
바이오환경	9	0.4	1	0.1	23	1.0
합 계	2,240	–	1,988	–	2,336	–

자료: 국가기술표준원(2017).

11.5.2 특정무역현안(STCs)[45]

특정무역현안은 제안(TBT 통보문을 통하여 통보된 사안을 포함)되었거나 이미 시행되고 있는 상대국의 기술규제조치에 대해 WTO TBT 위원회에서 문제를 제기하여 논의하는 것으로 일반적으로 TBT 통보문과 비교하여 실제 무역기술장벽(예를 들면, 규제조치의 목적이 정당하지 않거나, 절차면의 투명성이 결여되었거나 또는 정당한 목적 달성에 필요 이상의 과도한 규제조치 등)일 가능성이 더욱 높다고 할 수 있다. 특정무역현안 관련 자료는 WTO의 TBT 정보관리 시스템(Information Management System, IMS)에서 찾아볼 수 있다.[46]

1995년 1월 WTO 출범 이후 2017년 8월말까지 TBT 관련 특정무역현안으로 제기된 건수는 총 528건이며, 그 가운데 전기전자 및 정보통신분야와 관련된 건수는 76건으로 약 14.4%를 차지한다. 연도별로 새롭게 제기된 STCs의 건수는 1995~2005년 기간중 5~20건 정도의 범위에서 변동하며 증가하는 추세를 보이다 이후 25~45건 정도의 범위에서 변동하며 증가하는 추세를 보이고 있다. 이와 유사하게 전기전자 및 정보통신분야와 관련하여 연도별로 새롭게 제기된 STCs의 건수 또한 1995~2006년 기간중 0~3건 정도에서 변동하며 증가하는 추세를 보이다 이후에는 5~10건 정도의 범위에서 변동하며 증가하는 추세를 보이고 있다. 한편, 2014년 또는 2015년 이후에는 새롭게 제기된 STCs 건수와 전기전자 및 정보통신분야와 관련된 건수가 모두 감소하는 추세를 보이고 있다.

전기전자 및 정보통신분야와 관련된 76건의 STCs에 대해 처음 WTO TBT 위원회에서 STCs로 제기되어 논의된 이후 추가로 문제제기 및 논의된 TBT 위원회 회의의 횟수는 평균 2.8회(처음 제기된 회의를 합하면 평균 3.8회)로 TBT 위원회 회의가 매년 3회 개최되기 때문에 평균적으로 약 15개월 정도의 기간에 STCs로 제기된 TBT 관련 현안이 해소되고 있는 것으로 판단된다.

---

45) WTO의 TBT IMS(정보관리 시스템) http://tbtims.wto.org 참조.

46) 한편, TBT IMS의 품목별 검색기능(search) 등은 정상적인 결과를 나타내지 않아서 전기전자 및 정보통신분야의 신규 STCs 및 해당 건수의 확인은 수작업으로 이루어졌다. 예를 들면, WTO가 출범한 1995년 1월부터 2017년 8월말까지 전기전자 및 정보통신분야의 STCs는 TBT IMS의 검색기능으로는 5건이 확인되었으나, 같은 기간의 전체 STCs 528건을 수작업으로 확인한 결과로는 76건이었다.

우리 나라 과제 기술규제체계 발전과

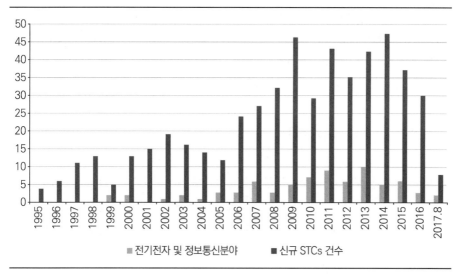

50
45
40
35
30
25
20
15
10
5
0

1995 1996 1997 1998 1999 2000 2001 2002 2003 2004 2005 2006 2007 2008 2009 2010 2011 2012 2013 2014 2015 2016 2017.8

■ 전기전자 및 정보통신분야   ■ 신규 STCs 건수

━ 그림 11-4. 연도별 신규 특정무역현안(STCs) 건수
　　자료: WTO TBT IMS의 자료를 근거로 저자 작성.

그 외에 전기전자 및 정보통신분야와 관련된 76건의 STCs 가운데 적합성평
가절차와 관련된 것은 10건으로 약 13.2%에 해당한다.

11.5.3 우리나라의 전기전자 및 정보통신분야 기술규제조치 관련 STCs

1995년 WTO 출범 이후 2017년 8월말까지 전기전자 및 정보통신분야의
STCs를 관련 기술규제조치 국가별로 보면 한국의 기술규제조치에 관한 것이 8건
(이 가운데 정보통신분야가 3건으로 37.5%)이며, 이를 다시 STCs 제기 회원국별로 보면
미국 5건, EU 5건, 일본 3건(중복집계) 등으로 3개 국가에 한정되어 있다.47) 한편,
같은 기간 다른 WTO 회원국의 기술규제조치에 대해 한국이 제기한 STCs는 총
20건(이 가운데 정보통신분야가 4건으로 20.0%)으로 기술규제조치 국가별로는 중국 5
건, EU 4건(스웨덴과 공동 1건 포함), 미국 3건, 멕시코 2건, 인도 2건, UAE 2건, 캐
나다 1건, 호주 1건 등이며, 한국이 단독으로 제기한 것이 7건 그리고 다른 회원
국과 함께 제기한 것이 13건이다.48)

---

47) 세부내용은 [참고자료 5] 참조.
48) 세부내용은 [참고자료 6] 참조.

11
제
기
사 무 전
례 역 기
기 기 전
점 술 자
[장 및
남 벽 정
상 (보
열 T 통
] B 신
T 분
) 야
동 의
향
과

한국의 기술규제조치에 관한 전기전자 및 정보통신분야의 STCs에 대해 처음 WTO TBT 위원회에서 문제제기 및 논의된 이후 추가로 논의된 TBT 위원회 회의의 횟수는 평균 1.8회로 전기전자 및 정보통신분야와 관련된 전체 STCs에 대한 2.8회에 비해 적어 상대적으로 더 빠른 기간에 문제가 해소되고 있는 것으로 판단된다. 또한, 한국의 기술규제조치에 관한 STCs에서 적합성평가 관련 규제 건수는 없었다(0건). 다른 회원국의 기술규제조치에 대해 한국이 제기한 STCs의 경우 처음 WTO TBT 위원회에서 논의된 이후 추가로 논의된 TBT 위원회 회의의 횟수는 평균 4.8회로 전기전자 및 정보통신분야와 관련된 STCs의 전체에 대한 2.8회에 비해 월등히 많아 해당 문제의 해소에 상대적으로 더 긴 기간이 소요된 것으로 판단된다. 이 가운데 적합성평가 관련 규제조치의 건수는 1건(TBT IMS 일련번호 268)으로 전체 전기전자 및 정보통신분야와 관련된 STCs와 비교하여 매우 낮은 빈도이다. 최초로 문제가 제기된 시점을 기준으로 2010년 이전에는 4건에 불과하고 나머지 16건은 2010년부터 그 이후에 해당하여, 2010년 이후 다른 WTO 회원국들의 잠재적 TBT로서 기술규제조치가 더욱 심화되고 또한 이에 대한 한국의 STCs 제기 및 대응이 더욱 적극적으로 이루어지고 있는 것으로 판단된다.

11.5.4 전기전자 및 정보통신분야 TBT 관련 애로 안건[49)]

국가기술표준원의 TBT 중앙사무국은 우리 수출기업들에게 주요 교역대상국들의 기술규정, 시험, 인증 등 TBT 관련 동향정보를 제공하며, 잠재적 TBT로서 주요국의 기술규제조치에 대한 대응을 지원 및 주도하고 있다. 이를 위해 주요 산업분야별 협회 및 단체, 기업, 시험인증기관 등으로 구성된 TBT 대응 컨소시엄(consortium)을 운영하고 있다. WTO에 통보되고 새로 제안된 다른 회원국의 기술규제조치는 물론 WTO에 통보되지 않은 기술규제조치와 관련한 우리 기업들의 애로 안건에 대해서도 그 내용을 분석하여 대응을 지원하고 있다. 최근의 주요 대응내용 가운데 전기전자 및 정보통신분야를 중심으로 그 추세와 특징은 다음과 같다.[50)]

---

49) 국가기술표준원(2017) 참조.

50) 세부내용은 [참고자료 7] 참조.

2016년중 TBT 대응 컨소시엄에서 파악 및 접수한 우리 수출기업의 TBT 관련 애로 안건은 총 32개국의 81건이었다. 이 가운데 전기전자 및 정보통신분야와 관련된 것은 28개국(EU 또는 걸프협력이사회(Gulf Cooperation Council, GCC) 전체에 해당하는 것을 각각 1개국으로 간주)의 54건으로 전체의 약 66.7%로 높은 비중을 나타냈다. 전기전자 및 정보통신분야의 54건 가운데 대부분인 48건은 전기전자분야에 해당하며, 정보통신분야에 해당하는 것은 5건으로 약 9.3%에 불과했다. 또한, 전기전자 및 정보통신분야의 54건 가운데 적합성평가절차와 관련된 것은 14건으로 약 25.9%를 나타냈다. 특히, 정보통신분야에 해당하는 5건 가운데 인증과 관련된 것은 3건으로 더욱 높은 비중을 보이고 있다. 이는 전체 TBT 통보문이나 전체 특정무역현안에서 적합성평가절차 관련 규제가 차지하는 비중(15~20% 정도)보다 좀 더 높은 것으로 판단된다.

규제내용별로는 에너지(효율성) 관련 규제조치(물 소비효율성 관련 2건 포함)가 30건인 전체의 약 55.6%로 매우 높은 비중을 차지하고 있다. 또한, 라벨링(labelling) 관련 규제는 총 12건으로 약 22.2%를 차지하며, 대부분 에너지(효율성) 관련 규제조치와 중복되어 나타나고 있다.

11.5.5 미국의 무역장벽 보고서의 전기전자 및 정보통신분야 TBT 관련 내용[51]

미국은 주요 수출상대국별 및 통상의제 분야별로 잠재적인 무역장벽에 대해 매년 보고서를 발간하고, 통상정책의 방향을 설정하고 있다. TBT 및 SPS(위생 및 식물위생) 관련 조치는 최근 미국이 중요한 관심을 보이고 있는 통상분야 가운데 하나이다. 예를 들면, 미국 무역대표부는 2010년부터 2014년까지 무역장벽보고서 외에 별도로 TBT 보고서(TBT Report)와 SPS 조치 보고서(SPS Report)를 매년 발간한 바 있다.

2017년 미국의 무역장벽 보고서에서 한국의 TBT 관련 기술규제조치로 제시하고 있는 4건 가운데 전기전자 및 정보통신분야에 해당하는 것은 정보기기(information technology equipment)의 사이버보안 요건 1건이다. 이는 우리나라의 공공

---

51) USTR (2017) 및 USTR (2014) 참조.

기관용 네트워크장비(라우터, 교환기 등)에 대한 국가정보원의 네트워크 보안적합성 검증절차(Network Verification Scheme, 2014년 10월 1일 발효)가 우리나라가 체약국으로 되어 있는 국제공통평가기준상호인정협약(Common Criteria Recognition Arrangement, CCRA)의 인증을 획득한 네트워크 장비에 대해서도 추가 검증을 요구하고 있어 일부 미국 기업들의 시장접근에 장벽으로 작용한다는 주장이다.[52] 이 문제는 같은 보고서의 정부조달 부분에서도 중복적으로 제시되고 있다. 또한, 모든 공공기관(교육기관 포함)에 데이터 레지던시(data residency)와 망분리(network separation)에 관한 지침이 강제성이 없는 권고사항이나 미국의 중소기업 또는 스타트업(start-up)들의 시장접근을 막는 무역기술장벽으로 받아들이고 있다.

미국의 최근 무역장벽보고서에서는 특히 디지털 무역과 관련하여 관심이 증대되고 있다. 대표적인 디지털 무역장벽으로는 지도정보 등 위치기반 데이터의 국외반출 제한과 관련된 데이터 국지화(data localization) 문제, 보안 규제 관련 기술장벽, 전산설비의 현지화(facilities localization) 관련 규제, 기타 인증 및 전자지불 기술 관련 규제 등의 문제점을 제시하고 있다.

11.6 요약 및 시사점

세계무역기구(WTO) 출범 이후 무역기술장벽(TBT) 통보문, 특정무역현안(STCs) 등의 추세로 볼 때 잠재적 무역기술장벽이 국가간의 무역확대와 함께 증가하고 있으며, 무역규모에 비해 더욱 빠르게 증가하고 있는 것으로 판단된다. 전기전자 및 정보통신분야의 잠재적 TBT와 관련한 비중은 10~20% 정도로 대체로 농수산품 및 식품, 화학제품 다음으로 큰 비중 또는 상대적 중요성을 가진 것으로 파악된다.

국내표준화, 관련 기술규제체계 및 국제표준화에 있어서 전기전자분야와 정보(방송)통신분야는 상당부분 서로 구분되어 있다. 전기전자분야에서는 전통적으

342

제3부
우리나라
과
제
기술규제체계 발전과

---

52) 미국 무역장벽보고서에서는 공공기관이 구매하는 네트워크 장비에 국가정보원이 검증하는 암호화 기능을 장착함에 있어서 국제적으로 표준화된 AES 알고리즘(algorithm)이 아닌 한국형 알고리즘(Korean ARIA and SEED encryption algorithm)을 이용하도록 하는 것이 일부 미국 기업들의 시장접근에 장벽으로 작용하고 있다고 주장하고 있다.

로 호환성과 최소한의 품질수준 등을 확보하기 위한 표준과 제품안전 등에 관련된 기술규제 및 인증이 중심을 이루고 있다. 최근에는 에너지효율성, 친환경 표시 및 인증 관련 규제가 증가하고 있는 것으로 파악된다. 적합성평가절차와 관련해서는 상대적으로 잠재적 위험정도가 낮은 제품을 대상으로 공급자적합성선언(SDoC) 등을 통하여 규제를 완화하고 동시에 사후적인 시장감시를 강화하는 노력이 이루어지고 있다. 또한, 정보통신분야의 경우에는 일반적인 상품에 대한 기술규정 및 적합성평가의 대표적인 목적인 사람의 건강과 재산 보호 외에도 통신망의 보호, 시스템에 대한 상호운용성, 전파자원의 효율적 이용 등의 추가적인 목적 달성을 위한 기술규정과 적합성평가절차를 운영하고 있다. 적합성평가제도가 특히 정보통신분야에서 중요시되는 이유는 기술혁신의 빠른 진전으로 제품수명주기가 상대적으로 짧고, 글로벌 가치사슬을 통한 활동이 더욱 중요하며, 통신망과 주파수대역에의 혼간섭 가능성에 대한 대응 필요성 등과 관련되어 있다. 이에 따라 정보통신분야에서는 사실표준화를 통하여 기술발전과 시장수요에 유연하고 빠른 대응이 이루어지고 있다. 표준화와 관련하여 전기전자 및 정보통신분야는 부품, 기기, 서비스, 네트워크 등 광범위한 요소기술로 구성되어 있으며, 특히 정보통신분야는 기술개발 속도가 빠르고 기술의 수명주기가 짧아 신속한 표준화와 시장진출이 추구된다. 또한, 정보통신기술(ICT) 융합제품은 상품과 서비스의 결합 및 다른 산업과의 융합과 관련한 핵심기술의 확보와 함께 전체 시스템에 대한 상호운용성 및 종합적인 신뢰성 기술의 확보를 통한 표준화 및 표준특허 경쟁이 이루어지고 있다. 다른 산업분야와 비교하여 더욱 첨예한 경쟁여건과 시스템의 특성을 지니고 있기 때문에 산업분야와 정부간의 협력을 기반으로 한 공동대응이 더욱 요구되기도 한다.

이러한 특성에 따라 정보통신기기의 글로벌 교역이 활성화되기 시작한 1980년대 후반부터 글로벌 ICT 기업 중심의 포럼 및 컨소시엄 등 사실표준화기구들을 기반으로 표준화 활동이 활발하게 이루어지고 있다. 또한 주요 국가들간에는 관련 제품에 적용되는 적합성평가제도의 합리화와 효율화 방안을 모색해 왔으며, 국제전기기기 인증제도(IECEE CB Scheme), APEC의 전기 및 전자기기 상호인정협약(EEMRA) 및 정보통신기기 상호인정협약(TEL MRA) 등의 상호인정협정을 통한 잠재적 무역기술장벽 해소 노력이 이루어지고 있다. 이에 따라, 예를 들면, IECEE의 CB시험인증서 발급건수(2016년 96,954건) 등의 추세로 볼 때 많은 제조자(업체)

들이 점차 국가별 인증신청에서 CB시험인증서를 근거로 한 상호인정의 신청으로 전환할 것으로 예상된다.

　한국이 직면한 잠재적 무역기술장벽으로서 특정무역현안과 TBT 관련 애로 안건을 살펴보면 일부 선진국뿐 아니라 개도국들을 포함한 다양한 무역 상대국들의 기술규제조치와 관련되어 있으며, 상대적으로 적합성평가절차와 관련된 기술규제조치의 비중이 높은 편이다. 1995년 WTO 출범 이후 2017년 8월 말까지 전기전자 및 정보통신분야에서 다른 회원국의 기술규제조치에 대해 WTO TBT 위원회에서 한국이 제기한 특정무역현안은 총 20건으로 최초로 문제가 제기된 시점을 기준으로 2010년 이전에는 4건에 불과하고 나머지 16건은 2010년부터 그 이후에 해당하여, 2010년 이후 다른 WTO 회원국들의 잠재적 무역기술장벽으로서 기술규제조치가 더욱 심화되고 동시에 이에 대한 한국의 특정무역현안(STCs) 제기 및 대응이 더욱 적극적으로 이루어지고 있는 것으로 판단된다. 또한, 2016년중 국내 TBT 대응 컨소시엄에서 파악 및 접수한 우리 수출기업의 TBT 관련 애로 안건 가운데 전기전자 및 정보통신분야와 관련된 것이 전체의 약 66.7%로 높은 비중을 나타냈다. 그 가운데 적합성평가절차와 관련된 것이 약 25.9%로 상대적으로 높은 비중을 보이고 있다.

　한편, 2017년 미국의 무역장벽 보고서에서 한국의 TBT 관련 기술규제조치로 제시하고 있는 4건 가운데 전기전자 및 정보통신분야에 해당하는 것은 정보기술기기(information technology equipment)의 사이버보안 요건 1건이며, 기기와 서비스(소프트웨어)가 융합된 형태를 보이고 있다. 미국의 최근 무역장벽보고서에서는 특히 디지털 무역과 관련하여 관심이 증대되고 있다. 대표적인 디지털 무역장벽으로는 지도정보 등 위치기반 데이터의 국외반출 제한과 관련된 데이터 처리의 국지화(data localization) 문제, 보안 규제 관련 기술장벽, 전산설비의 현지화(facilities localization) 관련 규제, 기타 인증 및 전자지불 기술 관련 규제 등의 문제점을 제시하고 있다. 정보통신분야의 무역기술장벽과 관련하여 기술발전과 융합환경에 대한 고려가 더욱 적극적으로 이루어질 필요가 커지고 있다.

참고문헌 | REFERENCE

- 국가기술표준원(2016), 『2015 국가기술표준 백서』, 7월.
- 국가기술표준원(2017), 『2016 무역기술장벽(TBT) 보고서』, 5월.
- 국립전파연구원(2016), 『국가간 상호인정협정(MRA) 확대에 관한 연구』, 12월.
- 남상열(2005), 『무역상 기술장벽 분야의 WTO 논의동향과 대응』, 정책연구 05-03, 대외경제정책연구원, 9월.
- 남상열(2014a), 「알면 힘이 되는 무역기술장벽의 속성」, *S-Life: I♡Standards, Creating a Better Future*, Vol.146, April, 국가기술표준원.
- 남상열(2014b), 「WTO TBT 통보문에 무역의 지름길이 있다」, *S-Life: I♡Standards, Creating a Better Future*, Vol.148, June, 국가기술표준원.
- 남상열(2014c), 「TBT 관련 특정무역현안과 분쟁사례가 기업에게 알려주는 것들」, *S-Life: I♡Standards, Creating a Better Future*, Vol.149, July+August, 국가기술표준원.
- 백종현(2016), 「주요 교역국 ICT 제품 적합성평가제도 동향 및 시사점 - 유럽연합, 미국, 일본을 중심으로」, *KSA Policy Study 019*, 한국표준협회, 8월.
- 백종현(2017), 「OECD 국가 기술규제협력 현황과 시사점 - 적합성평가의 상호인정을 중심으로」, *KSA Policy Study 023*, 한국표준협회, 2월.
- 지식경제부 기술표준원 번역(2012), 『WTO 기술장벽 및 SPS 조치』, Wolfrum, Ruediger, et al. eds. (2007), *WTO-Technical Barriers and SPS Measures*, Max Planck Commentaries on World Trade Law Vol.3, Leiden·Boston.
- 특허청(2016), 『표준특허 길라잡이』, 9월.
- 한국정보통신기술협회(2015), 『ICT 표준화 추진체계 분석서 - 국제 표준화기구편』, 1월.
- 한국정보통신기술협회(2016), 『K-ICT 표준화전략맵 Ver.2017 - 요약보고서』, 12월.
- APEC (2015), "A Guide for Conformity Assessment Bodies to the APEC Telecommunications and Information Working Group's Mutual Recognition Arrangement for Conformity Assessment of Telecommunications Equipment (APEC TEL MRA)", 4th Edition.
- ISO (2017), *ISO in Figures 2016*, ISO 웹페이지 http://www.iso.org 접속일: 2017년 8월 17일.
- NAM, Sang-yirl (2015), "WTO Discussions on Technical Barriers to Trade and

Implications for Asia-Pacific Regional Economic Integration", *APEC Study Series 15-01*, KIEP, December.

- USTR (2014), *2014 Report on Technical Barriers to Trade*, April.

- USTR (2017), *2017 National Trade Estimate Report on Foreign Trade Barriers*, March.

- Wolfrum, Ruediger, et al. eds. (2007), *WTO−Technical Barriers and SPS Measures*, Max Planck Commentaries on World Trade Law Vol.3, Leiden·Boston.

- WTO (2017a), "Twenty−Second Annual Review of the Implementation and Operation of the TBT Agreement", Committee on Technical Barriers to Trade, *G/TBT/39/Rev.1*, May.

- WTO (2017b), *World Trade Statistical Review 2017*, July.

- IEC 웹페이지 http://www.iec.ch 접속일: 2017년 9월 09일.

- IECEE 웹사이트 https://www.iecee.org 접속일: 2017년 9월 09일.

- WTO 웹페이지 http://www.wto.org 접속일: 2017년 8월 17일.

참고자료

1. 한국산업표준의 분류체계

대분류	중분류
기본부문(A)	기본일반/방사선(능)관리/가이드/인간공학/신인성관리/문화/사회시스템/기타
기계부문(B)	기계일반/기계요소/공구/공작기계/측정계산용 기계기구 · 물리기계/일반기계/산업기계/농업기계/열사용 기기 · 가스기기/계량 · 측정/산업자동화/기타
전기전자부문(C)	전기전자일반/측정 · 시험용 기계기구/전기 · 전자재료/전선 · 케이블 · 전로용품/전기 기계기구/전기응용 기계기구/전기 · 전자 · 통신부품/전구 · 조명기구/배선 · 전기기기/반도체 · 디스플레이/기타
금속부문(D)	금속일반/원재료/강재/주강 · 주철/신동품/주물/신재/2차제품/가공방법/분석/기타
광산부문(E)	광산일반/채광/보안/광산물/운반/기타
건설부문(F)	건설일반/시험 · 검사 · 측량/재료 · 부재/시공/기타
일용품부문(G)	일용품일반/가구 · 실내장식품/문구 · 사무용품/가정용품/레저 · 스포츠용품/악기류/기타
식료부문(H)	식품일반/농산물가공품/축산물가공품/수산물가공품/기타
환경부문(I)	환경일반/환경평가/대기/수질/토양/폐기물/소음진동/악취/해양환경/기타
생물부문(J)	생물일반/생물공정/생물화학 · 생물연료/산업미생물/생물검정 · 정보/기타
섬유부문(K)	섬유일반/피복/실 · 편직물 · 직물/편 · 직물제조기/산업용 섬유제품/기타
요업부문(L)	요업일반/유리/내화물/도자기 · 점토제품/시멘트/연마재/기계구조 요업/전기전자 요업/원소재/기타
화학부문(M)	화학일반/산업약품/고무 · 가죽/유지 · 광유/플라스틱 · 사진재료/염료 · 폭약/안료 · 도료잉크/종이 · 펄프/시약/화장품/기타
의료부문(P)	의료일반/일반의료기기/의료용설비 · 기기/의료용 재료/의료용기 · 위생용품/재활보조기구 · 관련기기 · 고령친화용품/전자의료기기/기타
품질경영부문(Q)	품질경영일반/공장관리/관능검사/시스템인증/적합성평가/통계적기법 응용/기타
수송기계부문(R)	수송기계일반/시험검사방법/공통부품/자전거/기관 · 부품/차체 · 안전/전기전자장치 · 계기/수리기기/철도/이륜자동차/기타
서비스부문(S)	서비스일반/산업서비스/소비자서비스/기타
물류부문(T)	물류일반/포장/보관 · 하역/운송/물류정보/기타
조선부문(V)	조선일반/선체/기관/전기기기/항해용기기 · 계기/기타
항공우주부문(W)	항공우주일반/표준부품/항공기체 · 재료/항공추진기관/항공전자장비/지상지원장비/기타
정보부문(X)	정보일반/정보기술(IT) 어플리케이션/문자세트 · 부호화 · 자동인식/소프트웨어 · 컴퓨터그래픽스/네트워킹/IT상호접속/정보상호기기 · 데이터 저장매체/전자문서 · 전자상거래/기타

자료: 국가기술표준원 http://www.kats.go.kr

2. APEC 전기 및 전자기기 상호인정협약(EEMRA)의 단계별 현황(참여 연도)

Economy	Part I: 정보교환	Part II: 시험성적서 수용	Part III: 인증서 수용
Australia	1999	2002	2002
Brunei Darussalam	2003	2007	2007
Canada	–	–	–
Chile	2000	–	–
China	1999	–	–
Hong Kong, China	2000	–	–
Indonesia	1999	–	–
Japan	1999	–	–
Korea	1999	–	–
Malaysia	1999	2006	–
Mexico	–	–	–
New Zealand	1999	2003	2003
Papua New Guinea	2009	–	–
Peru	2011	–	–
Philippines	1999	–	–
Russia	2000	–	–
Singapore	1999	2002	2002
Chinese Taipei	1999	–	–
Thailand	1999	–	–
United States	–	–	–
Vietnam	2000	–	–

자료: APEC 웹페이지 http://www.apec.org

3. APEC 회원경제별 정보통신기기 상호인정협약(TEL MRA)의 질의처 (2015년 자료 발간시점 기준)

Economy	Organization	Website
Australia	Australian Communications and Media Authority	http://www.acma.gov.au
Brunei Darussalam	Authority for Info-communication Industry of Brunei Darussalam (AITI)	http://www.aiti.gov.bn
Canada	Industry Canada	http://strategis.ic.gc.ca/epic/internet/insmtgst.nsf/en/h_sf06389e.html
Chile	Telecommunications Subsecretariat (SUBTEL)	http://www.subtel.cl/
China	Ministry of Industry and Information Technology (MIIT)	http://www.miit.gov.cn
Hong Kong, China	Office of the Communications Authority (OFCA)	http://www.ofca.gov.hk
Indonesia (TBD)	POSTEL	http://www.postel.go.id/
Japan	Ministry of Internal Affairs and Communications	http://www.tele.soumu.go.jp/e/index.htm
Korea	National Radio Research Agency (RRA)	http://rra.go.kr/eng2/index.jsp
Malaysia	Malaysian Communications and Multimedia Commission (MCMC)	http://www.mcmc.gov.my/
Mexico	Federal Telecommunications Institute	http://www.ift.org.mx
New Zealand (TBD)	Commerce Commission	http://www.comcom.govt.nz
Papua New Guinea	NICTA	http://www.nicta.gov.pg/
Peru	Ministry of Transportation and communications (MTC)	http://www.mtc.gob.pe/
Philippines	National Telecommunications Commission	http://www.ntc.gov.ph
Russia	Ministry of Communications and Mass Media	http://www.minsvyaz.ru/en/
Singapore	Infocomm Development Authority (IDA)	http://www.ida.gov.sg
Chinese Taipei	National Communication Commission (NCC)	http://www.ncc.gov.tw/english/gradation.aspx?site_content_sn=65&is_history=0
Thailand	National Telecommunications Commission	http://www.ntc.go.th
United States	Federal Communications Commission (FCC)	http://www.fcc.gov/oet/ea/mra
Vietnam	Ministry of Information and Communications	http://www.mic.gov.vn

자료: APEC (2015)

4. 주요 국가별 상호인정협약(MRA) 체결 현황

구분	미국	EU	일본	캐나다	싱가포르	대만	홍콩	베트남	칠레	한국	뉴질랜드	호주	중국	말레이시아
미국		◎(98.5)	◎(07.2)	◎(01.3)	◎(03.10)	○(99.3)	◎(05.4)	○(09.3)		○(05.5)		○(02.6)		○(16.6)
EU	◎(98.5)		◎(01.4)	◎(98.10)						○(11.7)	◎(98.7)	◎(99.1)		
일본	◎(07.2)	◎(01.4)			◎(02.1)									
캐나다	◎(01.3)	◎(98.10)			◎(99.8)	◎(07.4)	◎(02.3)	○(12.2)		○(01.9)		○(99.8)		
싱가포르	◎(03.10)		◎(02.1)	◎(99.7)		○(99.8)	○(99.7)	○(14.6)				○(99.8)		
대만	○(99.3)			◎(07.4)	○(99.8)		○(99.7)					○(99.8)		
홍콩	◎(05.4)			◎(02.3)	○(99.8)	○(99.8)						○(99.8)		
베트남	○(09.3)			○(12.2)	○(14.6)					○(06.1)				
칠레										○(08.6)				
한국	○(05.5)	○(11.7)		○(01.9)				○(06.1)	○(08.6)					
뉴질랜드		◎(98.7)										○(98.5)	○(08.4)	
호주	○(02.6)	◎(99.1)		○(99.8)	○(99.8)	○(99.8)	○(99.8)				○(98.5)			
중국											○(08.4)			
말레이시아	○(16.6)													

자료: 국립전파연구원(2016)

주: 1. ○는 MRA 1단계만을 체결한 국가, ◎는 1, 2단계 모두 체결한 국가
　　2. 싱가포르-캐나다, 싱가포르-홍콩, 홍콩-대만 간의 MRA에서 각각 양측의 체결시점간에 차이가 있는 것은 양측간 서신처리와 발표에 있어서 시차로 인한 것으로 파악된다.

5. 한국의 전기전자 및 정보통신분야 기술규제조치에 대해 다른 WTO 회원국이 제기한 특정무역현안(STCs)(1995년 1월~2017년 8월)

제목(TBT IMS 번호)[1]	규제국가	STCs 제기국가	최초 제기일	이후 제기된 회의 횟수[2]
Korea Electric Appliances Safety Control Act (ID 49)	Korea, Republic of	Japan	21-07-2000	0
Korea Safety Criteria for Miniature Fuses on Automatic Electric Control (ID 73)	Korea, Republic of	European Union	15-03-2002	1
Korea Regulation on Wireless Internet Platform for Interoperability (ID 89)	Korea, Republic of	United States of America	20-03-2003	0
Korea Proposed Act for Resource Recycling of Electrical/Electronic Products and Automobiles (ID 134)	Korea, Republic of	Japan; United States of America; European Union	15-03-2006	2
Korea Conformity Assessment Procedures for Lithium-Ion Batteries (ID 243)	Korea, Republic of	Japan; European Union	25-06-2009	0
Korea KS C IEC61646:2007 Standard for Thin-film Solar Panels (IMS ID 271)	Korea, Republic of	United States of America; European Union	23-06-2010	10
Korea Amendment to Radio Waves Act 1/2011 (RRA) (ID 312)	Korea, Republic of	United States of America	15-06-2011	1
Korea - Proposed SAR Values or EMF exposure in cell phones (ID 371)	Korea, Republic of	United States of America; European Union	06-03-2013	0

자료: WTO TBT IMS 자료를 바탕으로 저자 작성
주: 1. 적합성평가절차 관련 규제에 대한 STCs 건수는 없음(0건).
    2. 처음 WTO TBT 위원회에서 논의된 이후 추가로 논의된 회의 횟수는 평균 1.8회임.

6. 다른 WTO 회원국의 전기전자 및 정보통신분야 기술규제조치에 대해 한국이 제기한 특정무역현안(STCs)(1995년 1월~2017년 8월)

제목(TBT IMS 번호)[1]	규제조치 국가	STCs 제기국가	최초 제기일	이후 제기된 회의 횟수[2]
European Communities Directive2002/95/EC on the Restriction of the Use of certain Hazardous Substances in Electrical and Electronic Equipment (RoHS) and Directive 2002/96/EC on Waste Electrical and Electronic Equipment (WEEE) (ID35)	European Union	Australia; Canada; China; Israel; Japan; Jordan; Korea, Republic of; Malaysia; Mexico; Thailand; Egypt; United States of America; Venezuela, Bolivarian Republic of	31-03-1999	27
China Administration on the Control of Pollution Caused by Electronic Information Products (ID 122)	China	Japan; Korea, Republic of; Switzerland; United States of America; European Union	02-11-2005	11
China Proposed Regulations on Information Security (ID 183)	China	Canada; Japan; Korea, Republic of; United States of America; European Union	20-03-2008	8
China Antibacterial and Cleaning Function for Household and Similar Electrical Appliances (ID 235)	China	Korea, Republic of	25-06-2009	0
United States Hazardous Materials: Transportation of Lithium Batteries (ID 262)	United States of America	China; Israel; Japan; Korea, Republic of; European Union	24-03-2010	9
United States Conditions and Criteria for Recognition of Accreditation Bodies & Laboratories for the Energy Star Program (ID 268)	United States of America	Korea, Republic of; European Union	23-06-2010	1
Canada–Proposed Amendment to the Energy Efficiency Regulations (ID 282)	Canada	Korea, Republic of	03-11-2010	0
China Requirements for information security products, including, inter alia, the Office of State Commercial Cryptography Administration (OSCCA) 1999 Regulation on commercial encryption products and its on-going revision and the Multi-Level Protection Scheme (MLPS) (ID 294)	China	Brazil; Canada; Japan; Korea, Republic of; United States of America; European Union	24-03-2011	18

제목(TBT IMS 번호)[1]	규제조치 국가	STCs 제기국가	최초 제기일	이후 제기된 회의 횟수[2]
Mexico – Energy Labelling Measures (Law for Sustainable Use of Energy, 28 November 2008; Regulation of the Law for Sustainable Use of Energy, 11 September 2009; National Program for Sustainable Use of Energy 2009-2012, 27 November 2009; and Catalogue of equipment and appliances used by manufacturers, importers, distributors and marketers that require mandatory inclusion of energy consumption information, 10 September 2010) (ID 314)	Mexico	Argentina; Japan; Korea, Republic of; United States of America; European Union	15-06-2011	2
United States – ENERGYSTAR 6.0 Draft 2 Program Requirements for Displays-Draft Partner Commitments (ID 323)	United States of America	Korea, Republic of	10-11-2011	0
European Union Draft Commission Regulation implementing Directive 2009/125/EC of the European Parliament and of the Council with regard to ecodesign requirements for directional lamps, light emitting diode lamps and related equipment (ID 365)	European Union	Korea, Republic of	27-11-2012	1
Australia Joint governments' response to the 2010 Independent Review of the Water Efficiency Labelling and Standards Review Water Efficiency Labelling and Standards (WELS) scheme consultation paper (ID 366)	Australia	Korea, Republic of	27-11-2012	0
India – Electronics and Information Technology Goods (Requirements for Compulsory Registration) Order, 2012 (ID367)	India	Canada; Japan; Korea, Republic of; Norway; Switzerland; United States of America; European Union	06-03-2013	12
European Union – Proposal for a Regulation on Fluorinated Greenhouse Gases (ID 391)	European Union	Japan; Korea, Republic of; United States of America	17-06-2013	2
Mexico – Draft Mexican Official Standard PROY-NOM-032-ENER-2013: Maximum electrical power limits for equipment and appliances requiring standby power. Test methods and labelling (ID 406)	Mexico	Korea, Republic of; United States of America	30-10-2013	1

11
전기전자 및 정보통신 분야의
기술장벽(TBT) 동향과
무역기술장벽(TBT) 동향과
시사점 [남상열]

제목(TBT IMS 번호)[1]	규제조치 국가	STCs 제기국가	최초 제기일	이후 제기된 회의 횟수[2]
China – Safety Requirement for Lithium Ion Cells and Batteries used in Portable Electronic Equipment (ID 425)	China	Japan; Korea, Republic of	18-06-2014	3
Sweden – Chemical Taxation for Certain Electronics (ID 469)	Sweden; European Union	Korea, Republic of	17-06-2015	0
United Arab Emirates – Labelling – Energy efficiency label for electrical appliances (ID 481)	United Arab Emirates	Korea, Republic of	04-11-2015	0
India – Secondary cells and batteries containing alkaline or other non-acid Electrolytes (ID 482)	India	Korea, Republic of; United States of America	04-11-2015	0
India – E-waste (Management) Rules, 2016 (ID 515)	India	Japan; Korea, Republic of; United States of America	10-11-2016	1

자료: WTO TBT IMS 자료를 근거로 저자 작성

주: 1. 한국이 다른 WTO 회원국과 함께 제기한 STCs 포함하며, 적합성평가 관련 규제 건수는 1건임(TBT IMS 268)

2. 처음 WTO TBT 위원회에서 제기된 이후 추가로 제기된 회의의 횟수는 평균 4.8회임

7. 우리 수출기업의 전기전자 및 정보통신분야 TBT 관련 애로 안건(2016년)

국가	규제 제목	정보통신 분야	CAP 관련
중국	리튬이온전지 안전 표준(휴대용, 전기차용)		
	에너지효율 표시 관리방법 개정		
	RoHS 규제		
사우디 아라비아	전력케이블 SASO[1] 인증규제		O
	가전제품 에너지 라벨링 규제		
	대용량 에어컨 에너지효율 규제		
	세탁기 물소비효율 규제		
	전자제품 및 자동차 에너지효율 규제 제정		
	가정용 플러그 및 소켓 SASO[1] 인증 규제		O
미국	낙뢰보호 시스템(LPS)		
	배터리 충전기 시험법 개정(USA/1021/Add.1)		O
인도	2차 전지 안전 규제		
	WEEE 가전제품 재활용 규제		
콜롬비아	전기제품 에너지효율 라벨링		
아랍 에미리트	전자기기 에너지효율 라벨링 규제		
	식기세척기 에너지효율 라벨링		
	RoHS 규제		
	텔레비전 에너지효율 규제		
GCC[2]	저전압 전기기기 인증 규제		O
모로코	전기제품 EMC 규정		
모리셔스	전자기기(냉장고, 식기세척기, 전기오븐) 에너지효율 라벨링		
필리핀	전기전자제품 폐기물, 친환경 관리 규제		
싱가포르	에어컨 최소 에너지 성능 기준 규제		
	물효율 라벨 규제		
에콰도르	LED 모듈/등기구/램프 라벨링, 적합성평가		O
케냐	에너지 성능 및 라벨 규제		
칠레	텔레비전 에너지효율 규제		
	진공청소기 에너지효율 규제		
	식기세척기 에너지효율 규제		
	건조기 에너지효율 규제		
남아공	가전제품 에너지효율 라벨링 규제		
브라질	TV 적합성평가절차 규제		O
페루	냉장고 에너지 라벨 규제		
	에어컨 에너지 라벨 규제		

11
전기전자 및 정보통신 분야의
기술장벽(TBT) 동향과
시사점 [남상열]

국가	규제 제목	정보통신 분야	CAP 관련
우루과이	에어컨 에너지효율 규제		
아르헨티나	저전압 전기기기 안전 규제		
이집트	텔레비전 에너지효율 규제		
EU	에어컨 안전 규제		
	EU 반도체 PFOA[3] 사용 규제		
멕시코	터미널 통신장비 산업표준	O	
	터미널 통신장비 규제	O	
스위스	에너지 규제(CHE/208)		
벨라루스	가전제품 에너지효율 규제		
베트남	배터리 규제		
	전자제품 에너지효율 인증		O
	프린터 파생모델 에너지효율 재인증 규제	O	O
태국	전자제품 안전 인증		O
	전자제품 에너지 라벨 제도		
인도네시아	가전제품 안전 인증		O
	유무선 통신기기 인증	O	O
말레이시아	냉장고 에너지효율 인증		O
	유무선 통신기기 인증	O	O
	세탁기 물소비량 인증		O
	에어컨 에너지효율 규제		
건수	54	5	14

자료: 국가기술표준원(2017)

주: 1. Saudi Standards, Metrology and Quality Organization (사우디아라비아 표준기구)

2. Gulf Cooperation Council (걸프협력이사회): 사우디아라비아, 아랍에미리트, 쿠웨이트, 오만, 카타르, 바레인 6개 국가간 지역협력체.

3. perfluorooctanoic acid (퍼플루오로옥탄산염)

개발도상국 무역기술장벽과 지속가능한 개발

– 주한나

──── 개발도상국 무역기술장벽과 지속가능한 개발[1]

[주한나]

    개발도상국의 국제 무역 참여는 지속적으로 증가해왔다. 2016년을 기준으로 국제 상품 무역에서 개발도상국의 수출 및 수입이 차지하는 비중은 각각 42.4% 와 39.7%로, 2000년의 31%, 27%와 비교하여 증가했다(WTO, 2017; 2016).[2] 대표적 다자 무역 체제인 세계무역기구(World Trade Organization, WTO)의 164개 회원국 중 개발도상국의 비중은 2/3를 초과하며, 특히 전세계 47개 최빈국 중 36개국이 WTO 회원으로 가입되어 있는 등 개발도상국의 국제 무역 체제 편입은 빠르게 확산되고 있다(WTO, n.d. −b).[3] 이와 더불어, 무역기술장벽(Technical Barriers to Trade,

---

1) 이 글의 일부는 필자가 1저자로 참여한 주한나 & 이희진(2014), 주한나(2013)를 재구성하였다.

2) 국제 상품 수출에서 개발도상국이 차지하는 비중은 2000년대 이후 크게 증가하였으나 최근 그 상승폭이 낮아지는 추세에 있으며, 특히 지속되는 국제 경기 침체로 인해 2015년 이후 소폭 하락하였다(WTO, 2016; 2014).

3) WTO는 "개발도상국(developing countries)"과 "선진국(developed countries)"을 별도로 정의하지 않는다. 이 명칭은 WTO 회원국이 스스로 부여하도록 하고 있으나, 다른 회원이 이 같은 구분에 이의를 제기할 수 있다 〈https://www.wto.org/english/tratop_e/devel_e/d1who_e.htm〉. 최종접속일: 2017.10.17.
그 밖에 WTO가 연간 발행하는 국제무역통계리뷰(World Trade Statistical Review)에서는 지역에 따라 개발도상경제(developing economies)와 선진국경제(developed economies)를 구분하는데, 이에 따르면 개발도상경제는 아프리카, 중남미/카리브해/멕시코, 28개 EU회원국 및 EFTA회원국을 제외한 EU 지역, 중동, 그리고 호주, 뉴질랜드 및 일본을 제외한 아시아 지역 국가들을 모두 포함한다(WTO, 2017b). 최빈국(Least Developed Countries, LDCs)의 경우 소득 수준, 인적 자원, 경제적 취약성의 3개 기준에 따라 UN에서 정의하는 최빈국 목록을 준용하며, 여기에는 현재 47개국이 속해 있다. UN의 최빈국 정의에 대한 보다 자세한 정보는 다음 링크를 참조 〈https://www.un.org/develop−

TBT)의 측면에서도 개발도상국 발(發) 이슈들이 증가하고 있다.

개발도상국과 무역기술장벽의 문제는 두 가지 측면에서 살펴볼 수 있다. 먼저 무역을 통해 해외 수출 시장에 진출하고자 하는 개발도상국의 생산자가 선진국의 높은 기술 규제로 인해 애로를 겪는 상황이다. 개발도상국 생산자들이 선진국에 비해 상대적으로 낮은 기술 역량을 갖고 있다는 점을 고려할 때, 선진국 시장에서 요구하는 안전성, 환경 표준을 준수하기 위해서는 높은 비용이 소요되며 이는 궁극적으로 개발도상국 생산자들의 무역 참여를 저해하는 요소로 작용하게 된다. 두 번째로는 개발도상국에서 통보하는 무역기술규제 건수의 비약적 증가다. WTO의 TBT 신규 통보문 수를 살펴보면, 2016년을 기준으로 최빈국을 포함한 개발도상국의 통보문 비중은 전체의 76%로, 24% 수준인 선진국을 크게 앞서는 것으로 나타난다(국가기술표준원, 2017).[4] 이 같은 결과는 제도적 측면에서 개발도상국의 국제 무역 체제 편입이 빠르게 확산되어 TBT 통보와 관련된 의무를 보다 적극적으로 이행하고 있음을 단적으로 보여주는 동시에, 개발도상국에서 기술 규제를 자국 산업의 보호 전략으로 활용하는 사례 역시 증가하고 있음을 시사한다.

이처럼 개발도상국과 무역기술장벽의 문제는 개발도상국 수출품의 국제 시장 진입을 저해하는 요소로서 이를 해소하기 위한 국제 사회의 다각적인 지원이 요구된다는 시각과, 오히려 보호주의에 입각한 무역기술장벽을 발생시킬 수 있으므로 개발도상국의 무역 및 산업 정책이 국제 무역 규범을 준수하도록 지원해야 한다는 시각이 동시에 존재하는 복잡한 현상이 되고 있다. 최근의 논의는 개발도상국의 수입 규제 개선과 수출 역량 강화는 동전의 양면과도 같이 국제 무역 참여를 통해 지속가능하고 포괄적인 개발(sustainable and inclusive development)을 이루기 위해 동반되는 과제이며, 공공 부문의 제도적 개선뿐 아니라 민간 참여 활성화를 수반하는 보다 통합적 해결책이 필요하다는 방향으로 진전되고 있다(OECD & WTO, 2015, 2017).

이 장에서는 개발도상국과 무역기술장벽을 다음의 세 가지 주제를 중심으로

ment/desa/dpad/least-developed-country-category.html〉. 최종접속일: 2017.10.17.

4) 더불어, 특정무역현안(STC)에서 개발도상국들이 제기한 신규 STC는 2016년 기준 전체 31건 중 10건으로 선진국에서 제기한 9건보다 많다. 선진국과 개발도상국이 공동으로 제기한 신규 STC 건수는 12건이다. 이 같은 추세는 개발도상국이 WTO TBT위원회를 보다 잘 이해하고 제도적 자원을 활용하기 시작하였다는 점을 방증한다(WTO, 2017a).

살펴본다. 먼저 12.1절에서는 무역기술장벽이 개발도상국의 무역 참여 확대에 대한 논의에서 어떻게 다루어지고 있는지를 검토한다. 12.2절에서는 개발도상국의 무역 역량을 강화해 경제사회적 발전에 기여하는 것을 목적으로 하는 국제 사회의 원조인 '무역을 위한 원조(Aid for Trade, AfT)'에 대해 살펴보고, 특히 무역과 관련된 개발도상국의 기술 규제나 정책 역량의 강화를 목적으로 국제기구와 주요 선진국에서 실시하고 있는 AfT 사례를 소개한다. 12.3절에서는 2015년 UN 정상회의에서 발표된 국제 사회의 미래 비전인 지속가능개발목표(Sustainable Development Goals, SDGs)와 포괄적 개발(inclusve development) 등 근래의 주요 화두가 앞서 살펴본 개발도상국과 무역기술장벽에 대한 무역 중심, 개발원조 중심의 두 가지 흐름에 어떤 함의를 갖는지를 검토한다.

12.1 국제 무역에서 개발도상국 이슈와 무역기술장벽

■ 개발도상국의 발전과 무역에 대한 기존 연구

개발도상국과 무역기술장벽의 문제를 논하기에 앞서, 과연 개발도상국이 국제 무역 참여를 통해 어떤 이득을 얻을 수 있는가를 살펴볼 필요가 있다. 이러한 질문은 현(現) 다자 무역 체제 하의 기술 규제에 대한 협정이나 모범 규제 관행(good regulatory practices)의 이행이 개발도상국의 무역량을 증대하고 경제성장을 이끌어, 궁극적으로 경제사회적 개발로 이어질 것인가와도 연결된다.

개발도상국의 무역에 대한 기존의 연구들은 무역, 성장, 그리고 빈곤의 세 가지 키워드가 어떤 상관 관계를 갖는지를 탐구해왔다. 다자 무역 체제가 본격적으로 태동한 2차대전 직후에는 개발도상국의 국제 무역 참여로 인한 경제 성장 효과는 불확실한 것으로 인식되었다(Bhagwati, 1958; Prebisch, 1950).[5] 실제로 2차

---

5) 국제 무역은 세계 경제의 중심부에 있는 선진국이 주변부에 있는 개발도상국의 희생으로 혜택을 얻는 불균등한 교역이라고 보았으며, 이 고리를 끊기 위해 개발도상국 정부는 무역장벽을 세우고 적극적으로 국내 산업을 보호해 일차 산업 위주의 경제 구조를 바꾸어야 한다고 하였다(Prebisch, 1950). 특히 개발도상국들의 교역은 상대적으로 비탄력적인 수요를 가진 농산품 등의 일차 생산물을 중심으로 이루어지기 때문에 개발도

대전 이후 관세 및 무역에 관한 일반 협정(General Agreement on Tariffs and Trade, GATT) 체제에서 상당수 중남미 지역 개발도상국은 수입 대체 전략을 바탕으로 보호무역주의를 채택하였으며, 대외 교역이 경제 성장에 미칠 영향에 대해 부정적 입장을 취한 바 있다(조한슬, 2013).

그러나 1960−70년대 수출 주도 전략을 따른 동아시아 국가들의 성공은 무역이 경제 성장의 수단이 될 수 있다는 점을 각인시켰다. 또한, 1980년대 초까지 중남미 국가들의 저성장이 지속되고 대규모 부채 위기를 겪게 되면서 개발과 성장, 그리고 자유 무역의 상관관계를 강조하는 시각이 힘을 얻게 되었다. 1990년대 이후 개발도상국의 무역 정책에 가장 큰 영향을 미친 워싱턴 컨센서스는 개발도상국의 시장 개방과 무역 자유화를 대표하는 의제였다. 개발도상국은 시장 개방을 통해 글로벌 가치 사슬(global value chain, GVC)에 참여함으로써 산업화를 보다 쉽게 달성할 수 있으며, 공급 사슬 내의 선진국 기술을 습득하여 보다 고부가가치 생산 활동으로 생산 역량을 향상(upgrade)할 수 있다는 점 또한 강조되었다(정지원 & 유애라, 2015; Flentø & Ponte, 2017). 실제로 개발도상국이 국제 무역에서 차지하는 비중은 증가하고 있는데, 1990년 이후 GDP 증가율에 비해 무역 증가율이 3배에 달할 정도로 교역이 비약적으로 확대되었다(강인수, 송유철, & 유진수, 2011).

그러나 실제로 무역과 성장이 빈곤의 감소와 어떠한 상관관계에 있는지에 대해서는 상반된 시각들이 존재한다. Dollar & Kraay(2004), Winters, McCulloch, & McKay(2004)의 연구는 대표적으로 무역 자유화가 경제 성장을 가져와 장기적으로 개발도상국의 빈곤을 감소시키게 된다는 주장을 하고 있다. 무역이 경제성장이나 빈곤의 감축을 위한 충분조건은 아니지만, 필요조건이라는 것이다(한홍렬, 이호생, & 이시욱, 2011). 반면, Chang(2002), Stiglitz & Charlton(2005), Rodrik(2007)은 자유 무역 참여는 빈곤 감소와 성장의 원인이 아니라 결과이며, 필연적으로 승자와 패자를 만들어 불평등을 심화할 수 있다고 비판한다. 보호주의 무역은 일국의 경제 발전 과정에서 산업 기반을 다지고 국제적 경쟁력을 확보하기 위한 필요 조건이라고 주장한다.

이 같은 혼재된 연구 결과 속에서, 무역과 성장, 빈곤 간의 인과관계를 보다

___

상국의 생산성이 향상되어 수출이 확대될수록 가격이 하락해 오히려 소득이 감소하고, 궁극적으로 경제 성장이 이루어지지 않는 궁핍화성장(immiserizing growth)으로 이어질 수 있다고 하였다(임정빈 & 서창배, 2002, p. 76; Bhagwati, 1958).

명확하게 규명하려는 시도들도 중요하지만, 이와 더불어 무역 참여, 혹은 무역 확대의 혜택이 빈곤층의 소득 증대로 이어지지 못하는 제약 요인들을 찾아 이를 해소하는 것이 중요하다는 인식 또한 확대되고 있다(이호생, 강인수, & 이시욱, 2012). 특히 최근의 무역과 개발에 대한 연구는 개발도상국과 최빈국의 무역 참여를 위해 무역 비용을 감소시키는 것이 중요하다는 점에 대해서는 합의하고 있다(Flentø & Ponte, 2017; OECD & WTO, 2015). 이 같은 무역비용에는 예를 들어 선진국에서 요구하는 높은 수준의 기술 규제 준수와 같은 비관세 장벽뿐 아니라 개발도상국 국내적 측면에서 무역 인프라의 미비, 비효율적인 제도와 운영 역량의 부재로 인해 발생하는 비용 등이 있다. 최근의 연구는 무역 비용 감소가 국내 소득 재분배 효과가 있는 것으로 보고하고 있기도 하다(OECD & WTO, 2015). 실제로 과거 WTO 협상들은 관세 장벽을 주로 다루었으나, 최근 규제 정책이나 국내 무역 비용과 같은 비관세 조치에 대한 관심이 더욱 높아지고 있기도 하다.

이 같은 흐름에서 개발도상국의 무역 참여를 저해하는 기술적 요소들을 제거하기 위한 노력이 필요하다는 데에 공감대가 형성되었다. 특히, 최근 보호무역주의가 심화되면서 개발도상국의 무역기술장벽 이슈는 무역과 개발의 관계에 대한 오랜 논쟁에서 보다 중요한 위치를 차지하게 되었다. WTO 체제의 강화와 함께 관세 등 전통적 방식의 무역장벽이 약화되면서, 기술 규제, 국제 표준 등 합법적인 비관세 조치를 통해 자국 산업에 대한 보호 무역 전략을 취하는 경향이 증가하고 있기 때문이다. 이 같은 상황 속에서 선진국이 도입하는 무역기술장벽은 개발도상국의 무역 비용을 증가시키는 주요 요인 중의 하나로, 이를 해소하기 위한 기술 지원이 요구되는 분야다. 그러나 이와 동시에 개발도상국의 산업 정책의 일환으로 이해될 수도 있다. 선진국의 시장 개방 압력에 대응해 자국 산업에 대한 보호주의 정책을 견지하고 산업 발전을 꾀하기 위한 방편이 되기도 하기 때문이다. 다음에서는 개발도상국의 무역기술장벽이 갖는 이러한 복합적 측면에 대해 보다 자세히 살펴본다.

■ 개발도상국의 무역기술장벽

무역을 통해 해외 수출 시장에 진출하고자 하는 개발도상국의 생산자는 선진국 시장의 상대적으로 높은 수준의 기술 규제 요구에 직면하게 된다. 그러나 개발도상국 생산자들은 낮은 기술력과 전문성으로 인해 선진국 혹은 수입국의 국내 생산자들보다 기술 규제를 준수하기 위해 상대적으로 높은 비용을 지불할 수밖에 없다. 여기에는 해당 기준을 만족하는 제품을 생산하기 위한 기술적 역량의 부재뿐만 아니라 비기술적인 원인들 또한 존재한다. 수출국에서 요구하는 구체적인 기술 규제나 국제 표준이 무엇인지 알지 못한다든지, 혹은 자체적으로 보유한 기술 기준이나 자국 내 표준이 수출국에서 요구하는 표준에 부합한다는 점을 증빙하는 데 어려움을 겪기 때문이다(Mayeda, 2013, p. 360). 즉, 선진국에 비해 부족한 개발도상국의 인적, 기술적, 제도적 자원으로 인해 기술적 측면의 무역 장벽은 개발도상국에서 상대적으로 더 큰 수준의 비효율을 낳게 되며(Mayeda, 2013), 궁극적으로 무역을 통한 경제 성장에 부정적 영향을 미치게 된다는 것이다. 예를 들어 Disdier, Fontagne, & Mimouni(2008)의 연구는 농업 분야에서 무역기술장벽이나 SPS(Sanitary and Phyto-Sanitary Measures, 위생 및 식물검역 조치)와 같은 기술 장벽이 OECD 회원국 간 무역에는 별다른 영향력을 미치지 않는 반면, 개발도상국 생산자의 OECD 회원국 시장 수출은 상당히 감소시킨다는 점을 보인다.

개발도상국이 겪는 무역기술장벽을 다룸에 있어 특히 국제 표준의 문제는 보다 자세히 살펴볼 필요가 있다. TBT협정은 국가 간 서로 다른 기술 규제를 국제 표준과 조화시키도록 하여 무역 활성화를 꾀하고 있기 때문이다. 국제 표준 조화는 제품의 품질, 안전, 환경에 미치는 영향들을 국제적 기준에 준해 보다 효율적으로 관리하는 한편, 국가별로 서로 다른 기술 규제를 준수하게 됨으로써 발생할 수 있는 불필요한 거래 비용을 줄이고, 소비자들에게는 국경을 넘어선 품질, 안전, 환경 관련 평가 기준을 제공해 신뢰도를 높일 수 있다(Hudson & Jones, 2003). 즉, 국제 표준은 모범 규제 관행의 핵심 요소다. 각국 정부가 제품과 관련된 규제를 준비, 개발, 적용함에 있어 국제 표준을 따르는 것은 국가별로 자율적으로 제정된 기술 규제가 국제적으로도 공정성과 신뢰성을 확보하기 위한 근간이 된다.

그러나 이처럼 궁극적으로 국제 표준 조화가 무역 활성화에 기여하는 바가 큼에도, 개발도상국에서 기술 규제를 국제 표준과 조화시키는 것은 여전히 쉽지 않은 과제다. 오히려 무역 규범으로서 국제 표준의 위상 강화가 오히려 개발도상국이 겪는 무역기술장벽을 심화하는 측면이 있다. 예를 들어 표준과 개발도상국 무역에 대해 살펴본 기존의 연구는 국제 표준과 무역 간의 긍정적인 상관관계가 선진국 사례에서는 경험적으로 입증되고 있는 반면, 개발도상국의 경우에는 그대로 적용되지 않는다는 점에 주목한다. Swann(2010)은 국제 무역과 표준과의 관계를 실증적으로 분석한 기존의 연구 결과들을 검토하였는데, 그 결과 표준과 무역 활성화 간의 대체로 긍정적인 상관관계를 발견하였다. 그러나 그는 이러한 결과가 주로 주요 선진국 사례를 바탕으로 표준−무역 간의 관계를 다룬 연구들에서 발견되었으며, 개발도상국을 대상으로 한 연구 결과는 국제 표준의 도입이 무역을 촉진하는 긍정적인 방향과 일치하지 않는 경우가 많음을 확인하였다. 예를 들어, 지역 내 표준 조화 및 상호인증(Mutual Recognition Agreement, MRA) 체결을 통한 표준·기술 규제의 조화가 OECD 선진국 수출기업의 무역량을 증가시키는 데 반해, 비OECD 국가로 대별되는 개도국에서는 수출 신장 효과가 없는 것으로 나타났다(Baller, 2007; Chen & Mattoo, 2008). 또한 선진국의 엄격한 기술 규제가 준수 능력이 부족한 개발도상국 및 최빈국 기업의 수출에 부정적인 영향을 미친다는 결과 또한 발견되었다(Chen & Mattoo, 2008; Disdier et al., 2008; Wilson & Otsuki, 2004).

■ 무역규범 혹은 무역기술장벽: 국제 표준의 두 가지 측면

그렇다면 이처럼 개발도상국에서 무역−국제 표준 간 관계가 선진국을 대상으로 한 연구 결과와는 다른 양상을 나타내어 무역기술장벽으로 작용하는 이유는 무엇일까? 이 문제는 무역 규범으로서 국제 표준의 개발 및 거버넌스 메커니즘이 지닌 정당성(legitimacy)의 두 가지 차원으로 생각해 볼 수 있다. 현재의 무역 규범 및 국제 표준 개발 메커니즘을 통해 산출된 결과물로서 국제 표준을 개발도상국이 과연 효과적으로 활용할 수 있는가에 대한 산출 정당성(output legitimacy)의 차원과 개발도상국의 이해가 무역 규범으로서 국제 표준의 개발 과정에 효과적으로 반영되고 있는가에 대한 투입 정당성(input legitimacy)의 차원이다.

먼저 산출 정당성은 국제 무역 규범이라는 하나의 산출물로서 국제 표준이 그것이 목표한 효과를 얼마나 달성하는가를 살펴본다. 강제성이 있는 기술 규제와는 달리 표준은 생산자가 자발적으로 준수하는 것이다. 특히 TBT협정은 이 같은 강제성 여부에 근거하여 수입국의 차별적 기술 규제에 대한 보호 조치를 제공하고 있지만, 표준의 경우 그 준수가 비강제적이라는 이유로 차별적 표준에 대한 보호 조치 역시 구속력 없는 권장사항(Code of Conduct)으로 제시하고 있다. 그러나 실제로 표준, 특히 품질이나 안전, 환경 관련 표준을 따르는 것이 수입국이 요구하는 법률적 강제 사항은 아니라 할지라도, 수입국 시장에서 제품 경쟁력을 갖기 위해 반드시 필요한 조건이 되고 있다(Mayeda, 2013). 문제는 자발적 수용에 기초한 표준의 특성상, 보다 엄격히 관리, 공유되는 기술 규제에 비해 표준의 기술적 내용이나 인증 획득 절차에 대한 정보를 확보하는 데 보다 많은 비용이 소요될 수 있다는 점이다. 개발도상국 생산자들은 앞서 언급한 표준과 관련된 정보력의 부재, 또는 해당 표준을 이해하여 실제로 적용하기 위한 기술적 전문성의 한계 등으로 인해 이를 준수하는 데 보다 큰 어려움을 겪을 수 있다. 이러한 측면에서, 무역 규범으로서 국제 표준이라는 산출물이 개발도상국의 무역 활성화라는 목적을 달성하는 데 효과적인 수단이 되지 못할 우려가 있다.

두 번째로는 개발도상국의 이해가 무역 규범으로서 국제 표준이 개발되는 과정 및 절차에 얼마나 반영되는가에 대한 투입 정당성의 측면을 살펴볼 수 있다. 국제 표준의 개발은 다양한 이해관계자 간의 상호작용을 통해 이루어지는 복잡한 과정이다(Brunsson, Rasche, & Seidl, 2012; Werle, 2001). 실제로 대부분의 개발도상국은 국제 표준화의 과정에 실질적으로 참여하는 "개발자"보다는 "수용자"의 역할에 머물러 있는 것이 대부분이었다(Zoo, de Vries, & Lee, 2017). 국제표준화기구(International Standardization Organization, ISO), 국제전기기술위원회(International Electrotechnical Commission, IEC) 등 주요 국제 표준화 기구의 표준 결정 과정에 실제적으로 영향을 미치기 위해서는 개발도상국의 이해관계자가 표준 개발 위원회의 회의에 물리적으로 직접 참석하는 것 외에도, 자국 이해를 반영한 표준의 내용을 제안하고 이에 대한 과학적 근거를 제시하기 위한 기술적 전문성, 그리고 이를 각국의 이해가 얽혀있는 의사 결정 과정에서 효과적으로 관철시키기 위한 협상력을 갖추어야 한다(International Trade Centre, 2004). 또한 많은 경우 이같은 국제 표준화 기구는 회원제로 운영되어, 의사 결정 과정에 참여하기 위해서는 일정한 비용이 소요된다는 점 또한 자원이 부족한 개발도상국의 참여를 제한하는 요소로 작용한다. 결국, 국제 표준은 보다 많은 자원을 보유하고 국제 표준화 과정에 보다 큰 영향력을 지닌 선진국 생산자의 제품 특성에 기초하여 개발될 여지가 많으며, 이러한 국제 표준과 조화된 각국 기술 규제는 개발도상국 생산자들에게 공정치 못한 무역기술장벽이 될 여지가 있다(Amekawa, 2009). 또한 Mayeda(2013, p. 366)가 지적하는바, 개발도상국이 표준 개발자(standard-maker)가 아닌 표준 수용자(standard-taker)가 될 수밖에 없는 현재의 국제 표준화 체계는 근본적으로 개발도상국이 기술 규제로 인한 무역 장벽을 타개할 수 있는 경로를 제한하고 있기도 하다. 이에, Wilson과 Otsuki(2004)는 불균형한 관계의 개선을 위해서 개발도상국의 표준 및 무역 역량을 강화하는 한편, 국제 무역 및 표준화 논의 시 개발도상국의 이해를 보다 적극적으로 반영하기 위한 실제적인 지원 방안이 필요하다는 점을 제안하기도 하였다.

투입 정당성의 한계는 비단 국제 표준화에 국한된 문제가 아니다. 개발도상국이 글로벌 수준의 무역 의제 설정에 영향력을 행사할 수 있는 기회는 매우 제한되어 있다. 국제 표준의 개발 과정이나 국제 무역법 및 WTO 시스템에 대한 이해가 부족할 뿐만 아니라, 실제 WTO 등 국제기구가 제공하는 제도적 자원을 활용하기 위한 인력 및 재정적 자원에 한계가 있기 때문이다. Rodrick(2001)은 현재의 국제 무역 체제에 개발도상국의 실제적인 영향력은 미미하다고 하였는데, 단순한 참여 수준을 넘어서 실제로 무역 의제의 개발 과정에 영향력을 미쳐 개발도상국의 이해를 반영시키는 수준에 이르지 못한다는 점을 지적한다. 이에, 선진국 중심이었던 WTO 의사결정 과정에 개발도상국의 참여를 강화하여, 국제 무역 체제가 보다 높은 수준의 절차적 정당성을 갖추도록 해야 한다는 주장은 계속해서 커지고 있다. 개발도상국에 불리한 무역 장벽과 국제 통상 시스템을 최빈국을 포함한 개발도상국의 이해를 반영해 개선하는 것이 필요하다는 것이다. 실제로 WTO는 도하개발의제(Doha Development Agenda, DDA)로 대표되는 개발도상국 이슈를 다루어 오고 있기도 하다(〈글상자 1〉).

— 글상자 1. WTO 체제 하의 개발도상국 의제

개발도상국의 이슈를 다루는 WTO의 핵심 의제는 2001년 카타르 도하에서 열린 제4차 WTO각료회의 선언에 의해 출범한 도하개발의제(Doha Development Agenda, DDA)다. DDA는 WTO체제 하의 최초의 다자간 무역협상으로, 개발도상국의 개발 문제를 직접적으로 다루고 있다는 의의가 있다. 무역장벽의 감축 및 무역 규제 개선을 통해 국제 무역 시스템을 개혁하고, 특히 개발도상국의 무역 전망을 개선하고자 출범하였다. 개발도상국들이 "세계 경제의 일원으로 그 목소리를 강하게 제시하고, 다자협상에 본격적으로 참여하게 된 계기"로 평가된다(임정빈 & 서창배, 2002, p. 66). 협상의 주제는 약 20여개로 광범위한데, 농업, 섬유, 지식재산권 등 개발도상국과 선진국의 이해가 대립하는 주요 이슈뿐 아니라 무역과 개발, 기술지원 및 역량강화 등 개발도상국을 위한 특혜 조치들을 포함하였다. 그러나 일괄 타결이라는 협상의 방식과 선진국과 개발도상국 간 의견 차이로 인해 DDA는 수년간 교착 상태에 빠져있었다.

표 12-1. WTO 각료회의와 개발도상국 관련 주요 협의 내용

연도		주요 내용
1996년	1차 싱가포르 각료회의	최빈국 지원을 위한 WTO 이행 계획
1998년	2차 제네바 각료회의	최빈국 지원을 위한 통합 계획 (Integrated Framework 도입)
2001년	4차 도하 각료회의	도하개발아젠다 협상의 공식 출범 협상 시 개도국의 이해와 필요 반영, 협정 상 개도국 우대조치 강화, LDC산품의 시장접근 확대, 개도국 대상 기술지원의 강화 등을 포함
2003년	5차 칸쿤 각료회의	싱가포르 이슈의 일괄 타결 방식을 포기하고 이슈별 타결을 합의 무역원활화 프레임워크에 대한 합의(2004년)
2005년	6차 홍콩 각료회의	도하라운드 협상 프레임워크에 대한 추가 합의 무역을 위한 원조(AfT) 출범
2013년	9차 발리 각료회의	발리 패키지 합의 (2014.11)
2015년	10차 나이로비 각료회의	나이로비 패키지 합의

발리 패키지는 2013년 12월 발리 각료회의에서 발표된 발리 선언 및 의결 내용을 의미하는데, 도하 개발 라운드에서 다루는 주제 중 일부에 대한 협상 타결이 이루어졌다. 구체적으로 무역원활화협정은 수입 통관과 관련된 규제를 철폐하고 절차를 간소화해 비용을 낮추고 효율성을 높이는 것을 주요 내용으로 하며, 개발도상국과 최빈국의 관련 인프라 개선, 세관 공무원에 대한 교육, 협정 이행에 요구되는 기타 지원을 포함한다. 그 밖에 농업 부문에서 개발도상국의 식량 안보 및 최빈국 면화 제품의 시장 접근을 개선하기 위한 조치들에 협의하였다. 발리 패키지는 2001년 출범 이후 장기간 표류했던 도하 개발 라운드의 일부 주제에 대해 WTO 회원국들의 합의를 최초로 이끌어 낸 협정이라는 점에서 의의가 있다. 그러나 그 합의의 내용이 개발도상국과 선진국 간 의견 차이가 가장 적었던 무역원활화 부문에 한정되어 있고, 농업 등 핵심 주제에 대해서는 여전히 입장 차가 선명했다.

나이로비 패키지는 2015년 나이로비에서 열린 제10차 WTO 각료회의에서 채택된 내용이다. 특히 농업 부문에서 농업 수출에 대한 보호 철폐는 나이로비 패키지의 핵심 성과로, 개발도상국들은 일부 선진국에서 농업 수출품에 지급했던 보조금이 무역 및 국내 생산에 큰 왜곡을 가져온다고 주장해 온 바 있다. 그 밖에 최빈국과 관련해 특혜원산지, 서비스 의무 면제 등 발리 각료회의 권고안에서 발표되었던 이슈들에 대한 합의문이 도출되었다(서진교 & 이효영, 2016). 나이로비 패키지는 아프리카 대륙에서 열린 최초의 WTO 각료회의라는 상징성으로 주목을 받았으나, DDA의 불확실한 미래로 인해 "도하의 사망과 새로운 WTO의 탄생"(Donnan, 2015)의 장을 연 것으로 평가된다. 선진국 측에서 기존 DDA 체제에 대한 거부 의사를 밝힘에 따라 향후 새로운 성격의 다자 라운드가 추진될 것으로 전망되며, 특히 개발도상국 우대 등 개발과 관련된 이슈에 대해서도 새로운 접근이 이루어지게 될 것으로 보인다(서진교 & 이효영, 2016).

▪ WTO TBT협정과 개발도상국

앞서 살펴본 바와 같이 개발도상국은 기술 역량 및 재원의 부족으로 인해 기술 규제 역량에 한계가 있으며 국제 표준화 참여에도 제한을 겪고 있다. 이에 기인한 무역기술장벽은 궁극적으로 개발도상국이 국제 무역 체제로 편입되는 데 장애물로 작용한다. 그렇다면 현 다자 무역 체제인 WTO는 개발도상국의 무역기술장벽을 어떤 방식으로 접근하고 있는지를 TBT협정의 내용을 중심으로 살펴본다. TBT협정에서는 기술 규제와 관련된 "개도국 우대 (special and differential treatment, SDT)"에 대한 내용을 서문(preamble)에서 확인할 수 있다. 개도국 우대 조항이란 WTO협정에서 WTO 회원국들의 경제 개발 수준 차이로 인해 겪게 되는 협정 이행 상의 어려움을 해소하기 위한 방법이다. 일반적으로 개도국 우대는 개발도상국이 새로운 WTO 규정에 참여할 때보다 낮은 수준의 준수 의무, 긴 이행 기간 등을 부여하는 우대 조치를 일컫는다.[6] 구체적으로 살펴보면, 개발도상국이 "기술

---

6) 대표적으로 GATT의 개도국 우대 규정은 WTO 협정 상 의무 이행에 있어 개발도상국이 겪는 제도적 취약성을 감안하고, WTO의 특별 지원을 통해 개도국이 다자간 무역 체계에 성공적으로 편입해 궁극적으로는 무역에 참여하는 선진국들도 혜택을 입을 수 있다는 점을 강조한다(임정빈 & 서창배, 2002, p. 74). 우루과이 라운드에서 개발도상

규제와 표준의 개발과 적용, 그리고 기술 규제와 표준에 대한 제품의 적합성을 평가하기 위한 절차에서 특별한 어려움을 겪을 수 있으며", "개발도상국이 이를 해결하기 위한 노력을 지원"한다고 언급하고 있다. 보다 구체적인 지원의 내용은 TBT협정문 전반에서 드러나는데, Mayeda(2013, p. 385)는 이를 아래와 같이 정리하고 있다(〈표 12-2〉).

표 12-2. TBT협정의 개도국 우대 조치 관련 세부 항목

조항	주요 내용
TBT협정 10.6	WTO사무처가 개발도상국의 관심 분야에 대한 TBT통보문을 회람
TBT협정 11 (2-7, 8)	WTO회원국이 서로에게 기술지원을 제공하되, 특히 개발도상국과 최빈국에 대한 기술 지원 의무가 있음
TBT협정 12.2	개발도상국 회원들이 TBT협정을 이행함에 있어 (개발도상국의) 개발, 재정, 무역 관련 특별한 필요에 대한 고려가 필요
TBT협정 12.3, 12.4	개발도상국 회원들이 기술 규제, 표준, 및 적합성평가 절차를 준비하고 적용함에 있어 (개발도상국의) 개발, 재정, 무역 관련 특별한 필요에 대한 고려가 필요
TBT협정 12.5, 12.6	개발도상국의 국제표준화기구 및 그 활동 참여를 독려함에 있어 개발도상국이 당면하게 되는 역량 문제를 고려
TBT협정 12.9	개발도상국에 표준 개발, 이행 및 평가 관련 자문을 함에 있어 개발도상국이 당면하게 되는 역량 문제를 고려
TBT협정 12.8	TBT위원회는 개발도상국과 최빈국에게 TBT협약 하의 의무 이행에 대한 한시적 면제를 부여할 권한이 있음

출처: Mayeda(2013, p. 385)

  그러나 실제로 이같은 TBT협정 상 개발도상국 우대 조항은 그 내용이 불명확하고, 구속력이나 이행에 대한 강제성이 없다는 점에서 한계가 있는 것으로 지적된다. 예를 들어 Ezeani(2010, p. 48)는 개발도상국 우대 조항에서 언급하는 내용들이 명확하지 않다는 점을 언급한다. 어떤 분야에서 어떤 형태로 기술 지원이나

국은 관세와 보조금 감축폭이 선진국의 2/3 수준으로 낮은 수준의 의무가 부과되었으며, 그 이행 기간 역시 선진국의 6년에 비해 긴 10년이었다. DDA 협상에서도 역시 선진국에 비해 관세와 보조금의 감축폭이 작고, 이행 기간이 긴데, 개도국 우대를 별도의 협상으로 진행해, 2013년 발리패키지로 합의한 바 있다.

역량 강화를 실시해 궁극적으로 어떤 결과물을 생산해 낼 것인지에 대한 기술이 모호하다는 것이다. 실제로 이같은 해석의 모호성으로 인해 개발도상국 우대 조항이 무엇을 지칭하며, 그 범위는 어디까지인지에 대한 합의가 존재하지 않는 상황이다. 이로 인해, 선진국이 이행한 개발도상국 우대 조치를 모니터링하는 시스템을 구축해 선진국의 자발적 이행을 유도한다거나, 선진국에서 신규 통보한 TBT가 개발도상국 생산자의 수출에 부정적 영향을 미칠 것이 예견된다면 이를 재고하도록 권고 혹은 강제하는 것과 같은 실제적인 방안은 현재의 시스템 상에서는 실현이 불가능하다. 또한 개발도상국들은 WTO 내부의 TBT 위원회, 혹은 CTD 위원회(Committee on Trade and Development)[7] 등의 참여율이 높지 않을 뿐 아니라, 서로 다른 발전 수준에 있는 개발도상국들 간 입장 차로 인해 CTD와 같은 WTO 내부의 위원회 활동을 통해 개도국의 입장을 보다 잘 대변하기 위한 정치력을 발휘하기 또한 쉽지 않다.

이 같은 한계에도, 근래 개발도상국에 대한 무역 관련 기술지원(Trade-related Technical Assistance, TRTA)은 강화되고 있는 추세다. 보다 실질적인 선진국 시장 진입 방안을 마련해야 한다는 개발도상국 측 주장이 지속적으로 제기되었으며, 기술지원은 이 일환으로 강조되고 있다. 특히 TBT협정 이행이라는 구체적인 임무(task)에 초점을 맞춘 기술지원에 대한 개발도상국 측 수요는 지속적으로 증가하고 있다(WTO TBT report, 2016). 예를 들어 WTO 사무국에서는 WTO협정 이행과 관련된 세부 사항을 개별 개발도상국 국가 단위, 지역 단위 워크숍 및 심화과정을 통해 개발도상국에 전수하고 있다. 다루어지는 내용을 살펴보면 TBT협정의 원칙 및 구체적인 조항에 대한 이해, 협정 이행과 관련된 실제적인 사항 및 TBT 위원회의 각종 제도 및 지원을 활용하는 방법 등을 포함한다. 다음 절에서는 개발도상국의 무역 관련 역량을 제고하기 위한 기술지원으로서 국제사회의 공적 개발원조 지원을 통칭하는 개념인 "무역을 위한 원조"에 대해 보다 자세히 살펴본다.

---

7) WTO의 개발 관련 이슈를 총괄하는 위원회로, 산하에 최빈국 소위원회(Subcommittee on Least-Developed Countries)가 있다. 〈https://www.wto.org/english/tratop_e/devel_e/d3ctte_e.htm〉. 최종접속일: 2017.10.17.

12.2 무역을 위한 원조(Aid for Trade)

■ 무역을 위한 원조의 개념

개발도상국이 국제 무역 참여에서 겪을 수 있는 다양한 어려움들을 해결하기 위해 다자 무역 체제 하의 보다 제도화된 지원이 필요하다는 주장이 힘을 얻고 있다. 개발도상국이 겪는 무역 장벽은 비단 개발도상국의 문제가 아니라, 안정적인 국제 무역 체제 구축을 통해 전세계의 지속적인 번영을 담보하는 것과 직결된다. 그러므로, 개발도상국의 무역 장애 요인을 해소하는 것은 선진국과 개발도상국을 모두 포함한 "전지구적 공동대응이 필요한 글로벌 공공재(global public good)의 한 유형"이 된다(조한슬, 2013, p. 9).

무역을 위한 원조(Aid for Trade, 이하 AfT)는 개발도상국의 무역 활성화를 지원하기 위해 특화된 공적개발원조(Official Development Assistance, ODA)의 한 종류로 2005년 홍콩에서 열린 6차 WTO 각료회의에서 최초로 채택되었다. 통상적으로 개발도상국의 국제 무역 참여를 저해하는 무역 관련 인프라를 개선하고 기술 역량을 제고하기 위한 목적으로 특히 무역 관련 프로그램 및 프로젝트에 지원되는 원조를 일컫는다.[8] 본 고에서는 개발도상국의 빈곤 문제 해결을 최우선 가치로 하는 공적개발원조로서의 특징을 포함하는 정의인 "개발도상국이 교역을 통해 경제성장을 이루고 빈곤을 퇴치하는 데 장애가 되는 구조적 문제 해결과 무역관련 능력 배양을 위한 원조"로 칭한다(한홍렬 et al., 2011, p. 17).

실제로 개발도상국의 무역과 관련된 공적개발원조는 2005년 AfT라는 명칭의 공식적 출범 이전에도 존재하여 왔다(OECD & WTO, n.d.). 이 원조는 무역과 관련된 개발도상국의 규제 역량이나 무역 협정의 협상 및 이행 과정에서 요구되는 기술지원에 초점이 맞추어져 있었다. 특히 개발도상국 정부의 역량강화를 통해 무

372

제3부

우리나라 기술규제체계 발전과 과제

---

8) WTO의 AfT 태스크포스는 "개발도상국의 상품 및 서비스 수출 증대, 다자 무역 시스템의 편입, 그리고 자유화된 무역과 확대된 시장 접근으로부터의 혜택을 지원하기 위한 것 (Aid for trade is about assisting developing countries to increase exports of goods and services, to integrate into the multilateral trading system, and to benefit from liberalised trade and increased market access)"으로 정의한 바 있다. (WTO Aid for Trade Task Force, 2006)

역 관련 규제를 개혁하거나 모범 규제 관행의 도입을 촉진해 국제 무역 협정의 이행을 돕고, 궁극적으로 개발도상국 발(發) 무역기술장벽을 감소시키는 것이 중요한 목표로 추진되었다.[9]

    이처럼 기존에 개발도상국의 무역, 기술 규제 관행의 개선에 초점이 맞추어져 있던 무역 관련 기술 지원은 2005년 AfT의 공식 출범과 함께 전기를 맞이하였다. 우선 여러 분야에서 산발적으로 실시되던 무역과 관련된 개발원조 활동을 통합하여 개념화하고, 하나의 독립된 분류 체계 하에 통합, 관리함으로써 원조 활동의 일관성을 높이고자 하였다. OECD/WTO에 따르면 AfT는 무역정책 및 규제 관련 기술지원(technical assistance for trade policy and regulations), 무역 인프라(trade-related infrastructure), 무역 개발을 포함하는 산업 생산 역량(productive capacity building including trade development), 무역 관련 조정(trade-related adjustment), 그리고 기타 무역 관련 필요(other trade-related needs)와 관련된 원조로 구분된다(〈그림 12-1〉).

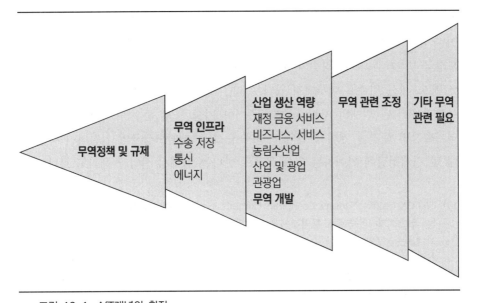

— 그림 12-1. AfT개념의 확장

    출처: OECD & WTO(n.d.), Aid for Trade, is it working?

9) 예를 들어 1986-1994년간 우루과이라운드 협상 기간 중 무역 관련 지원은 무역협정의 협상 및 이행에 대한 지원만을 주로 다루었다(OECD & WTO, n.d.).

먼저, 개발도상국의 무역협정 협상 및 이행 지원이나 기술 규제 관행 개선 등을 포함한 무역 정책 및 규제와 관련된 분야는 AfT의 태동 초기부터 가장 핵심적인 기술지원 영역이었다. 그러나 개발도상국의 국제 무역 체제 편입에 방점을 두고 무역 및 기술 규제 관행의 개선에 치중하였던 기존의 무역 관련 원조 활동에서, 수출의 근간이 되는 개발도상국의 생산 역량(supply-side capacity)의 강화라든지, 상품의 국경을 넘어선 이동에 필요한 주요 인프라의 건설과 같은 보다 넓은 의미의 무역 역량에 대한 지원의 개념으로 그 범위 역시 확대되었다(Soh & Moon, 2017). 현재 AfT 의제는 무역 관련 조정까지 포함하고 있다. 이처럼 생산 역량에 대한 강조는 앞선 장에서 살펴본 바와 같이 무역 정책이 개발도상국의 산업 정책, 그리고 이를 통한 실질적 성장과 보다 밀접한 연결 고리 아래 다루어지기 시작한 것과 그 궤를 같이한다. 이같은 노력을 통해 개발도상국 국내에서 무역 이슈를 보다 주류화(mainstream)[10]하고, 국제사회에서 무역을 통한 개발도상국의 발전이라는 이슈에 대한 주목도를 높이고자 하였다(Higgins & Prowse, 2010).[11]

본 고에서 다루고 있는 개발도상국의 무역기술장벽 이슈가 지닌 두 가지 차원 역시 이와 같은 맥락에서 이해될 수 있다. 먼저 개발도상국의 무역협정 이행이나 규제 관행 개선에 이루어지는 지원의 경우 개발도상국의 시장 개방 및 개발도상국 발(發) 무역기술장벽의 해소에 보다 초점을 맞춘 채 정부 역량 강화나 무역 제도 개선 위주로 이루어져 왔다. 반면, 개발도상국 생산 역량 강화라는 의제로까지 확장된 현재의 AfT는 국제표준이나 기술 규제 준수의 어려움과 같은 무역기술장벽 해결을 개별 산업의 측면에서 접근, 개발도상국의 실질적인 수출 확대 및 경제성장에 기여하는 것을 목표로 한다는 점에서 산업 정책과도 보다 밀접

---

10) UNECA(United Nations Economic Commission for Africa, 유엔아프리카경제위원회)는 국가 개발 전략에서 무역정책을 주류화하는 것이 "무역정책이 어떻게 범 분야의 정책 활동을 보완, 강화할 수 있는지를 보다 깊이 이해함으로써 정부부처 간의 상호보완적 정책 활동을 체계적으로 촉진해, 합의된 개발목표 달성을 위한 동반상승효과(synergies)를 창출하고 개발의 효과성을 제고하는 것"으로 정의한다(2004).

11) 다음 절에서 무역 원조의 주요 내용을 살펴보며 보다 자세히 다루겠지만, 무역 원조가 다루는 범위가 무역 규범이나 제도의 측면뿐 아니라 항만이나 도로와 같은 경제 인프라, 농업, 제조업의 생산 역량 등을 모두 포괄하는 광범위한 것이라는 점은 오히려 무역 원조의 효과성을 저해하는 요인이 된다는 지적이 있어 왔다(Adhikari, 2011; Lammersen & Hynes, 2016). 그러나 지속가능개발목표의 출범과 함께 무역이 다양한 분야의 개발 목표를 달성하는 데 기여할 수 있다는 점이 오히려 중요하게 부상하였다.

히 연결된다. 다음 절에서 보다 자세히 살펴보겠지만, 이 같은 의제의 확대는 최근 주요 공여국의 AfT접근 방식의 변화에서도 드러난다. 개발도상국의 무역과 이를 통한 사회경제적 발전이 무역 관련 규제, 정책 측면뿐 아니라 산업 생산 역량 측면까지 다양하게 얽혀 있는 문제라는 인식이 강화되고 있다. 이에, 시장 개방에 장애가 되는 개발도상국 발 무역기술장벽 제거라는 단일한 목적의 지원을 주로 했던 과거에 비해 최근의 AfT는 보다 총체적인(holistic) 개발원조 프레임워크 내에서 접근하는 방식을 취하는 쪽으로 변화하고 있다.

■ AfT의 현황

AfT 지원 현황은 OECD 개발원조위원회에서 관장하는 Creditor Reporting System(CRS) 데이터베이스를 통해 확인할 수 있다.[12] 2002년부터 2015년까지 OECD 공여국의 AfT 약정액(commitment) 및 집행액(disbursement) 추이를 살펴보면 2011년 국제 재정 위기(finanical crisis) 이후 전반적인 원조 규모 축소와 함께 성장이 감소했던 것을 제외하면 비교적 지속적으로 그 규모가 증가해 온 것을 확인할 수 있다. 약정액을 기준으로 2002－2005년 평균 USD 202억 달러 수준이었던 AfT는 2015년 기준 USD 535억 달러 규모로 증가하였다(〈그림 12-2〉).

---

12) CRS 데이터베이스는 개별 공여국이 직접 입력한 정보를 바탕으로 공적개발원조(ODA) 및 기타 공적 원조(Other official flows, OOF) 활동에 대한 프로젝트 단위의 통계를 제공한다. 2002년부터 현재까지의 통계 자료를 검색할 수 있으며, 전 세계적으로 수행되고 있는 개발원조에 대한 각종 프로젝트 단위 정보가 집산되는 데이터베이스라는 점에서 포괄적인 정보 조회가 가능하다는 장점이 있다. 앞서 언급한 바와 같이 무역 관련 정책 및 규제 기술지원, 경제활동 인프라 구축, 산업생산역량 강화, 무역 관련 조정의 5개 대분류에 따라 AfT에 대한 정보를 제공한다. AfT에 대한 증대되는 자료 요구에 부응하여 CRS 데이터 중 관련된 항목만을 사전정의한 통계를 제공하고 있으며, 비교적 최신의 포괄적인 공여국 데이터 검색이 가능하다는 점에서 유용하다. 그러나 개별 공여국의 직접 입력을 통한 데이터 수집 방식으로 인해 일관성이나 정확성이 떨어진다는 비판도 있다. 그 밖에, 최근 AfT에 대한 높아진 중요성을 반영해 Aid 4 Trade.org라는 별도의 웹사이트를 통해 CRS 데이터뿐 아니라 공여국, 수원국의 국별 프로파일, AfT 글로벌 리뷰를 통해 실시되는 개발도상국 및 공여국 설문 조사 결과, 주요 성공 사례 연구 등 자료를 통합적으로 제공하고 있다. 〈http://www.oecd.org/dac/aft/aid－for－tradestatisticalqueries.htm〉.

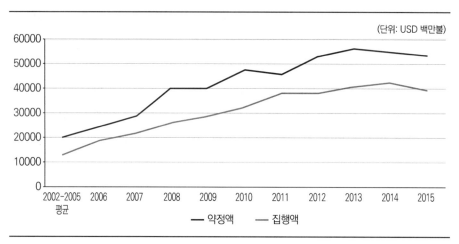

（단위: USD 백만불）

━━ 그림 12-2. AfT 약정액 및 집행액 추이(2002-2015)

출처: OECD. Stat 데이터베이스

다음으로는 〈그림 12-1〉에서 살펴본 AfT의 5가지 형태별 지원 규모를 보다 세부적으로 살펴본다.[13] 〈표 12-3〉은 OECD CRS에 근거한 AfT의 구분 기준을 보여준다.

━━ 표 12-3. AfT 구분

구분	내용	OECD CRS 데이터베이스상의 구분*
무역정책 및 규제 관련 기술지원	개발도상국의 통상전략 개발, 무역협정 협상 및 이행 관련 기술 지원	무역정책 및 행정관리, 무역 원활화, 지역 무역협정, 다자 무역협상, 무역 교육/연수의 5개 원조 코드로 분류된 ODA 항목
무역 인프라	도로, 항만, 통신 네트워크 등 개발도상국 국내 시장과 국제경제 시스템을 연결하기 위한 인프라 구축	원조 코드 중 "경제 인프라" 대분류에 속하는 ODA 항목. 이 대분류는 통신, 에너지, 교통/물류 관련 항목을 포함함

13) CRS 데이터베이스가 처음부터 AfT의 모니터링을 목적으로 만들어진 데이터베이스가 아니기 때문에 기존 CRS의 원조 코드 구분에 몇 가지 수정을 가하는 방식으로 AfT 데이터를 수집하고 있다. 이에, 위 언급된 다섯 가지 형태의 AfT 세부 항목을 모두 수집하고 있지 않으며, CRS를 통해 확인할 수 있는 수치는 정확한 통계수치가 아니라, 가장 효율적인 방법으로 확인할 수 있는 대용물(proxy)에 불과하다는 한계가 존재한다.

구분	내용	OECD CRS 데이터베이스상의 구분*
산업생산 역량 및 무역 개발	개발도상국 민간 기업의 비교우위 활용, 수출 다변화를 위한 지원	원조 코드 중 "생산역량 강화" 대분류에 속하는 ODA 항목. "무역개발"과 관련해서는, 2009년의 무역원조 1차 글로벌모니터링 이후 "무역정책개발" 마커를 두고, 생산역량 강화로 구분되는 해당 ODA 항목이 특히 무역 개발과 관련이 있을 경우, 이를 "주된 목적(principal objective)", "유의미한 목적(significant objective)"의 두 가지 수준으로 나누어 표기하도록 하고 있음
무역관련 조정	무역 자유화 조치에 수반되는 비용 지원(관세 인하, 특혜(preference erosion), 무역조건 악화(declining terms of trade 등))	"무역관련 조정"(33150) 코드로 분류된 ODA 활동
기타 무역 관련 필요	개발도상국의 빈곤감소전략(Poverty Reduction Strategy) 등 국가개발정책상의 무역 관련 우선순위로 분류된 활동에 대한 지원	CRS 데이터를 통해 유추될 수 없음

출처: OECD 홈페이지 〈http://www.oecd.org/aidfortrade/data/〉. 최종접속일: 2017.10.17.
 * 각 구분에 해당되는 CRS 원조목적코드 목록은 아래를 참조.
  〈http://www.oecd.org/dac/aft/Aid-for-trade-sector-codes.pdf〉.

　　AfT 중 가장 큰 비중을 차지하는 것은 무역 인프라 관련 항목이다(〈그림 12-3〉).
OECD CRS 데이터베이스를 기준으로 2015년 AfT약정액은 에너지 생산, 공급,

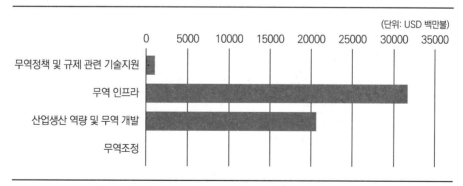

━ 그림 12-3. AfT형태별 비중
　　출처: OECD DAC AfT database

교통 및 물류, 통신 등이 포함된 경제/무역 인프라 형태가 가장 큰 비중을 차지했고, 농업, 금융 등 구체적인 산업 분야별 산업 생산 역량에 대한 지원이 뒤를 이었다. 기술 규제나 표준과 가장 밀접한 관련이 있는 무역정책 및 규제 관련 기술 지원이 세 번째로 많은 비중을 차지하는데 구체적으로 무역정책 및 행정 관리, 무역원활화, 지역무역협정, 무역 관련 교육/연수, 다자 협정 협상의 순서로 지원된 것으로 나타났다. 무역 관련 조정의 경우 가장 낮은 비중을 차지하였다.

아래에서는 AfT 중에서도 무역기술장벽에 대한 실질적 대응과 가장 밀접한 무역정책 및 규제 관련 기술지원의 현황을 OECD CRS 데이터를 기준으로 보다 자세히 살펴본다. 〈표 12-3〉에서 언급한 바와 같이 OECD의 정의에 따르면, 무역정책 및 규제 관련 기술지원에 대한 원조는 OECD CRS 코드의 다음 다섯 개 항목에 해당하는 지원을 일컫는데, 그 세부 내용은 아래와 같다(〈표 12-4〉).

___ 표 12-4. AfT 중 무역정책 및 규제 관련 기술지원의 구분

구분 (원조목적코드*)	세부 내용
무역정책 및 행정 관리 (33110)	무역 정책 및 기획, 담당 부처 지원, 무역 관련 법, 제도 개혁, TBT/SPS를 포함한 다자 무역 협약 관련 정책 분석 및 이행 (지역무역협정은 제외), 국가 개발전략 내에서 무역 이슈를 주류화, 도소매업 무역, 기타 무역 및 무역 촉진 활동
무역원활화 (33120)	국제 수출입 절차의 단순화 및 조화 (관세 평가, 라이센싱 절차, 운송 형식절차, 지불, 보험 등), 세관 부서 지원, 관세 개혁
지역무역협정 (RTAs) (33130)	지역무역협정 지원. 예를 들어, 남아프리카개발공동체(SADC), 동남아시아국가연합(ASEAN), 미주자유무역지역(FATT), 아프리카카리브해태평양지역국가(ACP/EU) 등에서 지역 수준의 TBT/SPS 이행 지원, 원산지 규정 정교화 및 RTA 내에서의 개발도상국 우대 도입 등
다자무역협정 (33140)	개발도상국의 다자무역협정 내 효과적인 참여 지원(협상 담당자 연수, 협상 영향력 평가 등), WTO 및 여타 다자무역기구 가입
무역 교육 및 연수 (33181)	위 항에 포함되지 않은 무역 부문 인적자원 개발(대학의 무역 프로그램을 포함)

출처: OECD AfT 홈페이지 〈http://www.oecd.org./trade/aft/〉. 최종접속일: 2017.10.17.
  * OECD CRS 데이터베이스 원조목적코드

2002년부터 2015년까지 이 부문에 지원된 AfT 약정액 추이를 보면 2013년 USD 15억불 수준까지 꾸준히 증가하다가 2014-15년에는 USD 10억불 수준으

로 축소된 것을 확인할 수 있다(〈그림 12-4〉). 무역정책 및 행정관리 세부 항목은 여전히 전체에서 가장 큰 비중을 차지하지만 2011년-2015년의 5년간 연평균 USD 6억불 수준에 머무르고 있다. 무역원활화 세부 항목의 경우 2005년 이후 몇년간 지속적인 증가세를 보인 이후 감소하여 2015년을 기준으로 USD 3억불 수준의 지원이 이루어졌다.

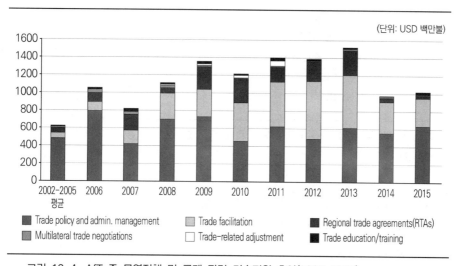

— 그림 12-4. AfT 중 무역정책 및 규제 관련 기술지원 추이(2002-2015)
출처: OECD CRS 데이터베이스

다음으로는 무역정책 및 규제 관련 원조를 제공하는 주요 공여국 및 다자기구를 살펴본다(〈그림 12-5〉).[14] 2015년을 기준으로 가장 큰 규모의 지원을 한 공여국은 미국으로 USD 1.8억불의 지원을 하였으며, 네덜란드(1.3억불), 일본과 독일(각각 4천만불) 등이 뒤를 이었다. 한국은 2015년 기준 9백만불의 지원을 해 OECD DAC 회원국 중 이 분야에 대한 원조 규모면에서는 중위권이었다. 다자기구로는 세계은행이 국제개발협회(International Development Association, IDA)를 통해 2.2억불 규모의 가장 큰 지원을 하였고, EU가 1.8억불의 지원을 하였다.

14) 이들 국가들의 AfT 전반에 걸친 원조 포트폴리오와 주요 정책은 OECD AfT 웹사이트에서 확인할 수 있다. 〈http://www.oecd.org/aidfortrade/aidfortradeself-assessmentsfromdacmembers.htm〉. 최종접속일: 2017.10.17.

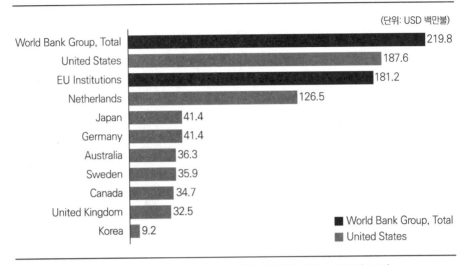

(단위: USD 백만불)

World Bank Group, Total	219.8
United States	187.6
EU Institutions	181.2
Netherlands	126.5
Japan	41.4
Germany	41.4
Australia	36.3
Sweden	35.9
Canada	34.7
United Kingdom	32.5
Korea	9.2

■ World Bank Group, Total
■ United States

___ 그림 12-5. 무역원조 중 무역정책 및 규제 관련 기술지원 주요 공여국(2015)
출처: OECD CRS 데이터베이스

OECD CRS 데이터베이스의 수혜 그룹 항목을 기준으로 살펴보면 지원은 대부분 아프리카와 아시아 지역에 집중되어 있다. 2015년 AfT중 무역정책 및 규제 관련 기술지원에서 가장 큰 규모의 원조를 받은 것은 아프리카 지역으로 전체 USD 10.13억불 중 47%에 해당하는 4.7억불이 지원되었다(〈그림 12-6〉). 뒤를 이은 것은 지역이 특정되지 않은 지원으로 전체의 26%인 2.6억불이 해당되었다. 그 밖에 아시아 지역에 대한 원조가 17%에 해당하는 1.7억불 규모였다.

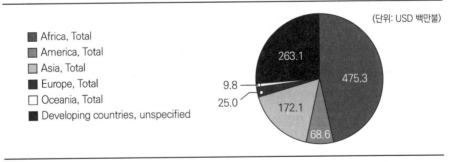

(단위: USD 백만불)

■ Africa, Total
■ America, Total
■ Asia, Total
■ Europe, Total
□ Oceania, Total
■ Developing countries, unspecified

263.1
9.8
25.0
172.1
475.3
68.6

___ 그림 12-6. AfT 중 무역 정책 및 규제 관련 기술지원 수원 그룹별 비교(2015)
출처: OECD CRS 데이터베이스

■ 주요 다자기구의 무역기술장벽 관련 AfT

다음으로, AfT의 큰 틀 아래서 개발도상국의 기술 규제 완화를 위한 지원을 하는 주요 다자기구의 원조 프로그램을 살펴본다.[15]

WTO[16]는 OECD와 함께 AfT의 구심점 역할을 수행한다. 무역개발위원회 (Committee on Trade and Development, CTD) 산하, 특히 무역 기술이전 작업반 (Working Group on Trade and Transfer of Technology)에서 기술표준 등 지식 전수 측면을 담당하고 있다. 무역 역량(trade capacity) 배양을 위해 CTD에서 직접 수행하는 프로그램 외에도 다른 국제기구, 지역 및 양자 간 수행되고 있는 AfT프로그램들의 정책 합치성 및 조화를 도모하거나, AfT 재원 조성을 위한 논의 촉진, 그리고 AfT 평가 및 모니터링 등의 활동을 수행한다. WTO 사무국에서 직접 실시하는 기술지원 및 연수 프로그램의 경우 연수기술협력원(Institute for Training and Technical Cooperation, ITTC)을 통해 2개년 기술지원 계획((2016−17)에 근거하여 운영되는데, 연간 300여건의 기술지원 활동을 통해 주로 최빈국을 포함한 개발도상국 정부 부처의 공무원들을 대상으로 교육 연수를 실시한다. ITTC는 WTO의 산하기구로 WTO 고유 재원을 통해 무역 관련 기술지원 프로그램을 수행하는 실행기구이다.[17] WTO 사무국은 또한 2013년 체결된 무역원활화협정의 이행을 위해 2014년 무역원활화협정 기구(Trade Facilitation Agreement Facility, TFAF)를 설립하고 무역원활화에 목적을 둔 기술지원을 하고 있는데, 특히 최빈국을 포함한 개발도상국의 무역원활화 관련 국가 요구분석(national needs assessment)을 종합적으로 실시한다. 그 밖에 국제사회와의 파트너십을 통해 추진하는 것으로서 표준 및 무역 개발위원회(Standards and Trade Development Facility, STDF), 그리고 강화통합 프레임워크(Enhanced Integrated Framework, EIF) 등이 있다(〈글상자 2〉).

---

15) AfT를 다룬 기존의 국내 연구들은 OECD DAC 주요 공여국의 AfT 정책 방향과 수행 체계 등을 보다 자세히 다루고 있다. 예를 들어 이호생 et al., 2012; 정지원 & 유애라, 2015; 조한슬, 2013; 주한나, 2013; 한홍렬 et al., 2011를 참조(〈글상자 3〉).

16) 보다 자세한 내용은 WTO 홈페이지의 무역 역량 개발 페이지를 참조. 〈https://www.wto.org/english/tratop_e/devel_e/build_tr_capa_e.htm〉. 최종접속일: 2017.10.17.

17) 구체적으로 살펴보면, WTO 사무국이 위치한 제네바에서 2달에 걸쳐 운영되는 무역정책 코스, 지역별 무역정책 코스, 지역 세미나 및 TBT, SPS 등 특정 현안 주제에 특화되어 구성되는 워크숍 및 연수 등이 있다.

표준 및 무역 개발위원회(STDF)는 WTO가 참여하고 있는 국제협력체로, 농업 및 SPS 분야에서 개발도상국의 협약 이행 및 기술규제와 표준화 역량 강화에 초점을 맞춘다. 2001년 도하각료회의에서 시작된 국제연합식량농업기구(Food and Agriculture Organization, FAO), 국제수역사무국(World Organization for Animal Health, OIE), 세계은행(World Bank), 세계보건기구(World Health Organization, WHO) 및 WTO의 협력체로부터 출발하였으며, 2004년 별도의 기금을 보유한 기구로 공식 설립되었다. 보다 구체적으로, 개도국 및 최빈국의 전자 SPS 통보 시스템, SPS 역량 평가 툴, 민관협력, SPS 역량 투자를 통한 시장 접근성 제고 등의 주제에 대한 프로젝트 기금을 제공하는 형태로 운영된다.

(출처: http://www.standardsfacility.org/)

강화통합 프레임워크(EIF)는 최빈국을 대상으로 하는 프로그램으로, 1997년 WTO의 최빈국 무역개발에 대한 고위급회의에서 처음 제안된 바 있다. WTO와 국제통화기금(International Monetary Fund, IMF), 국제연합무역개발협의회(UN Conference on Trade and Development, UNCTAD), 국제연합개발계획(UN Development Programme, UNDP), 세계은행, UNIDO의 여섯 개 핵심 파트너 기관과 EIF 다자기금에 기금을 제공한 23개 공여국 등이 참여하는 다자 프로그램이다. 최빈국의 개발 전략에서 무역을 주류화하고, 무역 관련 기술지원의 수혜를 적절히 받을 수 있도록 국내 제도적, 물적 인프라를 구축하며, 무역 역량을 배양하는 세 가지를 목표로 하고 있다. 구체적으로 살펴보면, 최빈국의 무역 통합 역량에 대한 진단과 기관 역량 강화에 초점을 맞추는 기본 수준(Tier 1) 프로그램과, 그 결과를 바탕으로 우선 순위 분야의 생산 역량 및 무역 활성화를 위한 재정 지원 활동을 하는 심화 수준(Tier 2) 프로그램으로 구분된다. (출처: http://www.enhancedif.org/)

유엔공업기구(UNIDO)는 UN 산하 기구로 포괄적이고 지속가능한 산업 발전에 기여하는 것을 목표로 한다. 사업 분야 중 "개발도상국의 산업 경쟁력 강화 부문에서 특히 "품질 준수 인프라(quality and compliance infrastructure)"를 강조하는데, 국제 무역에서 점차 중요해지고 있는 국제표준 준수를 통해 개발도상국 수출 기업들의 경쟁력을 강화시키는 것을 주요 목표 중 하나로 추진하고 있다.[18] 개

───────────

18) 보다 자세한 프로그램은 UNIDO 홈페이지 참조. 〈http://www.unido.org/what−we−do/

발도상국의 기술 규제를 국제 표준과 조화시켜 무역기술장벽을 낮추고 개발도상국 시장 개방을 촉진하는 측면만이 아닌, 개발도상국의 해외 수출에 초점을 맞춘 생산(supply) 측면 해결책에 초점을 맞춘다. 품질, 안전, 건강, 환경 등 주요 규제 항목 전반에 걸쳐 국제 표준을 준수함으로써 기업의 수출 실적 뿐 아니라 개발도상국 국내의 규제 환경에 미치는 긍정적인 파급 효과(spill-over)가 존재함을 강조한다. 구체적으로, UNIDO의 표준 준수 관련 프로그램은 개발도상국의 국가 표준화기구의 역량강화, 국제, 지역간 표준 조화, 국제 표준화 기구 참여 확대를 위한 지원 등 표준화 관련 이슈뿐 아니라 측정, 적합성평가 및 인증, 인정 등 품질 준수 인프라 전반에 걸친 지원을 포함한다.[19]

국제 표준을 개발하는 주요 국제기구 및 협의체로는 국제표준화기구(International Organization for Standardization, ISO), 전기전자분야에 특화된 국제전기기술위원회(International Electrotechnical Commission, IEC), UN 산하 기구로 전기통신 분야 국제 표준을 다루는 국제전파기구(International Telecommunication Union, ITU) 등이 있다. 무역기술장벽 감소를 위한 모범 규제 관행으로서 국제 표준의 중요성이 중요해짐에 따라 이들 국제기구 역시 개발도상국의 국제 표준 도입을 활성화하고, 준수 역량을 높이기 위한 지원 프로그램을 실시하고 있다. ISO의 경우 개발도상국위원회(DEVCO)를 통해 개발도상국에 해당하는 ISO 회원국들의 표준화 관련 기술지원을 제공한다.[20] 트위닝(Twinning) 프로그램은 개발도상국 회원국과 선진국 회원국의 국가표준화기구가 파트너십을 맺고, 개발도상국 국가표준화기구의 역량 강화를 위한 정책이나 인적 교류 협력 등을 실시한다.[21] IEC는 협력국가 프로그램(Affiliate Country Program)을 운영하는데, 이는 회비를 납부하는 IEC 정식 회원으로

---

advancing-economic-competitiveness/o72296.html〉. 최종접속일: 2017.10.17.

19) UNIDO가 2010년, 2015년에 각각 발간한 바 있는 무역 표준 준수 보고서(Trade Standards Compliance Reports, TSCRs)는 개발도상국의 무역 관련 국제 표준 준수 역량을 평가하고, 주로 발생하는 장애물에 대한 데이터 기반 분석을 제시한다. 〈http://www.unido.org/tradestandardscompliance.html〉. 최종접속일: 2017.10.17.

20) ISO는 1국 1기관으로 대표되는 국가 회원제로 운영되며, 각국의 국가표준화기구가 해당국을 대표하는 기관으로서 가입한다.

21) 그 밖에 스웨덴 국제개발협력기구(SIDA)의 기금을 받아 ISO에서 수행한 바 있는 중동 및 북아프리카(Middle East and North Africa, MENA) 지역을 대상으로 한 국가표준화 기구의 역량 강화 프로그램 등이 있다.

가입할 여력이 없는 개발도상국을 대상으로 IEC의 국제표준을 선택해 무료로 활용할 수 있도록 하고, IEC의 국제표준 제정 과정에 참관하여 표준화 과정에 대한 지식과 경험을 쌓을 수 있도록 하는 것을 목표로 운영된다.[22]

▪ 무역기술장벽과 AfT

여기에서는 앞서 살펴본 다자기구들의 무역기술장벽 관련 AfT 프로그램에 대한 내용 검토와 함께, AfT의 효과성과 흐름에 대한 최근의 연구 결과들을 종합해 변화 경향을 정리해 본다.

무역기술장벽 관련 AfT 프로그램은 시장 개방과 자유 무역에 장애 요소로 작용하는 개발도상국의 무역정책이나 규제의 개선을 위해 주로 정부에 대한 지원에 초점이 맞추어져 있던 좁은 의미의 AfT에서 최근 보다 다양하게 추진되고 있다. 대표적으로 WTO는 기관 내에서는 여전히 WTO TBT협정 이행에 국한된 개발도상국 기술지원만을 하고 있지만, 커지는 무역정책과 산업정책 간의 연계고리에 대한 요구를 반영해 EIF나 STDF와 같이 통합적인 생산 역량을 강화하기 위한 지원 프로그램과 패키지화하는 경향을 보인다.

무역기술장벽을 다루는 AfT에 대한 이같은 관찰의 결과는 AfT의 효과성을 분석하는 최근의 연구 결과들에서도 드러난다. Higgins & Prowse(2010)의 연구는 높은 무역개방도가 성장에 미치는 영향을 뒷받침하는 결과들을 발견하였으나, 실제로 AfT가 개발도상국의 빈곤 타파에 기여하는 "포괄적 성장"을 가능케 하기 위해서는 무역정책과 국가개발전략 간의 보다 명확한 연결 고리를 마련하고, 무역정책의 변화가 서로 다른 경제사회적 여건에 있는 집단들에 어떻게 다른 영향력을 미칠 것인가에 대해 사전 분석을 실시하는 등 보조적 정책 조치들이 필요하다는 점을 강조하고 있다. Lammersen & Hynes(2016)는 최근의 AfT 프로젝트들을 살펴보면 무역 역량을 구성하는 다양한 측면의 지원을 통합적으로 제공하는 접근이 이미 이루어지고 있다고 언급하며, 단발성 원조 프로젝트가 아닌 시스템화되고 통합적인 원조 패키지 "프로그램"이 보다 효과적임을 보이고 있다. 더불

---

22) 보다 자세한 프로그램은 IEC Affiliate Country Program 웹사이트 참조. 〈http://www.iec.ch/affiliates〉. 최종접속일: 2017.10.17.

어, 개발도상국에서 겪는 무역기술장벽이 궁극적으로는 개발도상국 생산자의 생산 역량과 직결된다는 점에서 민간 부문이 AfT에서 보다 큰 역할을 수행해야 한

— 글상자 3. 국내 주요 AfT 정책 연구

2010년 이후 국내에서도 AfT에 대한 연구들이 수행되기 시작하였다. 학술연구보다는 주로 정책연구의 비중이 높으며, AfT 현황과 주요 공여국의 수행 체계를 분석하고, 이를 바탕으로 아직 원칙과 체계가 미비한 것으로 평가되는 우리나라의 AfT 수행 체계 구축을 위한 함의를 도출한 것이 주를 이룬다. 아래 몇 가지 대표적인 저작들을 소개한다.

먼저 〈한홍렬 등(2011)〉은 AfT 지원 규모로 상위에 속하는 EU, 일본, 미국 등 주요 공여국의 AfT 공여 추이를 검토하고, 이들의 AfT 원조 패턴을 비교 분석해 국내 AfT 정책 체계 구축을 위한 시사점을 이끌어낸다. 특히 개발도상국이 겪는 실질적인 무역의 장애 요인을 해소하기 위한 원조와 수원국 무역 제도 개선이나 행정부 역량 강화에 초점을 맞춘 원조가 뚜렷이 대비되는 특징을 지니고 있음을 지적하며, 우리나라 역시 뚜렷한 추진 방향과 원칙을 갖추고 추진 체계를 정비해 나가야 할 것임을 언급하고 있다.

유사한 관점에서 〈이호생 등(2012)〉의 연구는 AfT 전략 지침이 없는 우리나라의 현 추진체계를 분석하고, 선진 공여국의 무역 분야 원조 사례에 대한 검토 및 전문가 설문 결과를 바탕으로 우리나라가 비교우위를 가질 수 있는 AfT 중점 분야 및 프로그램을 도출한 바 있다. 이들은 선진국 AfT사례 검토를 통해 공통적으로 나타나는 특징으로 무역 주류화, 빈곤 감축에 초점을 둔 빈곤층 중심(pro-poor) 원조, 원조의 효과성 제고를 위한 체계 확립을 꼽는다.

〈조한슬(2013)〉은 개발도상국의 무역과 개발 간 관계에 대한 이론적 논의를 1920년대 말부터 2008년 글로벌 경제위기 전후의 시기까지 개괄하고, 수원국으로서 베트남의 AfT 지원 내역을 중심으로 세계은행과 미국, 일본 등 주요 공여국의 무역과 개발 정책 방향 및 AfT 사업 수행 방식 등을 검토하였다. 특히 무역과 개발 정책의 정책 일관성을 확보하는 것이 중요함을 언급하고 있다.

〈정지원과 유애라(2015)〉 역시 기존 문헌들과 마찬가지로 전세계 AfT 현황에 대한 분석 및 주요 DAC 회원국과 UN 등 국제기구의 AfT 추진 체계 및 주요 프로그램을 소개한다. 이들의 연구에서 주목할 점은 AfT와 관련된 비교적 최신의 이슈들을 별도로 정리하고 있는 것인데, 2013년 발리에서 타결된 9차 WTO 각료회의, 글로벌 가치사슬 참여를 위한 AfT의 역할, AfT의 모니터링 및 평가, 그리고 AfT재원의 다양화에 대한 내용들을 다룬다.

다고 주장하고 있다. Cadot, Fernandes, Gourdon, Mattoo, & de Melo(2014)는 AfT가 무역에 미치는 직접 및 간접적인 효과를 실증적으로 분석한 기존 문헌들을 검토하였는데, 이들 역시 개발도상국 수출업자에 대한 직접적인 지원이 제품 및 수출 지역 다각화를 가져오는 것으로 보인다는 결론을 얻은 바 있다.[23]

종합해 보면, AfT는 무역기술장벽을 해소하기 위한 정부의 역량 강화나 규제, 정책, 제도의 개선에 대한 지원으로부터 출발했으며, 이 같은 목적의 지원은 여전히 AfT의 핵심 구성 요소다. 그러나 실질적으로 개발도상국의 수출품이 선진국 시장에 진입할 수 있도록 하는 지원과 연계되어야 한다는 점이 근래 강조되고 있다(한홍렬 et al., 2011). 즉, AfT의 변화 방향은 개발도상국이 글로벌 시장에서 경쟁력을 갖고, 글로벌 가치사슬에 성공적으로 편입될 수 있도록 특히 무역과 관련된 제약들을 해소하는 방식으로 이동하고 있다. 이는 개발도상국의 무역기술장벽 문제를 접근하는 방식에도 함의를 갖는다. 개발도상국 시장 개방에 초점을 맞추어 온 기존의 방식에, 개발도상국의 생산 역량을 실질적으로 강화할 수 있는 기술 지원과 연계를 강화해 나가야 할 필요성이 있음을 보여준다. 이 같은 무역 개방과 산업 성장이라는 두 가지 목표를 모두 포괄한 지원은 〈이상준(2015, p. 6)〉이 언급하듯, "무역 자유화에 의한 개방만을 적극적으로 추진하는 것이 아니라 무역을 위한 필요충분조건을 갖추어 대외개방이 경제성장으로 선순환적 환류를 강화"하는 방향으로 전환하는 것을 의미할 것이다.

12.3 개발도상국과 새로운 무역 의제들: 포괄성과 지속가능성

■ 지속가능개발 목표

AfT는 개념 확대와 더불어 그 규모 역시 꾸준한 증가를 보였음에도 불구하고, 2005년 발표된 바 있는 새천년개발목표(Millenium Development Goals, MDGs)[24]와 같

---

23) 그러나 그 지속성은 명확치 않다(Cadot et al., 2014).

24) 새천년개발목표는 2000년 UN 정상회의에서 합의된 바 있는 국제개발협력 규범으로, 빈곤, 기아, 교육, 보건 등 개발도상국의 사회 개발과 관련된 8개의 목표를 2015년까지 달성하기 위해 추진되었다. 기아 일소, 보편적 초등 교육, AIDS 및 말라리아 퇴치 등의 부

은 기존의 국제개발협력 규범과는 유리된 상태로 추진되었다. 개발도상국의 경제 사회적 발전을 이루기 위한 주요 수단의 하나로 국제 무역의 중요성이 보다 공식적으로 인정받게 된 것은 2015년 UN 정상회의에서 "지속가능개발을 위한 2030 개발 아젠다(2030 Agenda for Sustainable Development)에 합의하고, 17개의 목표와 169개의 세부 목표로 구성된 지속가능개발목표(Sustainable Development Goals, 이하 SDGs)를 발표하면서부터다. 지속가능한 개발(sustainable development)이란 '향후의 세대가 자신의 필요성을 충족하는 능력을 손상시키지 않고, 현재의 세대가 필요성을 충족할 수 있는 개발'(Brundtland, 1987)을 의미하는데, SDGs는 이를 이루기 위해 사회 발전과 환경 지속성, 경제 성장이라는 3대 축 간의 균형을 강조한다. 이 같은 균형적 시각에서, 개발도상국의 빈곤과 기아 문제의 해결뿐 아니라, 기후 변화, 지속가능성, 경제적 번영, 평화와 안전, 사회의 포괄성(inclusiveness)과 같은 새로운 개발 이슈들을 포함하고 있다(〈표 12-5〉).[25]

___ 표 12-5. 지속가능개발목표(SDGs)

목표 번호	목표 내용
1	모든 곳에서 모든 형태의 빈곤 종식
2	기아 종식, 식량안보와 영양 개선 달성 및 지속가능한 농업 진흥
3	모든 연령층의 모든 사람을 위한 건강한 삶 보장 및 복리 증진
4	포용적이고 공평한 양질의 교육 보장 및 모두를 위한 평생학습 기회 증진
5	양성평등 달성 및 모든 여성과 소녀의 권익 신장

분에서 일부 목표를 달성하였지만, 개발도상국 내에서 성취 수준의 차이가 컸고, 영아사망률 감소, 모성 보건 증진, 양성평등, 지속가능한 환경 등의 분야에서는 달성도가 상대적으로 낮은 등 문제점이 지적되었다. 특히 사회 개발 분야에만 목표가 집중되어, 경제 성장, 환경 등 사회 개발과 궤를 같이하는 다른 측면의 개발 목표와 시너지를 창출하기 어려웠다는 점 역시 한계로 지적되었다. 새천년개발목표의 성과와 한계에 대한 보다 자세한 내용은 United Nations(2015)이나 한국국제협력단 홈페이지 〈http://koica.go.kr/〉 참고.

25) 흔히 개발도상국의 빈곤 타파를 목적으로 2000-2015년 간 추진되었던 새천년개발목표를 대체하는 국제개발협력 규범으로 SDGs가 언급되고 있지만, 실제 SDGs는 개발도상국의 발전을 위한 목표라기보다는 선진국을 포함한 지구촌 전체가 이행해야 할 보편적이고(universal) 전환적이며(transformative) 미래지향적인 '우리 모두의 목표'임이 강조된다(한국국제협력단, n.d.; UN, 2014).

목표 번호	목표 내용
6	모두를 위한 물과 위생의 이용가능성 및 지속가능한 관리 보장
7	모두를 위한 저렴하고 신뢰성 있으며 지속가능하고 현대적인 에너지에 대한 접근 보장
8	모두를 위한 지속적이고 포용적이며 지속가능한 경제성장 및 완전하고 생산적인 고용과 양질의 일자리 증진
9	회복력 있는 사회기반시설 구축, 포용적이고 지속가능한 산업화 증진 및 혁신 촉진
10	국가 내 및 국가 간 불평등 완화
11	포용적이고 안전하며 회복력 있고 지속가능한 도시와 정주지 조성
12	지속가능한 소비 및 생산 양식 보장
13	기후변화와 그 영향을 방지하기 위한 긴급한 행동의 실시
14	지속가능개발을 위한 대양, 바다 및 해양자원 보존 및 지속가능한 사용
15	육상 생태계의 보호, 복원 및 지속가능한 이용 증진, 산림의 지속가능한 관리, 사막화 방지, 토지황폐화 중지·역전 및 생물다양성 손실 중지
16	모든 수준에서 지속가능개발을 위한 평화롭고 포용적인 사회 증진, 모두에게 정의에 대한 접근 제공 및 효과적이고 책임 있으며 포용적인 제도 구축
17	이행수단 강화 및 지속가능개발을 위한 글로벌 파트너십 활성화

출처: KOICA 홈페이지(koica.go.kr)
최종접속일: 2017.10.17.

SDGs의 17개 개발 목표는 완전히 독립적인 것이 아니라 목표의 내용이나 이행 수단, 달성 결과가 가져올 효과나 영향력에 있어 서로 연결되어 있으며, 특히 SDGs의 공동 이행을 위한 글로벌 파트너십이 하나의 독립적 목표(목표 17)로 강조된다.

■ SDGs에서 무역과 무역기술장벽의 이해

개발도상국의 무역과 관련된 주제 역시 SDGs 내에서 이처럼 통합적인 접근 방식으로 이해된다. Lammersen & Hynes(2016)는 지속가능개발목표 내 무역을 다루는 별도의 목표가 존재하는 것은 아니지만, 약 20여개의 세부목표에서 국제 무역이 지속가능개발을 달성하는 데 기여할 수 있다는 점이 언급된다는 점에 주목하며, 무역이 범분야(cross-cutting) 이슈임을 언급하고 있다. 앞서 서술하였듯,

확장되어 온 AfT의 개념과 범위는 개발도상국의 무역기술장벽 이슈가 갖는 두 가지 측면을 모두 반영한다. 경제 활동 전반을 포괄하는 늘어난 범위로 인해 무역기술장벽과 같이 무역에 특정한 개발도상국의 애로사항을 해소하는 데 오히려 비효율적이고 혼란을 가중한다는 비판도 존재해 왔지만, 다양한 개발 주제를 포괄하고 있는 SDGs의 출범과 함께 AfT의 정체성 역시 보다 통합적인 개념의 무역 역량을 다루는 방향으로 정립될 것으로 보인다(OECD & WTO, 2015).

Lammersen & Hynes(2016)는 개발도상국의 품질 인프라를 개선함으로써 국제무역 규범과의 합치도를 높여 수출입을 활성화하는 제도적 측면의 지원과 동시에, 국제 표준 도입을 통해 개발도상국 기업의 생산 및 혁신 역량을 강화하고, 이를 통해 개발도상국의 수출 다변화를 꾀하는 두 가지 큰 흐름으로 진행되고 있다는 점에 주목한다. 예를 들어 WTO 가입과 관련해 개발도상국의 표준·기술규제 체계를 개선하거나 SPS나 TBT 조치에 대한 적절한 기술지원을 제공하는 것이 전자에 해당한다면, 원자재나 농산품 등 개발도상국의 주요 수출품목을 위한 지역 내 새로운 품질 인증 체계를 개발하고, 품질관리 표준의 개도국 내 전파를 촉진하는 등의 활동이 후자에 속한다고 할 수 있다. 이 두 가지 측면 모두에서 국제 무역은 상품과 서비스뿐만 아니라 기술과 지식의 이동이 이루어지는 주요한 매개체로 SDGs의 달성에 기여할 수 있을 것으로 인식된다. SDGs가 경제, 사회, 환경 측면에 대해 통합적 접근(integrated approach) 및 다양한 이해관계자간 협력관계(multi-stakeholder cooperation)를 강조한다는 점을 고려할 때, 국제 무역역시 보다 포괄적이고, 지속가능한 성장을 촉진하는 매개체로서 경제 성장뿐 아니라 빈곤의 타파, 환경 측면의 지속가능성을 높이는 데에도 시너지를 발휘할 수 있다는 측면으로 초점이 이동하고 있다. 개발도상국의 무역 촉진, 경제 성장뿐 아니라 보다 넓은 의미에서 포괄적 성장, 빈곤 타파에 기여하기 위한 수단으로서 그 중요성이 강화되고 있는 것이다.[26]

SDGs 내에서 무역은 제도적 차원과 기능적 차원의 두 측면에서 살펴볼 수 있다(OECD & WTO, 2015). 먼저 제도적 차원을 살펴보면, WTO는 기아 종식을 다루는 2번 목표, 보건 및 건강을 다루는 3번 목표, 경제성장과 고용을 다루는 8번

---

26) 그러나 실제로, AfT가 지속가능한 성장, 여성 등 취약 계층을 포괄하는 성장에 미치는 영향을 포함한 SDGs와의 연관성은 개발도상국에서 여전히 그 인식 수준이 낮은 것으로 나타나고 있다(Lammersen & Hynes, 2016, p. 10).

목표, 불평등의 감소를 다루는 10번 목표, 바다 및 해양자원의 지속가능한 사용을 다루는 14번 목표, 그리고 글로벌 파트너십을 다루는 17번 목표에서 무역이 지속가능한 발전에 기여할 수 있을 것으로 기대하고 있다(WTO, n.d.−a)(〈표 12−6〉). 그 중에서도 특히 8번 목표는 AfT에 대해 직접 언급하고 있는데, 개발도상국이 자국 표준 및 기술 규제를 개발, 이행하는 데 필요한 역량을 강화하는 한편 이를 국제 표준 및 무역 규범과 조화시켜 국제 무역의 활성화를 촉진하기 위한 지원을 하고 있다는 점에서 가장 밀접한 관련성을 갖는다. 무역기술장벽의 문제는 무역 정책이나 규제라는 제도적 차원뿐 아니라, 경제 성장과 고용 창출을 위한 원동력으로서 무역을 통해 개발도상국의 생산 역량 강화를 꾀한다는 산업 차원에서 이해된다. 그 밖의 다른 목표들에서도 국제 무역은 하나의 제도로서 개발도상국의 특정 산업 분야 무역에 특혜적 조치를 주거나, 지속가능한 생산 방식의 보급을 촉진하는 등 SDGs의 달성에 기여할 것으로 기대되고 있다.

■■ 표 12-6. 지속가능개발목표(SDGs) 내 무역 분야 우선 과제

번호	목표 명	무역 관련 세부 과제
SDG 2	기아 종식	2b. 국제 농업 시장의 무역 제한(trade restrictions)과 왜곡을 철폐
SDG 3	건강	3b. 적정 가격의 필수 의약품 및 백신에 대한 접근성 확보
SDG 8	경제성장, 고용	개발도상국, 특히 최빈국을 위한 무역을 위한 원조(AfT), 특히 통합강화프레임워크(EIF)를 통한 지원을 강화
SDG 10	불평등의 감소	10b. 개발도상국, 특히 최빈국에 대한 개발도상국 우대 조치 원칙을 이행
SDG 14	바다 및 해양자원	14.6 생산 과잉과 어종 남획을 조장하는 수산 보조금을 금지하고, 불법, 비보고, 비규제 어업을 철폐
SDG 17	글로벌 파트너십*	17.10 보편적, 원칙 기반, 개방적, 비차별적이고 평등한 다자 무역 체제를 촉진 17.12 개발도상국의 수출을 현저히 확대하되, 특히 최빈국이 국제 수출에서 차지하는 비중을 2배로 확대. 모든 최빈국에 대해 지속적으로 무관세, 무쿼터 기반 시장 접근을 이행

출처: WTO 홈페이지 (https://www.wto.org/english/thewto_e/coher_e/sdgs_e/sdgs_e.htm)
최종접속일: 2017.8.30.
* 무역 관련 별도의 섹션 존재함

과우
제리
나
라
기
술
규
제
체
계
발
전
과

앞서 살펴본 OECD & WTO 보고서(2015)는 개발에 기여하는 무역의 기능적 특성과 관련된 SDGs의 세부목표들을 정리하고 있다. 이들 목표는 무역을 통해 얻을 수 있는 혜택을 증대시키기 위한 국가의 역량과 연결되어 있으며, 목표 달성을 통해 개발도상국의 공급자 측면 역량 및 제품, 서비스의 국제 경쟁력 제고에 긍정적 영향을 미칠 것으로 기대된다. 예를 들면 다음의 세부목표들을 포함한다.

목표 8. 모두를 위한 지속적이고 포용적이며 지속가능한 경제성장 및 완전하고 생산적인 고용과 양질의 일자리 증진

8.2. 고부가가치 및 노동집약 부문에 초점을 맞추어 다각화, 기술 업그레이드, 혁신을 통해 생산성을 향상

8.3. 생산활동, 양질의 일자리, 기업가정신, 창조 및 혁신을 지원하고, 재정 서비스 접근을 통해 중소기업의 창업 및 성장을 독려하는 개발 지향적 정책을 촉진

8.9. 2030년까지 고용 창출 및 지역 문화 및 제품화를 촉진하는 지속가능한 관광업을 활성화하기 위한 정책을 고안, 시행

8.a. 개발도상국, 특히 최빈국을 위한 통합강화 프레임워크(EIF)를 통해 AfT를 증대

목표 9. 회복력 있는 사회기반시설 구축, 포용적이고 지속가능한 산업화 증진 및 혁신 촉진

9.1. 경제 발전 및 인류 복지를 위해, 적정한 가격 및 모두에게 평등한 접근에 초점을 맞추어 지역 및 범 국경(trans-border) 단위를 포함한 품질이 높고, 신뢰할 수 있으며, 지속가능하고 회복력있는 사회기반시설을 구축

9.3. 특히 개발도상국에서 소규모 산업체 및 기타 기업의 재정 서비스 접근성을 향상시키고 이들의 가치 사슬 및 시장 편입을 촉진

9.b. 산업 다각화와 상품 부가가치 창출 등에 기여하는 정책 환경을 조성함으로써 개발도상국의 국내 기술 개발, 연구 및 혁신을 지원

목표 10. 국가 내 및 국가 간 불평등 완화

10.c. 2030년까지 이민자 해외송금 거래 비용을 3% 미만으로 감축하고 거래 비용이 5% 이상인 해외송금 창구를 철폐

목표 14. 지속가능개발을 위한 대양, 바다 및 해양자원 보존 및 지속가능한 사용

    14.7. 2030년까지 지속가능한 수산업, 양식업 및 관광업 관리를 통한 지속가능한 해양 자원 이용으로 군소도서개발국 및 최빈국의 경제적 혜택을 증대

목표 15. 육상 생태계의 보호, 복원 및 지속가능한 이용 증진, 산림의 지속가능한 관리, 사막화 방지, 토지황폐화 중지·역전 및 생물다양성 손실 중지

    15.7. 동식물 보호종의 밀렵 및 매매를 종식시키기 위한 긴급 조치를 실시하고 불법 야생 제품의 수요와 공급 양쪽에 대처

    15.c. 지속가능한 생계 기회 추구를 위해 지역 사회 역량을 강화하는 것을 포함, 보호종의 밀렵 및 매매 근절을 위한 국제 지원을 강화

목표 17. 이행수단 강화 및 지속가능개발을 위한 글로벌 파트너십 활성화

    17.11. 2020년까지 최빈국의 국제 수출 공헌도를 2배로 확대하는 것을 목적으로 개발도상국의 수출을 현격히 증대

■ 전망과 함의

종합하면, SDGs의 출범은 개발도상국의 무역기술장벽 이슈를 바라보는 두 가지 시점, 즉 무역 개방과 자국 산업 보호가 통합적 관점에 서 있는 최근의 추세를 더욱 강화하는 환경을 만들고 있다. 개발도상국의 무역 참여를 확대하는 것은 그 자체로 하나의 목적이기도 하지만 SDGs 안에서는 포괄적 성장, 지속가능한 성장을 이루기 위한 수단으로서 보다 강조된다. 개발도상국 규제 환경에 기인해 발생하는 무역기술장벽의 해소는 보호무역 철폐를 통해 단순히 무역량을 확대하는 목적뿐만 아니라, 개발도상국의 취약 계층에게 실질적인 혜택이 돌아가는 성장으로 이어질 것이 기대되게 되었다. 다른 한편으로 개발도상국이 수출 시장 진출 시 겪는 무역기술장벽의 해소는 개발도상국 생산자의 생산 역량을 강화하는 것은 물론, 지속가능한 생산 방식이나 자원 이용 방식을 개발도상국 내에서 전파하는 수단이 되어야 한다는 점이 강조된다.

이를 위해서는 무역주류화를 통해 개발도상국의 개발전략 내에서도 무역이 하나의 수단으로서 산업정책과 보다 밀접한 연계고리를 갖고 추진되도록 해야 한다. 또한 공여국 역시 자국의 무역정책과 무역기술장벽을 포함한 AfT 정책 간

의 일관성을 갖도록 조정하는 것이 필요하다(Higgins & Prowse, 2010). 이것은 현재 주류 형태인 개발도상국 공공 부문에서의 규제 개선이라는 틀을 넘어서야 함을 의미한다. 지원의 최종 목표는 개발도상국의 기술 규제 대응이 아니라, 무역 활성화를 통해 지속가능하고 포괄적인 성장에 기여하는 것이어야 하기 때문이다. 이는 최근 AfT에 대한 글로벌 리뷰에서 지속적으로 강조되는 바와 같이 민간의 역할을 강화(OECD & WTO, 2015, 2017)해야 한다는 주장과 궤를 같이한다. 무역과 산업에서 공공 부문은 조력자의 역할을 수행할 뿐, 궁극적으로는 민간 부문의 역할이 핵심적이기 때문이다. 마지막으로 무역기술장벽 해소를 위한 지원을 포함한 AfT의 실증 효과에 대한 연구 성과 축적과 더불어, 국가별, 산업별로 다르게 나타날 수밖에 없는 다양한 장애 혹은 촉진 요인에 대한 지속적인 사례 연구가 더해질 필요가 있다.

참고문헌 | REFERENCE

- 강인수, 송유철, 유진수. (2011). 무역과 개발의 주요 이슈와 정책 시사점 (ODA 기초연구 No. 11-2).
- 국가기술표준원. (2017). *2016년 무역기술장벽 보고서*. Retrieved from http://kats. go.kr/cwsboard/board.do?mode=download&bid=112&cid=19506&filename=19506 _201705302123113301.pdf
- 서진교, 이효영. (2016). *WTO 나이로비 각료회의 평가와 정책 시사점* (오늘의 세계경제) (Vol. 16).
- 이상준. (2015). 무역을 위한 원조와 중앙아시아와의 개발 협력*. 슬라브연구, *31*(2).
- 이호생, 강인수, 이시욱. (2012). *한국 AfT 프로그램의 원조효과성 강화를 중심으로* (ODA 정책연구 No. 12-1).
- 임정빈, 서창배. (2002). WTO 다자체제하의 최빈개도국 지원에 대한 연구. 국제지역연구, *10*, 65-90.
- 정지원, 유애라. (2015). *Aid for Trade: 현황과 주요 이슈* (14-06 No. ODA 정책연구).
- 조한슬. (2013). *개도국 무역촉진을 위한 무역을 위한 원조(AfT) 개선방안*. KOICA.
- 주한나. (2013). *국제개발원조 관점에서의 표준협력 : 주요 OECD 회원국 현황 분석과 한국 표준협력 정책에 대한 함의* (창조경제 시대의 표준정책 마일스톤 연구).
- 주한나, 이희진. (2014). 무역원조를 통한 개발도상국 대상 표준 협력: EU 및 미국의 사례와 한국에 주는 함의. 국가정책연구, *28*(3), 27-52.
- 한국국제협력단. (n.d.). 지속가능개발목표. Retrieved October 17, 2017, from http://koica.go.kr/
- 한홍렬, 이호생, 이시욱. (2011). 주요국 무역 분야 원조의 정책체계와 한국의 정책방향.
- Amekawa, Y. (2009). Reflections on the Growing Influence of Good Agricultural Practices in the Global South. *Journal of Agricultural & Environmental Ethics*, *22*(6), 531-557. https://doi.org/10.1007/s10806-009-9171-8
- Baller, S. (2007). *Trade Effects Of Regional Standards Liberalization : A Heterogeneous Firms Approach* (Policy Research Working Papers No. 4124). Washington, DC: The World Bank. https://doi.org/10.1596/1813-9450-4124
- Bhagwati, J. (1958). Immiserizing Growth: A Geometrical Note. *The Review of Economic Studies*, *25*(3), 201. https://doi.org/10.2307/2295990

- Brundtland, G. H. (1987). *Our Common Future: Report of the World Commission on Environment and Development. Report of the World Commission on Environment and Development* (Vol. 4). https://doi.org/10.1080/07488008808408783
- Brunsson, N., Rasche, A., & Seidl, D. (2012). The Dynamics of Standardization: Three Perspectives on Standards in Organization Studies. *Organization Studies, 33*(5−6), 613−632. https://doi.org/10.1177/0170840612450120
- Cadot, O., Fernandes, A., Gourdon, J., Mattoo, A., & de Melo, J. (2014). Evaluating aid for trade: A survey of recent studies. *World Economy, 37*(4), 516−529. https://doi.org/10.1111/twec.12138
- Chang, H. J. (2002). *Kicking away the ladder.* London: Anthem.
- Chen, M. X., & Mattoo, A. (2008). Regionalism in standards: good or bad for trade? *Canadian Journal of Economics/Revue Canadienne D'économique, 41*(3), 838−863. https://doi.org/10.1111/j.1540−5982.2008.00488.x
- Disdier, L., Fontagne, L., & Mimouni, M. (2008). the Impact of Regulations on Agricultural Trade: Evidence From the Sps and Tbt Agreements. *American Journal of Agricultural Economics, 90*(2), 336−350. Retrieved from http://www.jstor.org/stable/30139588%0Ahttp://about.jstor.org/terms
- Dollar, D., & Kraay, A. (2004). Trade, Growth, and Poverty. *The Economic Journal, 114*(493), F22−F49.
- Donnan, S. (2015). Trade talks lead to "death of Doha and birth of new WTO." Retrieved October 14, 2017, from http://ft.com
- Ezeani, E. C. (2010). *The WTO and its development obligation : prospects for global trade.* Anthem Press. Retrieved from http://www.jstor.org/stable/j.ctt1gxpbz1
- Flentø, D., & Ponte, S. (2017). Least−Developed Countries in a World of Global Value Chains: Are WTO Trade Negotiations Helping? *World Development, 94*(September 2013), 366−374. https://doi.org/10.1016/j.worlddev.2017.01.020
- Higgins, K., & Prowse, S. (2010). *Trade, growth and poverty: making Aid for Trade work for inclusive growth and poverty reduction* (Working Papers No. 313). London.
- Hudson, J., & Jones, P. (2003). International trade in quality goods: signalling problems for developing countries. *Journal of International Development, 15*(8), 999−1013. https://doi.org/10.1002/jid.1029

- International Trade Centre. (2004). *Influencing and Meeting International Standards: Challenges for developing countries.*

- Lammersen, F., & Hynes, W. (2016). *Aid for Trade and the Sustainable Development Agenda: Strengthening Synergies* (OECD Development Policy Papers No. 5). Paris.

- Mayeda, G. (2013). The TBT Agreement and developing countries. In T. Epps & M. Trebilcock (Eds.), *Research Handbook on the WTO and Technical Barriers to Trade* (pp. 358–390). Cheltenham: Edward Elga.

- OECD, & WTO. (n.d.). Aid for trade: Is it working? Retrieved December 12, 2017, from http://www.oecd.org/trade/aft/45581702.pdf

- OECD, & WTO. (2015). *Aid for trade at a glance 2015: Reducing trade costs for inclusive sustainable growth.* Paris. https://doi.org/10.1108/eb045861

- OECD, & WTO. (2017). *Aid for trade at a glance 2017: Promoting Trade, Inclusiveness and Connectivity for Sustainable Development.* Geneva; Paris.

- Prebisch, R. (1950). *The Economic Development of Latin America and its Principal Problems* (Vol. 7). New York. https://doi.org/10.1017/S0212610909990085

- Rodrick, D. (2001). *The Global Governance of Trade As if Development Really.*

- Soh, C., & Moon, K. (2017). *Introduction to International Development Cooperation: Issues and Actors in the Global Arena. Introduction to International Development Cooperation.* Seoul: Korea University Press.

- Stiglitz, J. E., & Charlton, A. (2005). *Fair Trade For All: How Trade Can Promote Development* (eBook). Oxford: Oxford University Press.

- Swann, G. M. P. (2010). International Standards and Trade: A Review of the Empirical Literature, (97). Retrieved from http://dx.doi.org/10.1787/5kmdbg9xktwg-en

- United Nations. (2014). *The road to dignity by 2030: ending poverty, transforming all lives and protecting the planet:' Synthesis Report of the Secretary-General on the Post-2015 Agenda.* New York. Retrieved from https://www.google.co.kr/url?sa=t&rct=j&q=&esrc=s&source=web&cd=1&cad=rja&uact=8&ved=0ahUKEwjy2Y3e1ffWAhXKL48KHV_QDkcQFggmMAA&url=http%3A%2F%2Fwww.un.org%2Fdisabilities%2Fdocuments%2Freports%2FSG_Synthesis_Report_Road_to_Dignity_by_2030.pdf&usg=AOvVaw3LXR

- United Nations. (2015). *United Nations Millennium Development Goals Report.*

New York: United Nations. Retrieved from http://www.un.org/millenniumgoals/news.shtml

- UNECA. (2004). Mainstreaming Trade in National Development Strategies—An Issues Paper, Document E/ECA/CM.37/2, UNECA, Addis Ababa.

- Werle, R. (2001). Institutional aspects of standardization—jurisdictional conflicts and the choice of standardization organizations. *Journal of European Public Policy*, *8*(3), 392—410. https://doi.org/10.1080/13501760110056031

- Wilson, J. S., & Otsuki, T. (2004). *Standards and Technical Regulations and Firms in Developing Countries: New Evidence from A World Bank Technical Barriers to Trade Survey.* Washington, DC. Retrieved from http://siteresources.worldbank.org/INTRANETTRADE/Resources/Topics/Services/TBT_Data_Description.pdf

- Winters, L. A., McCulloch, N., & McKay, A. (2004). Trade Liberalization and Poverty: The Evidence So Far. *Journal of Economic Literature*, *42*(1), 72—115. https://doi.org/10.1257/002205104773558056

- WTO. (n.d.—a). The WTO and the Sustainable Development Goals. Retrieved October 22, 2017, from https://www.wto.org/english/thewto_e/coher_e/sdgs_e/sdgs_e.htm

- WTO. (n.d.—b). WTO | Understanding the WTO—least—developed countries. Retrieved October 7, 2017, from https://www.wto.org/english/thewto_e/whatis_e/tif_e/org7_e.htm

- WTO. (2017a). *World Trade Report 2017: Trade, technology and jobs.* Geneva. Retrieved from https://www.wto.org/english/res_e/booksp_e/anrep_e/anrep17_e.pdf

- WTO. (2017b). *World Trade Statistical Review 2017.* Geneva. Retrieved from https://www.wto.org/english/res_e/statis_e/wts2017_e/wts17_toc_e.htm#collapse1

- WTO Aid for Trade Task Force. (2006). RECOMMENDATIONS OF THE TASK FORCE ON AID FOR TRADE. WT/AFT/1. Retrieved from https://docsonline.wto.org/dol2fe/Pages/SS/DirectDoc.aspx?filename=t%3A%2Fwt%2Faft%2F1.doc&

- Zoo, H., de Vries, H. J., & Lee, H. (2017). Interplay of innovation and stand—ardization: Exploring the relevance in developing countries. *Technological Forecasting and Social Change*, *118*, 334—348. https://doi.org/10.1016/j.techfore.2017.02.033

찾아보기 | INDEX

401

저자 약력

김민정
서울대학교 아시아연구소 연구원이며 KDI국제정책대학원에서 정책학(국제관계) 석사와 서울대학교 국제대학원에서 국제학(국제통상) 박사를 수여하고 비관세장벽 및 기술규제 분야를 연구하고 있다. SSK 전임연구원과 KDI School 전문위원을 역임하였고 국제통상 관련 활발한 연구활동을 하고 있다.

남상열
정보통신정책연구원(KISDI) 국제기구협력실 국제기구그룹장이며 서울대학교 경제학 석사와 University of Pennsylvania 경제학 박사를 수여하였다. 대외경제정책연구원 연구위원과 통상산업부 장관자문관, 산업연구원 수석연구원 등을 역임하였으며 통신 및 무역기술장벽에 관련한 다양한 연구활동을 하고 있다.

박문석
한국화학융합시험연구원(KTR) 글로벌본부 팀장으로 우리나라의 해외 기술규제 대응업무를 총괄하고 있다. 인하대학교 재료공학과 석사를 수여하고 인증·적합성평가 분야의 전문가이자 기술규제와 TBT대응 실무교육 프로그램의 강사로 활동하고 있다.

안덕근
서울대학교 국제대학원 부원장이며 동 대학원 국제통상 교수이다. 서울대학교 국제경제학과를 졸업하였으며 University of Michigan에서 경제학 박사 학위와 J.D.를 취득하였다. 현재 WTO분쟁 패널 위원 후보와 한-EU FTA 분쟁 패널 위원 후보, 통상법 분야의 학술 저널인 Journal of International Economic Law (Oxford Univ. Press) 편집위원으로 활동하고 있으며 무역위원회 무역위원을 맡는 등 다양한 정부 자문 역할을 하고 있다.

오선영
숭실대학교 글로벌통상학과 교수이자 미국 뉴욕주 변호사이다. 미국 New York University에서 LL.M과 American University에서 법학 박사를 수여하였으며 국제경제법과 국제환경법 관련 활발한 연구활동을 하고 있다.

이세정
한국법제연구원 선임연구원이며 전남대학교에서 법학 석·박사를 수여하였다. 국회 입법지원위원회 위원과 법제처에서 법령해석심의위원회 위원, 법제자문관 및 자체규제심사위원회 위원 등을 역임하였다. 또한 식품의약품안전처에서 중앙약사심의위원회 전문가로 식품 의약품 안전 법제 관련 활발한 연구활동을 하고 있다.

이재민
서울대학교 법학대학원 교수이며 동 대학원에서 법학 석·박사를 수여하고 Boston College Law School에서 Juris Doctor와 Georgetown University Law Center에서 LL.M을 취득하였다. 현재 WTO분쟁 패널 위원 후보와 한-칠레, 한-EU 및 한-미 FTA 분쟁 패널 위원 후보이며 그 외에도 대한국제법학회 국제이사, 서울국제법연구원 편집이사, 국제거래법학회 이사로서 통상 관련 다양한 활동을 하고 있다.

이재형

고려대학교 법학대학원 교수이자 미국 뉴욕주 변호사이다. 고려대학교 법과대학 법학사 및 법학 석사를 수여하였으며 University of Pennsylvania Law School에서 LL.M과 S.J.D. 를 취득하였다. 현재 공정무역학회 편집위원장과 대한국제법학회 상임이사로 재직 중이 며 그 외 한국국제경제법학회 및 국제법평론회 이사로서 통상 분야에서 다양한 활동을 하고 있다.

주한나

연세대학교 국제대학원 전임연구원이며 New York University 공공행정(개발)학 석사와 연세대학교 국제학(개발협력) 박사를 수여하고 국제표준 및 개발협력과 표준화 분야에서 활발한 연구활동을 하고 있다.

국제통상체제와 무역기술장벽

초판발행	2018년 1월 30일
지은이	안덕근·김민정
펴낸이	안종만
편 집	마찬옥
기획/마케팅	조성호
표지디자인	김연서
제 작	우인도·고철민
펴낸곳	(주) **박영사**
	서울특별시 종로구 새문안로3길 36, 1601
	등록 1959. 3. 11. 제300-1959-1호(倫)
전 화	02)733-6771
f a x	02)736-4818
e-mail	pys@pybook.co.kr
homepage	www.pybook.co.kr
ISBN	979-11-303-0514-1 93320

정 가   28,000원